KB2691 2

기호학이란 무엇인가

기호의 우리, 우리의 기호

기호학이란 무엇인가

기호의 우리, 우리의 기호

기호학이란 무엇인가

기호의 우리, 우리의 기호

김경용

민음사

책 머리에

이 책은 기호학(semiotics 또는 semiology)에 대한 책이다. 이 책은 적어도 다음의 세 가지 목적을 가지고 있다.

첫째, 이 책은 기호학을 처음 접하는 독자들을 의식하고 씌어졌다. 그래서 이 책은 분명히 기호학 입문서의 성격을 띠고 있다. 특히, 이 책의 처음 다섯 장은 기호학의 기본개념들, 모형들, 기본가정들, 기호학적 사고의 틀 등 기호학의 기본을 이루는 것들을 다루고 있다. 그러나 이 책의 사명은 여기서 끝나지 않는다. 이 책은 보다 중요한 것을 목적으로 하고 있다.

이 책의 둘째 목적은 기호학적 방법론을 독자에게 소개하는 것이다. 즉 독자가 기호학의 기본지식을 대화와 담론에 적절히 응용할 수 있는 단계에 이를 수 있도록 돕는 것이다. 담론 discourse 이란 어떤 의미를 이야기나 언술 speech 로 바꾸는 일을 가리킨다. 이 책은 언어적 기호체계(예를 들면, 우리가 〈말〉을 사용하고 있는 신화나 이데올로기에 대한 담론들)와 비언어적 기호체계(예를 들면, 대중매체에 나오는 〈그림〉이나 〈사진〉이나 TV 〈화면〉 같은 도상적인 것들)를 고루 다룰 수 있는 기호학 이론들을 소개하고 있다. 뿐만 아니라 이러한 이론들을 실제 상황에 연결시키는 많은 이론들을 소개하고 있다. 특히 그레마스 Greimas 의 기호학적 사변형 semiotic square 은 독자들의 일상적인 담론을 그미는 일은 물론, 이미 꾸며진 담론을 분석하는 데 매우 유용한 틀이 될 것이다.

셋째, 이 책은 소위 포스트모던 시대라고 하는 기호학적 환경 속에서 인간이 환경과 상호작용을 하는 양태와 그 의미를 독자들과 함께 생각해 보려고 한다. 그래서 이 책 전체가 하나의 커다란 담론으로 되어 있다. 이 책은 문화의 불가피성과 허구성을 동시에 이야기하고 있다.

기호학은 매우 방대하고 심원한 명제들을 가지고 있지만, 이 책은 잡다하게 많은 것을 다루는 대신에 몇 가지 극히 중요한 부분들을 골라내어 집중적으로 다룸으로써, 이 책이 목표로 한 실용적 목적에 부응하도록 노력하였다. 이 책을 쓰면서 늘 염두에 둔 것은 길고 화려한 장검이 아니라, 짧지만 필요할 때 즉시 쓸 수 있는 단검이다. 짧은 칼, 그것은 과일 깎는 칼일 수도 있고, 부엌에 있는 식칼일 수도 있고, 등산용 주머니 칼일 수도 있다. 당장 쓸 수 있는 것이 중요한 것이지, 응접실 벽장에 모셔둔 보검은 실상 그리 귀중한 것이 아니다. 그렇지만 이 책이 근시안적 접근방식을 주장하고 있는 것은 아니다. 반대로, 이 책은 〈역사의 미래〉를 조감할 수 있는 몇몇 탁월한 기호학적 관측점과 시각을 마련하고 있다.

구조주의와 후기구조주의가 이 책의 이론적 바탕을 이루고 있다. 한 가지 덧붙일 것은, 이 책 전반을 통해, 전통적 기호학과 전통적 커뮤니케이션학의 영역을 밝히면서, 커뮤니케이션학을 보다 넓은 기호학의 영역에 내포시키려고 노력하였다. 사람은 누구나 빠짐없이 커뮤니케이션을 하고 있다. 산다는 것은 커뮤니케이션의 연속이다. 그런데 무엇으로 커뮤니케이션을 하는가? 기호로 한다. 인간 자체가 기호이며, 인생은 기호로 된 담론의 장이다. 이 책은 풍요로운 담론을 인생에 채우는, 일종의 방법과 시각을 마련하기 위한 것이다.

　이 책을 쓰고 있는 동안 저자에게 격려를 아끼지 않은 여러분들에게 감사를 드리고 싶다. 템플 대학의 아산테 Molefi K. Asante 교수, 퍼시픽 대학의 데이 Kenneth D. Day 교수, 뉴욕 주립대학의 카사타 Mary B Cassata 교수, 시그만 Stuard J. Sigman 교수와 스틴븐스 Phillips Ste vence, Jr. 교수 그리고, 마운트 버논 나자렌 대학의 앤더슨 Jack Anderson 박사에게 감사한다. 이 책이 완성되기를 참고 기다려준 아내와 가족들에게 특별히 감사하고 싶다. 끝으로, 이 책의 출판을 가능하게 하여 주신 민음사의 박맹호 사장님, 이영준 주간님, 편집부원 여러분께 깊은 감사를 드린다.

1994년 2월 마운트 버논에서

저자

기호학이란 무엇인가
기호의 우리, 우리의 기호

차례

제 1 장

기호학이란 무엇인가

　기호들의 세계……. 우리는 날마다 그 안에서 삶을 누리고 있다. 거리의 신호등에서부터 밤하늘의 별자리에 이르기까지, 꿈결 속의 母像에서 무지개의 일곱색 띠에 이르기까지, 우리의 눈이 이해하는 모든 것들이 기호이다. 우리는 기호를 통하여 세계를 이해하며, 기호를 가지고 다른 사람들과 의사소통을 하고, 기호에 의해서 우리가 소망하는 새로운 사회, 새로운 삶을 꿈꾼다. 기호가 없는 인간은 상상할 수 없고, 기호가 없는 세계란 존재하지 않는다. 인간 자체가 기호이고, 인간의 생각이 미치는 모든 것에 기호의 망이 펼쳐진다.

　이렇듯 기호들이 인간의 삶과 깊숙이 얽혀 있기 때문에, 기호학은 모든 학문의 기본을 이룬다. 철학과 심리학과 기호학은 3대 기본 학문이라고 볼 수 있다. 철학이 인간의 사상을 탐구하고, 심리학이 인간의 정신구조를 탐구하는 기본 학문인 것과 마찬가지로, 기호학은 인간이 다루는 모든 상징체의 구조와 그것이 체현하는 사상성을 탐구하는 학문이다. 프랑스의 기호학자 귀로드 Guiralud (1975)는 기호학을 〈기호에 관한 연구〉를 하는 학문이라고 간단히 정의했지만, 이 정의는 좀더 자세한 사항들을 가지고 구체화할 필요가 있다.

인생은 체험적 시간과 공간이라고 정의할 수 있다. 인간은 심리학의 바탕 위에 서서 철학의 하늘 아래 산다. 바꿔 말하면 인생은 철학과 심리학 사이에 펼쳐져 있는 공간이다. 철학과 심리학 사이를 채우고 있는 것이 상징체들이고, 그러한 상징체의 기본이 기호이다. 인간이 창조적 동물이라고 할 때, 그것은 무엇보다도 인간이 기호들을 엮어, 의미 있는 상징체로 만들어내는 능력을 갖춘 존재임을 가리킨다.

기호학은 상징체의 창조와 의미작용이 어떻게 이루어지는가를 연구하는 학문이다. 다른 한편으로는 연구의 대상이 되는 상징체가 어떤 구조로 만들어져 있으며, 어떤 의미를 품고 있는가를 분석하는 것이 기호학이다. 기호들은 우리의 일상성 속에 깊숙이 자리잡고 있어서 마치 당연한 것들처럼 보이지만, 그 안에는 여러 가지 신기한 것이 숨어 있다. 우리가 사용하는 기호의 의미가 바뀌면, 우리의 인간성 자체가 바뀐다. 인간과 세계는 처음부터 끝까지 기호로 이루어져 있기 때문이다. 기호학의 창시자 중 한 사람인 스위스의 언어학자 소쉬르 Saussure는, 기호학을 〈사회 안에서 일어나는 기호들의 삶〉에 대해 연구하는 학문이라고 정의했다(Saussure, 1966, 16쪽). 그런데 기호들의 삶과 인간들의 삶은 사실상 같은 것이다. 더욱이 기호들이 겪는 역사와 인간들이 엮어내는 역사는 전혀 다를 바 없는 것이다.

사실상 모든 것이 기호학적 요소를 그 근본에 지니고 있음에도 기호학은 널리 알려져 있지 않다. 하지만 기호학은 모든 학문에 편재하고 있기 때문에, 이탈리아의 기호학자 에코 Eco(1976)나 프랑스의 보드리야르 Baudrillard(1988)는 〈기호학은 모든 것〉이라고 주장한다. 기호학의 요소들은 문학, 예술, 건축, 과학, 공학, 군사학, 정치학, 의학, 동물학, 사회학, 광고학, 천문학, 심리학, 인류학, 법학, 종교학, 철학 등 모든 학문에서 발견된다. 몇 가지 간단한 예를 들어보자. 군사학에서 쓰이는 암호와 手旗信號는 인조기호들이다. 병의 증상과 증후군은 의학을 성립시키는 기본 기호들이다. 벤젠의 화학 기호는 어느 화학자의 꿈속에 뱀 한 마리가 자기의 꼬리를 물고 있는 형상으로 신비롭게 예시되었던 기호이고, DNA의 분자모형은 생명의 신비를 간직하고 있는 기호이다. TV에서 날마다 보는 수백 수천의 광고들은 모두 상업 기호들이다. 심리학이나 법학 등에서 사용하는 분류법은 기호학적 조작으로, 무엇을 어떻게 정의하여 분류해 내느냐에 따라 사람의 운명과 생사가 좌우된다.

학문의 영역뿐만 아니라 일상성 안에서도 기호가 편재하는 예는 수없이 찾아볼 수 있다. 한 여성이 어떤 모임에 참석하기까지 무슨 일이 일어나는가 살펴보자. 그가 하는 화장은 기호를 가지고 치장을 하는 것이다. 무슨 옷을 입고 무슨 신을 신고 나갈 것인가를 결정하는 것은 기호를 선택하는 중요한 과정이다. 그 여성은, 〈옷이 날개〉라는 말이 암시하는 것처럼, 기호가 지니는 〈사회적 힘〉을 잘 알고 있다. 물론 옷만 그런 것은 아니다. 모임장소에 타고 가는 자동차의 종류는 참석자의 사회적 신분을 은근히 드러내는 기호이다. 가정이나 음식점의 식탁에 오르는 찬과 식기와 음료수는 기호의 배열이다. 실내장식이나 꽃꽂이는 우리의 눈을 즐겁게 하는 기호를 모아놓은 것이다. 사람들이 모인 자리에서 나누는 이야기도 기호로 되어 있다. 모임에서 깔깔대고 웃으며 시간을 보내다가 집에 돌아와 한숨을 쉬는 시간까지 그 여성은 기호 속에 살고, 기호와 더불어산다. 웃음소리와 한숨이 기호이다. 기호가 아닌 것은 하나도 없다. 그 여성 자신이 하나의 복잡한 기호인 것이다. 그리고 그 기호는 날마다 변하고 있는 것이다.

기호학은 실상 일상생활에 깊숙이, 그리고 널리 퍼져 있음에도, 기호학이란 말 자체는 일반사람들의 귀에 생경스럽게 들린다. 기호학의 이해는 우리가 익히 알고 있는 현상을 새롭게 관찰하고 음미하고 해석하는 신선한 시각을 준다. 기호학은 유럽과 북미에서 거의 동시에 일어났음에도, 주로 유럽에서 신학문으로서 개화할 수 있었다. 초기의 기호학은 북미의 실용주의 철학의 토양에서 자라기가 힘들었던 것 같다. 커뮤니케이션이란 개념이 더욱 북미적이었던 것이었으리라. 그래서 유럽 전통의 기호학이 북미의 관심을 끈 것은 상당한 문화적 지연이 있은 후의 일이다. 기호학에 대한 북미학계의 본격적 관심은 최근에야 일기 시작했다. 아마도 비슷한 문화적 지연이 북미와 아시아 대륙 사이에 있는 것은 아닌가 생각된다.

유럽보다는 미국의 문화적 변화에 민감했던 우리나라의 정황으로 미루어 보아 기호학이라는 말보다 커뮤니케이션이란 말이 익숙하게 들리는 이유를 이해할 수 있다. 불행히도 아직까지 〈커뮤니케이션〉을 순수한 우리나라 말로 옮길 적절한 어휘가 없다. 그런데도(행인지 불행인지) 커뮤니케이션이란 말이 우리나라에서 보편화되어 있기 때문에, 이 책에서는 커뮤니케이션 시각에 맞추어, 기호학의 기본 사항들을 재조명하려 한다. 다시 말해 커뮤니케이션 전통에서 다루어온 주요 사항들을 기호학의 관점으로 뒤바꿔 놓으려 한다.

현대 기호학은 일반적으로 문화현상과 과정에 초점을 맞추고 있지만, 문화현상과 관련되어 일어나는 모든 현상, 가령 정치, 경제, 종교, 사회현상 등에도 주목한다. 좀더 근본적으로 말하면, 기호학은 기호에 의해 일어나는 커뮤니케이션 현상을 다루는 학문이다. 에코(1976, 8쪽)에 의하면, 기호학이란 모든 문화의 과정을 커뮤니케이션 과정이라고 보는 관점에서 문화를 연구하는 학문이다. 문화는 전적으로 기호학적 입장에서 연구할 수 있기 때문에, 같은 입장에서 문화와 더불어 일어나는 여러 현상을 살펴볼 수 있는 것이다. 좀더 구체적으로 보면, 〈사회적 작용력 social forces 으로서의 기호〉를 연구하는 것이 기호학의 주제라고 에코는 말한다(1976, 65쪽). 기호는 사회적 작용력의 체현일 뿐만 아니라 커뮤니케이션 현상을 일으키는 주체가 된다.

이 책은 기호학의 기본개념과 원리 및 응용에 관한 책이다. 피스키 Fiske 와 하틀레이 Hartley 는 기호학이 두 가지의 중심명제를 가지고 있다고 본다. 하나는 기호와 그것의 의미의 관계를 밝히는 것인데, 기호에 의미가 부여되는 작용을 의미작용, 또는 의미화 signification 라고 한다. 다른 하나는 기호가 코드로 결합되는 방식에 대한 관심이다

(Fiske & Hartley, 1978, 37쪽). 이들이 말하는 첫번째 명제를 좀더 세분함으로써 보다 중요한 또 한 켜의 명제를 얻어낼 수 있다. 그것은 기호작용 semiosis이다. 첫번째 것——즉 의미작용——은 기호와 의미가 갖는 구조적인 관계에 대한 것임에 비해, 기호작용은 기호와 의미가 어떤 구조를 갖춘 다음 기호로 하여금 일으키게 하는 심리공정에 대한 것이다. 이 세번째의 명제는 이데올로기와 관련되는데, 이에 대해서는 뒤에 많은 논의가 될 것이다.

기호학에서는, 기호의 조직원리를 코드 code라고 부르고, 코드에 의해 생산된 산물을 일반적인 말로 텍스트 text라고 부른다. 이 책은, 텍스트를 이루는 온갖 이미지 image, 은유 metaphor, 환유 metonym, 이야기체 narrative 신화 myth, 이데올로기 ideology 등의 상징체계들을 다루려고 한다. 이런 상징체계들은 신문, TV, 영화, 만화, 연속극, 광고, 잡지 등과 문학과 예술작품 같은 다양한 텍스트들 속에 풍부하게 들어 있어서 우리가 날마다 대하는 것들이다.

커뮤니케이션이 기호학의 기본 관심사인 것은 앞서 지적하였다. 그러나 기호학의 정수는 기호가 일으키는, 그리고 기호에 부여하는 의미작용이기 때문에, 이 책은 커뮤니케이션과 의미작용을 함께 다루려 한다. 의미작용은 탈커뮤니케이션이라는 특수 현상을 일으키기도 한다. 이런 현상은 특히 심미적 코드화에서 흔히 발견된다(제5장 참고). 요컨대 의미작용은 커뮤니케이션보다 큰 개념으로서, 커뮤니케이션에서 시작하여 탈커뮤니케이션에 이르는 광범위한 현상을 망라한다.

이 책이 목표로 하는 것은, 기호학의 이해를 넘어서 독자로 하여금 스스로 기호들을 창출할 뿐만 아니라, 일상생활에서 마주치는 텍스트들을 기호학적으로 분석할 수 있는 안목을 갖도록 도우려는 것이다.

마지막으로, 이 책 전체를 흐르고 있는 하나의 기본 가정에 대해서 미리 말해두는 것이 좋겠다. 이 책의 제목『기호의 우리, 우리의 기호』가 말하려는 것은 다음과 같은 것이다. 인간은 근본적으로 기호의 제작자이고, 자기 자신이 만들어놓은 기호의 테두리 안에서 살아가는 존재라는 사실이다. 인간은 기호에 의해서 외부의 세계를 이해하며, 이해한 것만큼을 기호의 世界像으로 환치해 놓고 그 안에 안주한다. 그래서 기호는 〈우리의 것〉임과 동시에 우리들은 〈기호의 우리 the cage of signs〉 속에 산다.

우리는 기호의 울타리를 결코 넘을 수가 없다. 우리의 의식은 기호가 슬며시 보여주는 표상으로의 세계에서 시작하며, 우리의 자유로운 상상은 다만 기호의 세계를 넓힐 따름이다. 인간의 의식과 무의식의 경계에 기호의 울타리는 자리잡고 있다. 우리의 모든 행동과 행위가 기호의 세계 안에 포박되어 일어난다. 또한 우리의 기억 밖으로 사라지는 세계와 우리의 기억 속으로 들어오는 세계 사이에 기호의 세계가 존재하며, 기호는 우리를 과거와 미래 사이에 걸쳐놓는다. 이처럼 기호의 세계가 역사를 이루기 때문에, 미래의 세계는 기호에 의해 우리의 행동의 장에 투사된다.

포스트모더니즘이 일어나기 전까지 우리는 적어도 다음과 같은 것을 믿어왔다. 자연은 열역학 제2법칙을 따라 일어나는 점진적 파국의 궤도 위를 움직이는 반면에, 인간은 합리적 사고를 중심으로 문화를 일으키며 인간 스스로의 운명을 결정할 논리 중심적 질서의 궤도를 건설한다는 것이다. 자연의 파국 경향과 문화의 질서 정립이라는 긴장관계 사이에 기호의 세계가 펼쳐진다. 그런데 그러한 기호의 세계에 어떤 도착이 일어나고 있음이 분명하다. 포스트모더니스트들이 주장하는 바에 의하면, 인간의 합리성이란 실상은 인간 문화에 엔트로피(무질서의 정도)를 감소시켜 온 것이 아니라, 그 반대로 스스로의 파국을 향하여 움직이는 문화를 창조해 왔다는 것이다. 이러한 주장을 뒷받침할 근거는 많다.

과연 자연과 문화는 같은 궤도——즉 파국의 궤도——를 따라 움직이고 있는 것일까? 무엇이 문화에 이러한 병리현상을 일으켜 놓았는가? 그 답은 기호의 세계를 진단함으로서 얻을 수 있는 것이라고 생각한다. 그러나 이 책은 그러한 궁극적 답을 내놓으려 시도하는 대신에(궁극적 답이란 존재할 수도 없거니와 설령 그런 답이 있다 하더라도 한 권의 책으로 얻어낼 수 있는 것은 아니다), 기호의 세계를 보는 안목을 갖도록 도우려 한다. 기호가 우리들의 것인 한, 우리가 우리 스스로를 가두는 기호의 우리를 성찰, 관조하는 일은 우리의 지성적 의무라고 생각한다.

제 2 장

기호의 구조

이 장에서는 기호의 정의와 기호의 몇 가지 대표적 모형에 대해서 살펴보려 한다. 그리고 기호의 종류와 성격, 기능에 대해서도 다루려고 한다. 먼저 소쉬르가 제시했고, 바르트 R. Barthes 가 정교화한 기호의 모형으로부터 시작하기로 하자. 기호는 세 가지 기본 요소로 이루어지는데 그것은 기표, 기의, 그리고 기호 자체이다(Barthes, 1972, 113쪽). 이중 세번째 요소, 즉 기호 자체는 기표와 기의가 연합하여 만들어낸 새로운 요소이다. 기호의 삼부모형은 기호를 나르는 운반체가 무엇인가에 관계없이, 즉 그것이 언어이든, 몸짓이든, 도상이든 상관없이 똑같은 틀을 유지한다.

기호는 기표와 기의의 두 가지로 이루어지는 것이 아니라 세 가지로 (기호 자체 포함) 이루어진다는 사실을 기억하는 것이 좋겠다. 그러나 쉽게 이해하기 위하여 다음과 같은 공식을 당분간 쓰기로 한다.

기호 = 기표 + 기의

기호학의 원칙은 사회현상을 기호로 대치 substitution 시키는 것이
다. 이러한 대치작용은 의미작용이라는 수속을 필요로 한다. 이 점을
염두에 두고 기호에 대한 이야기를 시작해 보자.

기호 ＝ 기표 ＋ 기의

〈발렌타인의 날 Valentine's Day〉은 여자는 남자에게 꽃을 바치고,
남자는 여자에게 초콜릿을 바치는 날이다. 남녀관계를 암암리에 구속
하는 전통적 사회습속이 이날엔 잠시 유명무색해진다. 그래서 아무리
수줍음을 타는 아가씨라도 좋아하는 남성에게 〈발렌타인 정신〉을 핑
계대고 슬쩍 사랑의 고백을 할 용기를 얻는 날이다. 사교성이라고는
전혀 없어서 데이트 신청을 어떻게 해야 되는지조차 모르는 캄캄무식
한 남성도 뜻밖의 여성으로부터 한 송이 장미꽃을 받아보는 날이기도
하다. 사랑의 고백을 받은 남성은, 그 여성이 마음에 들면, 역시 〈발
렌타인 정신〉에 힘 입어서 답신으로 초콜릿 상자를 바친다. 이것은 꽤
오래전에 외국에서 수입된 이방풍습인데, 여기에 우리가 따져봐야 할
여러 가지 의미가 있다. 그러나 우선 발렌타인의 날이라는 풍습이 어
떤 기호를 어떻게 만들어내는지 알아보기로 하자.
　가령 꽃님 양이 돌쇠 군에게 꽃을 바치는 일부터 살펴보자. 꽃님은
돌쇠에게 사랑을 표시하기 위해서 하나의 기호를 만들어야 한다. 발렌
타인의 날에 여성 쪽에서 흔히 사용하는 기호는 장미꽃이다. 그렇다고
장미꽃을 불쑥 내놓는다고 해서 기호가 되는 것은 아니다. 하나의 기
호를 만들기 위해서는 두 가지가 필요하다. 한 가지는 〈내가 너를 좋
아한다〉는 추상적 관념인데, 이것을 記意 signified 라고 부른다. 기의
는 꽃님이의 머릿속에, 또는 가슴속에 들어 있는 정신적 〈의미〉이기
때문에 이것을 나타내기 위해서는 의미의 운반체가 필요하다. 의미의
운반체를 記票 signifier 라고 부른다. 꽃님은 알맞은 기표를 골라서

〈내가 돌쇠를 좋아한다〉는 기의를 담아내야 한다. 물론 여러 가지 기
표를 생각해 볼 수 있지만, 발렌타인의 날 관습은 〈장미꽃〉을 사서 주
는 것이다. 그래서 꽃님은 백화점 꽃가게에 들려 제법 많은 돈을 내고
빨간 장미꽃 한 송이를 산다. 그리고 돌쇠와 만나기로 된 장소에 장미
꽃보다 더 붉은 얼굴을 하고 나타나서, 〈돌쇠야, 이거 받아〉 하고 장
미꽃을 건네주는 것이다. 이때 장미꽃은 그냥 장미꽃이 아니고, 〈사
랑의 기호〉가 된다. 그것은 〈내가 너를 좋아한다는 의미〉가 배어 있
는 특수한 장미인 것이다. 다시 말하면 기표로서의 장미꽃이 사랑이라
는 기의와 결합함으로써 하나의 기호 sign가 된 것이다.

　이상은 소쉬르(1966)가 소개한 기호의 체계이다. 그림으로 표시하
면 다음과 같다.

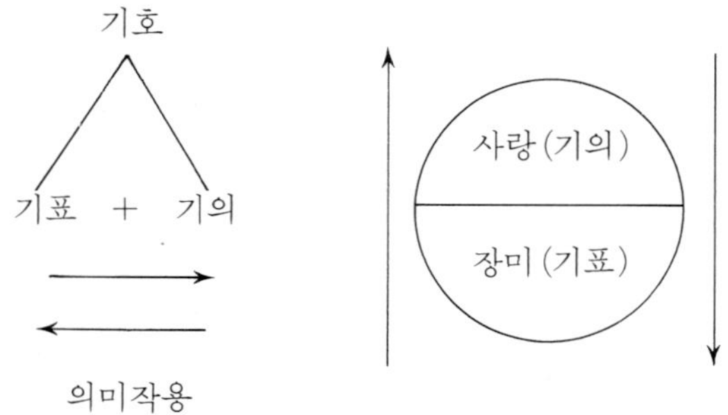

의미작용

　이처럼 하나의 기호를 만들기 위해서, 기표와 기의를 결합시키는 작
용을 의미작용 또는 의미화라고 부른다. 의미작용은 기호를 만들어낼
때에만 일어나는 것이 아니고, 기호의 의미를 풀이할 때에도 일어난
다. 가령 돌쇠가 꽃님의 장미꽃을 받았을 때, 그는 장미꽃(기표)에 어

떤 의미(기의)가 결합되어 있나를 알아내야 한다. 돌쇠가 장미를 받고, 〈꽃님이 날 좋아하는구나〉 하는 생각에 이르렀으면 의미작용은 돌쇠 쪽에서도 일어난 것이다. 이처럼 의미작용은 두 가지 방향으로, 즉 기호를 만들(기호작용) 때와 기호를 풀이할(기호 해석) 때 일어난다.

나중에 자세히 논의하겠지만, 여기서 간단히 짚고 넘어가야 할 것은 기호(장미꽃)를 매개로 한 의미작용을 통해, 꽃님과 돌쇠 사이에 일어나는 커뮤니케이션 현상이다. 꽃님이 장미를 사랑의 기호로 만들 때의 의미작용과 돌쇠가 장미를 꽃님의 사랑이 담긴 기호로 받아들일 때의 의미작용이 같은 내용으로 되어 있을 때, 꽃님과 돌쇠 사이에는 성공적인 커뮤니케이션이 일어난 것이다.

또 한 가지 중요한 것은 의미작용과 커뮤니케이션은 서로 관련은 있지만, 서로 다른 현상이라는 사실이다. 커뮤니케이션은 기표를 전달하는 과정인데 이럴 때의 기표는 흔히 메시지 message라는 말로 더 잘 알려져 있다. 즉 커뮤니케이션은 메시지의 전달과정으로서, 같은 의미작용이 송신자와 수신자 사이에서 일어날 것을 미리 기대하고 쌍방이 참여하는 행위다. 우리말로 커뮤니케이션을 〈의사소통〉이라고 번역하는 예가 많은데, 커뮤니케이션이란 〈소통〉의 개념과 가까운 말이다. 그러나 〈의사〉를 기의나 또는 의미라는 뜻으로 쓰고 의사소통이란 말을 만들었다면, 원리상 그 말은 틀린 말이다. 〈의사〉는 소통될 수가 없다. 그 이유를 알려면 커뮤니케이션과 대조되는 의미작용의 특성을 이해해야 한다.

의미작용은 기표에 기의를 더하거나 빼내는 작용이다. 특히 메시지의 수신자 쪽에서 보면 의미를 재생산해 내는 작용이다. 의미는 전달될 수 없다. 그래서 송신자 쪽에서 일어난 의미작용은 수신자 쪽에서 일어날 의미작용과 같을 수도 있고 다를 수도 있다. 또한 그런 이유로 해서 양쪽의 의미 창출과정은 서로 독립된 것이라고 볼 수 있다. 송신자와 수신자를 연결하는 것은 전달된 기표뿐이고, 전달된 기표는 수신자에게 의미를 재생산할 기회를 제공하는 역할을 수행할 뿐이다. 가령, 독자 앞에 15세기의 회귀 고문서가 있다고 하자. 그것은 그 고문서의 저자로부터 500년을 건너뛰어 독자에게 전달된 어떤 의미를 소장하고 있는 것이 아니라 그 책이 씌어진 이후 500년을 한결같이 어떤 독자에게든 의미 창출의 기회를 주어온 초대장이다. 저자의 두뇌 속에 있었던 의미는 독자의 두뇌에서, 운이 닿으면 재생산될 것이고, 그렇지 못하면 무의미한 낡은 종이뭉치에 그치고 만다. 다행히 꽃님의 가슴속에서 일어난 의미작용이, 돌쇠가 장미꽃을 받은 후 그의 돌 같은 마음속에서도 일어난다면, 꽃님과 돌쇠는 의미(재)생산에 의해서 같은 의미를 나누어 갖게 된 것이다. 요컨대 의미는 전달이나 소통되는 것이 아니고, 의미 재생산에 의해서 공유되는 것이다. 이런 뜻에서 〈의사 공유〉 또는 〈의미 공유〉라는 말이 더 정확하며 이것이 커뮤니케이션의 기능을 기술하는 알맞는 용어가 된다.

종종 의미작용은 꽃님 혼자만의 내적 과정으로 끝날 수도 있다. 꽃님과 돌쇠가 달밤에 데이트하는 장면을 생각해 보자. 만월……. 꽃님이 낭만에 흥건히 젖어서 〈돌쇠씨, 오늘밤 달이 유난히 밝지요?〉라고 말을 붙였다고 하자. 이때, 돌쇠가 〈나 이 동네 안 살아서 잘 몰라요〉라고 대답했다면 커뮤니케이션은 실패한 것이다. 하지만 의미작용이 실패했다고 볼 수는 없다. 돌쇠는 꽃님의 메시지를 받고, 그 나름대로 의미작용을 연출해 낸 것이다. 꽃님의 원의미는 재생산되지 못했지만, 돌쇠의 의미 생산은 아둔한 대로 어쨌든 일어난 것이다. 꽃님은 돌쇠의 빗나간 메시지를 받고, 속으로 〈이런 머저리 같으니라구〉 하고 생각할 것이다. 새로운 의사가 꽃님이 머릿속에서 일어난 것이다. 그것은 돌쇠 쪽에서는 꽤나 똑똑히 정직한 표현을 했다고 자부하는 의사와 한층 더 빗나간 것일지도 모른다. 그렇다면 머리 좋은 꽃님도 커뮤니케이션에 매번 성공하고 있는 것은 아니다. 커뮤니케이션의 실패는 의미 재생산과 의사 공유의 실패를 의미한다. 그런데도 의미는 계속 빗나가며 생산된다.

의미 공유의 가망이 없는 커뮤니케이션은 할 필요가 없다. 그래서 예수는 〈돼지에게 진주를 던져주지 말라〉(「마태복음」, 7:6)고 가르쳤다. 돼지의 머릿속에서 일어나는 의미작용이란 모든 것을 〈먹을 것〉으로 풀이하는 단순작용이다. 그런데도 요즘 미국에서 심심치 않게 노이는 것은, 돼지가 개나 고양이의 반열에 오르고 있는 기현상이다. 할일 없는 부인네들이 돼지에게 조끼가 달린 옷을 해입히고, 돼지머리에 꽃장식 띠를 둘러주고는, 아침저녁 산보길에 같이 거닐거나 밤이면 잠자리에도 데리고 들어가 함께 잔다. 돼지의 의미작용과 유한마담의 의미작용은 서로 독립된 것이니까 돼지가 유한마담을 깔보든 말든 의미작용은 계속 일어날 수 있겠지만 커뮤니케이션은 계속 실패하고 있는 것이다. 중요한 점은 유한마담이 돼지 사랑의 의미작용이 의미 있다고 여기는 한 그것은 의미 있는 행위이고, 그녀에게 돼지는 의미 있는 기호가 된다는 사실이다.

소쉬르는 언어학자이기 때문에, 기표라고 말할 때 음성이미지를 가리키는 말로 썼으나 기표는 어떤 이미지라도 상관없다. 기표를 〈기호의 이미지〉라고 일반화해서 이해하는 일이 중요하다. 기표로 쓸 수 있는 이미지 중 중요한 것은 두 가지이다. 하나는 음성이미지이고, 다른 하나는 시각이미지이다. 이 두 가지 모두 기호의 물질적 형태를 취하고 있음에 유의하자. 〈장미〉라고 소리내어 읽을 때 들리는 소리는 장미꽃의 음성이미지이다. 음성이미지는 귀로 들을 수 있다. 시각이미지는 대체로 두 가지로 이해할 수 있다. 한 가지는 장미꽃 자체로서 우리 눈으로 볼 수 있고, 또 손으로 만질 수도 있다. 다른 한 가지는 〈장미〉라고 쓴 글자로서 역시 눈으로 볼 수도 있고, 글귀가 트인 사람은 읽을 수도 있다. 여기서 다음 두 가지를 강조해야 하겠다.

첫째, 기표를 듣고, 보고, 만지는 감각기관도 물질적인 것이기 때문에 커뮤니케이션은 물질을 통해 일어나는 현상이라는 점이다. 둘째, 기표가 기의와 합쳐져서 기호가 된 후에는, 그 자신이 하나의 압축된 기표(기호가 아님——이 점에 대해서는 뒤에 설명하기로 함)가 되어 지각 있는 동물의 두뇌에 도장이 찍히듯이 인각 inscription 된다. 두뇌에 인각된 기표는 두 가지 다른 물질계를 연결시킨다. 꽃님이 사들고 온 꽃, 아직 싱싱한 장미가 존재하는 세계, 바꿔 말하면 두뇌 외부에 존재하는 물질세계가 하나이고, 다른 하나는 〈사랑의 장미〉라는 장미의 이미지(장미 자체가 아닌)가 인각되는 두뇌 내부, 즉 젖은 뇌세포로 된 물질세계다. 두뇌 밖의 세계를 의식 외부의 객관적 세계라고 한다면, 두뇌 속의 세계는 의식의 세계, 또는 주관적 세계라고 할 수 있다. 의식의 내부에는 무의식의 어둡고 끝없는 세계가 펼쳐진다. 요컨대 돌쇠의 두뇌에 인각되는 새로운 기표는 꽃님이 들고 왔던 장미꽃이 시든 후에도 시들지 않고 오랫동안 돌쇠의 마음속에 남아 있게 된다.

기의는 마음속에 일어나는 정신적, 추상적 개념이다. 기의는 〈어떤 것에 대하여 언급된 말〉, 즉 기표에 대응하는 말이라고 더 쉽게 이해할 수도 있다(Barthes, 1967). 〈저게 뭐지?〉라고 꽃님이 물었다고 하자. 이 질문에서 〈저것〉에 해당하는 물체는 기표이다. 돌쇠가 〈(그건) 보름달이야〉라고 대답했다면, 그 대답, 〈보름달〉은 기의가 된다. 〈달에 대응하는 말〉이 기의이다. 커뮤니케이션을 일으키기 위해서는 반드시 기표의 신세를 져야 한다. 하지만 커뮤니케이션이 일어나고, 의미작용이 일어난 다음에 마지막으로 우리의 가슴에 정신적 효과를 일으키는 것은 기의이다. 기표의 이용이란 결국 정신세계라고 하는 보다 높은 세계, 즉 의미의 세계로 입장하기 위한 것이다.

손가락은 달을 가리킬 때만 필요한 것이지 일단 달을 보고나면 더 이상 필요치 않다(Capra, 1984). 기표는 손가락과 같은 것이고, 달은 기의와 같은 것이다. 꽃님의 〈사랑〉이라는 기의가 장미꽃, 눈짓, 미소 등 어떤 기표를 이용해서라도 돌쇠의 가슴에 〈사랑!〉이라는 메아리를 치게 하고 나면 기표들은 시들어도 상관없는 것이다.

그렇다면 기표는 기의보다 열등한 것인가? 그렇지 않다. 어느 것이 우월한가에 대한 중요한 논의는 잠시 뒤로 미루기로 하자.

변증법적 합성

소쉬르의 기호모형은 이분법과 변증법적 합성이라는 대립되는 두 가지 조작을 포함하고 있다. 우리가 자연 속에 있는 어떤 현실체를 볼 때, 다음과 같은 일련의 이분법이 연속적으로 적용된다. 우선 나와 다른 것(나 아닌 것)으로, 다른 것의 모양과 그것의 배경으로, 그 다른 것의 기호와 그 다른 것 자체로 갈라져 나간다. 이 연쇄고리의 마지막에 우리의 눈에 들어오는 것은 저 밖에 있는 다른 것(대상체 referent)이 아니라, 그것을 대표(또는 표상)하고 있는 기호이다. 소쉬르는 이 기호를 한번 더 둘로 쪼갠다. 쪼개져 나온 것이 기표와 기의이다. 이상을 종합하면 다음과 같은 이항대립쌍(이원항)을 얻을 수 있다. 어떤 구조 속에서 서로 배타적이면서 서로 함께 있는, 그래서 그 구조 속에 공존하면서 서로 상쇄될 수 없는 두 가지 실체나 개념을 이항대립쌍 binary opposite 또는 이원항이라고 부른다.

나 self : 다른 것 other
모양 figure : 배경 ground
기호 sign : 대상체 referent
기표 signifier : 기의 signified

마지막 대립쌍에서, 우리가 무엇을 지각할 때, 감관에 들어오는 것은 저 밖의 어떤 다른 것을 대표하고 있는 기표임을 알 수 있다. 그것은 마치 조간신문이 문간에 던져지듯이, 우리의 감관 앞에 던져진다. 문간에서 쿵 소리가 난다. 그러면 우리는 〈저게 무슨 소리지?〉하고 자신에게 묻게 된다. 매일 조간신문이 날아와 떨어지는 소리를 듣는 사람은, 즉시 〈아, 신문 왔구나〉하고 기의가 떠오른다. 그러나 집에 온 손님은 문간의 소리가 무엇인지 궁금하다. 무슨 일이 이 손님의 마음에서 일어나는가? 물론 의미작용이 일어난다. 그런데 이 손님에게 일어나는 의미작용은 두 가지 고리를 따라 일어난다. 하나는 기표의 고리를 따라 일어나는 의미작용이고, 다른 하나는 기의의 고리를 따라 일어나는 것이다.

〈쿵〉 소리가 여러 가지 가능성을, 즉 여러 가지 형태 forms를 손님의 마음속에 일어나게 한다. 이것이 아래 그림에서 왼쪽에 나열된 것, 즉 기표의 의미작용이다. 동시에 또 한 줄기의 의미작용이 손님의 마음속을 주욱 흐른다(그림의 오른쪽). 이 두 줄기의 상호작용을 라캉 J. Lacan 은 Sr/Sd(기표/기의)라는 형식으로 표시하면서, 기표의 우위를 주장한다. 기의란 언제나 제시된 기표의 밑바닥에서 끊임없이 〈미끄럼〉을 타는 그런 것이라고 한다(Lacan, 1977, 154, 303쪽).

기표의 의미작용 고리	기의의 의미작용 고리
새벽 도둑이 담을 넘어 들어오는 쿵 소리	도둑인가 ?
처마에 매달렸던 고드름이 떨어지는 쿵 소리	날이 풀리나 ?
신문이 떨어지는 쿵 소리	신문인가 ?
밖에 나갔던 주인 마나님이 발을 헛디딘 쿵 소리	넘어졌다 ?

〈쿵〉 소리가 손님에게 어떤 의미 있는 기호가 되기 위해서, 이 두 줄기의 의미작용으로부터 변증법적 합성이 일어나야 한다. 변증법이란, 서로 상쇄시킬 수 없는 모순인자들을 합쳐서 원래 것보다 높은 차원의 새로운 것으로 변환시키는 관념적 조작이다. 주인이 문을 열고 나가 신문을 집어들고 오는 것을 보는 순간, 손님의 마음속에서 기표

와 기의의 변증법적 합성이 완성된다. 〈쿵〉 소리(기표)는 신문이 날아
와 떨어지는 소리였음(기의)을 알게 된다. 일단 이 합성이 일어나면
〈쿵〉 소리는 〈신문 소리〉의 기호가 된다. 소쉬르는 바로 기표와 기의
의 총체를 기호라고 정의한 것이다. 따라서 소쉬르의 기호는 세 가지
의 다른 요소들로 이루어져 있다. 하나는 외부세계가 공급하는 기표,
둘째는 마음이라고 하는 내부세계가 공급하는 기의, 셋째는 이 두 가
지가 합성되어 표상의 세계에 편입되는 기호다. 아래 그림은 이 세 가
지 관계를 종합해서 나타낸 것이다.

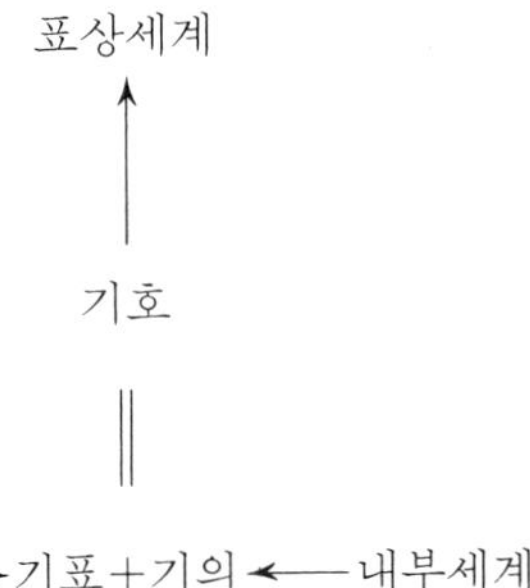

　전체적 의미작용은 어떻게 해서 가능한 것일까? 여기에서 결정적인
요소는 내부세계에 축적되어 있는 기의이다. 어떤 기표가 주어질 때,
그것에 연결시킬 적당한 기의가 없으면 의미작용은 일어나지 않는다.
　내부세계, 즉 마음은 문화적 체험의 창고라고 볼 수 있다. 거기에는
잡다한 관념, 이미지 등 지각요소[知覺片]의 계열체가 들어 있다. 이
것은 모두 기의이기 때문에, 위의 그림에서 인간은 그 자체가 하나의
커다란 기의라는 것을 알게 된다. 그래서 바르트(1985)는 인간을 이미
지 저장소 image-repertoire라는 말로 표현한다.
　라캉의 Sr/Sd 모형이 암시하는 것처럼, 인간은 기표의 세계에서 끊
임없이 미끄럼을 타는 존재이다. 라캉에 의하면, 우리가 의미를 생산

하는 것은 이와 같은 미끄럼을 타다가 소급하여 의미작용의 고리에 매듭을 매김질할 때이다. 즉 의미는 지나간 것을 되돌아보는 어느 구간에서 생겨난다. 의미를 생산하는 사람이 되돌아보는 구간의 폭을 조정하는 것에 따라 거기에 잡히는 기표의 조합도 달라질 것이기 때문에, 그로부터 만들어지는 의미도 다소 달라질 것이다. 따라서 의미는 언제나 불안정하다. 그러나 인간은 언제나 안정된 것을 원한다.

결국 라캉이 보는 인간은 자아와 의미의 끊임없는 변증법적 움직임 속에 사는 존재라고 생각된다. 그런데 신화학자인 캠벨은 〈사람들이 추구하는 것은 인생의 의미가 아니라, 살아 있다는 체험〉이라고 말했다. 그리고 그는 다시 〈그대 자신의 의미는 그대가 거기 있다는 것〉이라고 했다(Campbell, 1988, 5-6쪽). 그렇다. 자아가 〈여기 있다는 것〉——그것이 문제인데, 그것은 인간이 바로 기호로서 존재한다는 사실이다. 또 캠벨은 〈자아가 여기 살아 있다는 사실에서 오는 희열이 바로 인생의 의미〉라고 한다. 그렇다면 그 희열은 도대체 어떻게 느껴지는 것일까? 기호를 통하여 느껴진다. 희열의 느낌 자체가 의미 있는 것이 아니라, 희열을 느끼고 있다는 인식이 느낌을 의미 있게 하는 것이다. 그런데 느낌을 의미 있게 한다는 것은 결국 느낌의 해석이지 않은가? 결국 인생이 의미를 추구하든 안하든, 의미는 따라오게 마련이다. 방브니스트는 소쉬르의 생각을 다음과 같이 간략하게 요약하고 있다. 〈인간 자신이 하나의 기호이고, 그의 사상이 하나의 기호이며, 그의 하나하나의 감정이 기호이다〉(Benveniste, 1985, 229쪽). 이를 근거로 캠벨의 말을 다시 읽으면, 그는 사람이 자신 안에 체현하고 있는 의미를 생략하고 있음을 알 수 있다. 사람은 거기에 단순한 기표로 살아 있는 것이 아니라 〈거기 있는 기호〉이다. 기호로서의 인간은 원하든 원치 않든 의미와 더불어 〈거기 있는〉 존재이다.

기호, 거짓, 진실

기호는 기표와 기의의 조합 combination 으로 만들어진다. 이렇게 만들어지는 기호는 몇 가지 중요한 성질을 지니고 있다. 이에 대한 논의를 위해 에코의 〈거짓말 이론 a theory of the lie〉을 먼저 음미해 보자.

기호학은 기호로 쓸 수 있는 모든 것에 관련되어 있다. 어떤 다른 것을 의미 있게 대체할 수 있는 것이면 무엇이든 기호가 될 수 있다. 어떤 다른 것이란 기호가 그것을 표상하고 있는 시간에 꼭 있어야 할 필요가 없고 실제로 다른 곳에 있어도 된다. 그래서 기호학은 원칙상 거짓을 말하기 위해 쓰이는 모든 것을 연구하는 학문이다. 만약 어떤 것이 거짓을 말하는 데 쓰일 수 없다면, 그것은 진실을 말하는 데에도 쓰일 수가 없으며 〈말〉조차 할 수가 없는 것이다. 〈거짓에 관한 이론〉의 정의를 일반 기호론의 꽤 포괄적 프로그램으로 채택해야 한다고 나는 생각한다(Eco, 1976, 7쪽).

이 인용에서 기호의 두 가지 특성, 즉 기호의 표상성과 진위성을 발견할 수 있다. 이 두 가지는 모더니즘에서 포스트모더니즘으로 이어지는 중요한 철학적 명제들과 관련되어 있다(제6장 참고).

기호의 표상성 representativeness 은 기호가 현실체 reality 를 어느 정도 인간의 인식에 반영해 주느냐 하는 문제를 안고 있다. 한편 기호의 대상성 referentiality 은 기호의 표상성을 다른 각도에서 하는 말인데, 현실체에 관한 존재론의 문제를 제시하고 있다. 기호의 진위성은 기호의 효용에 관한 윤리성, 정치-경제적 비판이론을 비롯한, 진리를 기호의 대상성의 맥락에서 보고 있는 진리론과 관련이 있다. 이런 문제들은 뒤에서 다루기로 하고, 여기서는 기호의 모형에 관한 기본적인 문제를 다루기로 한다.

퍼스의 삼부모형

첫째, 기호의 표상성(또는 대표성)에 대해서 이야기해 보자. 〈어떤 다른 것을 의미 있게 대신할 수 있는 것이면 무엇이든 기호가 될 수 있다〉는 말은 기호의 표상성을 나타낸다. 한 기표가 다른 어떤 것을 표상함으로써 기호가 될 수 있다는 기호의 존재양식이 흥미롭다. 이러한 기호의 표상성을 잘 나타낸 것이 미국 기호학의 창시자인 퍼스 Peirce(1931-1958)의 다음과 같은 모형이다.

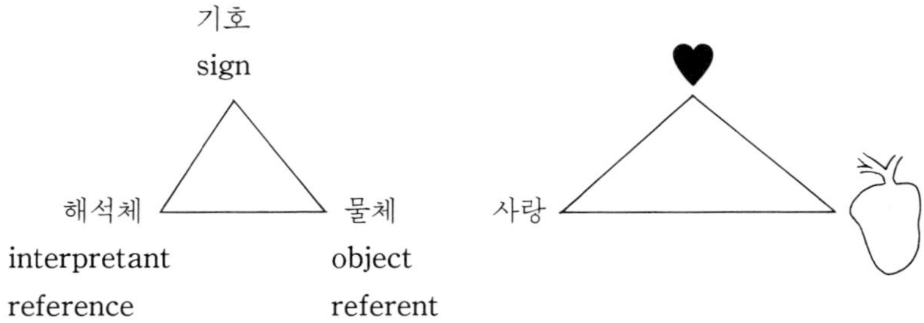

그림에서 왼쪽 기호는 자기 자신 이외의 어떤 것, 즉 물체를 대표한다. 예로 그림 오른쪽 꼭대기에 있는 ♡ (하트모양)은 기호로서, 심장(염통)을 표상한다. 그림 왼쪽에 있는 해석체는 해석자나 기호의 사용자가 아니고, 기호에 의해서 일어나는 어떤 정신적 개념이다. 이런 해석체는 물론 기호 사용자의 과거 경험으로부터 떠오르기도 한다. 하트모양의 기호가 유발시키는 정신적 개념은 〈사랑〉이다.

영국의 수사학자 오그든 C. K. Ogden과 리차즈 I. A. Richars(1989)의 용어를 써서 이를 다시 설명해 보자. 오그든과 리차즈는 물체를 대상체 referent 라는 말로, 해석체를 사상체 reference 라는 말로 표현한다. 만들어진 기호는 두 가지 일을 동시에 수행한다. 기호가 일단 만들어지면, 그것이 대표하고 있는 어떤 것(물체 또는 대상체)을 은연중에 항상 지시 refer to 한다. 그래서 대상체는 기호 주변에 있어도 좋고 없어도 좋다. 좀더 나가면 기호는 실제 대상체를 잠적시키는 역할을 한다고 말할 수도 있다. 기호는 대상체를 시야 밖으로 사라지게 한다. 대표만 있으면 되는 것이다. 대상체가 기호 주변에 얼씬거리면 기호-대표로서의 구실을 수행하는 데 방해가 된다. 라캉의 말을 빌려 말하면, 기호는 대상체를 〈뒤로 미루어 버리는 defer〉 역할을 한다. 이 점은 매우 중요하기 때문에 뒤에 다시 논의하기로 한다.

표상성에 대한 종합으로 방브니스트의 글을 인용하기로 한다. 〈기호의 역할은 대표하는 것, 즉 대치에 의해 다른 어떤 것을 언급하며 그 자리를 차지하는 것이다(1985, 233쪽)〉.

둘째, 만들어진 기호는 대상체를 대표함과 동시에 어떤 정신적 개념을 띠게 된다. 이것은 위에 인용된 방브니스트의 말 중 〈다른 어떤 것을 언급하는 것〉과 관련된다. 이 사실은 기호의 대표성이란 해석체를 기호 사용자의 마음속에 유발시켜 주는 능력이기도 하다는 것을 뜻한다. 그러나 그 능력의 일부는 기호 사용자의 과거 경험을 빌리는 데서 얻어지기도 한다. 기호는 대상체를 사라지게 하는 대신, 해석체(또는 사상체)를 떠오르게 한다. 하트모양은 우리 마음에 〈사랑〉이란 뜻으로 해석된다. 중요한 것은, 하트모양의 기호가 만들어 진 이상, 꽃님이 〈사랑〉을 보여주기 위하여 피가 줄줄 흐르는 진짜 심장을 꺼내 보여줄 필요가 없어진 것이다.

우리말에 〈말로 하시오〉라는 표현이 있다. 김소운의 수필집에서 읽은 이야기를 좀 해보기로 하자. 일본의 한 무사에게 아들이 있었다. 하루는 그 아들이 떡집 주인에게 쫓겨 헐레벌떡 집으로 뛰어들어왔다. 그 무사는 무슨 일이냐고 떡집 주인에게 물었다. 떡집 주인은 아들이 자기집 떡을 훔쳐먹었다고 했다. 무사는 고개를 저으며 아들이 그럴 리가 없다고 주장했다. 떡집 주인은 그 아이가 틀림없이 훔쳐먹었다고 다그쳤다. 하는 수 없이 무사는 한 가지 제안을 했다. 자기가 검으로 아들의 배를 갈라 위를 꺼내보고 그 속에 떡이 들어 있으면, 그 놈은 도둑이니 죽어 마땅하고, 만약 위 속에 떡이 없으면 떡집 주인은 무그

한 생명을 죽게 했으니 목을 내놓으라고. 떡집 주인은 이 제안을 받아들였다. 아들에게도 목숨을 걸고 정직을 입증하겠느냐고 다그쳤다. 아들은 고개를 끄덕였다. 무사는 검을 휘둘러 아들의 배를 갈라 위를 꺼냈고, 떡집 주인이 위 속을 들여다보았지만 떡은 거기에 없었다. 떡집 주인은 약속대로 목을 내밀었고, 무사는 검을 내리쳤다. 떡 때문에 두 목숨이 사라진 것이다.

이 이야기를, 일본사람들은 목숨을 걸고 지키는 정직과 약속의 고결함을 가르치는 자랑스러운 우화로 되새긴다고 한다. 그런데 김소운은, 은근과 끈기를 좋아하는 느긋한 한국인의 시각에서 볼 때, 이것은 어리석고 졸속한 일본 기질, 즉 短氣를 드러내는 이야기에 불과한 것이라고 했다. 다음날 아들의 똥에서 팥냄새가 나나 안나나 보면 될 일을 두고 두 목숨씩이나 죽여가면서 정직을 증명할 필요나 약속을 지키게 할 필요는 없다는 것이다. 그렇다면 한국식은 기호학적이다. 없어진 떡을 보려고 위까지 꺼내볼 필요는 없다. 〈말〉로 하면 되고, 〈말〉로 안 될 때는 다음날 똥을 조사하면 된다. 정직을 알기 위해 목숨까지 요구할 것은 없고, 그대로 두고 차차 하는 행실을 관찰하면 된다. 알고자 하는 바를 기호가 〈말〉해 줄 것이기 때문이다.

요컨대 기호는 대상체를 대표하고, 동시에 해석체를 내건다. 기호는 이 두 가지를 동시에 하기 위해 존재한다. 모든 물체의 이름은 똑같은 원리에 의해서 만들어진 것이다. 꽃님, 돌쇠, 아인슈타인, 나이팅게일, 양귀비 등의 고유명사와 꽃, 돌, 별, 하늘 같은 물질명사와 사랑, 감정, 정직 같은 추상명사…… . 모든 이름씨[名詞]는 기호이다. 그뿐만 아니다. 움직씨[動詞], 꾸밈씨[形容詞], 어찌씨[副詞] 등이 모두 기호이다. 언어체제 자체가 온통 똑같은 원리에 의해서 만들어진 기호의 모임이다. 그 안에 있는 낱말 하나하나가 대상체를 밀쳐내고, 어떤 해석체(사상체)를 품고 있는 것이다. 그래서 큰사전 Dictionary 안에는 우주에 있는 삼라만상이 이런저런 뜻을 품은 각기 다른 기호를 입고 들어가 있다.

퍼스의 모형은 실상 소쉬르의 모형과 큰 차이가 없다. 이 두 가지 모형은 강조점을 조금씩 달리하고 있을 뿐 형식상 같은 것이다. 퍼스 모형의 물체(대상체)는 소쉬르 모형의 기표에 해당하고, 해석체(사상체)는 기의에 해당된다. 이 책에서는 주로 소쉬르의 모형에 나온 개념을 사용하여 논의를 전개해 나가게 될 것이다.

표상성(대표성)

소쉬르의 모형으로 되돌아가서 다시 기호의 표상성을 따져보면 기호의 또 다른 성격을 발견하게 된다. 꽃님이 만든 사랑의 기호 이야기를 다시 생각해 보자. 꽃님은 장미꽃(기표)에 사랑(기의)을 합쳐 사랑의 기호를 만들었다. 독자는 한 가지 중요한 질문을 던질지도 모른다. 사랑를 표시하는 데 왜 하필 장미꽃, 그것도 가시가 달린 꽃인가? 이것은 기표와 기의 사이에 존재하는 자의성 arbitrariness을 지적하는 마우 중요한 질문이다. 더 나아가 기호가 품고 있는 의미체제 전반의 자의성을 들먹거려야 하는 극히 중대한 질문이기도 하다(이 점은 잠시 뒤에 다루기로 한다). 하나의 기호가 만들어질 때 기표와 기의는 기호 저작자 마음대로 연결된다. 좀더 근본적으로 말하면, 기호를 이루는 기표와 기의 사이에는 〈자연적 연결 natural connection〉이 존재하지 않는다. 이러한 소쉬르의 주장은 매우 중요한 의미를 가지고 있다. 그러나 기표와 기의 사이에 자연적 연결이 존재하는 기호도 있다고 반론을 펴는 기호학자들이 있다(Eco, 1976). 가령 꽃벌의 〈붕붕〉소리, 돼지의 〈꿀꿀〉소리, 수탉의 〈꼬끼요 꼬꼬〉하는 길게 쳐진 소리나, 암탉의 〈꼬꼬댁 꼬꼬〉하는 짤막한 소리, 돌쇠의 〈뿌웅〉하는 방귀소리 같은 의성어에서는 기표와 기의 간의 자연적 연결이 있음을 알 수 있다. 그러나 이런 것을 제외한 대부분의 기호들을 볼 때, 소쉬르의 주장이 옳다고 생각된다.

일반적으로 기의와 기표 간에는 자의적 연결이 있을 뿐이다. 그렇기 때문에 꽃님이가 사랑과 장미를 마음대로 묶어서 사랑의 기호를 만들 수 있었던 것이다. 마찬가지로 사랑의 선물을 받은 돌쇠는 초콜릿과 사랑을 함께 묶어 또 다른 사랑의 기호를 만들어 꽃님에게 바칠 수 있는 것이다. 그뿐이랴. 꽃님과 돌쇠는 그들의 연애편지에 하트모양의 기호 ♡를 그려넣어 더욱 짙은 사랑을 나눌 수도 있다.

대상체를 표상할 때 기호가 드러내는 기의와 기표 간의 자의성은 기호생산에 무한한 융통성을 준다. 꽃님이 돌쇠에게 〈왜 하고 많은 이름 중에 하필이면 '돌쇠'냐〉고 물었다고 하자. 돌쇠도 똑같은 질문을 던질 수 있다. 돌쇠 엄마가 고추 달린 돌쇠를 낳아 품에 안았을 때, 사실은 무한히 많은 이름이 마음에 떠올랐을 것이다. 그 많은 이름 중에서 어느 것을 골라 〈이 고추 달린 녀석〉의 멋진 기호로 삼을 것이냐 하는 것은 자의적 선택의 문제이다. 아직 봉건적 전통이 살아 숨쉬고 있다면, 이름을 지을 권리는 돌쇠 엄마보다는 돌쇠 할아버지에게 있을지도 모른다. 유아사망률이 높았던 시골형편이라면 〈돌대가리라도 좋다. 튼튼하게만 자라다오〉하는 염원(기의)에서 〈차돌같이 단단하고 무쇠같이 거침없음(기의)〉을 상징할 이름을 찾았을 것이다. 돌쇠의 할아버지가, 〈돌쇠〉란 이름은 너무하니 〈明石〉이라고 바꾸자고 했지만, 돌쇠 아버지는 한글전용 시대를 주장하면서 〈돌쇠〉를 고집할 수도 있었을 것이다. 사회습속이나 시대정황 같은 것이 영향을 미치는 것은 사실이나 어찌되었건 대체로 기표와 기의는 자의로 연결된다. 이러한 자의성이 있기 때문에 서로 다른 무수한 기호들을 생산할 수 있다.

기의와 기표 간의 자의성은 논리를 거부하고 학습을 요구한다. 〈왜 하필 네 이름이 돌쇠냐?〉 하고 따지는 것은 무의미하다. 어느 녀석에게 그 이름이 연결되어 있는가를 배워야 할 뿐이다. 이 점을 일반화해서 말하면, 모든 언어를 배워야 할 따름이다. 물론 어원학 etymology의 문제도 있지만, 일단 배우고 나서 따져 들어가야 할 과제이다. 기호학에서는 어원학적 접근방식을 취하는 것이 아니라, 기호제작 관습의 바탕을 이루는 코드화 codification에 중점을 둔다. 앞에서 돌쇠의 이름 짓기에서 조금 드러났듯이 코드화에는 여러 가지 이데올로기적 요소들이 개입된다.

물론 돌쇠의 이름만을 풀이하기 위해서 기호학이 존재하는 것은 아니다. 기호를 분석하는 일은 보다 중대한 과제들을 가지고 있다. 우리의 삶 자체와 운명을, 우리의 삶의 기반이 되는 문화·정치·경제 체제를, 우리의 삶의 방식 등을 결정하는 기호들을 분석하여, 그 속에서 어떤 의미를 찾아내고, 보다 나은 삶의 진로를 유도해 내는 일이 기호학의 과제이다. 이 만만치 않은 과제가 기호의 자의성에서 나오는데 그것은 정보의 조작성, 진리의 허구성, 권력의 임의성 같은 포스트모더니즘의 굵직굵직한 명제들을 낳았다.

진위성

앞의 인용문에서 에코는, 〈기호가 어떤 것을 표상하고 있는 동안 그 어떤 것이 반드시 존재할 필요가 없고, 어디엔가 실제로 다른 곳에 존재해도 된다〉고 한 후에 〈그래서 기호학은 원칙상 거짓을 말하기 위해 쓰이는 모든 것을 연구하는 학문〉이라고 했다. 여기서 〈거짓을 말하기 위해 쓰이는 모든 것〉은 두말할 나위 없이 기호이고, 기호가 대표하는 어떤 것은 퍼스의 용어로는 〈물체〉, 오그든과 리차즈의 용어로는 〈대상체〉이다. 이 인용에 나타나는 두 가지 중요한 점을 논의해 보자. 첫째는 물체 또는 대상체의 성질에 대해서, 둘째는 거짓의 성격에 대해서이다.

물체(또는 대상체)의 존재 여부는 물체와 기호의 실존적 연계나 근접성을 두고 한 말처럼 들리지만, 그 의미는 좀더 광범위한 것이다. 일반적으로 말하면, 첫째로 물체란 반드시 물질적 실체일 필요가 없고 관념적 물체이어도 상관없다. 즉 대상성은 물질적 실체와 관념적 구성물을 모두 포함할 수 있다. 둘째로 물체는 실존하는 물체와 허구적인 상상물을 모두 포함할 수 있다. 즉 기호는 물질적인 것에서 관념적인 것까지, 존재하는 것에서 허구적인 것까지 무엇이든 대표할 수 있다.

기호의 이와 같은 엄청난 대표력 내지 표상력은, 기호의 자의성과 더불어, 기호의 무한한 생산을 허용한다. 실제로 수많은 가공적 기호들이 철학자, 수학자, 예술가, 미디어 종사자 등에 의해서 만들어졌고, 계속 만들어지고 있다. 예를 들면 진리, 정의, 무한, 허수($\sqrt{-1}$), 용, 〈E.T.〉 등 이루 헤아릴 수 없이 많다. 기호의 이러한 능력은 인간의 공상력과 창의력을 무한히 확장시켜 준다. 물질적 자연계와 우주는 유한한 것 같고, 인간이 창조하는 가공의 세계는 무한한 것처럼 보이기까지 한다. 그런데 여기에 문제가 있다. 현대 미디어시대의 사람은 점점 자연을 떠나 환상적 가공의 세계로 빠져들고 있다. 사람들은 현실에 안주하지 않고, 過現實的 세계에 한없이 미혹되고 있다. TV가 보여주는 과실재성 hyperreality 과 과공간 hyperspace 이, TV 시대에 태어나는 아동들의 〈자연〉이 되고 있고, 신이 창조한 저 밖의 자연(참자연)은 흥미 없는 제2의 자연으로 멀어지고 있다. 사람들은 기호의 유혹에 사로잡혀 인조기호의 세계에 침잠하고 있는 것이다. 학생들은 꽃잎의 세포조직을 현미경으로 들여다보기보다는, TV 화면에 나타나는 가공의 이미지들, 즉 닌자 거북이, 터미네이터, 비디오게임 쪽을 택한다. 정상배들은 가공의 통계숫자를 가지고 민심을 조작하고, 텅 빈 정치공약을 가지고 민심을 선동한다. 신기하게도 그런 것이 시민들에게 잘 먹혀든다. 왜냐하면 사람들이 점점 가공적 기호의 세계에 익숙해지고 있기 때문이다.

두번째로, 거짓의 성격에 대해 이야기해 보자. 에코가 말하는 〈거짓〉이 가공적인 것을 표상하는 기호의 기계적 능력만을 뜻하고 있는 것은 아니다. 그것은 실제로는 없는 것을, 기호를 통해 마치 있는 것처럼 보여주는 거짓까지도 뜻한다. 보드리야르는 이런 조작을 모조 simulation 라고 부른다. 그런데 기호는 있는 것을 없는 것처럼 만드는 능력도 있다. 이와 같은 조작을 비모조 dissimulation 라고 한다. 비모조는 두 가지로 작용할 수 있다. 있는 것을 비모조화하는 것과 없는 것을 비모조화하는 것이 그것이다. 있는 것을 비모조화하는 것은 신상 같은 것을 일으킨다. 그러나 없는 것을 비모조화하는 것은 순수한 모조 pure simulation로 거짓 중의 거짓이다. 비모조는 내놓고 하는 사기이기 때문에, 거짓이 분명하여 진위판단의 원리가 위협을 받지 않는다. 그러나 순모조는 진위판단의 기준을 훼파하여 진실과 거짓, 실재와 가공의 차이를 분별할 수 없게 만든다(Baudrillard, 1988, 168쪽). 순모조는 현실성을 우회하여 기호에게 기호 스스로의 복제 재생산 능력을 준다. 보드리야르는 있는 것의 비모조에 의해서는 신학이 일어날 수 있지만, 순모조가 판을 칠 때는 신조차 자기 자신을 신으로 알아볼 수 없게 되고, 온 우주가 비결정성 indeterminancy으로 빠져든다고 했다. 파국 catastrophe이 오는 것이다.

다행스럽게도 기호는 거짓말하는 능력 외에 진실을 말하는 능력이 있다. 기호는 진실과 거짓을 말할 수 있는 이중의 능력을 가지고 있다. 기호는 저주이자 축복이다. 기호가 갖는 이 역설 paradox은 중요한 이원론적 진리 binarism를 내포하고 있다. 거짓 없이 진실을 알 수 없고, 진실 없이 무엇이 거짓인가를 알 길이 없다(Weizsäcker, 1980). 결국 진실과 거짓은 서로 분리될 수 없는 것으로 기호 속에 함께 도사리고 있는 것이다. 기호가 진실을 말할 수 있는 능력은, 거짓을 말하는 능력만큼 강력한 것이다.

기호에 숨겨진 진실을 찾아내기 위해 그레마스가 〈등가의 논리〉라고 부르는 것을 살펴보자(Greimas, 1990, 6쪽). 그것은 어떤 것에 대한 하나의 표현과 다른 하나의 표현 사이에 존재하는 등가성을 가리키고 있다. 두 가지 표현 사이에 번안 transcoding이 일어나는데 그 진실성이나 허위성은 등가성이 어느 정도 개재하느냐의 문제로 낙착된다.

의미작용이란 단순히 언어의 한 수준에서 다른 언어로 옮기는 조작이겨

의미란 단순히 이러한 번안의 가능성을 가리킨다.

좀 극화해서 말하면, 인간의 초언어적 담론은 단순히 일련의 거짓이고, 커뮤니케이션은 일련의 오해라는 것으로 귀결된다……(Greimas, 1990, 7쪽).

등가성의 크기가 진실과 허위의 문턱 threshold 의 높이를 정하는 기준이 될 것이다. 이러한 관찰은 푸코 Foucault(1977)가 말하는 〈진리의 상대론 a relativistic theory of truth〉과 맥을 같이한다. 푸코에 의하면, 진리는 항상 담론에 대해 상대적으로 결정된다. 마찬가지로 진리는 항상 번안에 대해 상대적으로 결정된다고 생각할 수 있다. 모든 번안과 담론에는 어쩔 수 없이 거짓이 끼여들기 마련이다. 그러나 번안과 담론에 크던 작던 엄연히 존재하는 진실을 결코 간과해서는 안 될 것이다.

기호학은 무엇을 해야 하는가? 그 답은 지극히 간단하다. 기호학은, 기호의 진위를 판별하는 능력을 키워주고, 기호들로 하여금 거짓이 아니라 진실을 말하도록 한다. 그레마스는 말한다. 〈기호학자들에게는…… 거짓과 진실은 하나이고 같은 것이다〉(1990, 8쪽). 이상하게 들릴 수도 있지만 이 말은 거짓과 진실이 만나는 場은 기호학자의 마음이며, 거짓 대 진실의 비율이 기호학자에게서 명확히 드러남을 뜻한다. 일반인에게도 이 장이 똑같이 펼쳐져서 기호학적 담론이 어떤 공감대를 형성할 때, 개인적 해석관례와 집단적 해석관례 사이에 일어날 수 있는 문제들은 홀연히 사라질 것이라고 그레마스는 전망한다.

공감대의 크기는 소위 상호주관성 intersubjectivity 의 크기와 같은 것이다. 상호주관성은 집단적 개념으로 어떤 집단에게 마치 객관적 사실인 것처럼 받아들여진다. 우리는 그것에 의해서, 오해와 거짓을 극복하고 이해와 진실을 향해 움직일 수 있다. 구체적으로 우리가 실천해야 할 일은, 우리를 둘러싸고 있는 기호들, TV, 영화, 신문, 잡지 같은 현대 매체들을 통하여 우리에게 전달되고 있는 기호들, 우리를

한없이 유혹하는 광고나 선전문 속의 기호들을 기호학적으로 분석하여
거짓을 폭로하는 일이다. 우리를 항상 진실의 편에 서게 하는 것이 기
호학의 윤리적 사명이다.

제 3장

기호와 의미

기호학은 의미의 창출과 해석을 위한 학문이다. 이 장에서는 기호가 지니는 의미와 기호로부터 추출될 수 있는 의미에 대해 설명하려고 한다. 특히 의미가 발생되는 각기 다른 수준들에 초점을 맞추고, 의미발생의 메커니즘을 알아보려는 것이다.

기호를 분석하기 위한 첫걸음은 기호의 유형을 가려내는 것이다. 기호의 의미에 대한 논의에 앞서 기호의 세 유형에 대해 알아보기로 하자.

도상, 지표, 상징

퍼스(1931-1958)는 기호의 세 가지 유형을 제시해 놓았다. 그에 의하면 기호에는 도상 icon, 지표 index, 상징 symbol의 세 가지 유형이 있다. 이들은 지금까지 논의된 것과는 다른 기호의 성격을 갖고 있다.

도상

　대상체와 유사한 기호를 도상이라고 한다. 그래서 도상은 그것이 대표하고 있는 대상체와 비슷하게 보이거나 비슷한 소리를 내거나 비슷한 이미지를 갖고 있다. 예를 들면 꽃님의 주민등록증에 붙어 있는 증명사진은 꽃님의 얼굴과 닮았기 때문에 꽃님의 도상이다. 하지만 도상은 시각적 이미지만을 가리키지 않고 보다 광범위한 것을 포함한다. 앞장에서 말한 의성어들은 도상이다. 다큐멘터리에 나오는 성우들은 역사적인 인물의 목소리를 감쪽같이 흉내내어 음성적 도상들을 만든다. 바나나의 인공 향료는 바나나의 도상이다. 한국 지도는 한국 영토의 도상이다. 제도판 위에 펼쳐진 설계도는 앞으로 만들어질 어떤 기계, 어떤 구조물의 도상이다. 교회 종탑 위에 높이 달려 있는 십자가는 2천 년 전 골고다산 우에서 예수가 처형당한 십자가 형틀의 도상이다.

　매우 중요한 도상의 체제는 표상문자(또는 상형문자)들이다. 눈 목(目) 자는 눈을 닮았다. 귀 이(耳) 자는 귀를 닮았다. 달 월(月) 자는 달을 닮았다. 로마 숫자 〈Ⅰ〉과 아라비아 숫자 〈1〉, 그리고 한자 〈一〉은 〈하나〉라는 의미를 띤, 또는 한 개의 손가락 같아 보이는 의미의 도상이다. 〈하나〉라는 기의가 도상이라는 이미지——즉 기표——로 대표되고 있음에 유의하자. 바꿔 말하면 기의가 기표처럼 행세하는 경우가 있다. 이럴 때 도상은 표의문자가 된다. 기의와 기표가 합쳐져서 또 다른 기표로 되는 경우를 앞장에서 잠시 본 바 있는데, 표의문자가 바로 그런 경우의 기호라고 볼 수 있다. 이때 이미지와 관념은 같은 것이 된다.

　국제적으로 명성을 떨치고 있는 비디오 예술가 백남준 씨는, 우리나라 사람들이 한자 발명에 공이 있다는 이론을 내놓았다(《한국일보》, 시카고 판, 1992. 7. 29). 어떤 근거에서 그런 이론이 나온 것인지 알 수 없지만 한 가지 분명한 것은, 한자 사용권 문화에 태어난 사람들은 어려서부터 표의문자 및 표상문자와 더불어 살아왔기 때문에 다른 문

화권의 사람들에 비해 기호학적 식견을 은연중에 키워온 것만은 틀림
이 없다.

　어떤 문장을 도상적으로 표현할 수도 있다. 가령 시저가 한 유명한
말 〈왔노라, 보았노라, 이겼노라 Veni, vidi, vici〉는 도상적 표현이다.

　우리 주변에는 헤아릴 수 없이 많은 도상들이 있다. 어떤 것은 진실
을 말하기 위하여, 어떤 것은 사람을 속이기 위하여, 어떤 것은 예술
을 위하여, 어떤 것은 산업을 위하여……, 수없이 많은 목적들을 위
해 도상들은 만들어진다.

　지표

　대상체와 실존적 연결을 이루고 있는 기호를 지표라고 한다. 지표와
대상체 사이에는 어떤 인과적인 관계가 존재하기도 한다. 연기는 불의
지표다. 손가락에 낀 반지의 다이아몬드는 부의 지표이다. 문고리에
남긴 지문은 도둑의 지표이다. 콧물, 재채기, 미열 등은 감기나 알레
르기 같은 병의 지표이다. IQ 수치는 지능의 지표이다. GNP는 국가
의 경제적 힘을 나타내는 지표이다. 통계 수치들은 어떤 현상들의 지
표이다.

　대명사 일반과 지시대명사(〈여기〉, 〈저기〉, 〈이것〉, 〈저것〉 등), 그
리고 시제(〈어제〉, 〈내일〉 등)는 모두 지표이다.

　지표는 우리 주변에도 수없이 많다. 도상과 마찬가지로 지표도 더러
는 진실을 말하고 더러는 거짓을 말한다. 누더기(걸인의 지표)를 걸친
〈거지 왕자〉가 있는가 하면 무일푼인 주제에 빌려 입은 옷, 빌려 탄
차로 재벌 아들을 흉내내는 자가 있다.

　상징

　상징은 임의로 만들어진 기호이다. 그래서 기호와 대상체 사이에 어
떤 연관이나 유사성이 없이 약속에 의해서 만들어진다. 다시 말하면,
약속 또는 사회적 계약이 상징이 지니는 의미의 원천이다. 세계 각국

의 말(언어)이 모두 상징이다. 학교 마크들은 상징이다. 아라비아 숫자 〈8〉은 상징이다. 〈8〉(기표) 속에서 〈여덟〉이라는 개념(기의)과 비슷한 무엇도 찾을 수 없다. 단지 약속으로 8 모양은 〈여덟〉을 의미한다고 기호 사용자들이 서로 동의한 것에 불과하다. 8자를 90도 회전시키면 무한수를 나타내는 ∞가 된다. ∞에는 8이 헤아릴 수 없이 많이 들어 있다. 두 가지 기호가 사실은 똑같은 모양을 지니고 있지만 약속이 어떻게 되어 있느냐에 따라 그 의미가 달라진다. 우리말로 〈개〉라고 써놓은 글은 상징이다. 〈개〉 자에 개 같은 데라곤 전혀 없다. 약속으로 그렇게 배웠을 뿐이다. 〈꽃님〉이란 이름은 상징이다. 꽃님을 직접 만나보면 꽃 같은 데라곤 한구석도 없는 얼굴이다. 다만 약속으로 얻게 된 상징일 따름이다.

자의로 만들어져서 약속에 의해 알게 된 것이 상징이기 때문에 상징 역시 거짓을 말하는 데 쓰인다. 자의성과 규약이 상징의 일반적 성질인 까닭에 상징으로 일어나는 고도의 커뮤니케이션 현상들, 예컨대 지식, 관념, 이데올로기 등이 겉으로는 진리를 말하는 것 같지만 실제로는 여론을 임의적으로 조작해서 얻은 동의에 불과하다는 것이 소위 포스트모더니즘의 관점이다. 포스트모더니스트에 의하면 진리란 여론 이외의 아무것도 아니다. 따라서 진리는 애초에 없었던 것이다. 진리는 근본적으로 기호 조작에 의해 탄생된 허구이다.

그러나 상징의 본래적 자의성에도 불구하고 상징은 진실을 말할 수 있다. 일단 상징을 약속에 의해서 배우고 습관화, 체질화하고 나면 상징은 그것의 한계를 넘는 크고 작은 고차원의 의미작용을 우리의 마음에 일으킨다. 영국의 철학자 러셀은 1+1이 어떻게 2가 되는가를 설명하기 위해 책 한 권 분량의 이야기를 썼다지만 결국 우리가 배워서 알고 있는 것은 1+1=2라는 사실이다. 삼각형의 내각의 합은 180도라는 것을 중학교 때 배워서 알고 있다. 고등학교쯤 가면 언제나 그런 것이 아니고 지구 같은 구체 위에선 180도보다 클 수도 있고 작을 수도 있다는 것을 알게 된다. 유클리드의 평면기하학에서 최근의 입체기

하학으로 발전하면서 인간은 점점 더 진리에 접근하고 있는 것은 사실이지 않은가. 어쨌거나 이 모든 논의가 상징을 빌려 알게 된 것이다.

기어츠 Geertz(1973)가 지적했다시피 대부분의 상징은 우리에게 주어진 것(우리가 만든 것이라기보다는)이다. 인간은 상징의 세계에 태어나서 상징의 삼투작용을 체험하며 성장한다. 우리의 두뇌는 우리가 배우고, 익히고, 체험하여 체화한 상징들의 보고이다. 그래서 많은 상징이 우리에게 어떤 의식과 정서를 불러일으킨다. 〈불러일으킨다〉는 뜻은 우리의 이성에 앞서, 먼저 일어났던 기호의 작용이 이미 우리 안에 숨어 있다는 말이다. 상징의 자의성이나 규약 의존성에도 불구하고 상징은 매우 의미심장한 정념과 인식을 우리에게 불러일으킨다. 〈어머니〉라는 세 음절의 말이나, 세 개의 글자 자체에는 〈어머니다움[母性]〉이 전혀 없다. 그런데도 〈어머니〉라는 말을 들으면 그 말은 우리에게 온갖 정념을 일으킨다. 시구들은 상징들로 되어 있는데도 우리의 가슴을 뒤흔들고 음악은 상징들의 흐름인데도 우리를 열광하게 한다.

진, 선, 미——모두 상징이다. 위, 악, 추——역시 상징이다. 정의, 자유, 평화——모두가 상징이다. 이런 상징들의 대상체는 구체적으로 무엇인가? 그 대상체는 과연 존재하는가? 아니면 구름처럼 잡히지 않는 관념의 조각에 불과한가? 아니면 그런 것은 텅 빈 기표에 지나지 않는 것일까? 아직 아무도 모르고 있다. 그러나 확실한 것은, 우리가 기호에 의해서만 인생을 의미 있게 체험할 수 있다는 사실이다. 진리가 이러저러하다고 누가 말했기 때문에 왼쪽으로 옮길 발걸음을 오른쪽으로 옮겼던 것도 사실이고 편한 인생보다는 어떤 위험을 무릅썼던 것도 부인할 수 없는 사실이지 않은가. 그 모든 체험에 기호는 함께 있었고 우리는 기호의 울타리를 넘어가 본 적이 없다. 우리가 기호의 울타리를 넘어가려고 공상하는 것만큼 기호는 그 울타리를 넓힐 따름이다. 우리는 언제나 기호의 이쪽[彼岸]에 갇혀 있다. 그리고 기호의 피안은 의미의 세계인 것이다.

44

단일 의미 : 다중 의미

　퍼스의 도상, 지표, 상징은 홀로 독립되어 있기보다는 흔히 어떤 조합을 이루고 있다. 가령 금연 표지는 담배의 도상과 금지를 뜻하는 사선을 가진 원으로 된 〈도상-상징체〉이다. 이 특별한 기호에는 단 하나의 의미만이 부여되어 있다. 이런 기호를 단일 의미체 monosemy 라고 한다. 여러 개의 의미를 품고 있는 기호를 다중 의미체 polysemy 라고 한다. 한자인 어버이 친(親) 자는 다중 의미체이다. 이 글자는 세 가지 표의문자와 표상문자의 조합으로 되어 있다. 즉 〈나무[木]〉와 〈서 있음[立]〉과 〈봄[見]〉의 세 가지 기의가 하나의 기호 복합체를 이룬 것이 어버이 친 자이다. 글자 그대로 〈나무 위에 서서 보고 있다〉는 뜻의 글자가 어버이 친 자이다. 그러나 이 어버이 친 자가 세 개의 글자로 되어 있어서 다중 의미체가 되는 것이 아니라, 이 상징체가 품고 있는 뜻이 여러 가지이기 때문에 다중 의미체인 것이다. 『신약성서』에 있는 〈탕자의 비유〉 이야기(「누가복음」, 15 : 11-32)를 읽을 때, 우리의 가슴에 떠오르는 온갖 뜻이 어버이 친 자에 담겨 있다. 아버지더러 자기 몫의 유산을 지금 당장 내놓으라고 해서 그것을 가지고 오지로 떠나간 아들이 있다. 그러나 아버지는 그 괘씸한 아들을 저버리는 게 아니라 그 자식이 돌아오기를 〈나무 위에 서서 목이 빠져라 날마다 기다린다〉고 하는 이야기 속에는 참으로 많은 뜻이 담겨 있다. 흥미롭게도 어버이 친 자는 〈어버이〉라는 뜻으로도, 〈친하다〉는 뜻으로도 쓰인다. 최소한 두 가지 사전적 뜻이 있는 것이다. 그래서 이 상징은 다중 의미체이다.

　〈기호〉라는 말 자체가 다중 의미체다. 사전을 찾아보면 기호의 정의가 스무 개도 더 된다. 대부분의 기호가 다중 의미체이기 때문에 다중 의미성을 기호의 일반적 특성이라고 보편화해서 이해해 두는 것이 좋다.

　기호가 지니는 다중 의미성은 기호가 만들어질 때 기표와 기의가 자의로 연결되는 자의성에서 연유하는 것이다. 그러나 기호가 일단 만들어지고 나면 그것은 다른 방식으로 수많은 잠재적 의미의 가능성에 개방된다. 어떤 기호를 보는 사람이 그 기호와 과거에 갖었던 문화적 경험에 따라 그 기호는 여러 가지 다른 뜻을 불러일으킨다. 가령 장미꽃을 볼 경우 꽃님의 발렌타인의 날 선물 이야기를 들은 사람은 〈사랑〉을 생각할 것이다. 가시가 돋힌 가지 위에 핀 붉은 빛깔의 장미에서 〈질투〉를 연상하는 사람도 있을 것이다. 시인 릴케 Rilke 가 장미 가시에 새끼손가락을 찔려 생손을 앓다가(실제로는 파상풍에 걸려) 죽었다는 이야기를 들은 사람은 〈죽음〉을 생각할 것이다. 나는 장미꽃에 코를 박고 한참 있으면 담배 냄새가 나던 생각을 갖고 있다. 그후 까만색 장미를 본 적이 있는데 뭔가 수상쩍은 마의 꽃이라는 느낌마저 들었다.

장미란 무엇인가? 장미는 〈사랑〉에서부터 〈마〉의 기운 같은 것까지 여러 가지 뜻이나 느낌을 불러일으키는 기호이다. 단 하나의 기의에 의해서 장미를 정의할 수 없다.

기호가 갖는 이러한 일반적 다중 의미성 때문에 기호는 잘못 〈읽힐〉수 있다. 기호의 오독을 막기 위해 기호학 연습을 쉼 없이 해야 한다. 우선 우리는 기호가 여러 의미로 해석될 수 있음을 인정해야 하고, 따라서 해석을 잘못할 가능성이 있음도 인정해야 한다. 이런 인정을 선뜻 할 수 없는 사람은, 대개 근본주의자로 오만한 사람이다. 바르트(1985)는 오만의 세 가지 원천으로 독단 doxa, 과학 science, 호전성 militancy 을 지적했다. 독단은 기호의 다중 의미성을 무시하고 자기 주장만을 내세우는 행위로 광신과 폭력에 매우 가깝다.

일반적으로 기호는 다중 의미를 지니지만 단 하나의 의미만을 지니도록 만들어지기도 한다. 단일 의미를 지니도록 만들어진 기호를 신호 signal 라고 한다. 교통신호에서 〈빨간 등〉은 〈멈춤〉이라는 단 하나의 뜻(기의)만을 가져야 한다. 신호가 여러 가지 의미를 갖게 되면 큰 문제가 일어날 것이 뻔하다. 논리 기호나 수학 기호 등은 단일 의미체이

다. 타자기 자판이나 컴퓨터 자판에는 단일 의미의 상징들이 모여 있
다. 군대의 암호나 수기신호, 모르스 부호, 귀먹은 사람이나 잠수부
가 쓰는 수화, 방송 아나운서나 야구선수들이 쓰는 수신호 역시 기호
하나마다 단 하나의 기의만이 배정된 단일 의미체이다.

　신호는 단 하나의 뜻만을 가지고 있기 때문에, 수신자가 재빨리 그
뜻을 알아차릴 수 있다. 정보 처리 속도가 빠른 것이다. 한편 기호의
다중 의미성은 기호를 해석하기 위해서 천천히 시간을 들여야 함을 암
시한다. 기호의 정보 처리 속도는 일반적으로 더디다. 요모조모로 뜯
어보면서 생각해야 할 것이 많기 때문이다. 기호를 신호처럼 처리하면
문제가 생긴다. 인간이 기호에 반응하는 양태를, 코집스키 Korzybski
(1933)는 신호반응 signal reaction과 상징반응 symbolic reaction(또는
의미반응 semantic reaction)의 두 가지로 나누었다. 신호반응은 모든
동물이 취하는 야수적 반응양태다. 개는 고양이를 보면 물려고 덤벼들
고 고양이는 쥐를 보면 덤벼든다. 쥐는 고양이를 보면 도망치고 고양
이는 개를 보면 도망친다. 신호반응은 생각할 틈이 없이 일어나기 때
문에 신속하고 민첩하다. 인간에게도 이러한 야수적 흔적이 아직 남아
있다.

　코집스키는, 『일반 의미론』에서 인간에게 남아 있는 동물성을 어떻
게 극복할 수 있는가에 대해 이야기하고 있다. 그는 인간이 동물성을
벗어나 인간다워지기 위해서 행동과 사고양태를 신호반응에서 상징(의
미)반응으로 바꿔야 한다고 제안하고 있다. 주어진 기호를 차근차근
살펴보고 주어진 상황에 맞는 기의를 찾아 적절히 행동해야 하는 것이
다. 인간은 각기 다른 문화에 따라 구술과 기록을 위한 언어체제(기호
체제)를 개발함으로써 성공적으로 신호반응으로부터 상징반응으로, 동
물성으로부터 인간성으로 옮겨올 수 있었다.

　그런데 현대의 상업광고는 복잡한 기호들을 사용하면서도 여러 가지
과학적 방법을 동원하여 광고에 노출되는 사람에게 상징반응이 아닌
신호반응을 일으키도록 유도한다. 현대의 상업광고가 동원하는 과학

적 방법에는 심층심리학과 기호학도 포함된다. 그래서 광고가 대체로 성공하고 있는 것이다. 보드리야르(1988)는 현대인이 상업광고에 반응하는 모습이 거의 조건반사적이라고 지적했다. TV 광고 앞에서 소비자들은 마치 파블로프의 개처럼 되어가고 있는 것이다. 새로 개발되는 광고기호에 의해서 상징반응에서 신호반응으로의 반전이 일어나고 있다. 어쩌면 기호의 오독을 과학적으로 유도하고 있다고 할까. 아무튼 기호 복합체에서 지극히 단순한 충동적 의미와 행동을 격발시키려는 것이 광고이다. 광고의 숨은 메시지는 〈사라, 사라!〉, 〈돈을 써라, 써라, 써라!〉고 속삭이는 것이다.

외시 의미 : 함축 의미

외시 의미란 기호와 대상체 사이에 있는 단순하고 분명하며 직설적인 관계를 나타낸다. 예를 들면 〈집〉이라는 기호(말)의 외시 의미는 〈사는 곳[居處]〉이다. 외시 의미는 객관적이고 구체적이어서 모호한 데가 없다. 이것은 기호 속의 기의가 누구에게나 똑같이 알려져 있을 때 알게 되는 의미이다. 외시 의미에는 누구도 시비를 거는 사람이 없다. 너무나 뜻이 분명하기 때문이다. 외시 의미를 대개 사전적 의미라고 이해하면 된다.

그러나 사전에 들어 있지 않은 의미들이 있다. 가령 〈집〉은 여러 가지 함축 의미를 가지고 있다. 함축 의미는 사람이 그 기호에 덧붙이는 암시적 의미로 주관적 느낌을 나타낸다. 그 사람이 집에서 어떤 문화적 경험을 했느냐에 따라 함축 의미는 달라진다. 어떤 사람에게는 집이 〈낙원〉일 수도 있고, 다른 사람에게는 집이 〈지옥〉일 수도 있다. 함축 의미는 해석자가 임의로 매기는 주관적 가치를 뜻한다. 여기서 중요한 것은 기호가 표상하는 대상체와 연관된 문화적 경험으로부터 함축 의미가 생긴다는 점이다.

외시 의미와 함축 의미는 의미작용의 두 가지 상반된 양태이면서도 함께 커뮤니케이션의 바탕을 이룬다. 외시 의미가 커뮤니케이션의 가장 기본이 되는 것이기는 하지만 커뮤니케이션의 성패를 결정하는 것은 함축 의미이다. 모든 기호는 외시 의미와 함축 의미를 동시에 가지고 있지만 커뮤니케이션의 유형에 따라 외시 의미와 함축 의미의 비둘이 다르다. 과학은 외시 의미에 의존하는 커뮤니케이션이고 예술은 함축 의미를 유발하는 커뮤니케이션이다.

일상적 커뮤니케이션에서 외시 의미를 제대로 알아내야 함은 두말할 나위가 없다. 그러나 더 중요한 것은 전달된 메시지의 함축 의미를 제대로 알아차리는 일이다. 함축 의미를 외시 의미로 받아들일 때 커뮤니케이션은 뒤틀려 버리는 것이다. 노름판에 가서 돈을 잃고 들어온 남편(돌쇠)에게 여편네(꽃님)가 〈잘했구랴!〉고 한 말을 〈정말 잘한 짓〉이라거나 〈그 정도 잃고 와도 될 법한 짓〉(외시 의미)으로 여기고는 잘되었다 싶어, 〈그래? 그럼 그 결혼 반지 좀 줄래? 봉창하고 오게〉라고 했다가는 불벼락이 떨어질 것이 뻔하다.

기호를 해석할 때 함축 의미를 끌어내지 못하고 외시 의미의 수준에만 머물러도 문제가 생긴다. 한가윗날 밤 돌쇠와 꽃님이 동리 밖 호젓한 곳으로 나갔다. 교교히 흐르는 달빛, 마치 수중 용궁 속에 단 둘이만 남아 있는 기분이 들어 흠칫 알지 못할 두려움이 목까지 찬다. 꽃님은 돌쇠의 품으로 숨어들고 싶다. 그래서 꽃님은 돌쇠에게 다정하게 말을 건다. 〈돌쇠, 달이 너무도 밝지?〉 그런데 돌쇠는 평소처럼 퉁명스럽게 대답한다. 〈아 그거야 대보름 달이니까 밝지!〉 꽃님은 속으로 뇌까린다. 〈이 멋대가리 없는 맹추야!〉 멋! 이 말은 함축 의미를 기술하는 가장 적절한 말 중의 하나이다. 늘 멋이 문제인 것이다. 일의 격식, 말의 뉘앙스, 물건의 때깔 같은 것이 언제나 중요하다. 좀더 일반적으로 말하면 〈形 form〉이 기호의 함축 의미를 결정하는 요소가 된다. 외시 의미와 함축 의미의 차이는 다음과 같이 생각하면 쉽게 알 수 있다. 외시 의미는 〈무엇 what〉에 관계되고, 함축 의미는 〈어떻게 how〉에 관계된다. 사진첩에 꽃님의 사진 석 장이 있길래 모두 꺼내놓고 본다. 첫번째 것은 고개를 살짝 옆으로 돌려 찍은 사진, 두번째 것은 먼산을 바라보고 찍은 사진, 세번째 것은 코스모스 밭에서 입을 벌리고 웃으며 찍은 사진이다. 이 사진들은 모두 〈무엇〉을 찍은 것이냐 하면 꽃님을 찍은 것이다. 그래서 돌쇠는 사진을 보면서 〈아, 꽃님!〉 하고 중얼거린다. 이 사진들의 외시 의미는 〈꽃님의 모습〉이다. 이 의미에는 모호한 데가 전혀 없다. 사진 석 장 어느 것을 보나 〈꽃님의 모습〉이다. 돌쇠 말고 다른 사람이 이 사진들을 보아도 한결같이 〈꽃님〉이라고 당장 알 수 있다. 외시 의미는 객관적이다.

　함축 의미는 꽃님의 모습이 〈어떻게〉, 〈어떤 모습〉으로 찍혀 있느냐 하는 것에서 나온다. 첫번째 사진은 고개를 옆으로 돌린 모양이 〈수줍은〉 것도 같고 〈토라진〉 것도 같다. 〈수줍음〉과 〈토라짐〉은 함축 의미이다. 둘 중 어느 것이 맞는지 확실하게 말할 수 없는, 사진을 보는 사람마다 다른 주관적 느낌이 함축 의미의 특성이다. 돌쇠의 눈에는 토라진 것으로 보이는데 돌쇠 어머니는 수줍은 모습으로 본다. 두번째 사진, 세번째 사진도 함축 의미가 다 다르다.

　많은 경우 형으로부터 오는 의미——즉 함축 의미——는 인간의 무의식에 속한다. 그래서 어떤 기호의 함축 의미를 잘 모를 경우가 허다하다. 〈보기는 보아도 모르는〉 함축 의미들은 인간의 집단무의식 속에 가라앉아 있는 것이다.

　〈어떻게〉의 다른 예를 들어보자. 돌쇠가 어느 날 꽃밭에서 장미 한송이를 꺾었다. 가시에 자꾸 손을 찔려 급한 김에 공중변소에 들어가 화장지를 풀어 둘둘 말아 손에 쥐니 한결 나았다. 그는 곧장 꽃님을 찾아가 불쑥 내밀었다. 〈자, 이거!〉 꽃님은 장미를 받으려다 말고 눈을 흘기며 휙 돌아서 버렸다. 돌쇠는 망연해진다. 무엇이 잘못된 것일까? 돌쇠는 무의식의 바닥을 헤맬 수밖에 없다. 화장지에 싼 장미꽃이나 화려한 포장지에 싼 장미꽃이나 둘 다 장미꽃임에는 틀림이 없다. 외시 의미는 같은 것이다. 그러나 화장지 속의 장미꽃과 포장지 속의 장미꽃은 함축 의미가 매우 다른 것이다. 화장지 속의 장미꽃은 장난이거나 아니면 성의가 없는 것이다. 같은 장미를 〈어떻게〉 포장했느냐 하는 것이 함축 의미를 결정한다. 〈같은 값이면 다홍치마〉라는 우리말은 함축 의미의 뜻을 잘 나타낸다.

〈‘아’ 다르고 ‘어’ 다른〉 달의 차이가 함축 의미이다. 같은 말이라도 〈어떻게〉 하느냐에 따라 천 냥 빚을 탕감받을 수 있으리만치 듣기 좋을 수가 있고, 듣는 이의 속을 뒤집어놓을 수도 있다. 함축 의미가 달라지기 때문이다. 모양의 차이에 따라 똑같은 물건이 잘 팔리기도 하고 안 팔리기도 한다. 적절한 함축 의미가 발견되지 않을 때에는 아무리 큰일이라도 성사되지 않을 수가 있다. 함축 의미는 실용성보다 한 차원 위에 있는 것이다. 일의 격식이 제대로 되어 있지 않으면, 천만 금이 들어오는 일이라도 거부당하기 십상이다.

같은 기호라도 함축 의미는 문화마다 다르다. 함축 의미는, 사전에서는 찾아볼 수 없는 의미르, 특정 문화 속에서 오래 듣고 보면서 배우는 수밖에 없다. 기호가 사람들의 마음에 불러일으키는 함축 의미 속에 인생의 묘미가 있다. 해초처럼, 외시 의미에 뿌리를 내리고 함축 의미가 이리저리 일어나는 물결 속에서 흔들리면서 사는 것이 인생이다. 어떤 때는 함축 의미를 알아채지 못해 손해나 봉변을 당하기도 하고, 어떤 때는 함축 의미를 환히 알고서도 모르는 척 눈감기도 한다. 인생의 멋과 맛이 함축 의미 속에 있다.

틀 : 변용

운동모자의 외시 의미는 〈운동할 때 쓰는 모자〉이다. 꼭 운동을 안 하더라도 운동장에 구경갈 때 쓰는 모자이기도 하다. 니가 다닌 중학교에서는 운동모자가 교모였다. 어느 날 체육선생님이 베이지 색깔의 모양 좋은 운동모자를 쓰고 조회시간에 나타났는데 어찌나 멋이 있었

는지 사람들이 모두 일제히 〈와——〉 하고 환성을 질렀다. 매우 진보
적인 분이셨던 교장선생님은 모두 그 모자를 좋아하는 것을 보고 교모
로 채택했다. 그래서 우리는 다른 학교 학생들이 쓰는 전통적인 시커
먼 교모, 한여름에는 땀내 나는 교모를 쓰지 않고, 늘 시원하고 멋진
운동모자를 쓰고 중학 시절을 보낼 수 있었다. 그 교모는 체육시간에
는 자동적으로 운동모자가 되어 퍽 실용적이기도 했다. 거리에 나가면
사람들은 한결같이 멋진 운동모자를 쓴 우리 학교 학생들을 신기한 눈
으로 쳐다보았고, 우리는 뽐내며 거리를 활보했다.

　운동모자 교모. 하지만 운동모자가 교모로 되면서 거기에는 여러 규
칙이 따라왔다. 운동모자라면 집에 온 후 아무 데나 휙 집어던졌다가
나갈 때 손으로 쓱 쓰다듬고 쓰면 그만이겠지만, 운동모자 교모는 공
부방 안에 잘 간수해야 했다. 여느 운동모자처럼 구김이 있어서도 안
됐다. 모자 차양 바로 위 한치 높이에는 교표가 붙어 있어야 했다. 교
표는 운동모자의 중간선 위에 구멍을 내고 삐뚤어지지 않게 붙여야 했
다. 등교시간에 교문 앞에서 규율부원들이 두 줄로 서서 교모를 제대
로 격식을 갖추어 썼는지 하나하나 점검하는데, 그 점검에 통과해야
교실로 들어갈 수가 있었다. 무엇이 잘못되어 규율부원에게 적발되었
다가는 경고, 기합 등을 받느라 제시간에 교실에 들어가지 못한다. 잘
못된 교모 때문에 늦게 교실에 들어가면, 지각한 죄로 선생님에게 또
한차례 시달림을 당해야 한다.

　하나의 기호로서의 교모는 언어처럼 그 나름의 규칙이 있고, 그것을
쓰고 벗는 일상적 코드가 있다. 교모는 규칙과 코드를 지니고 있는 하
나의 〈틀 schema〉이다. 학생들은 그 틀에 맞추어야 했다. 그 틀에서
벗어나면 규율부원이 적발하고, 그 틀에 맞추도록 단속한다.

　그러나 운동모자가 교모로 된 것 자체가 처음부터 운동모자의 〈변용
usage〉이었다. 그것은 실용적인 변용이었다. 그러한 교모는 경우에
따라 틀 밖의 어떤 변용을 허용한다. 체육시간이나 다른 운동시간에는
학생들이 창조적 변용을 한다. 운동장에서 직접 운동을 하는 학생은,

가령 기마전을 할 때, 시야가 차양에 가리지 않게 하려고 모자를 머리 뒤로 돌려서 쓴다. 그렇게 해도 규율부원의 단속대상이 되지 않는다. 운동장 관람석에서 응원하는 학생들도 햇빛을 막기 위해 차양을 옆으로 돌려써도 된다. 어떤 학생은 차양이 하늘을 향하게 뒤로 치켜 쓴다. 수업이 모두 끝나 거리로 나갈 때에는 모자를 약간 비스듬이 써야 멋이 난다. 틀에 맞게 쓰면 단정하기는 하지만 멋을 모르는 공부벌레나 얼간이같이 보인다. 학생들은 요모조모로 교모의 변용을 발견하고 실천하며 즐긴다. 물론 온갖 변용에는 어떤 코드가 있고, 그것 하나하나에는 특별한 함축의미가 있다. 변용의 코드와 틀의 코드는 같을 수도 있고 다를 수도 있다. 틀과 변용은 기호의 두 가지 다른 측면이면서도 언제나 모든 기호에 공존한다. 틀은 체제 system(또는 체계)를 이루는 데 비해, 변용은 과정 process 이나 사건 event 에 관계된다. 틀과 변용이 모두 중요하지만, 변용은 특히 중요하다. 나나 내 친구들이 운동모자 교모를 중학시절 내내 즐겼던 것은 틀이 준 권위에 있었던 것이라기보다 변용의 멋과 그에 따른 일화에 대부분의 이유가 있다.

이 예를 바탕삼아 좀 딱딱한 이론을 이야기해 보자. 이항대립상 〈틀 : 변용〉은 엘름슬레브(Hjelmslev, in Barthes, 1967)의 것이고, 이 것은 소쉬르의 〈랑그 language : 파롤 parole〉 대립쌍으로으부터 온 것이다. 바르트(1967)는 소쉬르의 이항대립쌍을 〈언어 : 언술〉로 바꿔 생각한다. 이 이항대립쌍들은 약간씩 함축의미를 달리하지만 같은 외시의미를 가지고 있다고 파악할 수 있다. 편의상 논의를 바르트의 〈언어 : 언술〉 대립쌍으로 국한하기로 한다.

언어는 기호들의 체계이다(Saussure, 1966). 그러한 언어는 언술의 기본도구이다(Aranguren, 1967). 형식상 언어는 의미의 가치체제이고, 하나의 사회적 제도 social institution 이다. 이러한 언어체제는 두말할 것 없이 有限數의 기호로 이루어져 있다. 한 부족 또는 한 문화 또는 한 나라의 언어는 서로 다른 제한된 수의 기호로 이루어져 있고, 각각의 기호는 서로 다른 의미 가치를 지니고 있다. 한 언어의 체제는 한 기표가 특정한 의미 가치를 지닌 기호로 변환되는 코드와 기호의 통상적 사용에 대한 규칙들(또는 기호사용의 통례적 습관들)을 가지고 있다. 그런데 앞에서 논의한 바와 같이 기호는 대개 자의적으로 만들어지기 때문에 언어체제는 약속된 가치들(또는 계약된 가치들)의 체제라고 생각할 수 있다. 이러한 언어는 추상적 체제로서 오직 〈말하는 대중 [言衆] speaking masses〉 속에서만 존재할 수 있다. 달리 말하면 언어는 개인 위에, 개인을 초월하여 존재한다. 그래서 언어에 의해 커뮤니케이션이 일어나려면 개인은 언어를 통째로 받아들이고 배우는 수밖에 없다. 결국 언어는 개인의 커뮤니케이션 생활의 형식적 틀을 이룬다. 거기에는 기호 사용의 여러 가지 규약(문법, 코드 같은 것들)이 있고, 그것은 언어생활의 통상적 습관을 통제한다.

이러한 언어는 어디서부터 오는 것일까? 소쉬르는 파롤, 바르트는 언술이라고 대답한다. 같은 대답이라고 보아도 무방하다. 언어가 〈말하는 대중〉의 집단적 체제인 것과는 달리, 언술은 언어의 개인적 변용 행위를 가리킨다. 언술은, 커뮤니케이션 상황에 따라 언어체제 속에 들어 있는 기호들을 선택하여, 의미 있는 메시지를 만드는 개인적 행위다. 기호의 〈선택〉과 〈조합〉은 언술을 이루는 두 가지 기본 행위이다. 언술은 개인 단위의 행위이기 때문에 기호의 변용은 천차만별로 일어난다. 그러나 변용에도 나름대로의 규칙과 코드가 있다. 그래서 어떤 사람의 기호 변용이 규칙성이나 코드의 수준에서 우선 이해되는 것이고, 커뮤니케이션이 가능해지는 것이다.

위와 같은 언어와 언술의 구분은 형식적인 것이다. 바르트에 의하면, 이 두 가지는 변증법적 연계를 가지고 상호작용을 한다. 그러나 바르트는 언술이 항상 언어에 선행되는 것임을 강조한다(1967). 어린 아이는 자라면서 언어를 배우는 게 아니라 언술을 배운다. 언어는 환경적 언술을 학습하는 그 아이 속에 자연스럽게 축조되어 가는 것이다. 이와 같은 언어학적 실천, 또는 기호학적 실천이 집단적으로 축적됨으로써 〈말하는 대중〉의 언어는 성립된다. 동시에 언술의 실천에 의하여 일어나는 언어는 그 개인의 언어생활 습관을 어떤 규범 norms 안으로 끌어들인다. 그래서 개인의 말이나 기호의 사용례가 평균인의 말투로 통제되는 것이다.

결국 기호의 변용은 융통성을 지니면서도 전적으로 자유로운 것은 아니고, 어떤 유형을 이루며 통상적인 틀로 변해 가는 것이다. 굳어진 틀에는 변용의 과거가 있다. 그 과거는 틀로 하여금 현재의 변용을 수용할 수 있게 할 뿐만 아니라 설명할 수 있게 해준다. 휠러가 말한 것처럼 〈과거는 곧 이론〉이 된다(Wheeler, in Sebeok, 1951, 84쪽). 과거는 기호의 설명을 가능하게 해주지만, 현재는 기호 변용의 장소가 된다.

유사 : 차이

소쉬르는 언어를 차이의 체제 a system of differences 로 본다. 차이는 언어뿐만 아니라 다른 기호체제에서도 의미의 기본적인 근거를 준다. 따라서 기호가 지니는 보다 원초적인 의미에 대해 이해하는 것이 중요하다. 지금까지 논의한 수준에서 좀더 내려가, 〈원자의 수준〉이라고 할 만한 수준에 이르면 〈유사 : 차이〉의 기본적 의미체제를 발견하게 된다.

기호들의 기본적 의미 단위는 기호들이 서로 닮았느냐 서로 틀리느냐 하는 것에서 시작된다. 여기서 〈서로〉라는 말은 적어도 두 개, 또는 그 이상의 기호 사이에서 기호의 기본적인 의미가 상대적으로 결정됨을 암시한다. 하나의 독립된 기호는 그 자체로 무의미할 뿐만 아니라 의미를 이해할 수조차 없다. 오직 하나뿐인 것은 이해의 대상이 아니라 믿음의 대상이 된다.

차이는 낱기호의 의미의 기본이다. 한글에서 까, 다, 따, 마……의 의미는 이들이 서로 중복되지 않고 서로 다르기 때문에 오는 것이다.

이들은 하나하나 다른 소리를 대표하고, 시각적인 모양도 다르다. 소쉬르의 기호학은 〈서로 다름[差異]〉의 의미를 부정형 negations에 의해서 정의한다. 〈까란 무엇인가?〉 하는 물음에서 〈까〉의 정의는 오직 〈무엇이 까가 아닌가〉에 의해서 정의된다. 그래서 질문의 답은, 〈까는 다가 아니다〉, 〈따가 아니다〉, 〈마가 아니다〉 등으로 된 부정의 연쇄가 된다. 〈까〉의 값(가치)은 〈까〉가 아닌 것들의 총체로 정의된다. 이와 같이 〈까〉의 값은 다른 어느 것과도 치환되거나 혼동될 수 없는 〈까〉 고유의 가치다.

다른 예를 들어 보자. 꽃님이 꽃님으로서 값이 있는 것은 꽃님이 꽃님 이외의 다른 모든 것이 아니기 때문이다. 꽃님은 돌쇠가 아니다 ; 장미가 아니다 ; 초콜릿이 아니다 ; 호박이 아니다 ; 부뚜막이 아니다 ; 솥뚜껑이 아니다 ; 바다가 아니다 ; 하늘이 아니다……. 〈꽃님은 꽃님〉인 것이다. 그러나 이 같은 꽃님의 자기 언급적 정의 self-referential definition의 뒤에는 무한수의 부정들이 전제되어 있음을 잊어서는 안 된다.

『구약성서』에는 모세가 신을 만나는 대목이 있다. 모세는 이스라엘의 민족신을 만나러 호랩산으로 올라갔다. 신으로부터 들려온 첫 음성은 〈신발을 벗으라〉는 것이었다(『출애굽기』, 3:5). 그 의미는, 신이 있는 곳은 인간이 있는 곳과 〈다르다〉는 것이다. 모세는 신발을 벗고 신의 음성을 듣는다. 신과의 대화중에 모세는 신의 이름을 묻는다. 신은 대답한다. 〈나는 곧 나다 I am who I am〉(3:14). 소쉬르의 기호학은 이내 신의 답변을 〈나는 호랩산이 아니다 ; 불떨기가 아니다 ; 땅이 아니다 ; 하늘이 아니다……〉로 풀이한다. 그래서 신의 답, 〈나는 곧 나〉임을 이해할 수 있는 것이다. 그러나 소쉬르가 아닌 모세가 신의 말귀를 못 알아듣고 다시 묻기 전에 신은 즉석에서 자기 이름을 짓는다. 〈나의 이름은 야훼이다〉(3:15). 옳거니! 모세는 더 이상 이름을 따지지 않았다. 이쯤에서 모세도 소쉬르식 논리를 터득했을 터이다. 야훼는 모세가 아니다 ; 아브라함이 아니다 ; 아담이 아니다…….

이름의 의미는 그 이름 자체 때문에 의미 있는 것이 아니라 그 이름이 아닌 것들 때문에 의미 있는 것이다. 그 말이 그 말 같지만 의미는 차이의 다른 말이고, 차이란 부정성에서 오며, 치환을 허용하지 않는다. 불치환성은 곧 가치의 기본이다. 꽃님이 어머니에게 꽃님은 어느 무엇과도 바꿀 수 없는 값진 존재다. 얼굴엔 적어도 두 홉은 됨직한 주근깨가 있고, 덧니까지 나서 볼품이 없지만, 꽃님 어머니에게 꽃님은 백설공주보다 더 귀하고, 퀴리 부인보다 더 영특하고, 브룩쉴즈보다 더 이쁘다. 소쉬르에 의하면 언어의 체제란 단순히 차이의 체제다. 〈언어에는 오직 차이들만 있을 뿐이다〉(1966, 120쪽). 언어체제 속에서 글자들이 갖는 차이만이 기호의 값을 말하고 있다. 어떤 기표의 의미는 미리 주어진 기의와의 관계에서 얻는 것이 아니라 그 기표가 다른 기표들과 갖는 관계로부터 얻는다는 이론을 의미의 구별이론 dia-critical theory 이라고 한다(Lapsley & Westlake, 1988, 34쪽).

차이가 낱기호의 의미의 기본인 것에 비해서 유사성 similarity은 어떤 기호무리의 전체적 의미의 기본이다. 그리고 유사성은 이해의 근거가 되기도 한다. 이해는 의미를 한 차원 더 높은 곳에서 발견할 때 열어진다. 기호간의 유사성은 범주화 categorization를 가능하게 하는데 범주야말로 이해와 지식의 기본구조를 이룬다. 서로 비슷한 기호들을 한데 모아 이름붙일 수 있을 때, 하나의 범주를 얻는다. 그리고 범주는 유사성에 의해서 일차적으로 이해될 때 지식이 된다. 꽃님, 진달래, 영자, 양귀비, 논개, 엘리자베스가 모두 여자 이름이라는 것을 안다. 동창, 동료, 동지, 동족 같은 범주들은 모두 어떤 유사성이나 공통성에 근거한 것이다. 그리고 그 하나하나가 의미 있는 것이다.

유사성에 입각해서 어떤 범주를 얻었을 때, 동시에 차이가 이 범주의 배후에 암시되고, 이 범주에 가치를 준다. 즉 〈여자 이름〉의 범주는, 그것이 〈남자〉의 이름이 아니기 때문에, 〈식물〉의 이름이 아니기 때문에, 〈음식〉의 이름이 아니기 때문에…… 의미가 있는 것이다.

또한 유사성은 전통적 커뮤니케이션이 목표로 하는 중요한 가치를 지니고 있다. 커뮤니케이션은, 실용적인 행위로 송신자와 수신자 간의 의미의 공유를 목표로 한다. 여기서 의미의 공유란 다름 아닌 송신자의 마음에서 일어난 의미와 수신자의 마음에 일어난 의미가 똑같아지거나 적어도 서로 비슷해지는 것을 뜻한다. 이런 일이 일어났을 때, 의미의 동일성 isomorphism이 일어났다고 한다. 장미꽃 한 송이를 매개로 꽃님과 돌쇠는 〈사랑〉이라는 의미 동일성을 얻을 수 있었다. 그리고 의미 동일성이야말로 커뮤니케이션의 송수신자 쌍방간에 이해를 가능하게 한다. 뿐만 아니라 의미 동일성은 의미의 알맹이이기 때문에 지식의 축적을 가능하게 하고 더 나아가서 지혜에 이르게 한다.

그러나 이 경우의 차이는 커뮤니케이션 문제를 불러일으킨다. 꽃님과 돌쇠가 나눈 〈달〉이야기의 예를 다시 음미해 보자. 꽃님의 〈달〉과 돌쇠의 〈달〉은 함축 의미에 의미 이질성을 일으켰다. 차이의 발견은 피상적 지식을 주는 데 그친다. 꽃님은 돌쇠가 〈무드 없는 맹추〉로 보일 것이고, 돌쇠는 꽃님이를 〈당연히 밝은 보름달에 쓸데없는 질문을 던지는 멍청이〉로 생각할 것이다. 그들은 서로 생각의 다름을 알았을 뿐 그 이상 깊은 지식을 얻을 수가 없다. 의미 이질성은 다분히 디지털 정보와 같은 데가 있다. 〈I〉 아니면 〈0〉. 보름달이 밝은 정서적 의미를 알아차렸으면 〈I〉, 그렇지 못하면 〈0〉. 돌쇠의 정서적 상태는 〈0〉이었다. 보름달이 밝은 과학적 의미를 알아차렸으면 〈I〉, 그렇지 못하면 〈0〉. 돌쇠의 눈에 비친 꽃님의 지식상태는 〈0〉이었다. 두 멍청이가 동문서답을 하고 있었던 것이다. 그들이 발견한 것은 서로 생각이 다르다는 것밖에 없다. 〈I〉과 〈0〉의 차이, 즉 정보의 차이뿐이다. 정보의 차이는 피상적인 것이라 지식을 축적할 수 없다.

현대는 정보시대라고 한다. 그러나 현대 사회는 지식을 축적하지 못하고 있다(Ellul, 1990). 피상적 정보는 〈폐기성〉의 것이기 때문이다. 자본주의 경제의 산물인 광고는 차이를 무한정 변조modulation하는 제도이다. 광고는 실제상 같은 것을 다르게 보이도록 만드는 인위적 돌연변이의 기구이다. 같은 재료를 쓴 진통제인 데도 여러 가지 다른 이름을 붙여 서로 다른 상품인 것처럼 만든다. 커피도 수십 종류이다. 자동차도 마찬가지다. 이 모든 것에서 차이란 피상적인 것이다. 그러나 광고는 이 피상적 차이를 만들기 위해 엄청난 돈을 투자하며 소비자들은 바로 이 피상적 차이를 산다.

의미 동일성보다 차이의 조작에 더 신경을 쓰는 사회가 현대 사회다. 차이의 변조가 극성할 대로 극성하고 있다. 사람은 개성이 있어야 한다고 한다. 광고는 바로 이것을 이용한다. 사람들에게 개성 있는 차이를 만들어주기 위해 수많은 장신구들이 생산되어 판매된다.

포스트모던 사회의 미디어에 의해 기호의 교란이 극에 달하고 있다. 사람들은 기표의 교란에 혼미해지는 동시에 그것에 점점 더 미혹되고 있다.

기호의 범주

지금까지 두 가지 기호의 근본구조에 대한 모형——소쉬르의 모형과 퍼스의 모형——을 알게 되었다. 이 모형은 기호의 기본 성격과 구조를 드러내는 모형이다. 그러면 기호에는 어떤 범주들이 있는가?

방브니스트(1985)는 〈모든 것이 기호〉라는 소쉬르나 퍼스의 기본적인 가정이 기호의 개념을 한없이 희석시킨다고 지적하고 있다. 모든 것이 기호라는 말은, 〈이 우주에는 오직 생명의 한 줄기 흐름이 존재할 뿐〉이라고 한 다윈의 말처럼 들릴지도 모른다. 세상의 여러 생명형태들에도 범주가 있듯이, 기호를 범주화하면 좀더 실질적이고 명료한 이해를 얻을 수 있음이 틀림없다. 이런 의미에서 방브니스트는 기호의 범주를 나누었는데, 다음은 그것을 조금 수정한 것이다.

언어 기호——우리가 의식을 가지면서 제일 먼저 얻는 기호들.
도형 기호——그림, 사진, 영화, TV, 컴퓨터 그래픽 같은 것에 나오는 기호들.

사회 예절 기호——사람들의 사회적 서열 매김, 예의, 설득 등에 쓰이는
　　　기호들.

외적 기호——사회 여건을 나타내는 기호들. 경제생활의 가치나 지표를
　　　나타내는 금전 기호.

종교 기호——신앙, 의례, 예배 등에 쓰이는 기호들.

예술 기호——음악, 미술 등에 쓰이는 구상적 이미지(도상), 비구상적
　　　이미지들(음계 같은 것)의 온갖 변형들.

　물론 이것이 기호의 모든 범주를 드러내고 있는 것은 아니다. 하지
만 범주화의 목적은 기호라는 것이 하나의 통합된 연속체 개념이 아니
라 우리의 일상생활 주변에서 알아볼 수 있는 실증적 범주임을 밝히려
는 것이다. 또한 이러한 구체적인 범주는 기호학이 다루는 범위를 드
러내준다. 기호의 범주는 뒤에 제5장에서 코드의 종류를 나누면서 다
시 한번 분류된다.

　종합하면, 〈우리의 전 인생〉은 기호라는 연속체 continuum 위에 잡
혀 있는 것이 아니라 〈기호의 그물 networks of signs〉에 잡혀 있다
(Benveniste, 1985, 234).

제 4 장

현실의 축조

칸트 (1938) 는 인간을 이상적 자아 homo nomenon 와 현상학적 자아 homo phenomenon 의 두 가지로 나누어 보았다. 땅에 발을 붙이고 살며 하늘을 동경하는 것이 인간이다. 이러한 인간에게 기본이 되는 문제는 현상학적 인간이 어떻게 그의 인식세계를 축조하고, 그 안에 사느냐 하는 것이다. 인식세계의 축조는 인간의 오관에 잡히는 〈저 밖의〉 현실계에 대한 지각 perception 과 이에 기초한 개념적 축조에 맞먹는 것이다. 현실계의 축조는 인간이 삶을 지탱하고 영위해 나가기 위해 필요한 기본적인 것으로, 본질적으로 기호학적 조작이다.

기호학의 조작적 면모를 살펴보자. 세보크 Sebeok (1991) 에 따르면 구조들은 독립변수이며 현실은 종속변수이다. 세보크는, 기호학은 〈현실세계〉 자체에 전혀 관여하지 않는다고 주장한다. 기호학이 관여하는 것은 현실세계의 모형인, 인류학적으로 구상이 가능한 〈대리적 세계〉에 관한 것이다. 달리 말하면, 인간은 세계를 기호학적으로 모형화함으로써 현실세계를 이해할뿐더러 기호학적으로 모형화된 세계 속에 산다. 여기서 〈기호학적 모형이 묘사하는 것은 현실 자체가 아니라 우리가 탐구하는 방식에 의해서 드러나는 자연〉이다(Sebeok, 1991, 12쪽).

결국 진정한 현실은 그 본질이 파악되지 않은 채 항상 〈저 밖에〉 있고 우리는 그것의 표상만을 잡을 수 있을 뿐이다. 표상의 세계는 전적으로 우리가 채용하는 탐구방식에 따라 모습을 달리한다. 기호학은 여러 가능한 탐구방식 중 하나이지만, 가장 포괄적이고 직접적인 탐구방식이다. 그러나 세보크가 책 제목으로 쓴, 〈기호는 그냥 기호일 따름〉이라는 말은 기호학의 기본인 기호의 한계를 암시한다. 하지만 기호일 따름인 것이 우리 인식의 총체를 구성한다. 그 밖에 무엇이 있단 말인가? 칸트가 말한 현상학적 자아로서의 인간은 기호가 포괄하는 기호의 세계 속에 갇혀 있는 것이다.

이 장에서는 현실체와 현실계를 축조하는 데 쓰는 이미지, 범주, 은유, 환유 같은 개념적(또는 意想的) 고안에 대해 논의하기로 한다.

범주

역 대합실에서, 사무실에서, 또는 어떤 사교모임에 참석했을 때, 모르는 사람을 만나게 되면 제일 처음으로 서로 시작하는 일이 범주화의 의례이다. 범주화가 일어나는 순서는 우리나라 사람의 경우 거의 틀에 박힌 것이다. 처음에 상대방의 고향을 묻는다. 지연이 있는지 알아내려는 것이다. 다음에 나온 학교를 묻는다. 학연을 알아내려는 것이다. 세번째로 어떤 비교적 잘 알려진 사람(흔히 동향인이거나 학교 동문이거나 직장관계로 아는 사람이다)을 혹시 아느냐고 묻는다. 인연을 확인하려는 것이다. 이 세 가지가 차례로 맞아떨어질 때마다 상대방에 대해 안심하게 된다. 상대방이 지연, 학연, 인연에 대체로 잘 맞아떨어지면 비로소 이쪽의 정체를 드러내기 시작한다. 그렇지 못할 경우에는 우선 별볼일없는 사람으로 친다. 그렇더라도 저쪽에 뭔가 끌리는 데가 있으면, 약간 덜 구체적인 수준에서 범주화가 조금 더 진행된다 학교에서 무엇을 공부했느냐, 직업이 무엇이냐, 어떤 취미를 가졌느냐 등 이것 저것으로 화제가 옮아간다. 이 일련의 범주화 과정에서 저쪽이 이쪽의 범주 특성과 비슷하거나 같을 때에만 호의적인 반응을 보인다. 범주화는 이쪽 저쪽 양편에서 〈나〉 중심으로 일어난다. 나와 잘 어울릴 수 있는지, 나와의 연합 가능성이 있는지를 확인하는 의례이다. 나와 비슷한 사람, 나와 생각이 비슷한 사람, 나와 가는 길이 같은 사람을 찾아내는 일이 범주화의 기본이다.

범주는 자기 자신이 포함되어 있는 주변이나 세계를 이해하는 인식 행위의 기본적인 틀이다. 범주화는 同一視 原理 the principle of identfication에 따라 일어난다. 동일시의 주체는 범주화 노력을 하는 사람이다.

레이코프 Lakoff와 존슨 Johnson의 다음과 같은 말을 범주화의 정의로 받아들일 수 있다. 〈범주화는 물체나 경험의 어떤 특성을 돋보거나 다른 특성을 밑보거나 감춤으로써 물체 또는 경험으로 동일시하는 자연스런 방법이다〉(Lakoff & Johnson, 1980, 163쪽). 가령 버스 정류장에서 버스를 기다리고 있는 동안 가로등 불에 비친 저쪽 사람의 인상을 읽는 일은 범주화를 수탄한다. 저쪽의 눈빛이 탁하고, 눈의 초점을 두는 곳이 불안정하고, 얼굴에 상채기가 있고, 어깨의 놀림이 운동선수같이 넓고 날래면, 저 사람은 〈깡패〉라고 지레 짐작한다. 기호학적 판단은 거의 순식간에 하나의 범주를 찾아낸다. 그리고 잠시 동안 그 범주에 따라 이쪽의 행동양식을 결정한다. 저쪽 사람과 될 수 있는 대로 눈이 마주치지 않게 한다든지, 일정한 거리를 유지한다든지, 버스를 기다리는 대신 택시를 잡아타고 그 자리를 빨리 떠난다든지 하는 것이다. 말하자면 그는 선택된 범주에 사로잡힌 행동을 하는 것이다.

범주는 어떤 특성만을 턱하고 돋보이게 할 뿐, 다른 특성은 무시하기 때문에 범주화 대상에 대한 전반적 인식에 미치지 못한다. 단지 어떤 실용적 기호를 신속하게 만들어내어 이쪽에서 실용적 의사결정을 할 수 있으면 그만인 것이다. 이러한 범주는 오류를 일으키기 십상이다. 그럼에도 불구하고 범주는 많은 경우 실용에 부응하는 결과를 가져온다.

범주화는 보다 광범위하게 모든 사물을 상대로 일어난다. 범주화는 대체로 자연적 차원들을 이용하여 행해지는데, 흔히 쓰이는 자연적 차원들은 지각적 perceptual, 기능적 functional, 목적적 purposive인 것들이다(Lakoff & Johnson, 1980). 이런 차원의 범주화는 사물에 내재하는 고유한 특성을 따르는 것이 아니고, 범주화하는 주체와 범주화되는 객체 사이의 상호작용에서 일어난다. 그래서 범주화되는 객체의 외적 특성들이 일차적으로 고려된다. 범주화되는 사물의 내부적(본래적) 고유 특성들은 범주화 주체가 알 수 없는 것이거나 아니면 제2차적 고려점에 지나지 않는 것으로 되기 보통이다. 따라서 범주들은 저 밖의 현실들 속에서 발견된다기보다는 범주화하는 주체가 발명해 낸 산물이라고 봄이 옳다. 브루너 Bruner와 그의 동료들은 다음과 같이 주장한다.

과학과 상식적 탐구는 똑같이, 사건이 세상에서 무리 groupings를 이루는 방식을 발견하려는 것이 아니라, 사건들을 분류하는 방식을 발명한다……. [범주들은] 발견된 것이 아니라 고안된 것이다. (Bruner et al., 1972).

결국 범주화는 범주화의 주체가 주관적으로 수행하는 현상학적 관찰에 입각해서 일어난다. 모든 것이 어떤 행위의 모음, 또는 어떤 행동-사역 가능성으로 풀이되고, 행동양태에 따라 범주화되며, 각 범주에 이름이 매겨진다. 범주화 대상체의 본질은 뒷배경으로 사라지고, 범주화 주체에 호소력을 미치는 어떤 특성만이 잡히고, 돋보이게 되고, 분류되는 것이다. 따라서 범주들은 범주화 주체의 이데올로기를 체현하게 된다. 그리고 그러한 이데올로기에는 무시할 수 없는 자의성이 개재되기 마련인 것이다.

　범주화를 위한 동일시 확인은 포괄원리와 배척원리 the principles of inclusion and exclusion를 둘 다 이용한다. 이 두 가지 원칙은 동전의 양면과 같다. 하나가 일어나면 다른 것은 덩달아 일어난다. 이데올로 기적 조작인 범주화에 의해서 임의의 권력이 일어나 집권을 하게 되면, 그것이 전체 체제의 중심이 된다. 그리고 나머지는 모두 변두리화 marginalization한다. 나치즘에서 그 극단적 예를 볼 수 있다. 나치즘이 극성했을 때 거기에는 아리안족 우월사상이라는 이데올로기가 중심을 차지하고 있었다. 바로 이런 이데올로기가 권력을 지탱시켜 주는 엄청난 허구의 중심을 이루고 있었다. 이 허구를 중심으로 온 세계가 변두리화되었고, 침략의 대상으로 떨어졌다. 그중에서도 가장 변두리로 밀려난 유태인은 희생양으로 선택되어 무수히 학살되었다. 육각형의 다윗의 별이 나치의 네모난 스바스티커에게 색출되어 짓밟히고 죽어갔다.

　나치가 유태인과 비유태인을 가려내는 범주 특성은 순전히 자의적 이데올로기 의해 만들어졌다. 어떤 사람의 부모 모두 유태인이면, 드 말할 나위 없이 그 사람은 틀림없는 유태인이다. 그러나 어떤 사람의 부모 중 한쪽만이 유태인일 때는 그 자식의 유태 성분은 다음과 같이 판별해 냈다. 그 사람의 어머니가 유태인이면 그는 유태인의 胎로부터 진짜 유태피를 받은 것이기 때문에 유태인이다. 그러나 그의 어머니는 유태인이 아니고 아버지만 유태인일 경우에는 비유태인이라고 판정했다. 이것은 유태인이 혈연적 주체성을 지키기 위해 종족의 모계혈통을 고집해 온 관습과 일치한다(Solomon, 1988). 그러나 유태인들이 모계혈통을 따라 유태인 주체성을 내세우려 했던 것은 유태민족의 생존을 영속화시키려는 것임에 반해, 나치가 유태의 모계혈통을 범주화의 근거로 쓴 것은 유태민족을 멸종시키기 위한 것이었다. 히틀러의 나치즘은 유태민족 말살을 위해 자의로 허구적 신화를 만들었다. 유태인들은 자연적인 열등 민족이고, 따라서 우월한 아리안족과 비교할 때 인간 이하의 종족이라는 것이다. 자연은 인간과 類人 subhuman의 혼혈을

반대하므로 이 지구에 오직 우등 민족의 우성인자만을 보존하기 위해
서 유태민족 같은 유인은 이 지구에서 박멸해야 한다는 것이었다.

나치 밑에서 범주화가 사람의 생사를 결정했었다. 제2차 대전의 종
식으로 잘못된 범주화의 참극은 끝났다. 그렇지만 그보다 완화된 형태
의 범주들이 아직도 세계 도처에 존재한다. 인종 차별주의가 그것이
다. 피부색이라는 기호가 범주들로 나누어진다. 지역감정이 그것이
다. 남부 사투리냐, 북부 사투리냐, 아니면 산맥의 왼쪽 사투리냐,
오른쪽 사투리냐 하는 음성기호가 범주들로 나누어진다. 그리고 집권
세력의 편에 껴주느냐 안 껴주느냐를 결정한다. 이런 기호론적 게임은
언제나 변두리 사람에게 치명적 불이익을 가져다 주는 것이다.

은유

은유 metaphor와 환유 metonym는 기호가 의미를 나르는 가장 기본
적인 두 가지 수단이다 (Brown, 1977 ; Leach, 1976). 이 절에서는 은유
에 대해서, 다음 절에서는 환유에 대해 알아보기로 한다.

인간의 관념세계는 수많은 개념들로 이루어져 있고, 그것의 대부분
이 은유로 되어 있다. 따라서 인간의 사고과정 역시 대체로 은유적이
다. 은유가 인간에게 궁극적으로 중요한 것은 일상생활의 바탕이자 대
상이 되는 정치적, 경제적, 문화적, 종교적 현실을 축조하기 때문
이다.

〈사담 후세인이 쿠웨이트를 먹었다〉, 〈보도기자들은 상어다〉, 〈빠
른 것일수록 좋은 것이다〉, 〈시간은 돈이다〉, 〈아는 것이 힘이다〉,
〈그 사람은 컴퓨터 귀신이다〉, 〈저 높은 곳을 향하여 날마다 나아갑니
다〉 등은 모두 은유이다. 이런 표현은 너무 자연스럽게 쓰여 왔기 때
문에 조금도 이상하게 들리지 않는다. 그런데 바로 이런 은유들이 우
리의 생활공간을 은연중에 조종하고 우리의 생활방식을 결정해 나간

다. 우선 은유의 기초 사항부터 알아보자.

　은유란 익히 아는 어떤 체험에 의해서 잘 모르는 다른 체험을 부분적으로 이해할 수 있게 해주는 기호체이다. 익숙한 기호의 특성에 의해서 낯선 기호의 부분적 이해를 하게 해주는 것이 은유이다. 예를 들어 레이건 대통령은 〈보도기자들은 상어다〉라고 말한 적이 있다. 이것은 은유다. 자세한 설명을 하기에 앞서 한 가지를 강조해 두는 것이 좋겠다. 〈보도기자는 상어 같은 존재다〉는 표현은 은유가 아니다. 〈보도기자는 상어〉라는 두 개념의 직접적 결합이 은유를 만들지, 〈상어 같은〉이란 표현은 은유적일 뿐 은유가 못 된다. 또 한 가지 예를 들자. 아기 엄마가 잠들어 있는 아기를 보면서 〈애는 천사야〉라고 말했을 때, 그것은 은유가 된다. 그러나 〈애는 천사 같아〉라고 하는 것은 은유가 아니다. 은유적 표현에 불과하다.

　하나의 은유에는 두 가지 기호가 쓰이며 이 두 기호는 연상법칙 the principle of association에 의해 연결된다. 연상법칙은 한 기호의 현실체(대상체)를 다른 기호의 의미의 차원으로 옮겨서 바꿔놓는다. 아래의 그림은 관계를 설명하고 있다.

　상어가 먹이를 〈냄새맡고 찾아내어 물어뜯고, 씹어대고, 피를 보는〉 특성들을 연상적으로 기자의 특성으로 치환시킨다. 이 연상적 치환으로 말미암아 기자가 상어로 은유적 변신을 하는 것이다.

　은유는 유사성과 차이를 동시에 둘 다 이용함으로써 가능한 것이다. 위의 예에서 기자는 사람이고 상어는 물고기이기 때문에 서로 판이하게 다르다. 그러나 기자와 상어는 어떤 면에서 행동양태가 비슷하다.

판이하게 서로 다른 것이 어떤 비슷한 특성에 근거해서 서로 연결되어 있기 때문에 은유는 공상적이고 초현실적 효과를 사람의 마음에 일으킨다(Fiske, 1982). 이 효과가 은유의 힘이다. 하지만 은유에는 간과해서는 안 될 다음과 같은 특성도 있다.

돋보이기/숨기기

은유는 두 기호의 어떤 공통적 특성만을 돋보이게 할 뿐, 그 이외의 다른 특성들은 밑보이게 하거나 숨긴다(Lakoff & Johnson, 1980). 앞의 예를 다시 살펴보자. 기자가 매일 정부를 물어뜯고 씹어대기만 하는 것은 아니다. 기자는 보다 중요한 특성을 지닌다. 그들은 〈감시의 기능〉을 수행함으로써 민주주의의 형평 원칙을 살아 있게 하는 등 소위 제4부의 역할을 감당하는 것이다. 정부나 정부관료들이 하는 것을 들추고 비판하는 것은 제4부적 감시 기능의 일부에 지나지 않는다. 레이건이 기자들을 상어에 빗댄 것은 기자들을 밑보거나 밉게 보고 한 야유다.

따라서 은유에 의해서 성취되는 이해와 지식은 전체적인 것이 아니라 언제나 부분적인 것에 그친다. 그럼에도 불구하고 이 부분적 이해에 의해서 우리는 문화적 체험을 개념의 체계로 치환할 수 있다. 이러한 치환이야말로 은유의 진정한 힘인 것이다. 인간의 개념적 체제는 수많은 은유의 망상조직으로 이루어져 있다. 하나의 은유가 개념의 체제 안에 들어올 때, 그 안에 약화되어 있거나 숨겨진 특성들이 함께 들어와 무의식 속에 가라앉는다. 낡은 은유가 새 은유로 바뀔 때마다 지식은 새로워지고 지성의 영역은 넓어지는 것이다. 가령 앞의 예에서 기자들의 정부 감시 기능은 소위 사냥개 은유 watch-dog metaphor로 흔히 표현된다. 〈기자들은 사냥개다.〉 물론 기자는 정부가 부리는 사냥개가 아니라 국민이 부리는 사냥개이다. 기자는 국민을 대표하여 정부에서 무엇이 잘못되는 것이 있나 없나 냄새를 맡고, 잘못된 것에 대해 짖어댄다. 기자가 소속 언론사를 통해 짖어대는 소리(방송과 신문

보도)를 듣고, 국민은 여론을 일으키며 잘못된 정부를 바로잡아 간다. 이렇게 볼 때 레이건이 기자에게 쓴 상어 은유는, 그가 기자에 대해 가졌던 비뚤어진 편견과 풍자라고 이해할 수 있다. 따라서 사냥개 은유가 상어 은유보다 더 낫고 보다 정확한 은유임을 알게 된다.

레이코프와 존슨은 철학자들이 은유를 언어학적 테두리 안에서만 트거나 통상을 벗어난 공상적 내지는 시적 언어의 표현 정도로만 취급해온 잘못을 지적한다. 레이코프와 존슨에 의하면, 은유는 인간으로 하여금 생활의 모든 측면(사회, 정치, 경제, 문화, 종교 등)에서 현실을 축조할 수 있게 할 뿐만 아니라 은유에 근거해서 사고하고 행동으로 옮기게 해준다. 우리는 은유에 의해 의식적 또는 무의식적으로 문화적 체험을 현실체로 축조하며, 축조된 현실 안에서 추리도 하고 목표를 세우기도 하며, 사회적 참여를 하기도 하고, 계획을 수행하기도 한다(Lakoff & Johnson, 1980, 158쪽). 우리의 의식이 현실로 받아들이는 것은 대부분 은유로 이루어져 있다. 은유는 언어학적 표현에 그치는 것이 아니라 비언어적 영역과 보다 중요한 연계를 갖고 있다. 은유는 표현 기능으로 그치는 것이 아니라 사회적, 정치적, 문화적 사고와 행동을 요구한다. 은유는 명령적 injunctive 사역적 힘을 가지고 있다.

그뿐 아니다. 은유는 진리를 부분적으로 체현한다고 레이코프와 존슨은 주장한다(1980, 159-184쪽). 이들에 의하면 진리란 대부분 은유에 의해 정의되어 있는 의식체제에 대해 항상 상대적이며 은유가 우리의 현실을 성립시키고 있는 한 은유 자체가 진리를 포방하기도 한다.

은유의 종류

은유에는 두 종류가 있다(Lakoff & Johnson, 1980). 하나는 관습적 은유이고, 다른 하나는 비관습적 은유다. 관습적 은유에는 구조적 은유 structural metaphor, 지향적 은유 orientational metaphor, 실체적 은유 ontological metaphor 세 가지가 있다.

구조적 은유에서는 하나의 개념이 은유적으로 다른 개념에 의해 만들어진다. 이런 은유는 부분, 단계, 목적 같은 것을 표현할 때 쓰인다. 〈인생은 전쟁이다〉라는 은유를 보자. 인생이란 개념이 전쟁이라는 개념에 의해 이루어져 있다. 전쟁에서는 아군과 적군이 갈라져 있고, 잠복, 공격, 기만전술 등이 쓰이며, 승리와 패배가 상정되어 있다. 어떤 사람들이 〈인생은 전쟁〉이라는 은유를 현실로 받아들일 때, 그들의 시야는 좁아지고, 그들은 인생을 다른 것이 아닌, 오직 전쟁뿐인 것처럼 살게 마련이다. 내 편과 적 편을 갈라서 사람들을 상대하고, 적으로 지목된 사람들을 속이고, 등치고, 짓누르는 일을 당연히 여기며, 무슨 수를 써서든 이겨야만 한다는 강박관념에 빠져서, 싸움에서 싸움으로 이어지는 인생을 살게 된다. 이런 사람들의 눈에 보이는 인생은 무섭고, 치열하고, 야비하고, 처절한 싸움판이다. 이기심으로 무장하고, 희생을 모른다. 오직 싸움이 있을 뿐. 이런 사람은 돈을 많이 벌기도 하고, 크게 출세를 한 후에는 승전가를 부르면서 살벌한 인생을 마치는 것이다.

은유는 자기 달성 예언 self-fulfilling prophecy 의 능력을 가지고 있다(Lakoff & Johnson, 1980, 156쪽). 어떤 은유를 가지고 사느냐에 따라 인생 판도가 달라진다.

물론 〈인생은 전쟁〉이란 구조적 은유는 인생 전체의 구조를 다 드러내지 못한다. 부분적 이해에 그칠 뿐이다. 인생에 대한 다른 구조적 은유들이 있다. 〈인생은 연극이다〉, 〈인생은 도박이다〉, 〈인생은 천국 생활의 예행 연습이다〉 등. 이런 은유들이 〈인생은 곧 전쟁〉이라는 은유보다 더 진실에 가까운지, 더 바람직한 것인지는 알 수가 없다. 문제는 인생이 전쟁이건, 도박이건, 연극이건, 일단 은유를 통하여 인생이라는 광맥에 접하게 된다는 사실, 그래서 인생에 관한 진실을 드러낼 계기를 확실히 잡게 된다는 사실이 중요한 것이다.

지향적 은유는 대체로 공간적 지향성을 일으키는데, 이것은 우리의 물리적, 문화적 체험에서 연유된다. 공간적 지향성을 주는 은유는 오르고 내리는 것, 들고 나는 것, 앞과 뒤, 높고 낮음 같은 것과 관련된다. 이런 이항대립쌍은 일상생활에서 매일 경험하는 것들이다. 지향적 은유는 실제 체험에서 얻은 것을 근거로 만들어진다. 동물이나 사람이 잠잘 때는 누워 있으므로 하향적이고, 깨어 있을 때는 서 있기 때문에 상향적이다. 레이코프와 존슨은 이런 상-하 지향성 체험으로부터 〈의식은 위쪽에 있다〉라든가 〈무의식은 아래쪽에 있다〉 같은 은유가 나왔다고 말한다.

밝은 빛은 위쪽(천정)에서 오고, 어둠은 아래쪽(지하실)에 있다는 체험으로부터 〈위쪽은 좋고, 아래쪽은 나쁘다〉는 은유가 이해된다. 〈햇빛보다 더 밝은 천국은 저 위에 있고, 무섭고 어두운 지옥은 저 밑에 있다〉는 은유도 이허할 수 있다. 그러나 이 은유가 돋보이게 하는 〈위쪽〉 특성은 수사학적 고장에 지나지 않는다. 물리적으로 볼 때 이 우주에 〈본질적으로 위〉라든가 〈본질적으로 아래〉 같은 것은 존재하지 않는다. 메소포타미아에서 위쪽으로 보이는 천국의 물리적 방향은 호주에서 보이는 지옥의 방향이고, 그 반대도 같다. 그런데도 천국은 이 지구 어디에서 보나 항상 〈위쪽〉에 있다. 은유의 천국은 전혀 물리적인 것이 아니라 오직 개념적인 천국이라는 〈사실〉에 유의해야 한다.

모든 은유는 처음부터 끝까지 개념적이다. 이 개념적인 은유를 물리적 현실로 해석하려 할 때 무리가 생긴다. 이것이 바로 근본주의자들이 저지르는 오류이다. 이것은 마치 전기줄이 합선된 것 같은 바람직하지 못한 충격 현상을 일으킨다. 은유는 사람의 마음에서 개념이 현실로 둔갑하는 것이다. 역으로 은유가 사람들의 형이상학처럼 되는 것이다(Ihde, 1982). 이런 현상은 참으로 우스운 것이다. 지향적 은유는 물리적 체험의 세계와 관념적 체험의 세계를 연결해 주지만, 이 두 다른 세계의 독립성을 전제하고 있다. 저 윗쪽의 관념적 천국을 물리적으로 체험할 수 있다고 믿는 사람에게 은유는 무의미해진다. 동시에 두 세계의 은유적 연결은 맥없이 끊어진다.

실존적 은유 역시 물리적 물체나 물질, 특히 신체에 대한 체험에 근거한다. 신체에 빗대어 사건, 활동, 감정, 관념 등을 실체나 물질로 보게될 때 은유가 생긴다. 일단 은유가 성립되면 그것에 의해서 사건, 감정, 관념 같은 것을 지시, 정량화, 확인, 동기 부여 등의 기능을 위해 사용할 수 있다.

사랑, 인내, 정서, 안정, 평화, 행복 같은 것을 실체적인 것들로 볼 때 은유를 얻는다. 〈사랑을 찾는다(마치 연장통 속에 있는 집게를 찾듯이)〉, 〈사랑이 부족하다(정량화)〉, 〈사랑은 잔인하다(사랑의 어떤 면모에 대한 확인)〉, 〈사랑을 찾아나섰다(행동 목표의 설정)〉 등은 모두 사랑을 실체화해서 얻은 은유들이다.

지향적 은유로서 〈저 높은 곳〉은 관념에만 존재하는 높은 곳이라고 이미 말했다. 저 높은 곳이라는 관념을 실체화해 볼 때(실체처럼 다룬 말이지 관념이 실체로 둔갑한다는 말이 아니다), 그것은 실체적 은유가 된다. 찬송가는 다음과 같은 은유로 동기를 부여한다. 〈저 높은 곳을 향하여 날마다 나아갑니다〉. 하지만 우리는 날마다 이 땅 위에 있는 것이다. 우주선을 타본다고 해봤자 다시 이 땅 위로 되돌아와야 한다. 이 찬송가의 한 구절은 실상 아무 물리적 뜻이 없다. 그렇지만 이 가사의 은유는 분명히 우리의 관념을 〈날마다〉 더 고결하게 한다. 생각이 고결한 사람들이 많아질수록, 이 땅은 점점 〈저 높은 곳〉만큼 소망스러운 곳으로 바뀔 수 있을 것이다. 은유는 자기 달성 예언을 이루는 힘이 있기 때문이다. 물리적인 〈저 높은 곳〉이 없다고 해서 관념상의 〈저 높은 곳〉을 노래해서 안 될 것은 하나도 없다. 어차피 사람들은 스스로 축조한 개념적 현실 속에 살게 마련이고, 은유는 이 모든 것을 가능하게 해준다.

마지막으로 비통상적 은유에 대해 살펴보자. 지금까지 다룬 통상적 은유들은 모두 인간의 실체험에 뿌리박고 있기 때문에 매우 자연스러운 것으로 이해된다. 너무나 자연스러워서 은유라는 말로 구분해 생각하는 것이 새삼스럽고 오히려 부자연스럽게 보일 정도이다. 대체로 통상적 은유들은 아무 무리 없이 우리의 지각에 잡히고 우리의 오성에 마찰을 일으키지 않는, 일관성 있는 진리처럼 받아들여진다. 그렇기 때문에, 우리는 은유에 의해서 어떤 사상, 관념, 사건 같은 것들을 설명하려 들거나, 필요하면 정당화마저 하려 들게 된다. 은유는 보편적으로 받아들일 수 있는 진리를 품고 있다고 믿기 때문이다.

비통상적 은유는 좀더 공상적이고 창조적인 은유이기 때문에 우리에게 새로운 시각을 열어주고, 우리의 통상적 개념체제나, 우리가 늘 알고 믿어온 바에 대해, 혹은 총체적으로 우리의 과거에 새로운 의미를 주는 그러한 은유이다(Lakoff & Johnson, 1980, 139쪽). 비통상적 은유는 우리로 하여금 새로운 것을 생각하게 하거나 통상적인 것을 새롭게 보게 한다.

예를 들어보자. 『신약성서』「고린도전서」13장에는 사랑에 대한 여러 가지 은유들이 있다. 지난 2천 년 동안 기독교 교육을 통해서 이런 은유들은 통상적 은유로 사람의 마음속에 자리잡혀 있다. 신화학자 캠벨(1988)은 〈사랑은 시련〉이라는 비통상적 은유를 제시한다. 사랑은 달콤한 것이고, 흥분스러운 것이고, 행복한 것이고, 한마디로 좋은 것이라는 통상적 사랑의 이미지에서 볼 때, 〈사랑은 시련〉이라는 은유는 파격적인 것이다. 앞서 말한 성서의 사랑 은유들은 세속적 사랑 은유와 캠벨의 사랑 은유 중간에 위치한다. 캠벨에 의하면 〈사랑은 시련〉이라는 은유가 내포하는 뜻은 사랑하는 두 사람이 서로의 관계를 위해 연속적으로 희생하는 행위와 과정이다. 참 사랑은 그러한 희생을 요구하기 때문에 시련이다.

〈사랑은 시련〉이라는 은유의 의미가 파악되고 나면, 이 은유는 기독교 성서의 통상적 은유와 모순되지 않음을 알 수 있다. 달콤하고, 흥분스럽고, 행복한 것이 사랑이라는 세속적 의미 역시 〈사랑은 시련〉이라는 은유가 암시하는 희생의 과정에 부수해서 일어날 수 있는 사랑의 면모들이다. 요컨대 비통상적 은유는 통상적 은유를 보다 넓은 상황과 시각에서 이해하게 해준다.

통상적 은유와 비통상적 은유를 구분하는 확실한 선은 존재하지 않는다. 은유는 문화적 체험에 뿌리박고 있는 개념이기 때문에, 한 문화의 통상적 은유는 다른 문화의 비통상적 은유가 될 수 있다.

결론적으로 은유는 개념적 세계를 구축하는 벽돌 같은 것이다. 은유는 이미지의 대항개념이라고 보아도 무방하다. 그러나 이미지 역시 은유의 특수한 경우, 또는 시각적 은유라고 볼 수 있다. 가령 꽃님의 증명사진은 꽃님의 은유이다. 모든 TV 뉴스는 은유이다(Fiske, 1982). 이런 것은 3차원적 세계를 2차원적 세계에 연결하고 있기 때문이다. 하지만 은유는 보다 관념성이 강하고, 이미지는 시각성이 강하다는 면에서 은유와 이미지를 구분하는 것이 혼동을 줄일 수 있다.

또 브라운 Brown(1977)에 의하면, 모든 이론은 은유이다. 은유가 지니는 표상성의 약점이나 허점에도 불구하고 은유에 의하지 않고는 이론을 만들 다른 방도가 없다. 은유의 허점을 어느 정도 메우고 그것의 약점을 보강하는 수단은 담론이다(Kim, 1992). 은유로 축조된 세계를 이야기로 이해하는 것이 인생이다.

환유

은유가 연상법칙을 따라 만들어지는 기호체임에 비해 환유는 연속법칙 the principle of contiguity에 의해 만들어지는 기호체이다(Fiske, 1982). 은유와 환유는 두 가지 서로 다른 공정이라고 할 수 있다. 은유는 다른 것에 의해서 어떤 것을 생각해 내고 그 다른 것에 대해 잘 아는 바에 의해서 새로운 어떤 것을 이해하는 것이 목적이다. 환유는 어떤 것에 의해서 그것에 연결된 나머지 부분을 대표시키는 일, 그렇게 함으로써 어떤 것에 의해 감추어진 전체를 지시하는 것이 목적이다. 좀더 일반적인 환유의 정의는 다음과 같다. 어떤 것에 연관된 다른 것(들)을 지시하기 위해서 사용하는 바로\그 어떤 것, 또는 기호를 환유라고 한다. 이런 지시에는 한 부분에 의해서 나머지 전체를 이해하려는 보다 큰 목적이 있다(Lakoff & Johnson, 1980). 우리 속담에

<하나를 보고 열을 안다>는 말이 있다. 이것은 환유의 기능을 잘 드러 내 주는 말이다.

환유에는 두 가지가 있다. 환유 metonymy 와 제유 synecdoche 두 가지이다. 이 두 가지에 공통되는 것은 연속(또는 직접 연계)이라는 즈 개념이다. 이 두 가지의 다른 점은, 환유는 그것에 의해 지시되는 대 상을 대치시키는 것이고, 제유는 그것에 의해 지시되는 대상 전체를 대표시키는 것이다. 환유의 주어휘는 대치이고, 제유의 주어휘는 대 표(또는 표상)이다. 예를 들어 설명하면 이것이 구체적으로 무엇이더 어떻게 다른지 쉽게 알 수 있다.

♂라는 남성 기호를 어떻게 보느냐에 따라 환유의 종류가 달라진다. 이 기호의 동그라미를 사람의 몸둥아리를 표상하는 것으로, 또 화살을 공격적인 남근을 표상하는 상징으로 본다면, 이 전체 기호는 남자의 제유가 된다. 이 기호가 남자를 표상하는 것으로 보는 것이다. 그러나 기호의 동그라미를 방패로, 화살은 창으로 본다면, 이 기호는 환유가 된다. 방패와 창이 남자를 대치하고 있다고 보기 때문이다.

은유는 그 구성에 있어서 보다 상징성이 강한 데 비해, 환유는 도상 이나 지표에 가까운 기호다. 은유는 보다 가공적이고 초현실적 효과를 기호 사용자의 마음에 일으킨다. 이에 반해 환유는 도상이나 지표데 가까운 기호이기 때문에 기호 사용자의 마음에 현실적 효과를 일으킨 다(Fiske, 1982). 은유와 마찬가지로 환유도 일상생활에나 대중매체에 무수히 쓰이고 있다. 좀더 여러 가지 예를 들어보자.

전체를 대표하는 환유, 즉 제유로는 다음과 같은 것이 있다. <거기 엔 발붙일 곳이 없다>라는 말에서 <발>은 사람 전체를 대표한다. <눈 좀 붙여야겠다>라는 말은 <눈>을 그냥 감기 위해 감겠다는 말이 아니 라, 말한 사람이 잠을 좀 자야겠다 또는 머리를 쉬게 허야겠다는 환유 이다. 범인이 부지불식간에 남기고 간 것들——자국, 터럭, 배설물 따위——은 범인의 환유이다. 에티오피아와 소말리아의 굶주려 피골 이 상접한 아녀자들의 모습이 찍힌 사진은 정치적·경제적 난국에 바진 에티오피아나 소말리아를 대표한다. 자유의 여신상은 미국을 대표한다. 이것이 모두 환유이다.

관련된 것을 대치하는 환유로는 다음과 같은 것이 있다. 친구더러 무슨 컴퓨터를 샀느냐고 물었을 때, 친구가 〈응, 나 IBM 샀어〉라고 대답했다고 하자. 그가 산 것은 IBM 회사 제품인 컴퓨터이지만, 그것이 제조원을 대신한다. 〈사담 후세인이 쿠웨이트를 먹었다〉라는 은유 표현에서 사담 후세인은 그의 정부 각료와 군대를 대신하는 환유이다. 물론 사담 후세인 개인이 쿠웨이트를 혼자 먹은 것은 아니다. 이 환유는 실제로 먹힌 쪽, 즉 쿠웨이트 국가와 국민 전체를 대치하기도 한다. 〈정부는 간통을 범죄행위로 본다〉에서 〈정부〉는 이런 발언의 책임 소재를 대신한다. 현직 정부의 공직자들 모두가 간통을 똑같은 눈으로 보는 것은 아니다. 정부라는 기호가 환유로 쓰이고 있을 뿐이다. 때때로 지명이 어떤 기관을 대신하는 기호로 쓰인다. 〈워싱턴은 러시아에 대한 재정원조안을 환영할 것이다〉에서 워싱턴은 미국 정부 당국을 대신한다.

환유는 매우 강력한 기호이다. 환유의 힘은, 그것이 어떤 현실체와 직접 연관되어 있어 현실적 효과를 일으키는 일뿐만 아니라, 기호 사용자로 하여금 환유의 나머지 부분을 메우도록 유도하는 데 있다. 후자는 환유의 진정한 힘이다. 환유에 노출된 사람은 환유가 보여주는 일부분에서 생각을 멈추는 것이 아니라 환유가 감추고 있는 부분을 공상, 추리하여 채워낸다. 달리 말하면, 기호 사용자는 환유에 참가하는 것이다. 환유가 드러낸 일부로부터 환유가 숨긴 부분으로 사유를 확대해 나가게 하는 것——이것이 환유의 엄청난 힘이다. 수많은 프로퍼갠더와 상업광고들이 이 힘을 선용하기로 하고 더 흔히는 악용 내지 남용한다. 온갖 정치 선전물, 상업광고, 문화영화와 잡지 같은 것들이 그래 왔다. 이런 잘못 때문에 기호 사용자들의 공상과 추리 확산은 환유에 비친 현실 반영의 궤적 위를 정확하게 따라가는 것이 아니라 멋대로 빗나가게 한다. 그런데도 기호 사용자는 멋대로 추리된 전체를 환유와 동등한 진실로 받아들인다. 바로 이것이 환유의 힘이다.
정치 선전가나 광고 선전자들은 환유의 풍선만 띄워주면 되는 것이다.
나머지는 대중들이 메워낸 다음 전체를 진실로 받아들인다. 왜냐하면
환유의 나머지 부분을 메운 것은 정치 선전자들이나 광고 선전자들이
아니라 바로 대중들 자신이었기 때문이다.

환유에서는 자의성이 보다 강력하게 일어난다. 환유를 만드는 선전
자들이 어떤 기호를 환유로 삼을 것인가는 그들이 자의로 선택할 문제
이다. 또 대중들이 환유의 나머지 부분을 어떻게 채워내느냐 하는 것
은 대중들이 임의로 공상할 문제이다. 환유가 진실이라고 선전하고자
하는 바에 맞아떨어지는 결론만 대중으로부터 얻어내면 되는 것이다.
많은 경우 환유는 성과가 좋다.

이미지

흔히 이미지는 시각적 표상을 지칭하는 말로만 오해되고 있다. 물론
시각적 이미지는 매우 중요한 이미지임에 틀림없지만, 이미지는 도형
적 이미지(그림, 사진, 조상, 도안), 광학적 이미지(영상, 투사), 지각
적 이미지(감각자료, 외모), 정신적 이미지(꿈, 기억, 관념, 환상), 언
어적 이미지(은유, 서술) 등을 포함한다(Mitchell, 1986, 10쪽). 그래서
눈 먼 사람에게도 이미지는 마음에 떠오르며, 눈과 귀를 다 못쓰는 사
람의 마음에도 이미지는 생생하게 존재한다. 다만 여기서 한 가지 강
조해 둘 필요가 있는 것은, 위에 열거한 이미지의 스펙트럼의 어느 쪽
을 보다 이미지다운 이미지로, 아니면 그렇지 못한 이미지로 여기느냐
하는 문제다. 미첼 Mitchell은 문학과 예술과 철학에서 어떻게 이미지
라는 말이 이용되어 왔는지 조사했는데, 이미지다운 이미지와 그렇지
않은 이미지의 구분은 강조점의 차이에 따라 다름을 발견했다. 우리는
도형적 이미지에서부터 지각적 이미지까지 이미지로 느낀다. 그러나

문학에서는 정신적 이미지와 언어적 이미지가 진짜 이미지가 된다. 이와 같은 견해 차이는 이미지가 갖는 다중 의미성이나 이데올로기 조작에서 오는 것이다. 이에 대해 후에 다루기로 한다.

이미지란 무엇인가? 이미지를 정의하는 일은 간단치가 않다. 하지만 이미지에 관계되는 두 가지 기본 실재와 이미지의 특성에 초점을 맞춤으로써 이미지의 정의를 시도해 볼 수 있다. 이미지의 대상은 마음 이외의 것이다. 대상과 마음이 이미지를 정의함에 있어 필요한 두 가지 기본 실재이다. 이미지는 대상이 마음에 새기는 자국 impression(인상)이다. 그리고 대상과 자국 사이에는 유사성이 존재한다. 종합하면, 다음과 같은 정의를 얻을 수 있다. 이미지는 대상체가 마음에 새기는 비슷한 자국(인상)이다.

몇 가지 단서를 붙여둘 필요가 있다. 이미지의 대상은 마음의 밖에 있는 물리적 실체일 수도 있고, 마음의 안에 있는 개념적 실체일 수도 있다. 앞의 것을 외부 이미지, 뒤의 것을 내부 이미지라고 부르기로 한다. 마음에 이미지가 생기는 작용은 의미작용임에 틀림 없지만 매우 특수한 의미작용, 달리 말하면 의미가 불확실한 의미작용이다. 이에 대해서 잠시 후에 더 자세히 설명하기로 하자. 먼저 한 가지 말해 둘 것은, 이미지가 갖는 최소한의 의미는 〈비슷하다〉는 의미(유사성)에 그친다는 점이다. 외부 대상체가 마음에 이미지를 인각하는 의미작용은 흔히 지각작용 perception이라고 알려져 있다. 내부 대상체가 마음에 이미지를 불러일으키는 의미작용은 상상작용 imagination이라고 부른다.

이미지는 항상 마음 속에 있다. 마음이란 무엇인가? 마음이란 개념의 망상조직이다. 마음은 개념의 투사막이다. 이러한 마음의 정의로부터 지각작용과 상상작용을 다시 음미해 보면 다음과 같다. 지각작용이란 저 밖의 현실에서 마음이 보고자하는 것을 보는 현상이다. 수동적 지각작용이 잡은 감각자료에서 마음이 보고자 한 어떤 유사 개념체들을 서로 맞추어 보고 서로 같은 것을 찾아냈을 때, 바로 그 유사 개념체에 의해서 선택된 감각자료는 이해된다. 달이 달토 보이는 것은 달이 달이기 때문이 아니라, 눈의 망막에 비친 달이 마음속에 있는 거념의 투사막에서 찾은, 달이라는 내부 이미지와 맞아떨어졌기 때문이다. 이런 뜻에서 지각작용은 전체적으로 보아 매우 능등적 행위이다. 마찬가지로 상상작용도 마음이 개념의 투사막에 떠올리고자 하는 것을 불러일으키는 현상이다. 이러한 의미작용은 근본적으로 심리적 psychological인 것, 좀더 정확히는 심적-논리 psycho-logic에 기인하는 현상이다. 그래서 시인이 달을 〈천체로서의 달(외부 이미지)〉로 브는 대신에 〈님의 얼굴(내브 이미지)〉로 보았을 때, 시인에게 후자가 보다 격조 높은 진짜 이미지가 되고, 전자는 날 이미지 raw image에 불과한 것이 되기도 한다.

어느 경우에나 이미지를 마음에 인각하거나 불러일으키는 기본 기계는 변별의 원칙 the principle of discrimination이다. 이미지가 마음득에 떠오르기 위해서 제일 중요한 것은 비슷한 것을 떠내기 위해 필요한 경계를 분별해 내는 일이다. 경계의 안과 밖이 대상체의 주변에서 일어나기 시작하면서 대상체의 이미지는 최소한 비슷하다는 의미를 우발시킨다. 마음 속에 던져지거나 떠오르는 이미지들은 모두 기표이고, 〈비슷함〉은 이들이 갖는 기본적 기의이다. 심적-논리가 비슷함을 긍정함으로써 이미지는 성립된다. 그렇지 못할 경우 마음은 혼돈될 뿐이다. 아니면 혼돈을 〈볼〉 뿐이다.

비슷하다는 의미 말고, 이미지가 갖는 다른 의미들은 모두 불확실하다. 이미지가 갖는 근본적 모호성은 이미지의 또 다른 기의이다. 그러나 이 모호성 때문에 마음은 이미지에 끌려 들어간다. 숲속에서 무엇인가 재빨리 움직이는 그림자가 있다. 그것은 승냥이 모습같이 보였다. 〈승냥이 같은 것〉——그것이 이미지이다. 비가 몹시 오던 밤, 지하실로 내려가 전등을 켜는 순간 젖은 벽에 누가 서 있는 것처럼 보였다. 유령인가? 바로 그것이 이미지이다. 섬찟하다. 그러나 다시 코니 지하실 벽으로 스며든 물의 이상스런 무늬였다. 이미지에 변경이

온 것이다. 이미지는 유령의 이미지에서 물의 이미지로 바뀐다. 그래도 계속, 이미지는 마음을 붙잡는다. 물 무늬의 이미지는 오래전에 본 괴기영화 속의 마귀할멈 그림자를 연상시킨다. 기분이 언짢다……. 이처럼 이미지는 새로운 이미지로 자유롭게 연쇄를 이어간다.

그러나 이미지가 매력을 잃고 지각작용의 대상에서 제외되는 두 가지 경우가 있다. 첫째는 이미지가 우리의 지각에 모호성이 없는 확실한 관념으로 바뀔 때이다. 관념이라는 말은 말은 희랍어의 〈본다 to see〉라는 동사에서 온 것이다(Mitchell, 1986, 5쪽). 그러므로 어떤 모호한 이미지를 관찰하여 하나의 관념에 이르면 보는 일을 중단하게 된다. 〈아, 승냥이구나!〉 〈아, 물 무늬였구나!〉라고 확실한 개념으로 이미지가 고착될 때, 이미지는 매력을 잃고 만다. 이미지를 보는 일은 이미지가 갖는 모호성을 제거하는 수속인 것이다.

그러고 나서도 이미지를 계속 관찰해야 하는 경우가 있다. 그것은 이미지가 어떤 공포를 불러일으킬 때이다. 〈이크, 호랑이구나!〉 그러나 그것이 진짜 숲속이 아닌, 잡지책에서나 또는 TV 화면 위에 나타나는 호랑이라면 공포는 사라진다. 두려움이 사라지면 이미지는 관념 이외에는 아무것도 아니다. 그런데도 관념으로 바뀐 이미지는 상상의 연쇄를 일으킬 수 있다. 거의 되는 대로 일어나는 관념의 고리는 어떤 이미지에서 시작된다. 그러나 이미지가 관념의 고리 속에서 더 이상 고리를 연결할 힘이 없어질 때, 우리의 지각도 이미지의 힘에서 놓여난다.

요컨대 미첼이 제안하는 대로 이미지와 관념은 하나의 연속체 위에 있다.

어떤 이미지가 지각에 잡히는 순간, 이미지는 지각을 더 세게 사로잡는다. 이미지가 우리의 지각을 사로잡는 힘은 그것이 가지고 있는 모호성에서 온다. 그 모호성은 호기심을 일으키는 단순한 불확실성에서 시작하여 불안, 공포 따위로 이어지는 퍽 광범위한 느낌이다. 모호성은 이미지에서 오는 것이고, 느낌은 인간이 모호성에 반응하는 첫

양태다. 느낌은 의식의 표면에 떠오르는 지각작용의 한 부분으로, 아직 익숙한 관념으로 풀이되지 못한 무정형의 지각요소 percept 이기도 하다. 또는 의식이 미처 적절한 범주를 찾아주지 못한, 아직 낯선 지각요소이다. 그래서 그것은 의식의 표면까지는 와 있지만, 의식의 내부로 편입되지 못한 상태에 있는 외부의 인상이다. 의식이 지금 느끼고 있는 외부의 인상(외부 이미지)에 합당한 어떤 범주나 관념을 찾아내고, 그리고 인상과 관념 간에 동형이질성 isomprphism 이 확인되는 순간 이미지는 힘을 잃는다. 그것은 이미 어떤 익숙한 족속에 지나지 않는 것으로 판명되었기 때문이다.

그러나 계속 모호한 이미지는 두려운 것이다. 그것은 의식의 밖에 계속 남아 있고, 모호한 느낌으로만 바라보게 되는 대상이다. 그런 이미지는 수수께끼이고, 그 비밀이 풀리지 않는 동안, 특히 그것이 위협적인 이미지일 때, 우리에게 온갖 억측과 가설을 일으킨다. 그러나 억측과 가설의 논리 중심적 담론 logo-centric discourse 의 총체가 이기지를 능가하는 법은 없다. 가령, 영국의 농장에 신비스럽게 나타나 수년 동안 세인의 주목을 끌었던 환상적 무늬들은, 결국에 가서 두 노인의 장난으로 판명되었다. 환상적인 무늬의 뚜렷한 기하학적 도형으로 보아 그것들이 필시 우주인이나 어떤 고도의 지능에 의해서 만들어진 것임에 틀림없다고 믿어져왔다. 이미지에 잡히는 느낌과 이미지에 주어지는 논리는 서로 맞아떨어지는 것이 아니다. 이때 논리는 관념의 유희에 지나지 않는다. 그런데 바로 여기에 이미지의 의력이 있다. 우리의 지각이 이미지를 잡고 있는 한 모호한 이미지는 우리로 하여금 수많은 담론을 일으키게 한다. 이때 이미지는 의인화되고 어느새 〈역사의 무대 위에 선 하나의 연기자〉(Mitchell, 1986, 9쪽)이거나 한 것처럼, 우리와 같은 반열에서 어깨를 나란히 하고 담론에 참가하는 것이다.

요약하면, 모호한 이미지는 우리의 느낌을 열고 지각의 마당에 들어와서 오직 느낌의 수준에서만 우리와 유희하는 기호이다. 그러한 이미지는 이성적, 논리적 담론을 회피한다. 실버만 Silverman(1983)이 지적한 대로 이미지는 내장적 visceral 인 것이다. 그것은 뇌로 이해되는 대상이 아니라 가슴과 창자로 느끼는 대상이다. 이미지가 우리의 정서를 요리하는 동안 우리는 억측과 가설을 내세워 논리적 담론을 펴지만, 그것이 이미지의 본질을 파악할 수 있는 것인지는 알 수가 없다. 다만 이미지를 계기로(또는 그것을 핑게로), 우리는 나름대로 이야기를 엮어갈 뿐이다. 시, 미술, 영화, 음악 TV(MTV), 신화, 신학 등이 그러한 담론들이다. 이미지 쪽에서 볼 때 우리가 펴는 담론의 마당은 이미지가 의식에 드리우는 모호한 그림자인지도 모른다. 또는 이미지와 우리의 감성 사이를 채우는 어떤 긴장을 통해 이미지는 우리와 등거리를 유지하면서 우리에게 담론을 유도하는 방식에 의하여 사물의 질서를 도모하고 있는 것인지도 모른다.

결론적으로, 이미지는 그것의 기의를 인간의 자유로운 담론에 위양하고, 늘 모호한 기표로 남고자 하는 특별한 기호라고 볼 수 있다. 이 방식에 의하여 이미지는 실제로 두 세계를 연결한다. 느낌에 와닿는 저 밖의 물질계와 느낌의 이면에 펼쳐지는 의식과 논리로 된 관념적 세계다. 이미지는 우리의 지각이 변별의 원리에 의하여 떼어내는 것만큼의 편린으로 우리의 내부세계로 들어오며 개념으로 변신하고 관념의 세계에 쌓여간다. 인간이 창출하는 이미지(인조 이미지)는 모두 편린화한 이미지의 돌연변이이다. 나머지 이미지는 저 밖에 남아서 위협적인 모습으로 우리를 끊임없이 응시한다.

이미지, 범주, 은유, 환유는 우리가 세계를 이해하고 그 안에서 적절히 기능하는 기본 수단이 되어왔다. 우리의 마음 또는 의식의 총체란 실상 이미지, 범주, 은유 및 환유 같은 것들의 그물조직이라고 볼 수 있다. 중요한 의문은 과연 이런 것들이 어느 정도 현실체를 대신해주는가 하는 것이다. 이미 논의된 것처럼 이런 것들은 현실의 일부만을 표상하고 있다. 이미지는 현실의 표피를, 범주는 현실체간의 유사성을, 은유는 문화적 체험의 유사성을, 환유는 현실과의 접촉점을 표

상한다. 표상된 현실체의 모습은 빙산의 일각에 불과하고, 표상되지
못한 부분은 아직도 우리 지식의 건너편에 숨어 있다. 그런데도 다행
스러운 것은, 이런 것이 아직 인류의 오랜 역사를 성공적으로 지탱시
켜 왔고, 인류의 생존을 가능하게 해왔다. 그런 이유로, 이것은 마치
자연스럽고 당연한 것처럼 우리의 잠재의식 속에 가라앉아서 거의 공
리적인 지위를 누려왔다. 그런데 포스트모던 시대라는 오늘에 와서 이
것이 아직도 유효한가 하는 심각한 물음을 던지게 된다(제6장 참고).

제 5장

코드와 코드화

빨간색……. 가령 신호등의 빨간색을 보자. 운전중에 이것을 보게 되면, 우리는 즉시 차에 제동을 건다. 〈멈춤〉의 기의가 빨간색(기표)에 연결되어 있기 때문이다. 왜 빨간색이 멈춤의 뜻인가? 멈춤이란 〈가지 못함〉 또는 〈오지 말 것〉을 뜻한다. 왜 가지 말아야 하나? 위험하니까. 빨간색은 피의 색이다. 그래서 빨간색을 보면 우선 섬뜩함을 느낀다. 피라는 말만 들어도 빨간색이 순식간에 마음 속에 떠오른다. 위험과 빨간색이 疑古的archaic인 이미지를 마음에 새겨놓고 있기 때문이다. 게다가 빨간색은 신학이나 정치 같은 것에 의해서 우리의 마음에 금제의 뜻을 덧칠해 놓기도 했다. 찬송가의 〈피와 같이 붉은 죄〉라는 가사가 은유적으로 빨간색은 좋지 못한 것을 상징하고 있다. 냉전 이데올로기는 빨간색을 공산주의와 동일시하도록 교화해 왔다. 공산주의자는 〈빨갱이〉였다. 적어도 이런 정치 이데올로기는 빨간색에 히스테리를 일으키도록 만들어놓았다. 그래서 어떤 나라 세관에서는 책 겉장이 빨간색이면 우선적으로 검열대상으로 삼았다는 일화마저 있을 정도이다. 빨간색은 불온문서의 지표로 여겨진 것이다. 적어도 사회의 한편에서 빨간색은 근접해서 좋지 못한 금제의 기호로 이데올로기화되어 있다고 생각된다.

과연 그런가? 이데올로기의 다른 경계로 넘어가면 빨간색은 정반대의 의미를 갖는다. 가령 공산주의자들에게 빨간색은 그들의 이념이 승화된 존귀의 색깔이고 붉은 깃발 아래 뭉치기 위하여 한마음으로 달려가야 하는 엄청난 흡인력을 가진 색이기도 하다. 그래서 그것은 〈종지〉의 색이 아니라 〈전진〉을 고취하는 빛깔이다. 아이러니칼한 것은 근년에 공산주의 체제가 그 본령에서 붕괴함으로써 붉은색은 결국 〈종지〉의 색으로 끝나고 말았다는 사실이다. 대 종지부가 적기의 이면에 도사리고 있었음을 공산주의자들은 모르고 있었던 것이다. 역사의 중에서 볼 때 붉은 기는 이데올로기의 정지를 가져오는 정치적 교통신호기였다고 하겠다.

그런데 빨간색은 〈멈춤〉만을 의미하는 색인가? 인간을 제외하고 자연에서 볼 때, 빨간색은 실상 〈가시오〉라는 뜻을 가지고 있음을 발견할 수 있다. 예를 들어보자. 스페인의 투우사가 빨간 망토를 펴면 투우는 거품을 물고 빨간 기호를 향해 돌진한다. 상어는 빨간색의 냄새까지 맡고 달려가 피를 흘리고 있는 먹이를 물고 뜯는다. 이리, 늑대, 하이에나, 표범이 다 그렇다. 갈가마귀와 매 등은 됫빛을 향해 도여들고 쪼아댄다. 벌들도 두려움 없이 빨간 꽃으로 날아들어 꿀을 빨아간다. 인간의 교통신호 체제에서 볼 때, 동물들에게 빨간색은 인간의 靑信號와 똑같다. 모든 동물이 한결같이 빨간색을 전진이나 접근의 신호로 보는 것은 그것이 자연의 기호이기 때문일 것이다. 그렇다면 거리의 빨간 교통신호등은 자연의 경향을 어겨 만든 인조신호라고 놓을 수밖에 없지 않을까?

무엇이 같은 색깔을 정반대의 신호(〈정지〉의 신호)로, 또는 같은 종류의 신호(〈전진〉의 신호)로 만드는 것일까? 여기서 코드화의 문제가 생겨난다. 이 장에서는 기호가 지니는 사회적 특성에 대해 논의하기도 한다.

자의성과 약속

앞에서 기호가 만들어지고 해석되는 과정(의미작용), 기호의 종류와 특성, 의미의 여러 형태와 가능성, 사람들이 현실계를 축조하고 이해하기 위해 이용하는 기호들의 형태 등을 살펴보았다. 기호의 특성 중 가장 중요한 것은 기호의 자의성 또는 인조성 artificiality 이다. 기호의 자의성은 두 방향으로 발전할 수 있다. 한 방향은 기호의 자의성을 체계적으로 극복하려는 노력으로 이에 의해 과학이 성립한다. 다른 한 방향은 기호의 자의성을 이용하여 기호의 변용을 극대화시키는 일로 예술을 일으킨다. 앞의 것은 친숙화 familiarization 이고 뒤의 것은 낯설게 하기〔疎遠化〕 estrangement 인데 이들이 나가는 방향은 거의 정반대임을 알 수 있다. 그러나 이 두 가지는 어디까지나 기호의 코드화 codification 라고 하는 한 가지 조작 위에서 일어나는 서로 다른 발전 양태이다. 여기서 코드화라 함은 기의와 기표 간의 관계를 정립하고 정립된 관계를 약속에 의해서 기호 사용자들에게 수용(또는 납득)시키는 기호학적 조작을 말한다.

친숙화는 코드화에 순종적이지만 소원화는 코드화에 반동적이다. 소원화가 코드화를 거부하거나, 그것에 어떤 변모를 일삼지만 그것은 이미 코드화된 것으로부터의 소원화를 기할 수 있을 뿐이다. 비유적으로 말하면 소원화는 끝이 풀려지고 있는 매듭 같은 것으로, 항상 매듭(이미 코드화되어 있었던 것)의 끝에 연결되어 있다. 소원화는 어떤 매듭이 어떻게 풀려나가고자 하는 것인지, 은연중에 그 본원을 의식하고 일어나는 노력이다. 코드화된 것 없이 소원화는 일어나지 않는다. 즉 소원화를 위한 소원화란 있을 수 없고, 있다고 해도 전혀 무의미하다. 어쨌거나 코드화가 기호의 자의성을 조정하는 기본 기제이기 때문에 이 장의 중심과제가 된다.

우리가 일상생활에서 사용하는 모든 기호가 전부 인위적으로 만들어진 것은 아니다. 더러는 자연에 주어져 존재해 온 기호들이고, 더러는 순전히 인위적으로 제작된 기호들이다. 전자는 자연기호 natural signs 로서 자연 속에서 발견되는 이미지들에서 시작하여 인간의 감각기관에 일어나는 물질적 이미지들(즉 망막에 투사된 가시이미지나 피부에 느껴지는 감촉 따위)을 포함한다. 인조기호 artificial signs는 자연기호를 모조한 것들 simulacra 이거나 순전히 인간의 창의력에 의해서 고안된 기호들이다. 인조기호는 순전한 고안인 언어에서 TV 화면이나 컴퓨터 화면에 나타나는 이미지(대부분이 모조이미지들)를 포함한다. 그 예로 1996년 애틀랜타 국제 올림픽의 마스코트인 〈Whatizit?〉을 들 수 있다. 우스운 것은, 존 라이언이란 사람이 이것을 도안했는데, 자기 자신조차 그것이 무엇인지 모른다고 인터뷰에서 말한 것이다.

자연기호의 특성은 다분히 환유적임에 비해서, 인조기호는 은유적 특성을 갖고 있다. 자연기호들은 자연이라고 하는 거대한 배경에서 여러 가지 진화와 돌연변이를 거쳐 일어나는 기호체들이라는 점에서 환유적이다. 자연기호들이 어떤 형태를 취하건, 그것들은 자연이라고 하는 하나의 연속체 위에서 일어나는 것들이다. 다윈이 이 우주에는 단 하나의 생명의 흐름이 있을 뿐이라고 한 것은 이 우주의 생명권이 하나의 거대한 환유체임을 시사한 것이다. 그래서 힌두교도들은 환생을 믿는다. 단군신화도 환유적이다. 곰이 사람으로 변신하고, 사람이 꽃으로 되살아나는 등 많은 신화들이 환유적 이야기를 전한다. 기독교에서 말하는 成肉身 사상도 다분히 환유적이다. 예수란 어떤 초자연의 것이 인간의 살 속에 들어왔다기보다는 살의 다른 변모를 뜻했던 것이 아니었나 생각된다. 그래서 그리스도가 베푼 최후의 성만찬 Communion은 떡과 포도주로 상징된 살의 환유적 연계를 위한 것이었다. 그리고 기독교에서 이 의식은 가장 중요한 의식으로 면면히 계속되어 왔고 앞으로도 계속될 것이다.

한편 인조기호에는 두 가지 가능성이 있다. 첫째, 인조기호는 자연이 아닌 다른 세계, 즉 인간의 마음이 만들어낸 이성적 공간에 소속되어 있다. 인조기호는 인간 문화를 구성하는 기호라고 볼 수 있다. 둘째로, 인조기호는 자연과 문화라는 두 개의 다른 세계와 연관되어 있을 수도 있다. 특히 이 두번째의 경우 인조기호는 은유적이 된다. 자연에 태어난 인간의 입장에서 인조기호를 볼 때, 그것은 자연으로부터 문화의 공간으로 전이된, 그래서 다분히 은유적 기호인 것이다. 그것은 어쩌면 탈자연적 기호이다. 컴퓨터와 TV가 만들어내는 인공이미지들은 자연에서 뿌리를 완전히 뽑힌 다음 화면에서 인공적으로 부활되는 소위 과실재성들 hyperrealities이거나 가상 현실체 virtual realities이다. 수학 기호와 공식, 화학 방정식, 논리 기호는 순전한 인간의 고안이다.

그런데 자연기호에 대해 한 가지 짚고 넘어가야 할 것이 있다. 자연기호도 기호라고 이해되고 있는 한, 그것은 어느 정도 자연성을 상실하고 나서 인간에게 받아들여진다는 점이다. 자연기호가 그 스스로 어떤 것을 의미하고 있는 것은 아니다. 자연기호가 의미를 띠기 시작하는 것은 인간이 자연에 주어진 기표에 인간적인 기의를 가져다 붙이기 시작하면서부터이다. 그래서 자연기호에서 기표와 기의의 관계는 직관적이고, 모호하고, 주관적이다. 신이 천지를 창조하고, 그 안에 우주만물을 만들고 나서, 〈보기에 좋다〉고 했다 한다. 신의 입장에서 보면 〈만유〉라는 기표에게 〈좋음〉이란 기의를 연결함으로써 〈全善〉의 기호를 만들었다. 그러나 인간의 입장에서 보면 많이 다르다. 어떤 것은 좋고, 어떤 것은 나쁘고, 어떤 것은 귀엽고, 어떤 것은 무섭다. 인종간에도 좋음과 나쁨, 아름다움과 추함, 친근함과 두려움의 대상이 다르다. 한 종족 안에서도 남자와 여자가 똑같은 기호를 다르게 본다. 같은 남자들도 같은 기호를 다르게 느낄 수 있다.

사람들이 인조기호들을 만들었다고 해서 기표와 기의 간의 관계가 더 명료해지는 것은 아니다. 오히려 어떤 인조기호들의 의미는 감조차 잡을 수 없을 때가 많다.

이처럼 자연기호와 인조기호에서 의미화의 정도가 천차만별이기 때문에, 효과적인 커뮤니케이션을 위해서는 기호 사용자들 사이에 어떤 약속을 해야 한다. 약속이라 함은 기호 사용자들이 기표와 기의를 연결하는 의미작용에 집단적으로 동의하는 것을 말한다. 약속이 이루어지고 있는 한 의미작용은 의미 있는 것이 된다. 다시 말해 의미작용은 항상 인습적 관습적 성격을 떤다(Guiraud, 1975).

앞에서 이야기한 빨간색 기호들——즉 빨간 신호등, 빨간 깃발, 빨간 피뭉치 등——은 모두 약속에 의해서 기호 사용자 사이에 이루어진 의미체들이다. 왜 사람들만이 빨간 신호등 앞에서 멈추는가? 왜 같은 사람이라도 어떤 사람은 빨간 깃발 밑에 뭉치고, 어떤 사람은 빨간 깃발을 혐오하며 피하는가? 그것은 모두 배운 것이거나 교화를 통해 강제로 습득한 것이기 때문이다. 그래서 어떤 이유로 약속이 파기되면, 그것은 의미를 상실한다. 약속이 변경되면 의미도 변한다.

약속은 일회적인 것이 아니라 학습을 통하여 관습화됨으로써 한 문화 속에 오래 남아 사람들의 지각작용과 인식작용을 은연중에 조정해 나가게 된다. 앞으로는 약속을 관습이라고 부르기로 한다. 관습이 모든 코드의 접착력으로 작용한다(Fiske & Hartley, 1978, 60쪽).

관습과 동기

관습이 의미작용을 결정하는 기본 원리이기는 하지만, 어느 정도의 관습이 기호에서 요구되는가 하는 문제가 있다. 관습의 정도는 기호가 지니는 동기 motivation의 정도에 따라 다르다.

동기는 기표와 기의 간에 존재하는 자연스런 관계의 정도를 말한다. 예를 들어 마릴린 먼로의 사진은 고도로 동기화된 기호임에 반해서, 〈마릴린 먼로〉라고 글씨로 써놓은 이름은 전혀 동기화되지 않은, 또는 고도로 비동기화된 기호이다. 이 중간에 마릴린 먼로의 스케치나 만화를 생각해 볼 수 있는데, 이런 것들은 중간 정도 동기화된 기호라고 볼 수 있다.

다른 예를 들어보자. 도상들은 대체로 동기가 높은 기호들이고, 상징들은 거의 동기가 없는 기호들이다. 도상들은 대상체와 닮은 데가 있기 때문에 동기가 높다. 반면에 상징들은 거의 자의적으로 만들어진 것들이기 때문에 비동기화된 기호들이다. 지표 역시 동기가 낮은 쪽에 속한다.

동기의 의미는 어떤 기호를 이해하기 위해, 기호 사용자가 들여야 하는 노력과 관계되어 있다. 동기가 높은 기호는 이해를 위한 노력이 필요하지 않다.

동기는 기호에서 약속, 즉 관습의 개입 필요성을 면제시킨다 (Guiraud, 1975). 동기가 높은 기호일수록 기호의 의미가 명료하기 때문에 별도의 약속 없이도 그 의미를 터득할 수 있다. 마릴린 먼로의 사진을 보면 사진 속의 인물이 누구인지 즉시 알 수 있다. 기호가 지니는 동기의 정도가 감소할수록 기호 사용자들은 기표가 무엇을 의미하도록 약속되어져 있는지 배워야 할 필요성이 증가한다. 즉 동기와 관습 사이에는 반비례관계가 존재한다. 관습에 대해 아는 바가 없으면, 기호는 전혀 무의미하거나 탈선된 해석을 초래할 뿐이다. 영국의 농장에 지난 수년 동안 만들어졌던 환상적인 무늬들은 전혀 동기화되지 않았기 때문에 구구한 억측을 일으켰다.

여기서 맥루한(1964)이 주창한 매체의 온도 개념을 나란히 놓고 생각해 보는 것이 좋겠다. 맥루한은 매체가 지니는 정보의 밀도에 따라서 매체의 온도를 더운 매체 hot media 와 찬 매체 cold media 로 구분했다. 정보의 밀도가 높은 매체는 더운 매체이고, 정보의 밀도가 낮은 매체는 찬 매체이다. 영화는 더운 매체임에 반해, TV 는 찬 매체이다. 강의는 더운 매체인 데 반해, 세미나는 찬 매체이다. 정보의 밀도와 매체 이용자의 참여도 사이에는 반비례관계가 있다. 정보의 밀도가 높을수록 매체 이용자의 참여도는 낮아도 된다. 사진은 정보의 밀도가 높기 때문에 더운 매체이다. 그래서 사진을 보는 사람은 사진 속에 찍혀 있는 것이 무엇인지 대뜸 알 수 있다. 반대로 만화는 정보의 밀도가 낮기 때문에 찬 매체이다. 만화에서는 많은 사실들이 생략되어 있기 때문에, 만화를 보는 사람은 생략된 것을 상상에 의해 메워감으로써 비로소 만화가 무엇을 그려놓은 것인지, 무엇을 말하고자 하는지 알아낼 수 있다. 만화를 음미하는 일은 사진을 음미할 때보다 시간이 더 걸리는 것이다.

이로부터 동기화된 기호일수록 더운 기호임을 알 수 있다. 자연의 기호들은 대부분 더운 기호들이고, 순전히 자의적으로 만들어진 언어라든가 수학 공식, 논리 기호 같은 것들은 찬 기호들이다. 도상들은 대체로 더운 기호들이고, 상징들은 찬 기호들이다. 찬 기호들을 이해하려면 그것들을 배우는 수밖에 없다.

기호를 배운다는 것은 기호 안에 있는 기의가 기표를 결정하는 양태를 알아낸다는 말이다. 기의가 기표를 결정하는 양태는 관습화되어 있다. 관습은 한 문화의 구성원들이 서로 나눈 기호의 체험에서 유도된 기대들이다(Fiske, 1982). 그러나 그런 기대들은 책에 씌어 있는 것도, 누가 늘 가르쳐 주는 것도 아니고, 눈치껏 배워서 알게 되는 것들이다.

관습은 기호들이 지니는 사회적 차원이다(Fiske, 1982). 그렇기 때문에 문화의 구성원들 모드가 익히 알아야 한다. 기호의 관습화에 의해서 문화는 일어난다. 소위 〈상것들〉이란 문화가 없는 인간들을 가리키는 말이다. 상것들은 어른이 들어와도 일어설 줄 모르고, 어른과 이야기할 때에도 자기 친구에게 하듯 손가락질을 하며 말하고, 어른 앞에서 행동을 자제할 줄 모른다. 관습화가 잘 되어 있을수록 기호의 사용은 거의 무의식의 수준에서 물 흐르듯 자연스럽게 일어난다. 이런 상황에 타문화권의 사람이 들어오면 금방 표가 나기 마련이다. 커피만 마시던 서양 사람들에게 숭늉을 주면, 훔쳐 마시듯 숨죽이고 마신다. 숭늉은 훌훌 소리를 내며 마셔야 제격이다. 소리내며 숭늉만 마시던 사람이 서양에 가면, 커피도 소리내어 마신다. 격에 안 맞기 때문에 서양 사람들이 눈을 흘기고 이쪽을 째려본다. 숭늉문화에서 온 사람은

속으로 생각한다. 〈훔쳐 먹는 음식도 아닌 데 소리 죽이고 마실 이유
가 있나〉라고……

코드화와 탈코드화

　의미작용은 정신적 개념을 실재 reality 에 부여하거나 또는 실재로부
터 정신적 개념을 해독해 내는 일이다. 달리 표현하면 의미작용은 현
실세계에 의미를 부여하거나, 또는 반대로 현실세계로부터 의미를 추
출하는 과정이다. 서로 반대의 과정이 의미작용에 관계되어 있지만,
거기에는 하나의 목적이 있다. 그 목적은 현실세계를 이해하는 것이
다. 영어로 이해한다는 말 또는 뜻을 캐낸다는 말을 make sense 라고
표현한다. 자구적으로 이 영어 표현을 풀이하면, 이해란 이해하고자
하는 대상을 내 五感 의 일부로 만든다는 말이 된다. 그러고 나면 그
대상은 〈손바닥 보듯〉 뜻이 환한 것으로 되는 것이다.
　의미작용은 코드화 작용이다. 이 말의 뜻을 바르게 이해하는 일이
중요하다. 저 밖의 것을 나의 오감의 일부인 양 만들어서 뜻을 캐내는
일은 다분히 아전인수격이다. 저 밖의 실재를 그것의 본성이나 본질에
서 이해하는 것이라기보다는 나(해독자 : interpreter)의 기대에 입각해
서 이해하려는 것이기 때문이다. 이와 같은 해독자의 기대는 이해대상
에 일어나는 또 한 층의 현상학적 작용이다. 이것을 코드화라고 한다.
코드화에 의해서 얻어지는 이해는 부분적이다. 그 이유는, 이해대상
이 지니는 본성은 대부분 무시된 채 이해대상에 그대로 남아 있기 때
문이다. 또 코드화에 의한 이해는 다분히 주관적이다. 해석자의 자의
가 상당히 개입되기 때문이다.
　한 가지 예를 들어보자. 히틀러의 나치즘은 유태민족을 열등민족이
라고 코드화했다. 히틀러는 『나의 투쟁』에 쓰기를, 유태인들의 매부리
코와 곱슬머리와 유별나게 긴 코를 보면 자연히 혐오감이 끓어오른다

고 했다. 일단 코드화하고 나면 이상하게도 이해대상이 되는 기호가 자연의 기호처럼 변화된다. 코드화의 힘은 대단하다. 그래서 코드화에 사용된 몇 가지 특징들로부터 단번에 유태인을 알아볼 수 있다. 코드화는 기호의 어떤 특징을 두드러지게 강조하기 때문이다. 과연 유태인은 열등민족인가? 천만에. 서방세계를 주름잡던 천재들 중 상당수가 유태계 사람이었음은 너무나 잘 알려져 있다. 과학자 아인슈타인, 화가 칸딘스키, 피아니스트 루빈슈타인 등이 모두 유태계이다. 이들이 무슨 혐오감을 일으킨단 말인가? 코드화는 기호에 이어서 일어나는 이데올로기적 조작이다.

의미작용과 코드화는 동시에 일어난다. 그런데 코드화가 자의적 조작이기 때문에 커뮤니케이션이 제대로 되려면 기호 사용자들에게 코드화된 것을 관습화시킬 필요가 있다. 관습화되지 않은 코드화는 종잡을 수 없이 수많은 해석을 낳게 할 우려가 있기 때문이다.

커뮤니케이션은 코드화를 필요로 하지만, 의미작용은 코드화와 동시에 탈코드화 decodification 를 허용한다. 탈코드화는 예술에서 매우 중요하다. 예술에서 코드화가 상습화된 것을 매너리즘이라고 부른다. 매너리즘은 예술을 죽인다. 소위 〈이발소 그림〉이라 불리는 상업미술품은 상투적인 코드화가 눈에 띠게 두드러진 그림이다. 거기에는 예술적 가치가 거의 없다. 예술에 생명을 주는 것은 탈코드화이다. 탈코드화가 극도에 이른 것이 추상예술이다.

탈코드화는 기호를 탈기호화 de-sign 한다. 탈기호화는 통상적 기호(또는 날기호 : raw signs)가 갖는 기표와 기의의 관계를 해체시키고, 기표와 기의의 관계를 새로운 질서 위에서 재조립하는 것이다. 탈기호화는 순전히 인위적 조작이다. 모든 고안 design 은 기호를 새로운 질서의 수준으로 옮겨놓는 것이다. 공학적 설계가 그렇고, 패션 의상이 그렇고, 모든 예술품이 그렇다. 그러나 탈기호화되었던 기호들이 새 질서의 수준에서 어떻게 재조립되는지, 탈코드화 후에 높은 수준의 코드화가 진행되지 않으면 새 설계나, 새 의상이나, 새 예술을 음미할 수 없게 된다.

종합하면, 네 가지 작용이 기호를 중심으로 일어난다. 의미작용, 관습화, 동기화, 코드화의 네 가지다. 의미작용은 개인에게 일어나는 주관적 과정이기 때문에 커뮤니케이션을 위해서는 의미작용이 집단적으로 일어나야 한다. 집단적 의미작용을 용이하게 하는 것이 관습화이다. 관습화는 동기화의 정도에 따라서 쉽기도 하고 어렵기도 하다. 동기는 기호가 지니는 자연적 특성에서 오는 것임에 비해서, 코드화는 보다 자의적이고 이데올로기적이다. 이러한 코드화는 전형적인 기호학적 조작이다. 그래서 코드화는 기호학적 연구와 분석의 대상이 된다. 이데올로기적 커뮤니케이션을 위해 의미작용은 코드화된다. 따라서 코드화도 관습화를 동반해야 커뮤니케이션을 일으킬 수 있다. 특히 예술은 탈코드화를 통하여 새로운 의미를 창출한다. 그래서 예술의 커뮤니케이션은 일반적 의미작용과는 다른 종류의 것임을 알 수 있다. 그것은 탈커뮤니케이션에 속한다.

계열체와 통합체

코드화는 비교적 장기간을 두고 일어나는 문화현상이다. 코드화의 결과로 코드가 생산된다. 코드는 기호의 복합체로서 그 안에 기호의 조직원리를 품고 있다. 다시 말해 코드는, 그것을 이루고 있는 기호뿐만 아니라 그 기호를 서로 연관시켜 주는 심리적, 사회적, 문화적 원리도 포함하고 있다. 코드는 통조림 같은 것으로 비유할 수 있다. 통조림 통의 겉을 보면, 첫째, 설명서가 붙어 있어서 어떤 질료들이 들어있는지 알 수 있고, 둘째, 통조림 따개가 붙어 있어 통조림을 따먹을 수 있게 되어 있다. 그러나 이것은 비유일 뿐이고, 실제로 코드는 우리 눈에 잘 띠지 않는다. 그것은 비밀스런 구조로 문화 속에, 문화 구성원의 마음 속에 숨어 있다. 코드가 비밀스럽게 숨기고 있는 것은 기호를 일관성 있고 명확하고, 구체적으로 해석할 수 있는 공식 같은 것이다. 그래서 기호체를 이해하는 일은 호두를 까듯이 〈코드를 깨드리는 일〉이 된다(Berger, 1982).

코드는 눈에 띠지 않지만 매우 편리하고, 경제적이다. 만약 우리가 커뮤니케이션을 하기 위해 매일 코드화에 종사해야 한다면 다른 일을 할 겨를이 거의 없을 것이다. 다행히 오랜 문화생활을 통해 사람들이 여러 가지 코드를 만들어 놓았기 때문에 마치 속기사처럼 기호의 복합체를 커뮤니케이션에 사용할 수가 있는 것이다. 다음 장에서 코드의 예들을 충분히 다루기로 하고, 여기서는 기호를 코드로 만들기 위해 필요한 두 가지 기본 요건에 대해 설명하려 한다.

기호들을 코드로 엮기 위해서는 계열체 paradigm 와 통합체 syntagm 두 가지가 필요하다. 이 두 가지는 모든 기호체를 조직하는 가장 기본적 요건이다.

계열체

계열체는 어떤 공통성을 지닌 기호 한 벌 a set of signs 을 가리킨다. 또 계열체는 특정 기호들이 범주별로 분류된 기호의 재고관리 조직과 같다. 예를 들어보자. 집안의 옷장은 꽤 커다란 계열체이다. 그 안에는 여러 가지 옷이 분류되어 들어 있다. 양복의 계열체, 넥타이의 계열체, 와이셔츠의 계열체, 속옷의 계열체, 팬티의 계열체, 양말의 계열체 등이 있다. 신발장도 마찬가지이다. 여름구두의 계열체, 사계절용 구두의 계열체, 운동화의 계열체 따위가 있다. 어떤 사람은 여름구두를 따로 즐길 만한 여유가 없어서 눈이 오나 비가 오나 신을 수 있는 두어 켤레의 구두가 하나의 계열체를 이룰 수 있다. 그런가 하면 필리핀의 전 대통령 마르코스의 부인은 3,000켤레의 구두로 이루어진 초호화판 계열체를 가지고 있었다.

다른 예를 들어보자. 타자기나 컴퓨터의 자판은 계열체이다. 구소 한글전용 타자기의 경우 적어도 세 가지 계열체가 들어 있다. 첫째,

한글 자모 계열체(ㄱ, ㄴ, ㄷ, … ㅎ : ㅏ, ㅑ, … ㅣ), 둘째, 아라비아 숫자의 계열체(0, 1, 2, … 9), 셋째, 특수 부호 계열체($, %, #, &, *, +, = 따위) 등이다.

계열체의 주요 기능은 기호 사용자로 하여금 기호 복합체를 만들기 위해 필요한 기호들을 선택하게 해주는 것이다. 〈돌〉이라는 한 개의 낱말을 만들기 위해서 한글 계열체로부터 〈ㄷ〉자, 〈ㅗ〉자, 〈ㄹ〉자를 선택해야 한다.

어느 계열체이건 두 가지 특성을 가지고 있다. 첫째, 공통성 commonality 또는 구성원 자격 membership이다. 가령 앞의 한글 타자기에는 세 가지 계열체가 있었다. 그 하나하나는 고유의 공통성을 가지고 있는 체제이다. 숫자 계열체에는 아라비아 숫자만 포함되어 있다. 거기에는 한글의 모음이나 자음, 또는 특수부호 따위가 끼여들어선 안 된다. 양복이 있는 데에는 양복류만 있어야지 팬티가 있어서는 곤란하다.

둘째, 계열체 안에 있는 각 단위기호는 다른 것과 혼동될 수 없는 고유 특성 uniqueness 또는 가치 value를 가지고 있다. 즉 〈0〉은 〈1〉이 아니고, 〈2〉도 아니고, 〈3〉도 아니다. 마찬가지로, 〈2〉는 〈0〉도 〈1〉도 〈3〉도 아니다. 이 점에 대해서는 이미 소쉬르의 부정성을 가지고 설명했다. 어떤 단위기호의 가치는 그 자체의 특성보다는 계열체 내부에 존재하는 다른 단위에 의해서 상대적으로 결정된다. 이 특성은 기호에 고유한 의미를 부여하는 가장 기본적인 수단임을 앞에서 이미 설명하였다.

옐름슬레브는, 한 계열체 안에서 기호가 취할 수 있는 가능성들을 형 form이라 하고, 형을 채우는 내용을 질료 substance라고 부른다(Hjelmslev, in Barthes, 1967). 예를 들면, 아라비아 숫자 계열체에서 숫자들이 취할 수 있는 가능성은 0, 1, 2, 3, 4, 5, 6, 7, 8, 9의 열 가지이다. 따라서 10개의 형이 존재한다. 0의 〈없음〉, 1의 〈하나임〉, 2의 〈쌍임〉 등은 각 형을 채우고 있는 질료이다. 옐름슬레브에 의하면, 모든 기호는 형과 질료 두 가지를 가지고 있다.

어떻게 고유가치가 의미를 일으키는지 좀더 이야기해 보자. 커뮤니케이션을 할 때마다, 우리는 계열체들로부터 어떤 특정 기호를 선택하야 하는데 이 선택행위가 의미를 일으킨다. 선택이 이루어질 때 의미는 생긴다. 그리고 선택된 것의 의미는 선택되지 않은 것에 의해 결정된다(Fiske, 1982). 이것이 무슨 말인지 다음 이야기로 알아보자. 아프리카의 어느 시골 밭길 양쪽에서 농부들이 일을 하고 있었다. 그런데 어떤 사람이 오른쪽은 파란색이고, 왼쪽은 빨간색으로 된 이상한 모자를 쓰고 밭길 한가운데로 지나갔다. 참으로 이상한 광경이었다. 그 사람이 지나간 다음에, 길 북쪽에서 일하던 농부들은 길 남쪽에서 일하는 농부들을 향해, 그 〈파란 모자〉를 쓴 사람이 이상하지 않던가고 물었다. 길 남쪽에서 일하던 농부들은, 그 사람이 파란 모자를 쓴게 아니라 〈빨간 모자〉를 썼다고 대꾸했다. 그래서 밭길 위-아래 양쪽 사람 사이에 아까 지나간 사람이 무슨 색 모자를 썼는가에 대한 말다툼이 벌어졌다. 그 이상한 사람은 마을에 들어가 볼일을 다 보고 어느 가게에 들어가 냉차를 한 잔 시켜 마셨다. 아프리카의 더위라니! 그는 모자를 벗고 한참 땀을 들였다. 그가 되돌아가기 위해 모자를 다시 쓸 때, 무심결에 모자의 방향을 바꾸었다. 즉 이번에는 빨간색이 오른쪽에, 파란색이 왼쪽에 와 있었다. 그는 같은 길을 되돌아가기 시작했다. 농부들은 그 이상한 사람이 멀리서 돌아오는 것을 보고 이번엔 똑똑히 잘 보라고 서로 소리쳤다. 그 이상한 사람은 밭길 한가운데를 지나갔다. 길 북쪽의 농부들은 다시 모자의 파란색을, 길 남쪽의 농부들은 역시 빨간색을 확인할 수 있었다. 그래서 그 사람이 지평선 저편으로 사라지자 길 북쪽과 남쪽 농부들은 다시 그 사람의 모자 색깔을 놓고 말싸움이 계속되었다.

어느 편 농부의 말이 맞는지 독자는 뻔히 알고 있다. 양쪽이 다 맞는다. 그러나 양쪽이 서로를 부정하고 있는 한 양쪽이 다 틀리는 것도 사실이다. 독자가 남쪽 농부의 편에 있다고 가정하자. 누구도 길 양쪽에 동시에 있을 수 없기 때문에, 독자의 결론은 그 사람의 모자가 빨간색이라는 부동의 확신일 것이다. 그러나 실상 모자의 〈빨간색임〉은 그 자체가 의미 있는 것이 아니다. 그 색은 단지 〈파란색이 아닐 뿐〉이다. 길의 북쪽 농부들에게도 같은 이치가 적용된다. 그렇다면 보다 공정한 결론에 도달하기 위해, 양쪽을 부정하는 대신에 형(옐름슬레브의 용어로)이 취하는 모든 가능성을 다 받아들인 형의 계열체 위에서 이야기를 진행해야 한다. 그 이상한 사람의 모자는 오직 두 가지 형의 가능성이 있었다. 즉 빨강과 파랑이었다. 그의 모자는 한쪽이 파란색이고 다른 한쪽이 빨간색이었을 뿐이다. 그의 모자——그 이상한 기호는 계열체에 의해 비밀이 벗겨진다.

情報理論 information theory 이 그 이상한 모자를 다루는 방식을 보자. 정보이론의 계산에 의하면, 모자가 두 가지 색을 가지고 있기 때문에, 거기에는 1비트의 정보량이 있다고 결론을 내린다. 이것은 그 모자의 색깔은 빨강 아니면 파랑이라는 것을 말한다. 그 모자의 색깔에 대해서는 단 하나의 질문——왜냐하면 1비트의 정보밖에 없으므로——으로 충분하다. 〈그 모자가 ‘파란색’이었지?〉라고 물었을 때, 〈예〉라고 대답하면, 게임은 끝난다. 그것은 〈파란색〉임에 틀림없다. 〈아니오〉라고 대답해도 역시 게임은 끝난다. 이 경우, 모자는 〈빨간색〉이라는 결론이 나고, 또 그 결론밖에 없기 때문이다. 〈아니오〉라고 한 농부에게, 〈그럼 ‘빨간색’이란 말입니까?〉 하고 물을 수도 없고(왜냐하면, 오직 1비트의 정보밖에 없으니까 더 물을 수도 없다), 설사 묻는다 해도 대답은 뻔한 것이 된다. 어떤 사람에게 〈당신은 남자입니까?〉 하고 물었을 때, 〈아니요〉라는 대답을 들었다 하자. 그 사람에게 〈그럼 당신은 여자입니까?〉 하고 되묻는다면, 그 사람은 〈머저리 같으니라구!〉 하고 생각할 것이다. 요컨대 정보이론은 어느 한편의 결론만을 유도한다. 그 나머지는 추리의 문제로 남는 것이다.

형이 문제가 되는 것이 아닌 다른 차원, 즉 그 사람이 쓰고 다니던 모자(질료)가 보다 중요한 문제이지만 도대체 그 사람이 누구냐 하는 차원에서 이야기할 때, 정보이론은 별 관계없는 이론이 될 뿐만 아니라, 아무 도움도 되지 못한다. 기호학은 어디까지든 이야기를 추적할 수 있다. 더욱이 기호학은 이야기를 만드는 원리마저 추급한다. 이야기를 만드는 것은 통합체의 개념에 의한 것이다. 이에 대해 이야기해 보자.

통합체

통합체란 계열체에서 선택한 기호들을 조합하여 이루어진 기호 복합체, 즉 코드, 메시지, 이야기, 지식 같은 것을 지칭한다. 다시 말하면, 통합체란 선택된 여러 다른 기호들의 조합이다. 계열체의 주개념은 〈선택〉임에 비해서, 통합체의 주개념은 〈조합〉이다.

예를 들면 하나의 문장은 통합체이다. 맥루한(1964, 1967)이 한 말들, 〈매체는 메시지이다 The medium is the message〉라든가, 〈매체는 마사지이다 The medium is the massage〉라든가, 〈매체는 대중시대이다 The medium is mass-age〉 등은 모두 통합체이다. 이런 통합체들은 어디서 온 것인가? 단어들의 계열체로부터 온 것들이다. 기계공학적으로만 말하면 그것들은 워드프로세서의 자판들로부터 온 것들이다. 문장뿐만 아니라, 하나의 시, 하나의 소설, 하나의 수필, 하나의 논문, 하나의 연설문 등이 모두 통합체이다.

이런 언어학적 통합체가 아닌 다른 종류의 통합체들을 예로 들어보자. 독자가 출근 전에 받는 아침밥상은 통합체이다. 아침밥상에는 주식의 계열체(밥, 빵, 씨리얼, 죽)로부터 선택된 주식이 있다. 그것이 국일 경우, 국의 계열체(콩나물국, 시래기국, 혹시 오늘이 독자의 생일이면 미역국)로부터 선택된 어떤 특수한 국이 있다. 거기다가 반찬의 계열체(나물무침, 멸치볶음, 명란젓, 김치, 장조림, 생선회, 어묵, 잡채 등)로부터 선택된 어떤 반찬들이 있다. 김치도 계열체를 이룬다. 김장김치, 총각김치, 열무김치, 나박김치, 막김치, 동치미, 겉절이 등. 월급날이 며칠 안 남았을 경우 상에 오르는 반찬은 잘해야 동물성로는 멸치볶음 정도, 식물성으로는 콩나물 꽁무니 정도로 끝이다. 밥 먹을 때 쓰는 기구들로 계열체이다. 즉, 식기의 계열체(밥주발, 공기, 접시 등)와 수저의 계열체(은 수저, 플라스틱 수저, 나무 수저)에서 선택한 특정한 수저가 상에 오른다. 독자의 밥상을 차리는 아내는 솥뚜껑 운전수가 아니라 기호를 다루는 전문가이다.

그뿐인가? 독자가 출근길에 입고 나서는 옷차림은 통합체이다. 양복의 계열체에서 고른 감색 양복, 넥타이의 계열체에서 옷 색깔에 맞추어 고른 정열적인 빨간 넥타이, 와이셔츠의 계열체에서 고른 흰색 와이셔츠, 양말의 계열체에서 고른 검은 양말, 구두의 계열체에서 골라낸 깜장 구두 등으로 쪽 뽑는다. 또는 쪽 뽑을 것인지, 수수하게 차릴 것인지, 그냥 적당히 걸칠 것인지는 그날이 어떤 날이냐(보통날인가, 회의가 있는 날인가, 회식이 있는 날인가, 손님을 만날 일이 있는 날인가, 어떤 손님인가)에 따라 결정한다. 다시 말하면, 옷을 입는 투도 계열체에서 선택해야 한다.

길에 나서면, 다른 계열체가 있다. 도로의 계열체가 나타난다. 집에서 직장까지 가는 방법에서 무한히 많은 통합체를 생각해 볼 수 있다. 최단거리로 가는 길들의 선택, 조금 돌아가지만 편한 길들의 선택, 한참 돌아가지만 경치가 좋은 길들의 선택 등이 여러 가지 통합체를 이룬다. 교통수단 역시 마찬가지이다. 걸어갈 것인지, 버스를 이용할 것인지, 택시를 잡을 것인지, 지하철을 탈 것인지, 또는 이것들의 몇 가지 조합으로 갈 것인지 등을 결정해야 한다. 퇴근 후 집에 돌아오면, 저녁상의 통합체를 다시 대하게 되고, 저녁을 먹고 나면, TV 프로그램의 계열체에서 선택한 이러저러한 통합체와 더불어 취침 시간 직전까지 간다. 아침부터 밤까지 하루 종일 기호들을 엮어내며 우리는 산다. 곯아떨어져서 잠이 들면 꿈을 꾼다. 희한한 꿈의 통합체가 다음날의 징조를 이야기해 준다. 우리가 기호로부터 해방되는 시간은 전혀 없다.

통합체에서 가장 중요한 점은 〈관습의 문법〉이라고 부를 수 있는 조합의 원리다. 어느 통합체든지 어떤 이유 때문에 특정한 방식으로 기호들을 선택, 조합한 것이다. 통합체가 아무렇게나 나타나는 일은 거의 없다. 통합체에는 반드시 그렇게 기호들을 조합해야 하는 이유, 즘더 구체적으로 말하면 관습적 이유가 있다. 관습을 어기고 만들어진 통합체는 좋게는 예술적인 것으로, 나쁘게는 이상한 것이거나, 변태적인 것이거나, 미친 짓으로 여겨진다. 관습의 문법을 예로 들자면, 언어의 경우엔 문법과 구문, 옷차림의 경우에는 취미와 유행과 사교상의 예절, 정치의 경우에는 지배적 가치와 이데올로기 같은 것이다. 기호를 이해하고 의미를 끌어내려면, 기호 복합체의 밑바닥을 흐르는 즈립의 이유, 즉 관습의 문법을 알아내야 한다.

푸코 Foucault에 의하면, 기호학이 관심을 두는 기본적 사항들은 다음 세 가지로 요약된다(Guiraud, 1975). 첫째, 어떤 목적에 사용할 스있는 잠재적 기호들(날 기호들 raw signs)이 어디에 있으며 어떤 성질의 것인가, 둘째, 무엇이 날 기호들을 의미 있는 기호들로 만들어내는가(특정 관습이나 규칙 같은 것), 셋째, 기호들이 어떻게 현실세계를 이해할 수 있게 해주며, 현실세계에 대한 지식을 일으키는가(외시 의미, 함축 의미, 담론 등으로부터 일어나는 의미작용) 하는 문제들이다. 이 세 가지 기초 관심사를 꿰뚫는 것이 코드화이고, 보다 명시적으로는 기호의 계열체적 이해와 선택, 통합체적 조합으로 나타난다. 이런 관심사와 기호론적 조작을 기초로 하고 생산된 것이 코드이다.

코드의 정의

기호학 문헌들을 보면 코드의 정의가 백 개쯤이나 된다. 코드의 정의는 학문의 분야들(언어학, 생물학, 정보이론, 통신공학 등)에 따라 비슷한 것 같으면서도 여러 건에서 다르다. 당연히 이 장에서는 기호학적 코드의 정의를 사용해야 하겠는데, 어느 기호학자의 정의가 가장 좋은지, 가장 좋은 코드의 정의를 골라내는 것도 그리 쉽지 않다. 에코가 말했듯이, 기호학에 코드라는 말을 끌어들인 것이 용어의 사태효과를 일으켜 놓았기 때문이다.

커뮤니케이션 모형

코드를 이해하기 위해서, 코드의 정의로 곧장 들어가는 대신, 좀 넓은 시각에서 그물낚시를 하듯 관념적 투망을 해보자. 세보크의 기호론적 커뮤니케이션 모형을 빌려서, 우선 코드가 무엇을 하는 것인지 알아보는 것으로부터 출발하는 것이 좋겠다. 세보크는 기호학 연구영역을 이루는 주요 인자들로, 〈메시지와 코드, 메시지原(송신자 또는 발화자)과 도착지(수신자), 통로와 상황〉의 여섯 가지를 들고 있다(1991, 16쪽). 이 여섯 가지를 가지고 커뮤니케이션 모형을 만들 수 있는데, 아래 그림은 제대로 된 커뮤니케이션이 일어나기 위해 필요한 최소한의 요소들을 보여주는 모형이다.

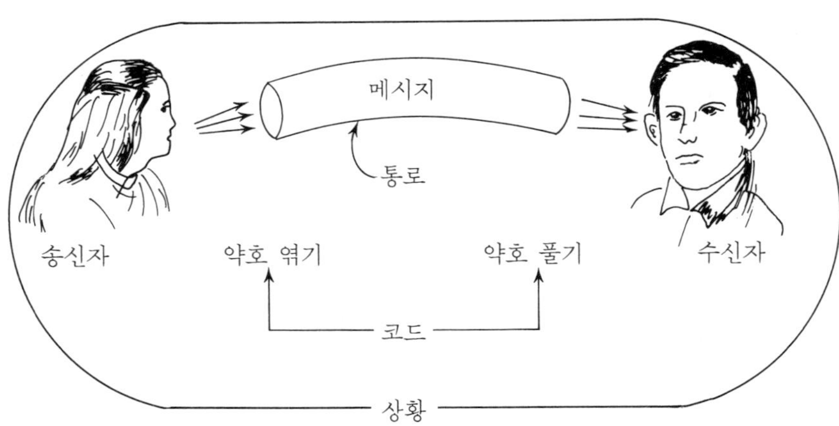

우선 송신자와 수신자가 있어야 한다. 송신자와 수신자 사이에는 영어의 C자로 시작되는 세 가지, 즉 통로channel, 코드code, 상황context이 있어야 한다. 이 세 가지는 아직 커뮤니케이션이 일어나기 전의 필요충분조건을 이룬다. 이 세 가지 조건이 갖추어지면 비로소 메시지가 송신자와 수신자를 연결할 수 있게 되고, 커뮤니케이션이 이루어지는 것이다. 여기서 메시지란 하나의 기호 또는 기호들의 연쇄고리로 되어 있다. 메시지라는 말에는 특히 기호 생산자가 어떤 대상(수신자)을 향해 내보낸 기호체라는 의미가 있다(Sebeok, 1991, 13쪽) 즉 메시지는 기호체의 전송모형을 상정하고 있다.

커뮤니케이션의 발단은 상황이다. 어떤 상황이 송신자로 하여금 커뮤니케이션 의욕을 일으킨다. 상황은 권태에서 위급사태에 이르기까지 여러 가지 경우가 있다. 송신자는 커뮤니케이션 상황을 표현하는 메시지를 만든다. 꽃님이 하도 심심해서(상황) 직장에 있는 돌쇠에게 전화를 해야겠다고 생각한다. 〈돌쇠야, 지금 뭐해?〉(메시지) 하고 들어봐야지――꽃님은 전화기를 들고 다이얼을 돌린다. 전홧줄(통로)을 통하여 돌쇠에게 〈찌리링〉 신호가 간다. 돌쇠가 수화기를 들면 꽃님의 목소리가 들린다. 〈지금 뭐해?〉 돌쇠가 대답한다. 〈웬일이야?〉 꽃님 쪽의 상황을 묻는 것이다. 〈그냥, 심심해서 걸어봤지 뭐〉라는 꽃님의 대답을 듣고 돌쇠는 마음이 놓인다. 〈싱겁기는――〉 돌쇠는 다음 말을 잇기 위해 새로운 상황을 생각해 낸다……. 커뮤니케이션은 이렇게 일어남을 누구나 다 안다.

그런데 교과서에 소개된 많은 커뮤니케이션 모형들이 코드와 상황을 자주 빠뜨리고 있음을 볼 수 있다. 중대한 실수이다. 하지만 거기에는 그럴 만한 이유가 있다. 많은 경우 코드와 상황은 송수신자에게 투덕하기 때문이다. 수신자의 입장에서, 상황은 순전히 상상에 맡겨진 것이고, 메시지가 지닌 만큼의 구체성이 없다. 메시지로 족하다고 생각하고 상황은 왕왕 무시된다. 그래서 뷔오 Wiio의 커뮤니케이션 법칙이 지적하듯이 커뮤니케이션은 보통 실패하기 마련이다(Wiio, in Goldhaber, 1990).

특히 코드는 송수신자 양측에 완전히 투명하다. 앞장 끝에서 잠시 언급된 것처럼 코드는 감추어져 있다. 이러한 상황의 투명성이나 코드의 내밀성 때문에 커뮤니케이션 모형들조차 이것들을 생략하기 일쑤이다.

　당연히 메시지가 커뮤니케이션의 가장 중심적인 것이 된다. 그러나 메시지를 가능하게 하는 것은 코드이다. 여기서 메시지는 기호의 통합체적 연쇄를 가리킨다. 코드는 송신자와 메시지 사이에 약호 엮기 encoding 를 가능하게 한다. 약호 엮기는 송신자의 생각을 말이나 몸짓으로, 또는 글씨나 그림으로 바꾸는, 한마디로 메시지로 바꾸는 과정이다. 메시지와 수신자 사이에도 같은 코드가 작용해서 약호 풀기 decoding 를 가능하게 한다. 약호 풀기는 수신자가, 송신자로부터 온 메시지에서 송신자가 표현하고자 한 원래의 생각을 뽑아내는 과정이다. 중요한 것은 같은 코드가 송신자와 수신자에게 알려져 있어야 한다는 사실이다. 코드 없이 메시지를 만들 수도 없고, 메시지를 해독할 수도 없다.

코드의 기능과 정의

　그러면 코드란 무엇인가? 세보크는 가장 기본적인 코드의 정의를 다음과 같이 제시하고 있다. 코드란 메시지를 한 가지 표현에서 다른 표현으로 변환시켜 주는 명료한 규칙들의 묶음이다(Sebeok, 1991, 16쪽). 그러나 코드의 사회성을 강조한 귀로드의 다음과 같은 정의가 보다 중요하다. 코드란 〈기호를 위한 명료한 사회적 관습들의 체제〉이다(Guiraud, 1975, 41쪽). 쉽게 말하면, 코드란 기호의 제작과 해독을 위한 원리에 대한 것이다. 그러나 이 원리는 송수신자가 나누어 가지고 있어야지 그렇지 않으면 아무 쓸 데가 없다. 이 원리란 서로 나누어 가진 어떤 약속이다. 한 예로 군대암호를 생각해 보자. 서로 아군인 것을 알기 위해 이쪽에서 〈누구야!〉 하면, 저쪽에서 〈고구마!〉 하고 대꾸하기로 약속했다고 하자. 그러면 하나의 코드가 성립한 것이다.

　일상적인 기호의 사용에서 코드는 좀더 복잡한 기능을 수행한다. 첫째, 코드의 주기능은 외시 의미를 위한 것이다(외시 의미적 기능). 둘째, 코드는 기호를 어떤 대상체나 정신적 개념에 연결시키는지 분명히 해야 한다(기호 조립규칙). 셋째, 기호의 어떤 특정한 연결이 무엇을 의도하는지 기호 사용자의 의식에 분명해야 한다(코드의 의도성). 넷째, 코드는 코드 사용자 집단(또는 하부 문화)에 확산되어 있어야 한다(코드의 사회-문화적 공유). 특히 코드의 사회적 공유 기능은 코드가 일반적으로 문화적 유산임을 암시한다. 일상적 코드는 군대의 암호나 컴퓨터 암호처럼 개인에 의해서 하루아침에 생겼다 없어졌다 하는 것이 아니라 상당한 기간을 두고 하부 문화 속에서 진화, 변천, 전승되는 것이다.

　이상의 논의에 입각해서 코드를 좀더 명확히 재정의해 보자. 코드란 기호의 명확한 조립과 해독을 위한 문화적 관습이 숨어 있는 체제이다.

세 가지 코드

　귀로드는 코드의 커다란 유형들을 소개하고 있다. 그것은 논리적 코드, 심미적 코드, 사회적 코드의 세 가지이다. 코드는 사람들이 기호를 계속적, 반복적으로 사용함에 따라 관습화된 기호 사용의 패턴들이다. 그것의 의미는 한 문화집단의 구성원들에게 매우 명백하다. 그러나 모든 종류의 코드가 커뮤니케이션의 두 수준, 즉 외시와 함축의 수준에서 해석될 수 있어서, 코드의 사용에 자신이 있는지 없는지에 따라 개인이 자기가 소속한 사회에서 성공을 하는지 못하는지 결정되기도 한다.

　여기서는 귀로드(1975)가 소개하는 코드의 세 가지 유형을 따라 그 예를 간단히 살펴보기로 한다.

논리적 코드

논리적 코드에는 대체코드, 신호와 프로그램, 과학적 코드, 占術 코드의 네 가지가 있다. 이 예들은 기호들의 계열체를 이루고 있음을 알 수 있다. 한 계열체 안에서, 이 코드는 하나의 기표에 단 하나의 기의가 일대일로 대응되도록 만들어져 있다. 논리적 코드는 어느 것이나 외시 의미만을 일으키도록 할 뿐, 함축적 해석을 허용하지 않는다.

대체코드 substitute codes는 언어적 기능을 시각적으로 대체하는 코드이다. 이것의 예는 알파벳, 모르스 부호, 해군에서 사용하는 燈 신호와 수신호, 수화, 워드프로세서나 컴퓨터에 사용되는 아스키 ASCII 코드 같은 것들이다. 점자는 시각 대체가 아니라 촉각에 감응을 일으키도록 된 것으로 역시 논리적 코드이다.

이것들은 언어를 대체하는 코드들이기 때문에, 기호 자체가 혼자서 〈말〉을 할 수 있다. 그래서 귀로드는 이 코드를 자율적 코드라고 부른다.

신호 signals와 프로그램 programs들은 매우 실용적 코드들이다. 교통신호와 경보신호들은 우리가 익히 알고 있는 코드들이다.

프로그램은 신호보다 복잡하지만, 고도로 조직되어 있기 때문에 애매함이 없다. 컴퓨터나 워드프로세서의 프로그램이 그 예가 된다. 일상생활에서의 프로그램의 예를 들자면, 한 사람의 틀에 박힌 일상성 같은 것을 들 수 있다. 그의 부인은 남편이 아침에 출근해서 저녁 때 집으로 돌아오는 프로그램을 알고 있기 때문에, 언제 저녁식사를 준비해 놓아야 하는지 잘 안다.

과학적 코드 scientific codes는 과학자들이 자연을 객관적으로 관찰해서 발견한 어떤 규칙성들 regularities을 정식화하여 기호로 표시해 놓은 것이다. 산수의 구구단, 화학의 주기율표, 생물학의 유전코드 등이 예가 된다.

점술코드 mantic codes는 과학성을 지향하는 종교적 코드이다. 예를 들면 점성술, 화투나 카드점, 손금보기, 해몽 같은 것들이다. 점술코드들은 미래나 과거의 일을 예측하는 기능을 가지고 있다. 이런 코드는 귀로드가 지적하는 대로 〈미개한 마음 savage minds〉에 싹튼 징조(기표)와 기의(논리적 설명) 사이의 상관관계를 거의 경전화해 놓은 것이다. 이 상관관계는 실증적 근거보다는 어떤 독단적 믿음을 근거로 연역된 것이기 때문에 예측능력이 불확실하다. 이런 이유로 과학자들은 이런 코드를 한갓 미신적인 것으로 치부해 버린다. 그러나 점술코드를 사용하는 사람들은 그 코드를 과학이라기보다는 확실성의 원리로 믿는다. 점술코드도 과학적 코드와 마찬가지로 기표와 기의 사이에 어매함이 없는 일대일 대응을 이루고 있다. 동양에서 4를 죽을 死자와 연관시켜 凶數로 보는 것이나, 서양에서 13을 액운의 수로 보는 것은 쉽게 찾을 수 있는 예들이다. 우리나라의 『토정비결』, 중국의 『주역』, 나이제리아의 IFA는 고도로 발달된 점술코드들이다.

이것들은 잘 알려지지 않은 어떤 것들을 잘 알려진 것들에 어떤 논리성을 첨가하여 엮어놓은 것인데, 알려진 것에 의해서 알려지지 않은 것을 점치는 기능을 수행한다. 융 Jung(1964)은 이것들이 동기화 원칙 the principle of synchronicity을 내포하고 있기 때문에 전혀 넌센스라고만 말할 수 없다고 했다. 동기화 원칙은 〈의미 있는 우연의 일치〉를 뜻한다. 그러나 우연을 필연으로 만드는 것은 이런 것들을 믿는 사람이 마음속에 받아들인 어떤 코드가 그에게 자기 달성 예언을 이루어주는 것이라고 생각할 수 있다. 그렇게 볼 때, 〈의미 있는 우연의 일치〉라는 것은 무슨 신비로운 현상은 아니고, 받아들인 코드가 미개한 마음에 일으키는 기호현상이라고 하겠다.

그런데 옛날 사람들만 미개한 마음을 갖고 있는 것이 아니라 포스트모던 시대의 사람들도 미개하기는 마찬가지이다. 그렇기에 많은 사람들이 신문에 매일 나오는 점성술에 대한 프로그램을 인기리에 읽고 있는 것이다. 그뿐인가. 가장 문명한 나라라고 하는 미국 대통령 부인, 낸시 레이건이 점성술사가 말해 주는 것에 의해서 중요 국무회의의 일정이나 대통령의 행차를 결정해 왔을 정도이다. 〈미개한 마음〉은 시대에 관계없이 항상 일정하다.

심미적 코드

예술과 종교의 수많은 코드들은 심미적 코드이다. 심미적 코드에 의해서, 귀로드(1975)가 메시지 - 물체 message-objects 라고 부르는 것들이 다량으로 만들어진다. 성당이나 절에 있는 聖象들과 수없이 많은 예술작품들이 메시지 - 물체들이다.

심미적 코드는 매우 흥미로운 특성을 가지고 있어서 연구할 것이 많다. 우선 미학적 코드의 특성을 살펴보자. 논리적 코드는 인식적 경험을 사고나 이성에 의해서 관계라는 형식으로 표상함에 비해, 심미적 코드는 느낌에 의해서 지각된 체험을 지각된 물체 자체의 표상에 의해 코드화한다. 논리적 코드가 자의적 상징기호를 사용하는 것에 비해서, 미학적 코드는 도상적 혹은 도상-지표적 기호를 사용한다. 이것은 심미적 코드가 체험된 물체를 반영하려 하기 때문이다. 논리적 코드는 인간 심리와 어느 정도 독립된 체제이지만, 심미적 코드는 인간 심리에 직결되어 있다.

심미적 코드는 불가시성 the Invisible, 신비성 the Ineffable, 비이성성 the Irrational 같은 추상적이고 심리적인 체험의 대상들을 표상하는 코드이다. 이런 코드는 인간을 미지의 것에 연결시킨다. 그런데 그 연결의 방식이 코드 사용자마다 다르기 때문에 심미적 코드는 논리적 코드에 비해서 훨씬 덜 관습화되어 있음을 알 수 있다. 즉 코드화의 강도가 약하다.

심미적 코드는 의고적 이미지나 미래적, 공상적 이미지를 통하여 그것의 대상체(실존하는 것이든 환상적으로 만들어진 조작물이든 상관없이)를 인간의 심리에 느껴지도록 한다. 심미적 코드의 중요한 기능은 인간의 마음에 어떤 보상작용을 일으키는 것이다. 이 기능은 인간에게 결핍된 것들, 좌절된 것들에서 오는 원망이나 소원들을 도상-지표에 의해 보상시킨다. 또한 이런 코드는 인간을 좌절하게 하는 현세의 상황으로부터 전환시켜 미래나 공상의 세계로 향하게 한다.

인류 생성 이후 엄청난 양의 심미적 코드가 만들어져 인간의 집단두의식 속에 가라앉아 있다. 이에 비하면, 인간의 의식 위에 떠 있는 논리적 코드는 빙산의 일각이다. 심미적 코드들은 융(1964)이 말하는 원형 archetype과 연관돼 있다. 원형은 의고적 잔류인상들이나 원초적 이미지들이다. 이것들은 예로부터 전승된 신화, 전설, 민담, 벽화, 향곡, 서사시들 속에서 발견된다. 또한 포스트모던 시대에 와서도, 대중매체는 작가, 극작가, 예술가, 그래픽 전문가, 만화가, TV 설고자 등의 마음속에 되잡히는 의고적 이미지들을 대량으로 재현시켜 더중문화 소비자들에게 공급하고 있다. 우리가 꾸는 꿈에는 종종 원형이 나타난다. 원형은 인간의 무의식을 표상하지만 어떤 본질적 대응관계 없이 나타나는 표상들이다. 그래서 그것은 아무 코드도 없는 표상처럼 보인다. 그런데도 원형의 괄목할 만한 점은 그것이 세계의 어느 곳에서나 때를 가리지 않고 자기 복제와 재생산을 통해 나타나는 사실이다. 자기 복제와 재생산의 능력은 원형에 어떤 코드가 있음을 암시한다.

대중문화 시대의 대표적 심미적 코드는 여러 가지 유행에서 볼 수 있다. 그러나 유행은 언제나 짧다. 왜일까? 유행도 예술과 비슷하지만 코드가 바뀌는 과정이 다르다. 예술에서는 코드가 다른 사람들이 눈치채는 순간 코드를 뛰어 넘어 다른 미지의 차원으로 움직이지만, 유행은 알려진 코드를 즐기며 얼마간 그 코드 위에 머문다. 유행이 바뀌는 것은 코드가 지쳐버리기 때문이다. 심미적 코드가 역설적 특성을 나타내는 경우가 있는데, 그것은 주로 예술에서이다. 예술적 코드의 역설은 그것이 탈코드화하는 특성을 지니고 있다는 점에 있다. 컬러 Culler(1976)가 지적한 대로 심미적 코드는 잡기 힘든 복합체나 개념들을 커뮤니케이트하는 것을 목적으로 하지만, 어떤 특정한 심미적 코드가 하나의 코드로 사람들에게 지각되는 순간, 예술품들은 그 코드를 버리고 다른 차원으로 옮아간다.

이런 심미적 코드는 외시 의미보다는 함축 의미의 수준에서 소화된다. 그것의 외시 의미는 언제나 코드 사용자로 하여금 과장된 함축 의미들을 생산해 보도록 충동한다. 심미적 코드의 해석은 뒤에 이야기할 메타 언어의 수준에서 일어난다.

사회적 코드

사회적 코드에 의해 문화는 일어난다. 사회적 코드를 개발하지 못한 사회에는 문화적 교양이 없다. 사회적 코드는 개인들에게서 동물성을 억제 혹은 정화하여 다른 동물들과 분별된 인간으로서의 정체성을 이룩하고, 사회에서는 야만성을 극복하여 인간 고유의 문화를 일으킨 핵심요소이다. 그래서 이것은 지극히 중요한 코드이다.

인간에게서 사회적 코드를 없앤다면, 이미 인간이 될 수 없다. 한 인간의 몸에 배어 있는 사회적 코드가 어떤 것인가에 따라 그 사람의 품격이 달라진다.

논리적 코드는 사물들 사이의 관계를 다룸에 비해서, 사회적 코드는 사람과 사람 사이의 관계를 다룬다. 사회적 코드는 분류의 기능, 서열화의 기능, 행동규범으로서의 기능을 가지고 있다. 이것들은 상호 배타적 기능의 범주들이 아니고, 서로 중복되어 나타난다. 이것이 무엇을 뜻하는지, 다음에 논의하는 대표적인 사회적 코드의 예에서 살펴보기로 한다.

사회적 분류코드 social taxonomies 는 사회인들을 전문분야나 기타 어떤 기능적 특성에 따라 분류하는 데 쓰인다. 노동의 분화에 의한 전문직업에 따라 여러 가지 코드가 생겨났다. 의사, 변호사, 기술자, 교사, 미디어 종사자, 연예인들은 전문분야에 걸맞는 코드들을 개발하고 있다. 한 가지 전문분야 안에서도, 사회적 분류 코드가 있어서, 가령 정치에서 정치인들은 소속 정당에 따라 분류되고, 그에 걸맞는 정치 스타일을 익힌다. 학계도 마찬가지여서, 교수들은 여러 가지로 분류된다. 각 분류에 따라 서로 조금씩 다른 행동규범들이 존재한다. 가령 목사가 연예인처럼 행동하면 뭔가 이상하다고 느끼게 된다.

서열 hierarchy 과 지위 ranking 는 공공기관이나 기업체에서 몹시 중요하다. 서열과 계급에 따라 사용하는 기호체들이 달라진다. 학생 주차장은 교수 주차장에 비해 조금 많이 걸어야 하는, 약간 불편한 곳에 있다. 어떤 직장에 가보면 고급 간부가 사용하는 화장실이 따로 있고, 하급 직원이 사용하는 화장실이 따로 있다.

예의범절 social etiquette and decorum 은 사회인이 사회적 신분에 알맞는 행동규범을 묵시적으로 정하고 있다. 앉아 있다가도 윗사람이 들어오면 일단 일어나 인사하고 다시 앉는 것이 예의이다. 꼭 해야 할 말이 있어도 상황을 보아 말하는 것이 예의이다. CNN의 어떤 여기자가 미국의 부시 대통령이 어떤 여성과 가졌다는 정사에 관한 풍문에 대해서 이스라엘 수상이 배석한 자리에서 질문을 던졌는데, 그것은 예절 없는 짓이다. 1992년도 바르셀로나 올림픽 대회장에서 어떤 운동선수는 스페인 국왕 내외가 참관하고 있는 자리에서 심판에 불복하며 걸상을 집어던진 추태를 보였는데 그것은 예절 없는 짓이다. 미국 대학 강의실에서 종종 의자에 두 다리를 높이 걸치고 운동화 사이로 교수의 얼굴을 보며 수강하는 학생을 볼 수 있는데 그것은 교양 없는 짓이다.

의례 rituals 는 종교, 정치 등에서 중요한 사회적 코드이다. 이것은 여러 사람들이 집단적으로 참가하는 커뮤니케이션 양태를 특성화한다. 종교적 의례로는 예배, 추모식, 결혼식 등 여러 가지가 있고, 거기서 지켜야 할 일들이 있다. 정치적 의례는 회담, 조약, 동맹 등을 위한 것인데 그것은 참가자들이 어떤 의무와 부담을 짐으로써 참가자 사이의 유대를 기약하는 의식이다. 이런 정치의례들은 사회 속에 내재하는 불확실성을 제거하고 화기로운 분위기를 창출하는 기능이 있다.

이런 의례에는 심미적 코드가 동시에 사용되는 것이 보통이다. 가령, 결혼식장이나 회담장에는 아름다운 꽃이 장식된다. 또한 거기에도 어떤 서열에 따라 사람들이 서로 다른 공간을 차지하고, 서로의 사회적 소속과 위치에 맞는 담화들을 한다.

코드의 재구성

지금까지 살펴본 대로, 심미적 코드를 제외한 다른 코드들은 고도로 관습화되고 상식화된 것들이어서 일반 기호학에서 연구의 대상이 되지는 않을 것처럼 느껴진다. 그러나 코드는 정태적 체제가 아니라 역동적 체제이다. 코드는 시대와 문화, 지역에 따라 바뀐다. 포스트모던 사회에서는 종종 퇴폐적인 역문화적 조류가 일어나 사람들의 눈살을 찌푸리게 하는 경험을 하게 된다. 특히 이런 코드를 배우면서 자라난 어린이들이 우리를 놀라게 한다. 우리는 무엇이 코드를 변화시키는지 계속 지켜보아야겠고, 바뀌는 코드의 문화적 효과와 의미가 무엇인지 계속 연구할 필요가 있다.

이 책의 앞 부분에서 이야기한 발렌타인의 날이라는 외래 풍습 역시 코드화된 예식이다. 동양 풍습과 맞지 않는 이 외래 풍습이 어떻게 해서 우리나라나 온 세계에서 하나의 애교 있는 풍습으로 자리잡고 있는 것일까? 불과 반세기 전쯤만 해도, 여자가 남자에게 먼저 수작을 붙이는 것은 언감생심 생각조차 할 수 없는 일이었다. 그런 봉건 풍습이나 발렌타인의 풍습이 좋은 것인지 나쁜 것인지에 대해 여기서 따지지 않으려 한다. 다만 봉건사회에서 그런 儀式 반전이 일어난 것은 자본주의의 영향이 크다는 것을 지적하고 싶다. 미국에서 초콜릿이 잘 팔리는 절기는 발렌타인의 날이나 부활절 때이다. 반전된 의식이 우리나라에서 애교로 받아들여지고 그날에 장사가 잘 되는 것도 마찬가지 효과를 겨냥한 것은 아닐까?

또 다른 의식 반전의 예가 있다. 4월 1일은 만우절이라고 해서 거짓말을 해도 되는 날이다. 이것 역시 외래 풍습으로 우리나라에는 없던 것이다. 만우절 날 가까운 친구 혹은 직장 동료나 상사에게마저 악의 없는 거짓말을 하여, 딱딱한 분위기에 숨통을 열어주고 웃음꽃을 잠시 피우게 하는 게 의도라고 한다. 이 짓궂은 외래 풍습은, 매우 미약하긴 하지만 어떤 전복적인 힘을 밑바닥에 깔고 있는 듯하다. 의식 반전은 어떤 이데올로기적 색깔을 띠고 있다.

어쨌거나 발렌타인의 날 풍습이나 만우절 풍습이 우리나라에서 별 저항 없이 받아들여진 지도 꽤 오래되었다. 이런 풍습은 임의로, 인의 적으로 만들어진다. 여기서 두어 가지 문제점이 발견된다. 어떤 풍습 이 그럴 만한 어떤 이유로 일어나고, 그것이 일단 자리를 잡고 나면, 그것의 배후에 어떤 이데올로기가 나타나서 그 풍습을 다른 목적에 이용하려 든다. 또 다른 문제는 임의로 만들어진 것들이 다른 문화권을 넘나들며, 타 문화권의 전통적 풍습을 해이하게 만들어놓거나 전통의 보전을 훼파한다. 이런 모든 현상은 코드의 문제로 어떤 전통적 풍습의 저변을 이루는 코드 자체가 외래 풍습의 새 코드의 영향으로 풀려져나가게 되기 때문에 일어난다.

이처럼 코드는 쉴 없이 구성, 재구성된다. 그에 따라 문화 속의 풍습들은 바뀌고 또 바뀐다. 이것은 코드가 매는 일과 푸는 일을 동시에 행하기 때문이다. 코드의 매는 일과 푸는 일을 다른 관점에서 살펴보기로 하자.

첫째, 코드는 매는 일을 한다. 이 점을 두어 가지 각도에서 살펴보자. 귀로드에 의하면 모든 것이 기호이고 기호가 아닌 것은 하나도 없지만, 에코는 기호학적 문턱 semiotic threshold 개념에 의하여 문화기호학의 연구영역을 제한하고 있다. 사회 문화적 코드에 의해 커뮤니케이션이 이루어질 수 있는 기호들만이 기호학의 연구대상이 된다. 가령 유전코드는 사회 문화적 코드가 아니므로 기호학의 영역 밖에 있다 (Eco, 1976, 16-28 쪽). 요컨대 코드는 정보의 장과 기호의 조립에 바람직한 제한을 준다. 이런 의미에서 코드는 커뮤니케이션에 사용할 기호의 선택과 조립과 사용에 대한 조건들의 체제이기도 하다.

코드는 기호 복합체의 조립규칙을 품고 있다. 기호 복합체의 조립규칙은 왕왕 열쇠로 이해되기도 한다. 코드와 기호의 관계는 마치 열쇠와 자물통의 관계와 같다. 열쇠 없이 자물통을 열 수 없는 것과 같이 조립규칙을 모르고는 기호 복합체의 의미를 알아낼 수 없다. 군대 암

호의 경우, 〈누구야? ＋ 고구마!〉는 열쇠이고, 이 열쇠는 누구에게
나 다 알려지는 것이 아니라 아군측에만 알려진 비밀이다. 일상적 기
호의 사용에서 코드는 하부 문화의 구성원들에게만 알려지지만, 군대
암호 같은 비밀성은 없다. 그 대신 그 하부 문화에 들어오는 사람들은
누구나 배워야 할 내밀성을 지닌다. 앞서 말한 꽃님과 돌쇠의 전화 통
화를 알아들으려면 한국말의 코드를 배워야 하는 것이다.

코드는 또한 정보량을 사람들의 정보 관리능력의 범위 이내로 축소
시켜 준다. 송신자의 주변상황은 무정형의 매우 유동적인 장이다. 그
런 상황이 송신자의 지각작용에 잡혀서 어떤 생각을 일으키고, 그 생
각이 다시 메시지로 변환되는 동안 코드는 괄목할 만한 정보 축소를
일으킨다. 그래서 상황은 송신자나 수신자가 다룰 수 있는 상태가 된
다. 메시지는 축소된 상황 정보를 대표하는 것이다(Eco, 1976). 앞에
서 메시지는 기호의 통합체적 고리라고 밝혔거니와 코드는 상황을 메
시지 속에 통합시킨다.

둘째, 코드의 푸는 일은 다음과 같은 것들을 허용한다. 우선 코드는
코드 자체의 경계를 확연히 함으로써 코드 주변에 코드 자체의 변용을
허용하고, 그 변용의 상대적 의미를 암시해 준다. 제일 중요한 것은
에코의 하부 코드 subcode 개념이다(1976, 56쪽). 귀로드는 코드의 일
차적 기능을 외시 의미의 부여에 있다고 주장하고, 그것을 넘어서는
것은 해석학 hermeneutics 의 소관으로 넘겼다(1975, 40-44쪽). 기호
사용자가 코드에서 발견하게 되는 함축 의미는 해석학적인 것이다. 해
석학은 모든 관습의 밖에 있는 새로운 관계들, 무의식적 관습들이나
지금은 의미가 상실되어 폐기된 관습들을 다룬다. 에코는 함축 의미의
영역을 코드 기능의 주변에 허용하기 위해 함축적 코드 connotative
code 라는 용어를 사용한다. 에코에 의하면 함축적 코드는 하부 코드
이다. 이로써 코드는 외시 의미와 함축 의미에 두루 관여하게 되었다.
이렇게 볼 때 메시지는 다중 코드체제의 산물이다. 특히 다중 코드로
된 담론을 내용으로 하는 메시지를 텍스트 text 라고 부른다(Eco, 1975,

57쪽).

코드의 푸는 일의 다른 면모들은 에코의 코딩 과잉, 또는 과잉 코딩 overcoding 과 코딩 미달 undercoding 개념에 나타나 있다(Eco, 1976 136쪽). 코딩 과잉은 기존 코드로부터 보다 분석적인 하부 코드로 넘어갈 때 일어난다. 가령, 기본 의미의 손상 없이, 수사학적 과장이 절제된, 극도로 상투화된 표현은 과잉 코딩이다. 〈이 무더위에 그간 안녕하셨소〉 대신에 〈안녕〉으로 표현된 인사는 과잉 코딩이다. 〈틀림없이 이기고 말 거에요〉라고 승리를 갈망해서 하는 말 대신에 지나가는 말로 마지못해 던져주는 〈이길 거에요〉라고 인사치례로 하는 말은 과잉 코딩이다.

하지만, 에코가 지적하듯이, 과잉 코딩된 기호들은 관습과 개혁의 경계를 넘나들기도 한다. 매우 간결한 광고나 추상미술의 미니멀리즘 같은 것이 그 예이다. 좀더 쉬운 예로, 〈일할 사람이 모자란다〉는 말을 〈일손이 모자라요〉라고 표현할 때 이것은 환유를 사용한 과잉 코딩으로 노동력의 부족을 좀더 극화해서 표현한 것이 된다. 다른 예를 들어보자.

〈먹으려고 사나, 살려고 먹나〉. 이것은 아마도 사람이 철이 들면서 묻게 되는 첫번째의 철학적 질문 중의 하나일 것이다. 살려고 먹는다는 사람은 이상주의적이고 먼데를 바라보는 여유와 무슨 혜안이 있는 것처럼 보이기까지 한다. 먹으려고 산다는 사람은 실질적이고, 먼 곳의 이상보다는 현세적 문제에 더 관심이 많으며, 어떤 실용적 통찰력으로 무장된 것처럼 보인다. 살려고 먹는 사람은 먹으려고 사는 사람을 저질스럽게 보며 조소하는 건방끼가 있고, 먹으려고 사는 사람은 살려고 먹는 사람을 뭣 모르고 고상한 체하는 아직 세상물정에 어두운 철부지거나 아니면 위선적 속물 정도로 내려본다. 먹으려고 사는 사람은 인생을 과잉 코딩하는 사람이고, 반대로 살려고 먹는 사람은 인생을 추가 코딩하는 사람이라고 볼 수 있다.

경제적 빈곤층의 식탁은 먹으려고 사는 사람의 행태가 너무나 역력하다. 음식은 단출하고, 식탁 주변에 대화가 없다. 대화는커녕 대화의 상대들을 볼 수조차 없다. 식구마다 제각기 돈을 벌러 들락날락하는 관계로 식사시간이 모두 다른 탓이다. 혹시 식구들이 같이 식사를 할 수 있을 경우에도, 식사가 끝나기 바쁘게 식탁을 떠나 TV 쪽으로 사라진다. 식사를 이미 끝냈더라도 다른 사람들의 식사가 끝날 때까지 기다리면서 담소를 나누던 식탁 앞 예절의 코드는 사라져버렸다. 제 먹을 걸 다 먹었으면 숫가락을 딱 놓고 일어선다. 먹으려고 사는 기본 의식이 끝났다는 듯이. 과잉 코드이다.

식탁에 오른 음식 자체가 과잉 코드 현상을 보인다. 아침은 시리얼 한 그릇에 커피 한 잔——극히 소찬이다. 점심은 패스트 푸드——굶어죽지 않기 위한 기본적인 것들을 최단시간에 입으로 쑤셔넣게 되어 있다. 별도의 식탁이 필요 없이, 손바닥을 식탁 삼아 아무 데서나 먹을 수 있다. 영미의 관용구가 빈한한 사람들의 생활상을 〈from hand to mouth〉라고 표현하거니와, 문자 그대로 음식은 〈손에서 바로 입으로〉 이행하고, 그것으로 끝이다. 대화의 생략이 가장 두드러진 식사시간이 점심시간이다. 이런 코드 과잉은 우리를 슬프게 한다.

커뮤니케이션의 표현이 절제되었다고 해서 함축 의미까지 절제되지는 않는다. 오히려 보다 풍부한 함축 의미를 일으킬 수도 있다.

코딩 미달은 부정확한 코딩을 가리킨다. 코딩 미달은, 필요한 코드가 기호 수신자의 의식 속에 존재하지 않기 때문에, 어떤 가능한 코드로 수신된 메시지를 풀이해 보려 시도할 때 일어난다. 낯선 외국 여행때나 타문화권으로 들어갈 때, 짐작으로 커뮤니케이션을 하는 경우에 코딩 미달이 잘 일어난다. 미학적 판단은 흔히 코딩 미달이 된다. 오래전에 구 소련 수상 후루시초프가 추상미술 전시회에 갔다가 작품들을 보고 〈당나귀 꼬리로 그린 그림들〉이라고 말했던 것은 코딩 미달이다. 스테레오타입들은 또 다른 코딩 미달의 예이다. 남도 나 같으려니 하고 여기는 것이나, 다른 사람들은 모두 나보다 잘났다고, 혹은 못났다고 여기는 것 따위가 코딩 미달이다. 어느 지방 사람들을 한데 몰아서 알깍쟁이라고 매도하는 것이나 어느 계층을 게을러터진 쓰레기 같은 족속들이라고 천시하는 것은 코딩 미달이다.

코딩 과잉과 코딩 미달이 혼합된 것을 추가 코딩 extra-coding 이라 한다. 모든 심리학적, 사회학적 기대들, 수구반복적 고안들 anaphoric devices, 말의 생략 등은 추가 코딩의 예이다(Eco, 1976, 136-137).

또한 코드의 푸는 일은, 코드에 입각한 기호학적 창의성의 한계 부으로 넘어가게 해준다. 이것은 매우 중요한 의미를 가지고 있다. 에코는 〈커뮤니케이트한다 함은 기호학 외적 상황에 관여함을 뜻한다〉고 쓰고 있다(1976, 158쪽). 종종 우리는, 채 갖추어져 있지 않은 메시지 내용과 접할 때가 있다. 우리가 코드화되지 않은 사실적 현상들을 만날 경우이다. 에코의 기호학적 판단과 사실적 판단의 구분은, 코드오 메시지가 상호작용하는 변증법적 움직임을 이해하는 더 도움이 된다(Eco, 1976, 158-161쪽). 어떤 메시지 내용이 코드에 입각해서 서술될 수 있을 때 기호학적 판단이 이루어진다. 〈결혼하지 않은 모든 남자는 총각이다〉는 기호학적 판단이다. 그러나 어떤 메시지 내용이 기존 코드에 의해 서술되지 못할 때 사실적 판단이 된다. 〈돌쇠는 총각이다〉라든지, 〈돌쇠는 1977년 7월 7일에 태어났다〉 같은 진술은 사실적 판단이다.

사실적 진술이 기존 코드를 교란하고, 코드를 재구성하게 하기도 한다. 새로운 내용을 어떤 내용형식에 도입하기 위해 표현형식의 기존 요소들을 결합시킬 때, 기존 코드는 교란된다. 가령, 〈서울대학교에 다니는 학생은 서울대학생이다〉는 기호학적 판단이다. 요즘에 와서 〈서울에 있는 대학교에 다니는 학생은 서울대학생이다〉라는 새 메시지가 나왔다. 후자는 전자의 코드를 교란시키고, 서울대학생의 새 코드를 내놓은 것이다. 물론 이런 교란이 애교 있는 농담을 만들어냈다 이것을 농담으로 받아들이는 사람은 무엇이 어떻게 바뀌었는지 다 아는 사람이다. 요컨대 코드는 메시지의 송출을 제어하지만, 새로운 메시지는 기존 코드를 재구성한다.

끝으로 한 가지 짚고 넘어가야 할 것은, 풀리는 코드가 거짓의 진술을 내놓게도 하고, 거짓을 말하기 위한 코드마저도 창출시킬 여지를 만든다는 점이다.

처방사회의 코드

번스타인 Bernstein(1964)은 두 가지 코드를 제시하고 있다. 하나는 제한적 코드 restricted code 이고, 다른 하나는 정교한 코드 elaborated code 인데, 이 구분은 코드의 보편성의 정도를 나타내고 있다. 제한적 코드는 보편성이 매우 제한되어 있어서, 하부 문화의 내부 사람들만 아는 코드이다. 제한적 코드를 배우지 않고 하부 문화 안에서 살 수 없다. 하부 문화에 들어오는 사람들은 누구나 그 문화가 마련하는 코드를 배워야만 한다. 정교한 코드는 비교적 공을 들여 누구나 이해할 수 있도록 만들어진 코드이다. 여기서 공을 들였다 함은, 코드에 정보량을 충분히 투입해 놓았음을 뜻한다. 요컨대 정교한 코드는 보다 공개적이고, 다른 문화에서도 쉽게 이해될 수 있도록 만들어진 코드이다.
코드의 내밀성과 더불어, 어쩌면 코드의 제한성이 코드의 본래적 특성이라고 봄이 옳다. 그러나 번스타인은 위의 코드 구분을 사람들의 사회계층에 연관시켜 적용했기 때문에 쟁점을 일으켰다. 번스타인에 의하면 사회의 낮은 계층은 제한적 코드를 사용하고, 높은 계층은 정교한 코드를 쓴다. 이런 견해는 비판의 대상이 되어왔다. 가령, 법률, 의학, 과학, 은행 등에서 쓰는 사회의 높은 쪽 언어들은 실상 제한된 코드들을 채용하고 있다. 어쩌면 법관, 의사, 과학자, 은행가 등은 그들이 쓰는 제한적 코드로 말미암아 높은 사회적 지위를 유지할 수 있는 것이다. 번스타인의 코드 구분에 대한 비판은 이 정도로 하고 여기서는 더 이상 다루지 않기로 한다. 다만 두어 가지 강조할 것은 어느 코드를 어느 하부 문화에서 채용하든, 채용된 코드가 사람들의 식견과 생활습성에 영향을 미친다는 점이다. 또 제한적 코드와 정교한 코드를 확연히 구분하는 선을 그을 수 없음을 지적하고 싶다. 뒤에서 알게 되겠지만, 정교한 코드는 부지불식간에 제한적 코드를 요청하는 상황으로 바뀔 수 있다.

정교한 코드에서, 충분한 정보의 투입은 오히려 해석의 여유가 과잉 상태에 이르러 해석의 어려움을 일으킬 정도일 수도 있다. 어떤 때는 탈상황화decontextualization마저 일으키는 경우가 있다(Davis & Baran, 1981). 다음의 이야기는 미국의 고급문화가 어떻게 정교화 코드의 문화로부터 제한적 코드의 문화로 급속히 탈바꿈하고 있나를 보여 준다.

미국 생활을 하면서 배우게 되는 관용구 중 하나는 〈It's up to you(당신에게 달린 문제입니다)〉라는 말이다. 이 관용구는 정교한 코드의 대표적 예라고 하겠다. 무엇을 어찌할까 골똘히 생각하다가, 누군가 좀 의논상대가 될 만한 사람(미국 사람)을 찾아가서 이야기를 들려주고 나면 기껏해야 한다는 소리가 〈Well, it's up to you〉이다. 이 말은 낯선 동양사람의 귀에는 〈당신이 알아서 할 문제요〉라고 퉁명스럽게 들린다. 자기는 개입하고 싶지 않다고 발뺌부터 하는 소리로 들리기도 한다. 긴요한 의논을 하고 〈높은 의견〉을 들으러 시간 약속까지 해서 꽤 먼 거리를 차타고 온 일을 생각하면 불쾌감이 앞선다. 꾹 참고, 여차여차하여, 고견을 들으러 왔다고 다시 설명하면 다 듣고 나서 똑같은 소릴 한다. 〈It's up to you!〉

이 말의 뜻을 알아듣게 될 때쯤에 미국 사회에 뿌리박고 있는 개인주의의 깊이도 함께 알아차리게 된다. 내가 고견을 묻고자 찾아간 것 자체가 서양 사람들에게는 이상한 일이다. 미국에 여러 해를 살고 난 안목으로 되돌아볼 때, 그 사람들에게 고견도 없거니와 고견을 듣겠다고 간 것 자체가 불필요한 짓이었다. 내가 그들의 고견을 듣고자 했던 것은, 다분히 제한적 코드가 사회를 지배하는 동양 문화적 타성 때문이었다.

돌이켜 생각하면, 그 사람들이 〈It's up to you〉라고 답한 것은 질문한 사람의 의견보다 더 나은 의견은 없다는 정중한 의견반환이었다. 또는 그것은 나 스스로 정교한 코드를 배우고 그에 따라 살아가라는 은근한 암시를 곁들이고 있었음직도 하다. 나 스스로 어떤 문제에 대한 선택지 options나 대안 alternatives들을 알고 있다면, 내가 상황 판단을 잘하여 그에 맞는 최선책, 차선책 등 우선 순위를 정하고 선택된 대안을 시행해 나가면 되는 것이다. 대안의 창출과 알고 하는 선택이 이를테면 정교한 코드의 모습이요, 그것이 요구하는 행동공정이다. 스스로 공을 들여야 하는 것이지 누구에게 의존해서는 안 되는 것이다.

각 개인은 자신의 문제를 스스로 해결할 능력을 키워야 하고, 자신의 앞일은 다른 사람이 아닌 자기 스스로가 결단해 나가야 하는 것이다. 이것이 개인주의의 요체이고, 그것에는 개인의 자기 결단과 발전을 위해 넉넉한 자유가 보장되어 있었던 것이다. 개인주의는 실용주의 철학과 합쳐져 이른바 미국의 꿈을 가꾸는 정신적, 행동적 밑받침이 되어 있었던 것이다. 그런 정신적 토양에서 자라온 사람들에게 〈It's up to you〉라는 답변은 과잉코딩된 진솔한 것이리라. 그런데 그런 정교한 코드에 입각한 개인주의는 아직 건재한가?

쿼일 부통령에 의하면, 미국에는 너무 많은 변호사들이 있다. 전세계의 개업변호사 중 칠할(70%)이 미국에 있다고 한다. 그래서 그 숫자를 줄일 필요가 있다고 주장한다. 나는 그의 정치적 주장의 근거에 대해 알고 싶지 않다. 그러나 미국에 변호사의 수가 많은 이유와 미국의 개인주의 철학 사이의 함수관계가 무엇을 뜻하는지 매우 궁금하다.

근년에 들어오면서 미국은 점점 처방사회 the prescripted society로 변환되어 가고 있다는 이야기를 자주 듣는다. 산업사회로부터 시작해서 후기 산업사회를 거쳐, 탈산업사회로 이행하는 동안 분업은 점점 더 세분화되고 새로운 테크놀로지와 더불어 새로운 업종들이 생겨나고 있으므로 시민들에겐 모르는 일들이 기하급수적으로 늘어나고 있었던 것도 사실이다. 〈고견〉을 주변에서 구해야 할 일들이 많아지고 있음에 틀림이 없다. 그런데 그 고견이란 것이 어째서 전문분야에 대한 것이라기보다는 분야 외적인 법률문제와 사사건건 깊이 관계되어 가는 것일까? 처방사회의 주역은 변호사들이고 그들이 처방을 쓴다. 그처럼 많은 변호사들이 처방전에 〈It's up to you〉라고 써주고 있지는 않을 것이다.

처방사회의 증거는 곳곳에서 볼 수 있다. 성생활에서 소비생활에 이르기까지 수많은 처방이 미디어를 비롯한 사회, 정치, 종교기구 등에 의해서 소개되고 눈배된다. 가령 고등학교 학생에게 콘돔 처방이 주어지기 시작했다. 위틀 커뮤니케이션의 채널 1 수신 고등학교 학생들은 10분간 오락적 뉴스정보와 2분간 상업광고를 의무적으로 시청해야 한다. 조기 소비학습의 강제 처방이다. 시민생활의 구석구석이 처방에 의해 통제될 날이 걸지 않은 것 같다.

무얼 하지 말아야 법에 저촉되지 않느냐에 대한 처방은 구식이고 어떻게 법을 피할 수 있느냐의 처방을 써낼 수 있어야 진짜 처방이라고 한다. 법의 악용과 남용의 한계선 위에서 법 처방 주문이 들어오고, 법의 회색지대를 최대한 이용한 처방이 제공된다.

이러한 처방사회의 현상으로부터 적어도 두어 가지 결론을 끌어낼 수 있다. 첫째, 〈It's up to you〉는 효력을 상실하고 있다. 개인은 스스로 사리분별과 판단을 할 능력을 잃고 있다. 둘째, 개인주의는 비학습의 벌레에 먹히고 있다. 개인들은 〈It's up to you〉라는 정교한 코드의 자긍과 그것에 걸맞는 실생활을 꾸려나갈 학습에 열중하는 대신 처방을 사는 일로 만사를 해결하려 한다. 셋째, 처방사회에서 자유는 의미를 상실하고 있다. 자유와 방종이 같은 의미로 통하는 사회의 구석이 면적을 넓히고 있다. 이에 대한 반작용으로 법적 장치가 치밀화됨에 따라 자유는 위축되고 있거나 아니면 폭력과 이중으로 손잡고 있다. 즉 자유의 이름으로 방종을 쟁취할 폭력과 방종을 억압할 폭력이다. 예로부터 자유는 그 내부에 그것이 지키고자 하는 보다 고귀한 것을 비학습화하는 독소를 숨기고 있다. 우리에게 달린 문제는 그 독소를 지혜롭게 제어하는 것이다.

결국, 정교한 코드와 그로부터 오는 문명한 교양을 뽐내던 미국 사회는 어느덧 제한적 코드에 의탁하는 사회로 변질되고 있다. 처방사회란 제한적 코드가 이끄는 사회이다. 제한적 코드가 본질상 비민주적임을 눈치챈다면, 지금 미국 사회가 가는 방향이 무엇인가를 구태여 설명할 필요가 없다. 홀 Hall(1976)은 커뮤니케이션 행동에 부과되는 사회적 제약의 크기에 따라 고상황 문화 high-context culture 와 저상황 문화 low-context culture 를 구분했다. 홀에 의하면, 서양 문화는 저상황 문화이고, 동양 문화는 고상황의 것이다. 사회적 제약이 많을수록 고상황 문화가 된다. 앞의 관찰로부터 서양 문화, 특히 미국 문화는 고상황 문화로 급속히 바뀌고 있음을 알 수 있다. 이 현상은 그리 바람직하지 못한 일의 전조임에 틀림이 없다.

제 6장

기호작용

지금까지 기호학의 가장 기본이 되는 개념들을 소개하였다. 한마디로 말하면 기호는 감각자료 sense data 로 이 자리에 있는 것은 물론이고, 이 자리에 없기 때문에 직접 지각할 수 없는 것조차 표상하는 능력을 가지고 있다. 기호는 즉각적 지각 immediate perception 과 상징적 意想 symbolic conception 사이에 존재한다. 즉각적 지각은 기표를 이루는 물체의 정수에 접하는 행위(특히 〈느낌〉의 차원에서)이고, 상징적 의상은 지각된 물체의 표상성 내지는 상위성 otherness 에서 연유된 기의를 잡아냄으로써 얻어진다. 따라서 기호는 물질계와 정신계, 감각과 지성, 감각의 세계와 영혼의 세계를 연결한다.

무엇보다도 중요한 기호의 능력은 인간의 현실세계를 축조하는 것이다. 기호들은 자연을 단순히 모방하는 것이 아니라, 인간으로 하여금 현실을 창조하게 한다. 사회, 언어, 예술, 신화 같은 것들은 모두 기호를 이용해서 인간이 일으킨 현실체들이다(Cassirer, 1957). 칸트게 의하면 물자체는 불가해한 것이고, 카시러에 의하면 우리의 의식은 물자체의 본성에 접근할 수조차 없다. 인간에게 남겨진 선택지란, 물자체의 특성들을 조작하는 것(과학)과 물자체 위에 상징의 질서를 펴는 것(문화)이다.

이 장에서는 기호의 능력과 인간의 창의력이 서로 어울려 일으키는 상호작용에 대해 논의하려 한다.

인간 기호작용

기호작용 semiosis이란 문자 그대로 기호의 작용 an action of the sign을 가리킨다(Peirce, in Sebeok, 1991, 83쪽). 좀더 구체적으로 말하면 기호작용은 어떤 유기체(예를 들면 인간)에 어떤 것이 기호로 성립되는 기호공정 a sign-process이다(Morris, in Sebeok, 1991, 83쪽). 인간에게 어떤 것이 기호로 성립되기 위해서는 인간의 지각작용을 통해야 한다. 퍼스에 의하면, 기호작용은 기호가 해석자에게 일으키는 인식효과 cognitive effect이다. 그 효과란 해석자의 마음에 새로 창출된 어떤 것으로 그 어떤 것이 바로 기호이다. 이처럼 기호는 인간의 마음에 들어온다.

여기서 기호는 두 가지 면을 나타낸다. 우선 기호는 어떤 것의 대표로서 인간의 외부로부터 인간의 마음속으로 들어오는 운반체 같은 것이다. 그 어떤 것이 저 밖에 실존하는 것이든 아니든 상관없다. 어떤 것을 대표하는 운반체로 들어오는 기호의 부분을 기표라고 한다(마음속에 들어와 저 밖의 어떤 것을 대표하고 있는 운반체는 은유임에 주목하자). 마음속에 기표가 들어오고 나면, 그것은 거의 무한정한 기의들을 일으킨다. 퍼스에 의하면 기호 자체가 무엇을 표현하는 것은 아니다. 기호는 다만 해석자로 하여금 부수적 경험에 의해서 무엇인가를 찾아내도록 지시할 뿐이다. 기표가 들어오는 것을 계기로 해석자가 기의들을 찾아낼 때, 기의들이 기호의 내용을 이루게 된다. 해석자의 마음속에서 기표라는 형식이 그것의 내용을 찾게 될 때 하나의 기호가 성립하는 것이다(Barthes, 1967). 바르트에 의하면, 기의들은 개념, 정신적 이미지, 또는 기호가 대표하고 있는 어떤 대상체에 대해 진술된 것들을 포함한다.

기호가 인간의 마음에 격발시키는 사고작용은, 기표가 계기가 되어 기의들을 찾는 과정이다. 하나의 생각은 다른 생각으로 이어지고, 다른 생각은 또 다른 생각을 이끌어낸다. 이처럼 기호작용은 간단없이 무한정 계속될 수 있다. 퍼스에 의하면 사고 하나하나가 기호이다. 퍼스는 이 무한정한 기호작용을 자아의 다른 위상들 사이에서 일어나는 대화적인 것으로 본다. 같은 맥락에서 세보크(1991)도 기호작용을 메시지 교환과정으로 본다. 퍼스의 기호작용은 개인 내부에서 일어나는 커뮤니케이션임에 비해 세보크의 기호작용은 인간과 다른 유기체들(인간을 포함한 다른 동식물)과의 커뮤니케이션으로 확장된 것이다.

카시러는 인간의 기호작용을 세 가지의 단계적 양태로 구분한다. 첫 단계는 지각의 표현기능 expression인데, 피지각체의 즉물성 immediacy이나 그것의 단순한 現前을 막연히 표현하는 것이다. 이 단계에서 기표와 기의는 아직 충분히 구분되어 있지 않다. 두번째 단계는 표상기능이다. 이 단계에서 기표와 기의의 구분이 드러나기 시작한다. 세번째 단계에서 의미작용이 본격화된다. 지각적 기표가 개념적 기의와 상호작용을 하면서 더욱더 추상화된다. 카시러에 의하면, 첫 단계는 신화로, 둘째 단계는 일상언어로, 셋째 단계는 과학적 상징으로 표상된다.

카시러가 분류한 인간 기호작용의 세 단계와 병행해서 퍼스의 해석체 interpretants의 세 유형을 살펴보기로 하자. 퍼스의 해석체 개념은 소쉬르의 기의 개념과 같은 것이다. 또한 기호작용이란 기표라는 판도라의 상자를 열어 무한정한 기의들을 뽑아내는 일과 같음을 상상할 수 있다. 이렇게 볼 때, 기의작용이란 본질상 기호와 인간 사이의 끊임없는 대화라고 할 수 있다. 이런 대화에서 궁극적으로 얻어지는 것이 기의들이다.

퍼스의 해석체의 첫 범주는 즉각적 해석체이다. 이것은 기호가 마음에 일으키는, 아직 분석되지 않은 효과들의 총체다. 그것은 의미를 일으킬 잠재력을 지닌 〈기이한 해석 가능성〉이다(1977). 퍼스는 이것을 정서적 해석체라고 부른다.

두번째 범주는 역동적 해석체이다. 이것은 기호가 해석자의 마음에 실제로 일으키는 직접 효과다. 이 효과는 해석자가 해석할 때마다 경험되는 것으로, 경험되는 것마다 확연히 구분된다. 이 단계는 카시러의 두번째 단계와 맞먹는 것으로 볼 수 있다.

세번째 해석체의 범주는 최종 해석체라고 하는데, 본질상 논리적 해석체와 같다. 이 마지막 해석체는 습관이나 법 같은 것과 연관되어 있다. 기호의 반복적 사용에 의해서 특정 기표와 기의 간의 관계에 어떤 규칙성이 부여되거나 발견되고, 이런 패턴은 개인 단위에서 습관화되면서, 집단적인 관습으로 사회 전반에 자리잡아 간다.

카시러나 퍼스는 기호작용을 인간에게 국한시키는 것에 비해, 모리스나 세보크는 인간의 경계를 넘어 동물들과 다른 유기체들로 확대 적용한다. 특히 모리스에 의해서, 기호학은 범 학문적 기업으로 확장되었다(Morris, 1964). 더욱이 그는 기호학이야말로 모든 과학의 통일로 나가는 첫걸음이라고 주장했다.

포퍼 Popper 와 에클레스 Eccles(1977)는 기호와 인간의 마음의 관계를 세 가지 세계로 모형화했다. 첫 세계 World 1 는 물리적 물체들의 세계로서 비기호권 nonsemiotic sphere 을 이룬다. 여기서 기호와 비기호를 구분해 둘 필요가 있다. 성 어거스틴에 의하면, 〈모든 기호는 物이다. 왜냐면 물이 아닌 것은 아무것도 아니기 때문이다. 그러나 물이라고 해서 다 기호인 것은 아니다〉(Augustine, 397[1952], 625쪽; Guiraud, 1975 참고). 이 말에서 분명해지는 것은 비기호적 물의 존재이다. 인간 의식의 밖, 즉 물리의 세계에는 인간의 마음이 아직 경험해 보지 못한 많은 물이 있다. 인간의 마음이 그것을 접하게 됨으로써 차차 그것은 기호화되는 것이다. 무카로프스키 Mukarovsky(1977)는 인간 행위의 즉각성을 기준으로 삼아 기호와 비기호를 구분하고 있다. 물과의 직접적 상호작용은 모호하고 무정형의 체험으로서 비기호학적 행위이다. 따라서 앞서 말한 카시러의 첫 단계는 비기호학적 세계로부터 기호학적 세계로 이행하는 갈림길이 된다고 하겠다.

둘째 세계 World 2 는 인간의 주관적 경험의 세계이다. 카시러의 표현 범주와 표상 범주가 이 둘째 세계를 이룬다. 세계의 기호성 semioticity은 여기서 매우 확연해진다.

셋째 세계 World 3 는 인간의 마음이 생산한 모든 것들로 되어 있다. 인간의 마음이 닿는 모든 것이 기호화되고, 여기서 기호성은 극치에 다다른다. 카시러가 말한 과학 범주와 퍼스가 말한 논리의 세계가 바로 여기에 속한다. 논리 중심적 세계라는 말로 셋째 세계를 특징지을 수 있을 것이다. 그러나 포스트모더니즘은 논리 중심적 세계의 허구성을 비판하고 있다. 그래서 이 셋째 세계는 어떻게든 재구성되어야 할 형편에 있다.

논리 중심적 세계와 나란히 비논리적 혹은 탈논리적 세계가 셋째 세계 안에 있다. 이들 두 개의 하부세계는 기묘한 쌍생아라고 하겠다. 이 두 하부세계를 갈라내는 것은 도착현상 perversion 이다. 논리 중심적 과학과 탈논리적 추상예술은 서로 다른 편을 도착으로 본다. 과학은 자연의 정복을 자기 정당화하는 도착된 가치에 빠져 있다. 예술은 알 수 없는 기호의 변태에 탐닉한다. 그러나 이런 도착은 바르트의 말대로 그 나름의 쾌락을 수반한다. 그래서 순전한 기호의 세계는 즐겁고, 우습고, 재미있다. 현대 광고는 과학과 미학이 묘하게 뒤엉킨 셋째 세계적 산물이다. 온갖 사회과학과 기계공학의 첨단기술(TV와 컴퓨터 기술)을 동원해서 가장 과학적 방법에 의해 소비자들에게 가장 비이성적 기호반응을 일으키게 하려는 마술, 바로 그것이 현대의 광고이다. 광고에서 과학은 마술이 되고, 이성은 비이성으로 도착된다.

도착은 코믹한 것이지만, 그 밑바닥에는 셋째 세계를 파국으로 몰고 가는 자기 해체의 희극적 비극의 씨가 자라고 있다. 여기에서 기호학

의 윤리적 사명이 함께 싹트게 된다. 그것은 인간의 기호작용이 정상
궤도에서 일어나도록 시도하는 것이다.

기호작용의 두 지류

　기호학은 기호작용을 두 가지로 가른다. 하나는 우리가 이미 익히
아는 의미작용이고, 다른 하나는 커뮤니케이션이다(Eco, 1976;
Sebeok, 1991). 특히 에코는 이 두 가지에 서열을 매기고 있는데, 의
미작용은 커뮤니케이션보다 고등한 기호학적 상호작용이다. 의미작용
은 항상 사람을 상대로 일어나지만 커뮤니케이션은 아무것과도 일어날
수 있다. 즉 커뮤니케이션은 기계와 기계 사이, 기계와 사람 사이, 사
람과 사람 사이, 사람과 동물 사이 등에서 일어난다. 그러나 의미작용
의 종착점은 언제나 사람이다. 그리고 커뮤니케이션은 의미작용 없이
도 일어날 수 있지만, 의미작용은 커뮤니케이션이 선행되어야 한다.
　에코가 의미작용을 사람에게 국한시킨 것은, 기호가 근본적으로 정
신적 과정이라는 사실과 부합한다. 기호가 정신과정인 것은 그것이 불
가피하게 기의(정신 개념)에 의해서 성립되는 사실로부터 알 수 있다.
기호작용은 기표에 의해서 일련의 기의들을 마음에 창출시키는 과정이
기 때문에, 그것 역시 근본적으로 정신적 과정이다. 종합하면, 기호
학은 인간 중심의 학문이라고 할 수 있다.
　기호학은 기호와 인간의 상호관계를 인간의 관점에서 연구하는 학문
이다. 기호는 의미작용을 일으키는 매체이다. 커뮤니케이션은 보편적
으로 일어나는 현상이지만, 그렇다고 의미작용이 커뮤니케이션의 특
수한 경우가 됨을 의미하지 않는다. 반대로 기호학이 인간 중심의 관
점이라는 사실에서부터 오히려 커뮤니케이션이 의미작용의 특수한 경
우가 된다는 역설이 얻어진다. 커뮤니케이션은 의미작용의 기본과정
일 따름이다. 즉 그것은 의미작용이 어느 하부 문화 안에서 집단적으

로 일어나게 해주는 기본 회로망을 구성한다. 더욱이 커뮤니케이션은
의미작용의 다원성이 단일성으로 축소된 형태이다. 다원 의미체계가
보편적이기 때문에, 단일 의미체계를 구성하는 커뮤니케이션은 의미
작용의 특수한 경우가 된다.

커뮤니케이션의 수준에서 커뮤니케이션이 성공하느냐 실패하느냐가
항상 문제되지만, 의미작용의 수준에서는 성공과 실패의 개념이 별 의
미를 갖지 못한다. 커뮤니케이션이 특수현상인 것은, 커뮤니케이션을
성공시키기 위해 채용하는 통제라는 개념과 수신자의 비자율성이다
통제는 송신자의 메시지가 수신자에게 최적반응을 나타낼 수 있도록
혹은 송수신자간에 의사의 일치가 일어나도록, 메시지 자체를 특수화
시키며, 특수한 메시지 통로를 선택하는 작용이다. 이러한 통제는 수
신자를 다분히 피동적으로 만든다. 그러나 기호학은 의미작용이 다원
적으로 일어나는 자연적 상태를 그대로 수용할 뿐만 아니라 수신자가
자율적으로 의미를 창출하도록 모든 가능성에 개방시켜 준다.

어떤 상황이 커뮤니케이션의 대항개념으로서의 의미작용을 나타낼
수 있을까? 한 젊은 수도승이 선불교의 고승과 나누는 문답에서 그런
상황을 찾을 수 있다.

젊은 수도승은 선종의 진리를 가르쳐달라고 고승에게 청원한다. 고
승은 묻는다. 〈그대는 조반을 먹었는가 안 먹었는가?〉 젊은 수도승
은 대답한다. 〈네, 먹었읍니다.〉 고승은 즉시 말한다. 〈그러면 가서
밥그릇을 씻거라.〉 이 말에 젊은 수도승은 선종의 진리에 눈을 뜬다
(Suzuki, in Sohl & Carr, 1970, 34쪽).

이 이야기는 의미작용이 높은 경지에서 총체적 모습으로 일어나는
것을 들려준다. 다음 이야기는 커뮤니케이션의 특성이 암시된 의미작
용의 다른 예다.

한 고승이 선종에 대한 질문을 받을 때마다 그의 손가락을 세웠다.
한 동자가 이것을 모방하기 시작했다. 누가 와서 그 동자에게, 그의
스승이 무엇을 가르쳤는지 물으면, 그 동자는 스승이 하듯이 손가락을

세워 보였다. 후에 고승은 동자가 한 행실을 듣고 동자를 잡아 손가락을 베어버렸다. 동자가 울며 도망치자 고승은 그를 불러 세웠다. 동자가 고승에게 고개를 돌리자, 고승은 자기의 손가락을 세워 보였다. 그 순간에 동자는 진리를 깨달았다(Sohl & Carr, 1970, 54쪽).

위의 두 이야기는 모두 의미작용이 어떤 구체적 지식의 포착으로 치환되는 대신에, 총체적 각성으로 활짝 피어남을 암시한다. 특히 둘째 이야기의 손가락은 실상 각성과 아무 관계가 없는 것이다. 손가락은 커뮤니케이션이 성취하고자 하는 어떤 구체성을 암시한다. 손가락으로 비유된, 커뮤니케이션의 자잘한 현상에 집착하는 한 보다 큰 진리를 깨닫지 못하게 된다. 기호작용은, 사람이 기호를 넘어서 기호적 표상의 세계 위에 펼쳐져 있는 드높은 진리에 이르는 수단이 된다.

내포의 특성

앞의 논의에서 커뮤니케이션은 기호작용의 하부 과정임을 밝혔다. 여기서는 의미작용의 기본 과정으로서의 커뮤니케이션 과정에 내포되는 요소들을 다른 각도에서 보려 한다.

기호체들은 두 가지의 지극히 중요한 과정을 일으킨다. 하나는 의미작용이고, 다른 하나는 커뮤니케이션이다. 의미작용은 기표——즉 의미의 운반체——에 의미(기의)를 싣거나 의미가 실려온 기호에서 의미를 추출하는 과정이다. 의미작용을 여러 사람에게 혹은 서로 멀리 떨어져 있는 사람(들)에게 물리적으로 효과 있게 일으키려면 커뮤니케이션이 일어나야 한다. 커뮤니케이션은 의미의 운반체인 기표를 시간과 공간의 제약을 넘어 확산시키는 기본적 과정이다. 좀더 광범위한 뜻으로 말하면, 커뮤니케이션 과정은 기표를 의미작용이 일어나야 할 곳이면 어디에나 확산시켜, 기표의 가용 상태를 일으키는 과정이라 하겠다. 달리 말해 커뮤니케이션 통로 혹은 커뮤니케이션 테크놀로지는 그 자체가 거대한 기표라고 볼 수 있다.

커뮤니케이션 과정의 처음과 끝, 즉 송신점과 수신점에서 일어나는 현상 자체는 의미작용이다. 전통적으로 커뮤니케이션이라고 알려진 현상은 이 과정의 시작인 송신과 기호의 확산과정 그리고 기호의 수신과정을 다 포함하지만, 이것은 송신자가 수신자에게 일으키고자 하는 어떤 특정한 의미작용을 위한 매우 제한된 목적만을 수행한다. 그래서 송신자가 목표했던 의미작용이 수신자에게서 일어나지 않으면 커뮤니케이션은 실패한 것으로 판정된다. 하지만 커뮤니케이션은 대체로 성공하지 못하는, 바꿔 말해서 실패를 다반사로 하는 현상이다. 우연성을 제외하고는 커뮤니케이션은 보통 실패한다는 것이 뷔오의 커뮤니케이션 법칙임은 이미 말한 바 있다. 어쩌면 이것이 커뮤니케이션학의 필요성을 정당화하는 첫 결론이 된다. 즉 실패가 다반사인 커뮤니케이션에서 어떻게 성공률을 높일 수 있는가 하는 것이 커뮤니케이션 연구의 한 주제가 된다. 커뮤니케이션의 성공 확률을 높이기 위해 통제의 개념과 기술이 개발된다.

그러나 기호학에서는 실패라는 개념이 무의미하다(Fiske, 1982). 왜냐하면, 의미작용은 어떤 형식으로든 항상 일어나기 마련이기 때문이다. 송신자가 뜻하지 않았던 의미작용이 수신자에게서 일어나면, 커뮤니케이션은 실패라고 보는 데 반해서, 기호학에서는 매우 흥미로운 현상으로 본다. 오히려 어떤 기호가 얼마나 많은 다른 의미들을 수신자에게 일으킬 수 있는가 하는 문제를 연구대상으로 삼는다. 실상 기호는 다중 의미체이다. 커뮤니케이션학에서는 기호라는 개념 대신 메시지라는 말을 사용한다. 메시지는 단일 의미를 유발하도록 만든 특수한 기호——혹은 코드화된 기호들의 복합체——일 뿐이다. 그러나 기호 자체가 다중 의미체이기 때문에 메시지도 다중 의미체일 수밖에 없다. 그래서 메시지는 기호가 갖는 일반적인 특성에 따라 수신자에게 여러 가지 의미를 일으킬 수 있는 것이다.

기호학은 보다 포괄적인 연구의 틀을 마련하고 있다.

커뮤니케이션은 수신자에게 단일 의미를 일으키려는 과정이란 점에서 해독deciphering이 관건이 된다. 이에 비해, 의미작용은 수신자에게 다중 의미를 일으키는 과정이란 점에서 해석 interpretation이 관건이 된다. 하나의 기호가 다른 사람들과 다른 상황에서 얼마나 다르게 해석될 수 있는가가 흥미의 대상이 되는 것이다.

기호가 갖는 일반적 형태에 대해 이야기해 보자. 가장 체계를 잘 갖춘 기호체가 언어를 이루고 있다. 그래서 아랑구렌 Aranguren(1967)은 언어가 커뮤니케이션을 위한 가장 완벽한 방식이라고 했다. 언어는 사람의 의식, 정서, 행동을 사회적으로 효과 있게 연결하는 가장 잘 발달된 커뮤니케이션 수단이다. 그래서 커뮤니케이션학은 대체로 언술적 언어를 중심으로 한 커뮤니케이션 현상에 초점을 맞춘다. 이에 비해서 기호학은 언어는 물론이고, 몸짓 같은 언어 이전의 커뮤니케이션 수단, 다른 비언어적 커뮤니케이션 수단 등 의미작용에 관계된 것이면 무엇이건 연구대상으로 삼는다.

종합하면, 전통적 커뮤니케이션학은 권투와 같은 것이다. 권투 선수들이 정확성을 가지고 상대방의 반응에 따라 일격 일격을 가하는 것이 커뮤니케이션학의 관심사이다. 조금 전의 상대방의 행동방식을 근거로 해서 다음에 취할 적절한 행동을 지금 결정한다. 권투 선수 쌍방으로부터 나오는 행동의 흐름은 성공적 타격을 가상하고 미래로 흘러간다. 이겨야 하는 것이다. 기호학은 이처럼 계산된 주먹질의 교환에도 관심이 있지만, 보다 근본적으로는 권투 선수들의 눈초리, 휘두르는 주먹, 흔들리는 체구, 뻑뻑 맞부딪치는 글러브, 어두운 객석에서 터져나오는 환성과 선수들의 얼굴에 튕기는 땀, 핏방울 같은 것들의 의미이다. 이러한 모든 것이 기호들이고, 기호들의 의미는 과거의 체험에서 유도되면서 항상 미래를 연결시켜 준다. 그래서 기호들의 의미는, 커뮤니케이션이 주로 관심하는 의도와 계산과 결과를 포함해서, 이 모든 것의 의미성을 포괄하고 있다.

기호화

여기서는 기호학과 언어의 관계를 좀더 깊이 알아보기로 한다. 언어
는 기호화 semiotization 의 근본 과정인 동시에 다음에 설명되는 것과
같은 서열체제들의 구조를 일으킨다.

방브니스트(1985)는 두 가지 기호체를 소개한다. 하나는 〈해석하는
체제 interpreting system〉이고, 다른 하나는 〈해석되는 체제 interpret-
ed system〉이다. 또한 그는 기호체제들을 언어적 기호체제와 비언어
적 기호체제로 나눈다. 그에 의하면 언어적 기호체제는 해석하는 체제
이고, 비언어적 기호체제는 해석되는 체제이다. 모든 것이 언어에 의
해 설명됨으로써 의미를 띠게 된다. 설명되지 않은 채 우리의 머리에
들어와 있는 것들은 아직 의미에 못 미치는 인식요소[認識片]에 불과
하다. 그리고 방브니스트는 언어의 매개가 모든 기호체제를 성립시키
는 관건임을 주장한다. 〈비언어체제의 기호론은 언어를 매개자로 사
용하지 않으면 안 된다. 그래서 그것은 언어의 기호론을 통해서만 존
재할 수 있다……. 언어는 다른 모든 체제들(언어적 및 비언어적)을 해
석하는 체제이다〉(239쪽). 결국 언어는 기호론의 중심이고, 그것이
다른 모든 기호체제의 사활을 결정한다.

방브니스트는 이처럼 언어를 기호 위에 올려놓은 다음, 언어와 기호
학의 관계를 다음과 같이 정리한다.

우선, 언어는 소위 이중 분절 double articulation 의 능력이 있다.
이것은 언어를 정의하는 가장 기본적인 특성으로 언어가 그 자체에 대
해 말할 수 있을 뿐만 아니라 이미 〈언급이 된 말 자체〉를 포함해서
다른 것에 대하여 말할 수 있는 능력을 일컫는다(Barthes, 1967). 언
어를 제외한 다른 기호체에는 대개 이런 능력이 없다(가령, 영화나
TV에 나오는 이미지들은 다른 것에 대해 말할 수는 있어도 자기 자체에 대
해서는 말하지 못한다). 따라서 언어는 다른 기호체제에 비하여 특권적
위치에 있다. 실상 언어가 모든 것을 다스린다.

우리가 지금까지 의미라고 이해해 온 것도, 실상은 언어에 의한 의미이고(Benveniste, 1985, 239쪽), 의미에 대한 의미를 이야기할 수 있게 해주는 것도 언어이다. 이처럼 언어는 그 자체가 메타 언어의 능력을 지니고 있다(243쪽). 바로 이 메타 언어 능력으로부터 언어의 해석 능력이 나오는 것이다.

뿐만 아니라 〈언어만이 사회를 존재할 수 있도록 해준다. 언어는 인간들을 붙잡아매는 모든 관계의 근거를 형성해 주며, 그것의 반대 급부로, 그런 모든 관계가 사회를 성립시키는 것이다〉(240-241쪽). 즉 언어로부터 흘러나가는 언어작용은 일방적이라고 방브니스트는 단언한다.

이 불가역성을 기호학에 적용시킬 때, 언어가 바로 기호화의 근본적 힘임을 알게 된다. 언어만이 기호학적 모형화의 근본 동력이 된다. 문장에 비유하면 언어는 주어인 셈이고, 기호체제들은 술어에 해당한다.

게다가 언어는 두 가지 의미의 양태를 동시에 구사한다. 그 하나가 기호학적 양태이고, 다른 하나는 의미론적 양태이다. 좀더 일반화하면 언어는 다음의 두 영역을 동시에 포괄한다. 하나는 기호학의 영역이고, 다른 하나는 의미론의 영역이다. 기호학은 기호에 관계됨에 비하여, 의미론은 담론에 관계된다. 기호학은 인식을 위한 것임에 비하여, 의미론은 이해를 위한 것이다. 방브니스트는, 기호학과 의미론의 구분이 인간의 마음에 있는 두 가지 확연한 심리기능들, 즉 인식과 이해에 각각 잘 맞아 들어간다고 본다(242쪽).

결론적으로, 언어만이 의미를 인식과 이해의 두 가지 차원에서 명료화할 수 있다. 기타의 체제들은 단일 차원의 의미만을 나타낼 뿐이다. 예를 들면 예절의 몸짓들은 의미론이 결여된 기호학적인 것이고, 예술적 표현들은 기호학이 결여된 의미론적인 것이다(242쪽). 언어만이 동시에 기호들의 의미와 담론의 의미를 수용한다.

표상성의 위기

기호의 생명과 기능은, 그것이 세계 안에 있는 사물들을 표상하고 인간의 인식 속에 들어와 인간에게 여러 가지 심리작용을 일으키는 데 있다. 따라서 기호들의 체제는 실상 자의적 체제이면서도, 만물들의 질서를 드러내 보여주리라는 기대를 짊어지고 있다. 그러나 과연 기호들은 얼마만큼 충실하게 저 밖의 세계를 표상하고 있는가? 이 물음은 모더니즘과 포스트모더니즘을 가르는 하나의 경계를 드러내준다. 모더니즘은 기호의 표상성을 바탕으로 하고 있는 반면에 포스트모더니즘은 기호의 표상성을 부인한다(Foucault, 1970). 특히 푸코에 있어 모더니즘에서 포스트모더니즘으로 넘어가는 모습이 명확하다. 포스트모더니즘은 모더니즘이 기초하고 있던 표상성 질서의 붕괴와 더불어 시작된다. 포스트모더니스트에 따라 각기 주장의 강도를 조금씩 달리하고는 있지만, 포스트모더니즘은 反표상성 anti-representation, 또는 특히 언어에 의해 현실을 표상하는 일의 부적절성이나 불가능성을 주장한다(Rosenau, 1992).

표상성에 대해 이미 어느 정도 설명이 되었거니와, 그것은 다음과 같은 가정 위에 기초한 인식모형이다. 표상성은 기호나 언어가 저 밖의 현실체들을 재생하거나 복제할 수 있는 능력이 있다고 가정하는 데서 비롯된다. 그래서 표상성은 어떤 정의할 수 없는 것의 現前 presence 과 그것을 대표하는 意想 concept 의 동일성을 가정하고, 전자를 대신해서 후자를 취하는 관행 practice 이다(Pitkin, 1967). 이런 관행은 개인의 정보 처리공정과 맞먹는 것으로, 외부 현실체를 표상할 수 있다는 믿음에 근거를 두고 있다(Henriqnes et al., 1984). 그리고 언어가 모든 표상성의 공동매체가 된다는 가정이다.

포스트모더니스트들이 기호의 표상성을 비판하는 요점들을 정리하면 다음과 같다. 조금 전에 이야기된 표상성의 모형과 관행과 가정에 대해서, 포스트모더니스트들은 다음과 같은 것을 주장한다. 첫째, 도상주의자들이 믿는 외부적 진현실 the real(이것은 reality에 대조되는 말이다)은 존재하지 않는다. 둘째, 모든 표상성의 매체인 언어는 현실을 언어적으로만 반영할 뿐, 현실에 연계시켜 주지 않는다. 바르트가 주장하듯이, 언어는 단지 상징일 뿐 현실과 직접적인 관계를 맺지 못한다(Barthes, 1975). 셋째, 표상성은 표상하는 것과 표상된 것의 차이를 부인하고 비슷함이나 공통성만을 강조한다(Judovitz, 1988). 또한 표상성은 표상의 객관성을 강조한 나머지 〈정확성 내지 적확성을 판단하는 강박적 충동〉에 사로잡혀 있다(Rosmarin, 1985). 넷째, 표상성의 관행을 주도하는 주체(예를 들면 작가나 화자)는 그의 텍스트에 표상행위 자체를 표상시키는 것이 불가능하다(Foucault, 1970; Dreyfus & Rabinow, 1983 참고). 그리고 텍스트 안에서 화자의 담론내용과 언급되는 화자의 담론내용이 흔히 혼동되어 소위 〈거짓의 역설〉에 빠진다(제12장 참고). 다섯째, 그런데도 표상성은 그것이 표상하는 현실을 지식이나 진리로 내세우려 한다. 대체로 표상주의자들은 기호들에게 대상성의 지위를 허용하여, 기호 하나하나가 어떤 고정된 의미를 떠는 것으로 믿는다. 그러나 포스트모더니스트들은, 반대로 기호 하나하나가 다중 의미들을 가지고 있다고 주장한다. 그리고 이런 다중 의미가 진리를 모호하게 하거나 대수롭지 않은 것으로 희석시켜 버린다고 본다.

요컨대, 포스트모더니스트들의 눈에는 이 모든 것이 논리 중심적 허구로밖에 보이지 않는다. 로즈노우 Rosenau가 이들의 관점을 간략히 종합한 대로 〈표상성은 정치적으로, 사회적으로, 문화적으로, 언어적으로, 인식론적으로 자의적인 것이다〉(1992, 94쪽).

이처럼 표상성을 부인하고 나선 포스트모더니스트들은 현실문제를 다룸에 있어서 비표상성 방법론을 요구한다. 그것은 매우 직관적이고 주관적인 담론에 가담하는 것이다. 아니면 아무런 방법론도 취하지 않거나, 반대로 모든 방법론을 다 부분적으로 인정한다. 그래서 젠크스 Jencks(1986)는 〈어느것도 다 써먹을 수 있다〉고 주장한다. 텍스트를

분석하고 해석하는 데 뭐든 다 써먹을 수 있다는 이 주장은 포스트고
더니스트들의 공통된 철학이요 방법론이 되어가고 있다. 그러나 〈어
느 것도 다 된다면, 실상 아무것도 되지 않는다〉(Kim, 1992 참고). 포
스트모더니스트들은, 이를테면 反理論 혹은 無理論의 허탈상태에 빠져
서 방법론적 자포자기와 허무주의의 증상을 보이고 있다(Rose, 1991).

포스트모더니스트이 무엇이라고 주장하건, 아직도 우리는 표상성이
우리의 일상적 생활을 주도하는 사회에 살고 있다. 그것이 허구이건
아니건, 표상성이 테두리를 친 인식세계 안에서 먹고, 싸우고, 자고,
내일을 꿈꾸고 있다. 이것이 현실의 모습이다. 가장 두드러진 예로 정
치현실이 그렇다. 정치에서 표상성은 대표성이라는 말로 더 잘 알려져
있다. 의회민주주의란 대표성의 정치이다. 그것이 오늘날에 와서 여
러 가지 모양으로 돌연변이를 하고 있지만, 아직 대표성의 정권 밖에
있는 사람은 아무도 없다. 민주주의와 그것의 돌연변이들은 아직도 그
것의 대표성을 이상으로 내세우고, 투표, 여론, 참여 등의 실천프로
그램들을 구체화하고 시행한다. 민주주의의 돌연변이들 중, 더러는
부패했고, 더러는 허구성을 여실히 드러내고 있는데도 사람들은 대표
성의 신앙에 매달리고 있다. 대표성 민주주의의 이상은 그것의 온갖
허구성에도, 대중들과 정객들 모두에 의해서 儀式化되었다.

그렇다고 포스트모더니스트들처럼, 정치적 대표성을 간단히 휴지화
할 수도 없다. 언어를 포기할 수도 없다. 기호를 어쩌지 못한다. 문제
는 비난과 포기가 아니라 표상성 내지는 대표성이 결여하고 있는 것들
을 담론에 의하여 채워나가는 가운데 해결점을 찾아야 한다. 그 밖에
무슨 다른 방도가 있는가?

텍스트 중심성

이 장 앞쪽에서, 기호작용이란 어떤 것이 사람의 마음속에서 기호로

성립되는 공정임을 설명했다. 기호작용은 두 가지 방향에서 일어난다. 하나는 기표가 사람의 마음속에 관련된 기의들을 격발시킬 때, 기표와 기의들이 결합하여 기호로 되는 과정이다. 이런 기호작용은 전형적으로 연상작용에서 볼 수 있다. 이때 하나의 기표가 여러 개의 기의들과 연결된다. 게다가 기의들 중 어떤 것은 그것과 관련된 다른 기표들을 불러일으키고, 또 불러일으켜진 기표들 중 어떤 것은 그와 관련된 다른 기의들을 불러일으킨다. 그리고 불러일으켜진 기표들과 기의들 중 어떤 것들은 사람의 마음속에서 여러 가지 기호로 결합된다. 이것은 기표에 의한 기의들의 강신술 같은 것이라고 하겠다. 이런 기호작용은 공상적, 창조적 사고작용일 수도 있고, 꿈속에서 일어나는 자유연상일 수도 있다.

기호작용의 두번째 방향은 첫번째의 것과 반대방향으로 일어난다. 즉 하나의 기의가 사람의 마음속에 떠올랐을 때, 그 사람이 떠오른 기의에 알맞는 기표들을 의식적으로 찾아내는 과정이다. 그 사람이 적절한 기표들을 발견하게 되면, 이것들이 기의와 결합됨으로써 기호가 성립된다. 이것은 앞으로 다루게 될 신화(제8장 및 제9장)와 이데올로기(제10장)가 일어나는 과정의 기본이 된다. 신화나 이데올로기의 생산 역시 사고작용이 기호와 일으키는 상호작용의 결과이다.

어느 방향으로 기호작용이 일어나든, 그것은 문화적 상황에 발을 붙이고 있는 인간의 사고와 관련된다. 기호화하는 사고의 성격을 어떻게 보느냐에 따라, 모든 것이 모더니즘과 포스트모더니즘의 두 가지로 갈라진다. 이미 논의된 바와 같이 카시러와 퍼스는 인간의 사고를 논리중심적 세계상의 기본 바탕으로 본다. 이런 관점은 이성을 인간의 정수로 추켜올리는 모더니즘의 관점과 일치한다. 그러나 포스트모더니즘은 바로 이성과 논리의 중심성을 거부한다. 포스트모더니스트들은 사고의 이성성 대신에 직관성과 주관성을 더 정직한 관점으로 제시한다. 그러나 텍스트 중심적 세계는 텍스트의 저자로부터 독립하여 텍스트 홀로 서 있는 세계이며, 텍스트 독자들의 자유로운 텍스트 해석에 아무 제약 없이 열려 있는 세계이다.

그런데 포퍼와 에클레스(1977)의 세계 모형에서 볼 때, 어쩌면 포스트모더니즘은 셋째 세계에서 둘째 세계로 한걸음 뒤로 물러가 그것의 주제인 표상 범주와 표현 범주의 의미성을 다시 따지자는 결코 적지않은 포부를 가지고 있다. 셋째 세계로부터 둘째 세계로 둘러서는 이 몸짓은, 셋째 세계를 그냥 놔둔 채 둘째 세계를 재탐색하자는 것이 아니라, 셋째 세계를 해체 deconstruction 하는 일에서 시작된다. 특히 데리다 Derrida 의 해체주의는 이러한 움직임의 대표적인 것인데, 인문사회과학, 종교, 신학 등 여러 방면으로부터 거센 반발을 받고 있다. 그러나 컬러(1982)가 적절히 지적한 대로, 이런 반발은 어느 면에서 데리다의 의도를 오해한 과민 반응일 수도 있다. 한발 뒤로 물러난다는 표현은 혹시 모더니즘에서 프리모더니즘 premodernism 으로 역행하는 것으로 들릴 지 모르지만, 모더니즘과 정면으로 대립하는 포스트모더니즘의 새로운 좌표를 설정하기 위해 사고의 원점으로 복귀하는 것을 의미한다. 연대기적으로 볼 때, 포스트모더니즘은 모더니즘의 연장선에 있지만, 그것이 제시하는 세계상은 모더니즘과 연속선에 있지 않다.

그러면 텍스트 중심적 세계란 무엇인가? 이 질문에 대한 답을 두 가지 각도에서 내놓으려 한다. 첫째는 텍스트가 무엇인가를 기술하는 것이고 둘째는 텍스트가 우리의 인식에서 어떤 위치를 차지하는가 살펴보는 것이다.

텍스트란 무엇인가? 〈우리가 아는 모든 것〉이 포스트모던 텍스트가 된다(Bauman, 1990, 42쪽). 포스트모더니스트들에겐 모든 것이 텍스트가 된다. 모든 사건이 텍스트이고, 온 사회가 텍스트이고, 온 세계가 텍스트이다. 이런 관점은 모더니즘이 텍스트를 씌어진 커뮤니케이션 형식으로 보던 것과는 극단적으로 다른, 이를테면 혁명적인 관점이다. 포스트모던 텍스트는 씌어진 커뮤니케이션은 물론이고, 말하여진 커뮤니케이션을 포함하는가 하면, 모든 커뮤니케이션 행위와 산물을 망라한다. 가령, 화장을 한 여성의 얼굴은 텍스트이다. 연좌데모의 현장은 텍스트이다. 이런 것들을 방영하는 TV 화면은 텍스트이다. 이런 것에 대해 말하는 담론은 텍스트이다. 이런 것을 기사화한 신문은 텍스트이다. …… 텍스트는 각양각색으로 이어진다.

모더니즘과 포스트모더니즘의 중간점에서 텍스트를 정의하면, 그것은 일체의 기록으로서, 그 내용은 언술, 문필적 필기, 이미지, 사건 같은 것들이다. 또한 기록의 방식은 필기, 말, 전자방식(라디오, TV, 비디오 등), 사진, 영화 등 어떤 것이어도 된다.

특히 포스트모더니스트들에겐 모든 것이 텍스트이고 텍스트 아닌 것이 하나도 없기 때문에, 모든 텍스트가 서로 얽히고 설켜 있다. 모든 텍스트가 서로 범세계적으로 뒤섞여 있다는 이 관점은 소위 텍스트 상호성 intertextuality 이라는 용어로 표현된다(Barthes, 1979 ; Kristeva, 1980). 〈어느 텍스트이건, 그것 자체가 다른 텍스트의 상호적 텍스트여서, 그것은 상호적 텍스트에 속한다〉(Barthes, 1979, 77쪽)는 바르트의 말은 텍스트 상호성을 이해하는 관건이 된다. 더 쉽게 풀어 말하면, 어떤 텍스트이건 다른 텍스트의 일부를 인용하거나 또는 개작하는 방식으로 씌어진다. 어느 시인이 말했듯이 모든 시는 다른 시들의 모방 parody 이다. 모든 텍스트도 마찬가지이다. 엄밀한 의미에서 원작이란 이 세상에 없고, 고작해야 모작에 지나지 않는 것들이 있을 뿐이다. 다만 形의 변화만이 텍스트를 새롭고 신선하게 보이게 할 따름이다.

텍스트 상호성은 마치 현대 물리학에서 말하는 추 G. Chew 의 신들메 가설 bootstrap hypothesis과 비슷한 것이다(Capra, 1984). 이 가설에 의하면, 이 우주는 서로 관련된 사건들의 역동적 그물 같은 것이다. 또한 이 그물의 어떤 부분의 성격은 다른 부분의 특성들에 의해 결정된다. 이 우주의 모든 것이 다른 모든 것에 연결되어 있기 때문에, 이 우주의 어느 부분도 다른 것의 근본이 되지 못하고, 따라서 근본적인 물질성은 이 우주에 존재하지 않는다. 이런 물리학적 발상은 동서양의 양대 종교인 불교와 기독교의 우주관과 잘 일치한다. 불교의 선종은 이 세상이 말과 의상의 그물로 되어 있다고 가르친다(Capra, 1984). 기독교에서도 똑같은 말을 한다. 즉 이 세상은 말로 지어져 있고 말로 되지 않은 것은 존재하지 않으며(「요한복음」, Ⅰ:Ⅰ-3), 해 아래 새것이란 정녕 없나니 하나도 없다고 한다(「전도서」, Ⅰ:9).

우리의 인식에 텍스트는 어떤 위치를 차지하고 있는가? 모든 것이 텍스트의 지위를 차지하고 있지만, 한 가지 단서가 필요하다. 그것은 텍스트가 의미 창출의 잠재력을 가지고 있어야 한다(Eco, 1986 참조)는 것이다. 누구에 의한 의미 창출인가라는 문제가 포스트모더니즘에서 중요한 논점이 된다. 텍스트 저자의 의미 창출인가 아니면 독자에 의한 의미 창출인가? 여기서는 길게 논의하는 대신, 다음과 같이 텍스트를 특성화하려 한다. 텍스트는 저자의 소멸점이고, 동시에 독자의 생장점이 된다. 무슨 말인가?

첫째, 포스트모더니즘은 저자의 죽음 내지 저자의 사라짐을 역설한다. 텍스트가 일단 만들어지면, 그것은 자율성을 얻고 저자의 원래 저작 의도는 중요성을 잃는다(Barthes, 1979; Ricoeur, 1976). 데리다는 텍스트가 그 자체로 모든 것이고 텍스트 밖에는 아무것도 존재하지 않음을 주장한다(Derrida, 1976). 이와 같은 텍스트의 자율성으로 말미암아 포스트모더니즘에서 텍스트는 모든 것의 중심이 되며, 우리의 인식세계에서 특권적 지위를 차지한다. 우리가 잘 아는 대로, 예로부터 구전되어 온 민담, 전설, 야화 등에는 저자가 없다. 마찬가지로 포스트모던 매체가 생산하는 모든 텍스트에는 특정한 저자가 없고 여러 사람들의 공동저작이다. 대통령 담화문도 실상은 여러 손을 거쳐 만들어진다(Jamieson, 1988; Moyers, 1988). 학술 활동에서도 논문의 저자가 형식상 그의 이름을 밝히고는 있지만, 텍스트 내용에서 모든 것을 삼인칭화함으로써 그의 주장을 그가 소속한 학회라는 공동체의 것으로 양도하고, 저자는 사실상 匿名한 상태가 된다. 한마디로 텍스트의 저자는 텍스트의 독립과 더불어 어디론가 사라진다.

둘째, 포스트모던 텍스트는 독자와 만나는 담론적 장이 된다. 텍스트는 독자들에 의한 무한한 해석 가능성에 열려 있는 장이다. 포스트모더니즘의 주특성 중 하나는 독자를 텍스트 다음으로 특권적 위치에 앉히고 있는 점이다. 저자가 사라져버린 상황에서, 텍스트를 풀이하는 데 어떤 주어진 방법이나, 특별히 선호되는 해석법이란 있을 수 없고, 텍스트는 다만 다중 의미체로서 무한한 방법의 해석을 청하고 있다. 텍스트의 해석에는 우열이 있을 수 없고, 어떤 해석도 똑같이 의미 있는 해석이 된다. 독자들의 자유분방한 해석에 의해서 텍스트는 비로소 의미를 나타내기 시작한다. 달리 말하면, 저자의 텍스트 생산 자체에 의미가 있는 것이 아니라, 독자가 텍스트에 접하여 그것을 읽어내는 일에서 텍스트의 의미가 드러나게 된다. 텍스트는 마치 의미의 우물 같은 것이지만 단지 의미의 잠재력에 불과하고, 독자가 어떤 그릇으로 물을 퍼내느냐에 따라 구체적 의미가 명시된다는 말이다. 포스트모더니스트들에 의하면 독자가 의미의 물을 떠내는 일은 텍스트를 다시 쓰는 일과 맞먹는다(Barthes, 1975, 1977; Derrida, 1974). 바르트에 의하면, 독자가 새로운 저자가 된다. 저자가 사라진 우물가에서 독자가 저자 놀이를 하는 셈이다. 이것은 포스트모더니즘이 제시하는 매우 흥미로운 반전이다. 독자가 사용한 물그릇(의미 운반체)과 텍스트에서 떠낸 물(기의)과 그것을 마신 다음 독자가 하는 의미작용은 독자 자신의 것이고, 원저자의 텍스트 제작 의도(즉 원의미)와는 별개의 것이라고 한다.

종합해 보자. 텍스트만이 모든 것을 대표하며, 그것의 해석은 전적으로 독자의 자의에 맡겨져 있다. 물론 텍스트는 많은 불완전성을 가지고 세상에 나타난다. 독자는 텍스트에서 발견되는 여러 가지 구멍들을 채우며 텍스트를 읽는다. 그런데 〈읽는 일은 지식을 쌓는 일이 아니라 텍스트를 축조하는 일이다〉(Rosenau, 1992, 39쪽). 이리하여 독자들은 텍스트를 읽으며, 텍스트를 재축조하고, 저자의 위치를 차지하는 순간 텍스트 속으로 가라앉는다. 텍스트 역시 독자에 의해 온갖 모양으로 풀이되며 독자의 마음속으로 가라앉는다. 결국 독자와 텍스트의 상호 유희는 숨바꼭질 같은 것이 된다. 그리고 텍스트는 기호작용의 총체적 장이 된다.

제 7장

기호의 공간

인간 = 기호 공간

인간의 두뇌 또는 마음 자체가 기호들의 체제라고 세보크는 말한다
(Sebeok, 1991, 18쪽). 그런가 하면, 〈나의 언어는 내 자신의 총계이
다. 왜냐하면 사람은 사상이기 때문이다〉라고 퍼스는 단언한다(Sil-
verman, 1983, 18쪽에서 재인용). 여기서, 언어는 물론 기호의 체제이
다. 월프의 가설 the Whorfian hypethesis에 의하면, 언어가 인간의
사고에 모양을 갖추어준다(Whorf, 1961). 이 가설을 기호에 연장하
면, 다음과 같은 가설을 얻게 된다. 기호가 인간 영혼의 모습을 갖추
어준다.

인간이란 한마디로 기호들이 들락날락하며 인간을 형성하고 변화시
키는 기호들의 놀이터이다. 인간과 기호들의 상호작용이 일어나는 곳
은 우리의 마음뿐만 아니고 우리의 육체까지 포함한다. 기호가 영향을
미치는 공간——그것을 인간이라고 재정의해 볼 수 있다. 이 장에서
는 초점을 인간 자체에 맞추고, 인간이라고 하는 공간의 구조와 그 속
의 과정에 대해서 이야기해 보기로 한다.

언어 : 심리적 공간

귀로드에 의하면, 커뮤니케이션에는 세 가지 양태가 있다. 귀로드는 존재 being, 행동 acting, 인식 knowing의 세 가지를 가지고 모든 커뮤니케이션 현상을 기술할 수 있다고 주장한다. 왜 느낌 feeling이 빠져 있을까? 그것은 아마드 〈느낌에는 인식내용이 없다〉는 귀로드의 생각 때문인 듯하다(Guiraud, 1975, 9쪽). 느낌이 이성적 이해에 미치지 못한 불안정한 인지상태에 불과하다고 보기 때문일 것이다. 그러나 느낌이야말로 가장 미묘하고 흥미로운 커뮤니케이션 양태를 일으킨다. 그것은 종속이다. 가령 종교현상은 바로 종속 커뮤니케이션의 한 예이다. 종교적 종속은 사람들이 비가시적 존재 앞에서, 그들의 생존을 위해 행하는 의례에서 볼 수 있다.

귀로드의 두 개념——행동과 인식——에 느낌의 차원을 더하고 나면, 일찌기 스피어만 Spearman이 밝힌 인간 심리의 세 영역을 얻는다. 기호가 어떻게 이들 세 영역과 연계를 맺고 있는지 알아보기로 한다.

소쉬르가 기호학을 정의하려 시도했을 때, 이미 기호와 인간 심리를 연결하려는 의도가 분명했다.

> 사회 안에서의 기호들의 삶에 대한 연구를 하는 과학을 생각해 볼 수 있다. 그것은 사회심리학, 필연적으로는 일반심리학의 일부가 될 터인데, 나는 그것을 기호학이라고 부르려 한다(Saussure, 1966, 16쪽).

현대 기호학은 기호의 심리학과 기호의 사회학(예를 들면 코드화와 코드)을 넘어 기호의 철학 쪽으로 확대되고 있다. 기호의 심리학은, 기호가 인간과 동떨어진 독립된 실체가 아니라 인간의 실존과 밀접한 관계를 가지고 있음을 암시한다. 이 점을 이해하기 위해서 언어에 대한 여러 가지 논의를 살펴보는 것이 도움이 된다.

무엇보다도 먼저 〈언어란 기호들의 체제 a system of signs〉라는 소쉬르의 정의를 기억할 필요가 있다.

말에 앞서는 〈행동의 우위〉라는 관점은 아랑구렌의 언어에 대한 논의의 중심을 이룬다. 말은 인간이 그의 삶과 세계 속에서 행하는 움직임에 부수하는 사역이다. 그러나 말들, 보다 일반적 용어로 바꾸어서 언어가 행위의 흐름에 사역을 제공하는 방식에 의해서 언어는 현실의 일부가 된다. 아랑구렌에 의하면, 언어는 행동의 형식이자 삶의 방식이 된다. 바꿔 말하면, 언어는 표찰들의 한 묶음(paradigm이란 뜻의 언어)이 아니라 공구상자이다(Aranguren, 1967, 33-34쪽).

행동형식으로서의 언어는 사람의 행동을 어떤 상황에 연결시켜 줄 뿐만 아니라 과거로부터 현재를 거쳐 미래로 연결시켜 준다. 가령 언어에 의해, 과거에 무슨 일이 일어났는지 질문할 수 있고, 언어가 기술해 주는 과거를 기준으로 현재 해야 할 행동을 결정할 수 있으며, 현재 취하는 행동들이 미래에 어떤 결과를 일으킬지 추리해 보게 된다. 바꿔 말하면, 인간의 행동양식은 말에 의해서 상황의 일부를 체현하고, 과거로부터 미래를 향하여 정돈되는 것이다. 이런 뜻에서, 언어는 궁극적으로 인간의 존재양식을 결정해 준다. 말과 삶은 하나라고 볼 수 있는 것이다.

말과 앎 knowing 역시 하나이다. 따라서 말과 삶과 앎은 하나의 연속체를 이룬다고 하겠다. 사물에 대해 이해하고, 생각하고, 지식에 이르는 일은 행위의 다른 차원, 즉 인식행위의 차원을 이룬다. 인식행위의 차원을 사고 thinking 라고 부르며, 그것은 〈기호와 더불어 작업을 하는 행위〉이다(Wittgenstein, in Mitchell, 1986, 26쪽). 언술이란 사물에 대한 원초적 이해를 명료화하는 행위이다(Aranguren, 1967). 말은 또한 인간의 사고를 미래로 연장시킨다. 최소한 뇌까리게 한다. 하이데거 Heidegger에 의하면, 이론적 지식이란 사물의 일차적 사용에 실패할 때 일어나는 이차적 지식이다. 즉 그것은 무슨 일이 제대로 되지 않을 때 행위자가 혼자 하는 뇌까림이다. 〈제기랄!〉 그러나 말은 뇌까림에서 멈추는 것이 아니라 다음에 할 일을 생각하게 한다. 사람은 기호를 사용하여 가능성의 공간——문자 그대로 공간, 즉 〈텅 빈 자리〉——을 가상할 수 있고, 그것을 요모조모로 메워나간다. 〈그대 있음에〉를 노래할 수도 있지만, 〈그대 없음에〉를 상상하기도 하는 것이다.

김소월은 「초혼」에서 〈부르다가 내가 죽을 이름이여!〉라고 울부짖었다. 〈이름〉은 언어가 수행하는 가장 심오한 상징적 기능을 대변하는 말이다. 라캉(1977)에 의하면, 언어는 대상체들을 미래로 지연시킨다. 그러고 나면, 언어는 마치 대상체의 대체처럼 행세한다. 물론 언어는 대상체의 정확한 대체가 아니다. 다만 대상체의 대체인 체할 수 있을 뿐이다. 그런데도 시인의 울부짖음은 〈부르다가 내가 죽을 이름〉 주변에 메아리친다. 누군가의 존재 자체가 아닌, 그의 이름이 시인의 존재의 부정(즉 삶을 온통 맞바꿀 죽음)과 맞서는 것이다. 인간이 할 수 있는 상징행위는, 기호가 마치 〈대상체인 체〉하는 이러한 〈처하기〉 앞에서 멈춘다.

이러한 〈체하기〉와 더불어 일어나는 언어의 실제적 효과는 대상처들을 전이 displacement 시키는 것이다. 즉 대상체들에 이름이 붙여지고 나면 대상체 자신들은 시야 밖으로 사라져도 된다. 언어에 의한 치환에 의해서, 대상체들은 망명을 떠나거나, 아니면 휴가를 떠나거나 한다. 모세 앞에서 신이 스스로에게 야훼라는 이름을 붙여놓은 다음에야, 신이 가시적 존재일 필요가 없다. 늘 그랬듯이, 신은 이름 뒤로 숨어버렸다. 사람들이 신의 이름을 찬양하고 있는 동안 신은 그의 비원에서 휴가를 즐길 수 있다.

언어에 의한 대상체의 전이는 심리적 효과를 우리의 마음에 일으킨다. 전이는 미래로 일어나거니와 〈여기〉에는 〈결핍 lack〉이 생긴다. 대상체가 사라졌기 때문이다. 라캉에게 언어는 곧 결핍을 뜻한다. 결핍이 일으키는 심리적 효과는 욕망 desire이다. 〈여기에 없는 것〉을 바란다. 꽃님을 그리워한다. 신을 기린다.

언어는 우리를 애타게 한다. 애란 창자를 가리킨다. 언어는 꼭 머릿속에서 사고작용만을 돕는 것이 아니다. 그것은 애를 태우기도 하고 가슴을 서늘하게도 한다. 한마디로 언어는 우선 우리의 느낌에, 정서에 호소해 온다.

느낌이야말로 미래로 지연된 대상체들이나 불확실한 미래에 대한 일차적 체험이요, 지각작용의 시작을 이룬다. 느낌으로부터 오는 일차적 인지를 감지 apprehension 라고 한다. 감지된 것을 논리화 내지 합리화하여 지식의 체계로 재구성하는 것을 이해 comprehension 라고 한다. 이해는 새로운 행동에 대한 토대를 마련해 주고, 미래로 나가게 한다. 미래로 투입된 행동은 새로운 것을 감지하게 한다. 이처럼 느낌과 인식과 행동은 꼬리를 물고 일어난다. 이 순환고리가 만드는 심리적 장이 인생의 마당이다. 언어는 철두철미하게 인간 심리의 조직을 이룬다고 하겠다.

비트겐슈타인이 말한 대로, 언어도 휴가를 떠날 수 있다. 언어는 인간 심리의 직조물로만 기능하는 것이 아니다. 언어가 휴가를 떠날 때 철학은 일어난다(Aranguren, 1967, 35쪽). 언어의 기본 기능은 현상학적인 것으로 〈행위를 위한 관점을 수반하는 이해 understanding-with-a-view-to-action〉를 위한 것이다. 그러나 언어가 기본 기능 자체에 대해 자기 성찰을 일으킬 수도 있다. 언어가 기본 기능의 흐름 밖으로 잠시 물러서서, 가령 〈왜〉라는 질문을 자기 기능에 던질 때 철학이 움트는 것이다. 〈왜 신이 이름을 가져야 하나?〉 노자는 〈이름지어질 수 있는 것은 신이 될 수 없다〉고 했다. 철학이다. 〈왜 나의 이름을 생명의 책에 끼워넣어야 하는가?〉 〈왜〉라는 질문은 꼬리를 물고 이어질 수 있다.

인간 심리의 마당 위에 철학의 공간이 있다. 인생이란 심리학과 철학의 사이에 존재하는 체험적 문화 공간이다. 인간의 체험 공간을 채우고 있는 것이 기호들이다. 인생은 기호와 더불어 살기만 하는 것이 아니고, 인생 자체가 기호의 삶과 일치한다.

회귀 : 곰팡이로! ?

세보크는 인간을 생물학적 기호체제 bio-semiotic system 로 본다.
그에 의하면, 세포는 최소한의 기호학적 단위이고, 인간의 몸은 약
10의 14제곱(10^{14}) 개의 세포로 이루어진 구조물이다. 지구가 창조된
후, 10억 년이 흐른 다음 단세포들이 생겨났고, 그것들이 점차로 노
다 복잡한 생명체들의 형태로 혼융되어 갔다. 이와 같은 세포의 집합
체들은 기관으로, 기관들은 유기체로, 유기체들은 가족체제로, 가족
체제는 사회체제로, 사회체제는 국가체제로 통합되어 왔다(Sebeok,
1991).

단세포의 차원에서 현대적 국가체제의 차원으로 일어난 일련의 통합
과정은 기호작용을 기본으로 하고 있다. 즉 통합의 다른 차원마다 어
떤 특정한 코드에 의해서 기호들의 덩어리가 형성되고, 그렇게 이루어
진 기호 덩어리들이 여러 가지 체제로 집적되면, 그들 사이에는 서로
다른 기호작용이 일어난다. 가령, 단세포들이 유기체로 통합되는 것
은 유전코드에 의한 것이고, 유기체들이 가족체제를 거쳐 사회체제로
통합되는 것은 혈연이나 지연 같은 사회적 코드를 따르며, 사회체제가
옛날의 부족국가나 현대적 국가형태로 집적되는 것은 정치적 코드에
의한 것이다.

기호작용의 질서를 보자. 민족들의 수준에서 일어나는 기호작용은
소위 민족주의로 알려져 있다. 아프리카인의 피 한 방울이 다른 종족
의 피에 섞일 때, 그 자손은 틀림없이 까만 인간이 되고 만다는 흑인
의 피의 유전적 우월성이나(Asante, 1980), 히틀러가 신경질적으로 내
세웠던 아리안족의 우월성은 어떤 유전코드의 우월성에 근거한 것들이
다. 우월성이 다른 민족간에 상충할 때, 갈등은 어떤 정치적 코드로
발전하고, 그것은 정치적 이데올로기라고 하는 기호작용을 일으킨다.
흑인들의 엄청난 번식력에 위협을 느낀 히틀러는 『나의 투쟁』에서 쓰
기를, 만약 이대로 놔둔다면, 지구라고 하는 유성은 까만 유성이 될

것이라고 했다. 그는 흑인들을 멸절시킬 것을 암시한 것이다. 흑백갈등은 간담을 서늘하게 하는 기호작용이다.

이와 같은 배타적 기호작용이 있는가 하면, 알렉산더 대제가 피정복 민족들에게 행한 혼혈정책 같은 정반대의 기호작용도 있다. 이민족간의 혼혈이 유전적 우성을 증폭한다는 과학적 이론과, 그것이 인류의 간단없는 생존을 더욱 확실하게 한다는 신화가 있다. 제국주의적 신화와 이론이 민족간의 혼혈을 부추긴다. 〈세계는 하나〉라는 신 국제질서의 이념이 피와 살과 말과 혼을 뒤섞는다. 기호작용은 궁극적으로 생존의 보장을 위한 것이다.

세보크에 의하면, 지구상에 존재하는 유기체들은 다섯 가지 초왕국 Super-kingdoms을 이루고 있다. 그것들은 미생물군 prostists, 세균군 bacteria, 식물군 plants, 동물군 animals, 곰팡이군 fungi의 다섯 왕국이다(Sebeok, 1991, 89쪽). 식물군은 광합성에 의해서 무기물질로부터 먹이를 만들어내는 생산자 producers들이다. 식물은 다른 산 것들의 먹이를 공급한다. 동물들은 기본적으로 섭취자 ingestors들이다. 그것들은 또한 섭취함으로써 조직을 지탱하는 조직자 composers들이기도 하다. 사람을 포함한 이 동물군이 하는 일이란 다른 것들을 잡아먹고 소화시키는 일이다. 동물들은 식물들을 먹거나, 식물을 먹는 다른 동물들을 먹거나, 혹은 동물과 식물을 가리지 않고 둘 다 먹거나 한다. 곰팡이들은 분해자 decomposers들로서, 동물들과 이항대립적 위치에 있다. 곰팡이는 청소부처럼 다른 생명들을 분쇄하여, 미생물이나 세균들로 환원시킨다. 세균들은 섭취능력이 없는 단세포들이다. 이에 반해, 미생물들은 합성, 섭취, 흡수 능력이 있다(102-103쪽). 다섯 왕국은 어쩌면, 온갖 생명체들이 연계를 갖는 다섯 가지 다른 모습 내지는 위상이라고 볼 수도 있다.

인간이란 무엇인가? 인간의 육체는 10의 17제곱(10^{17}) 개의 세균세포들로 이루어진 소우주라고 한다(Sebeok, 1991, 89쪽). 인간은 지난 40억 년 동안의 진화를 거쳐, 발달된 뇌, 중추신경계, 유전기구, 호르몬체제, 면역체게 등을 갖춘, 현재의 유기조직으로 발전했다. 이러한 육체의 다른 기능들 역시 서로 다른 코드에 의해서 조직되어 있고, 서로 다른 기호작용을 수행함으로써 살아 있는 동안 인간을 지탱한다.

세보크의 이와 같은 왕국관으로부터 인간을 다시 보자면, 사람 하나하나가 구름같이 떠 있는 10^{17}개의 세균들의 집합이다. 그러나 인간은 세균의 덩어리로 남아 있는 것이 아니라, 앞서 말한 다섯 왕국 사이어서 위상을 부단히 바꾸고 있는 덧없는 존재들이다. 가령, 인간은 식물과 곰팡이 사이에 잠시 걸쳐 있는 생명의 한 위상이다. 인간이 인간의 탈을 쓰고 있는 동안 이것 저것을 잡아먹고 살다가 죽어 땅에 묻히면 곰팡이에게 잡혀먹고 씻은 듯이 사라진다. 스님들은 다른 짐승에 대한 연민에서 채소만 먹고 살다가 간다. 연민의 기호작용이다. 현대 여성들은 가냘픈 몸매가 아름답다는 유언비어에 사로잡혀 풀만 먹고 뜀뛰기를 하다가 간다. 미학적 기호작용이다. 어떤 자는 떡은 상전에게 바치고 떡고물만 먹다가 간다. 정치적 기호작용이다. 동물보다 못한 어떤 인간은 강력한 생식기, 강력한 호르몬을 위해, 살아 있는 곰의 처절한 비명 소리를 못들은 척 귓전에 흘리며 곰 쓸개물을 빨아먹고 여성을 체할 때까지 걱다가 간다. 잔혹한 야수적 기호작용이다. 정말이지 인간은 세균 같은 존재이다. 이 모든 것들을 곰팡이는 깨끗이 청소한다.

인간이란, 세균의 덩어리 위에 인간의 탈을 쓰고 있는 형태이며, 결국엔 곰팡이에게 정복되는 운명의 존재이다. 다시 말하면, 인간이란, 세균들의 무리가 곰팡이들의 무리에게 정복되는 사이 잠시 인간의 행색을 하고 뜬구름처럼 지구 위에 떠돌다가 사라지는 존재이다. 과연 그뿐인가?

앞서 말한 다섯 왕국에 통용되는 커뮤니케이션 방식은 비구어 non-verbal이다(Sebeok, 1991). 그래서 인간이 세균의 왕국에서 곰팡이의 왕국으로 위상을 바꾸는 동안 모든 과정은 조용히 진행된다. 말하자면, 이 두 왕국에선 모든 것이 죽은 듯이 조용하다. 동물 왕국에서만 언어가 사용되며, 그중에서도 인간들만이 유독 추상적 언어체제를 이룩해 놓았다. 동물 왕국에서만 말이 통용되기 때문에, 동물 왕국은 언제나 시끄럽다. 아비규환에서 〈즐거운 소음〉에 이르기까지 언어적 기호의 폭은 넓다. 그런데 바로 이 언어적 기호작용이 인간을 세균이나 곰팡이의 차원에서 해방시킨다. 언어와 몸짓으로 말미암아 동물들은 다른 왕국의 종자들과 변별되며, 다른 동물보다 세련된 언어와 몸짓 때문에 인간은 다섯 왕국 밖의 다른 세계를 이룩할 수 있다. 즉 여섯째 왕국은 인간만의 왕국이다. 여기에 인류의 특유한 기호학적 공간이 있다.

기호학이 다루고자 하는 것은, 물론 곰팡이의 차원이나 유기체의 차원에서 일어나는 생물학적 기호작용들이 아니다(여기서 에코가 기호학적 문턱이라는 용어를 가지고 기호학이 다룰 명제를 문화기호학의 범위로 한정했음을 상기하자. 제6장 참고). 기호학은 인위적 언어와 기호들이 만들어낸 제6왕국, 즉 인류학적 공간 속에서 일어나는 기호작용들, 예컨대 사회 심리, 정치, 종교, 문화, 예술 같은 현상들에 관심을 둔다. 기호학이 인류학적 관심에 초점을 두기 때문에, 인류학적 기호학 같은 용어로 그것의 먼 태두리를 쳐볼 수 있다.

인간과 그 변두리에 관심을 갖는 기호학은 구체적으로 기호들이 인간의 감관과 상상력, 그리고 인간이 유지하는 여러 가지 관계들의 망을 흘러다니는 수준에 초점을 맞춘다. 쉽게 말해서, 기호학을 공부하기 위해 현미경이나 천체망원경 같은 것은 필요 없다. 자연 속에 태어난 대로의 인간의 수준에서 가족들, 동료들, 사회 정치적 조직들, 타민족, 국가간에 유동하는 기호들과 그것의 작용을 관찰하면 되는 것이다. 포스트모던 시대에 이르러서는, 그러한 기호들이 유동하는 주요 통로는 현대적 매체들이기 때문에, 대중매체들과 통신망들을 살펴보는 것도 중요하다.

17세기 중엽 스코틀랜드의 작가 달가노 Dalgarno 가, 자연은 그것의 할 일을 위해 보는 것과 듣는 것, 두 가지에 초점을 맞추고 있는 듯하다고 갈파했거니와 (Sebeok, 1991, 15쪽), 현대 통신공학이나 대중매처는 바로 이 두 가지 감관(즉 눈과 귀 : 원격 감관 distal senses 이라고 불리운다)을 중심으로 발전되고 있다. 문화기호학이나 인류기호학이 초점을 맞추는 기호의 공간도 우리의 눈과 귀가 더듬는 공간과 일치한다. 자연과 인간의 기호학적 정합도 주로 눈과 귀에 의해 이루어지며, 이 정합에 의해 인간은 자연 속에서 별 탈 없이 생존을 누려왔다. 그런데 포스트모던 시대에 와서는 인간과 자연의 정합상터에 이상이 온 것 같다. 포스트모던 시대는 거의 눈이 주장하는 시대다. 귀는 점점 유명무실해지고 있다. 이와 같은 눈과 귀의 불균형은 포스트모던 시대를 사는 사람들의 기호생활에 어떤 병리현상을 일으키고 있음이 틀림없다.

기호학적 자아

세보크는 인간을 기호학적 자아 semiotic self 라는 개념에 의해 기술한다. 이 개념은, 모든 생물이 코드라는 열쇠를 가질 때에만 그의 주위환경으로부터 정보를 흡수하는 능력을 갖을 수 있음과 그것이 흡수하는 정보에 의해서 그 성물의 구성이 결정됨을 강조한다(Sebeok, 1991, 43쪽). 여기서 정보란 공정 처리된 기호에 해당한다. 간단히 말해 기호학적 자아란, 한 인간이 자기 자신의 환경——물론 기호학적 환경이지만——과 정보와 에너지를 교환하는 열린 체제로서의 실체틀 일컫는다. 이러한 자아를 기술하기 위해서, 세보크는, 모든 생물에는 두 가지 기억(내지는 공정)이 있음을 밝힌다. 하나는 유전적 기억(또는 유전적 공정)이고, 다른 하나는 기호학적 기억(기호학적 공정)이다. 세보크에 의하면, 유전적인 기억이나 공정은 기록 보즌기능 archival function 이고, 기호학즈 기억이나 공정은 뒤섞는 공정, 즉 혼융기능 amalgamative function 이다. 사실 이 두 가지가 한 생물의 실체를 결정한다.

지금부터 인간의 이야기에 초점을 맞추기로 하자. 인간은 그 구조로 말하자면 유전적 기억과 기호학적 기억으로 이루어진 실체이고, 그 생명과정으로 말하자면 유전적 공정과 기호학적 공정에 의해 삶을 지탱하고 있는 것이다.

유전적 공정은 인간에게 영양을 공급하고, 필요한 물질과 에너지를 환경에서 취하거나 내보내는 일 등을 가리킨다. 유전적 공정은 기호학적 함축을 띠고 있다. 예를 들면, 사람은 영양을 섭취하기 위해 아무 음식이나 먹는 것이 아니라 보기 좋은 음식을 먹는다. 앞서 말한 대로, 유전적 공정은 한편으로 기록 보존기능을 수행한다. 그것은 유전적 전승의 기록만 보존하는 게 아니라, 보존된 기록을 청사진처럼 기능하게 한다. 그래서 자아가 환경과 교환할 물질과 에너지를 기호학적으로 취사선택하게 하며, 그 결과로 자아의 내부에 들어와 앞으로의 자아를 이룰 자아의 형태를 지시한다. 좋은 신랑 또는 신부를 만나서 그럴 듯한 자녀를 낳아보겠다는 생각은 자아의 유전적 공정을 의식하는 데서 비롯된 것이다.

지금까지 물질적 유전적 공정을 이야기했지만, 다른 한편으론 의식의 유전적 공정도 병행된다. 사람이 자기의 주변에서 배우고 학습하는 행위, 즉 새로운 지식을 자신의 기억에 담아내어 후에 필요한 경우에 활용하려는 것이 그 예가 된다. 같은 맥락에서 바르트(1985)는 인간을 이미지 저장소라고 했다. 사람이 지식을 습득하기 위해 아무것이나 배우지 않는다. 기호학적 취사선택이 여기서도 진행된다. 〈까마귀 싸우는 골에 백로야 가지 마라〉라든가, 〈차라리 외로울망정 뜻을 달리 하리요〉라는 시구들은 의식의 기록 보존을 숭고한 상태로 유지하려는 인간의 심성을 나타낸다. 종교적 참회나 회개 역시 자아의 의식 기록보관소의 청결을 도모하기 위한 것이다.

종합하면, 유전적 공정은 자아의 신체적 구조와 의식의 공간에 관한 것이다. 그것은 물질과 에너지, 정보와 지식의 교환, 선택, 축적을 위한 공정이다. 그것은 사람마다 자기 나름대로 자신의 자아를 위한 물질적 의식적 담론의 일관성 있는 틀을 제공한다.

한편 기호학적 공정은, 유전적 공정에 의해 환경으로부터 반입된 물질, 에너지, 정보, 지식 같은 기호체들을 뒤섞어 한 인간의 주체성을 기호학적으로 축조하기 위한 것이다. 혼융기능에 의해서, 기호학적 기억은 자아를 〈다분히 특이하게 통합된 자전적 주체 autobiographical identity〉로 구성, 재구성한다(Sebeok, 1991, 43쪽). 기호학적 공정은 유전적 공정의 함축을 지닌다. 예를 들면, 기호학적 공정은 자의적으로 일어나는 것이 아니라 유전적 기존 질서를 의식하며 기존 질서의 변방에서 일어난다. 기호학적 공정은 기존 질서가 지시하는 방향으로 일어날 수도 있고, 그것에 빗나가는 방향으로 일어날 수도 있다. 기호학적 공정은 기존 질서에 순응하기도 하고, 그것에 거역하며 모반을 감행하기도 한다. 요컨대, 기호학적 공정은 풀린 노끈의 끝처럼 노끈의 연장선에 있지만 어떤 반동적 경향성을 늘 나타낸다.

기호학적 공정은 다음과 같은 지극히 중요한 두 가지 특징을 가지고 있다.

첫째, 그것은 자아를 새롭게 변화시키는 기능을 지닌다. 유전적, 기록 보존적 기능은 자아의 과거를 미래로 일관성 있게 연장시키려 하는 데 반해서, 기호학적 공정은 새로운 것을 허용하며, 자아의 변혁을 도모한다. 기록보관소에 있는 청사진의 지시에도 불구하고, 기호학적 공정은 새로운 것을 모색한다. 〈오르지 못할 나무는 쳐다보지도 말라〉고 어른들은 가르쳤다. 그 기억은 〈너의 분수를 알라〉는 격언으로 기록보관소에 기록되어 내가 시도하려는 여러 계획을 분수에 맞도록 제어해 왔다. 하지만 기호학적 공정은 〈오르지 못할 나무〉를 도전적으로 쳐다보게 하며, 오르지 못할 이유를 캐게 하고 극복하게 한다.

둘째, 기호학적 공정은 유전적 공정을 제압할 수 있다. 그러나 기호학적 공정이 갖는 이 특징은 잠재적 가능성이고, 유전적 공정을 항상 제압하는 것은 아니다. 하지만 한 개인이 기호학적 공정으로 하여금 유전적 공정을 제압하도록 하는 한 새로운 자아가 형성된다. 좀 빗나간 이야기 하나. 과학적으로 근거가 있는지 없는지 모르지만, 서로 얼굴이 다른 사람들이 함께 오래 살다보면, 얼굴이 비슷해지는 것을 가끔 본다. 서로 몹시 사랑하는 부부를 만난 적이 있었는데, 그 부부는 늙어가면서 점점 오누이처럼 닮아가고 있었다. 또 한번은, 개를 무척 사랑하는 어떤 사람을 보았는데, 가만히 보니, 그 개 얼굴과 주인 얼굴이 서로 비슷한 모습이었다. 그런데 사람 쪽이 좀더 그가 사랑하는 개의 얼굴을 닮아가는 것 같았다. 즉 마음을 더 많이 쓰는 쪽이 다른 쪽을 더 닮아가는 것같이 보였다. 왜일까? 마음 쓰기와 기호작용은 함께 일어나는 현상일까?

　종합하면, 기호학적 공정은 유전적 공정의 연속선상에서 일어나지만, 그것의 특징적 기능은 자아의 주체성을 그의 환경에 의식적으로 내세우기 위한 것이다. 기호학적 환경 속에서 자아 형성을 위한 기호학적 제어를 하는 것이 기호학적 공정이다. 기호학적 제어는 유전적 공정에 의해 반입된 기호들 위에 일어나며, 기호의 혼용을 어떤 코드에 의해 수행하는 일이다. 유전적 공정은 자아의 생존과 보전을 코드로 삼는 데 반해, 기호학적 공정은 자아의 변화와 재구성을 코드로 삼는다. 무엇보다도 중요한 것은 이 두 가지 상반되는 경향이 하나의 자아 안에 공존한다는 사실이다. 달리 말하면 기호학적 자아는 이원론적 실체라고 하겠다. 이와 같은 이원론이, 하나님의 마음[神心]을 설명하기 위해 예수가 들려준 〈탕자의 비유〉에 극적으로 나타나 있다. 다음은 기호학적 자아의 비유이다.

하늘 : 변증론적 공간

　〈탕자의 비유〉(「누가복음」, 15:11-32)는 앞에서 논의한 두 가지 공정——유전적 기록 보존기능과 기호학적 자아 형성기능——에 대한 이야기로 풀이해 볼 수 있다. 예수가 들려준 이 이야기에는 두 아들이 나온다. 큰아들은 유전적 공정(이 비유의 맥락에서는 전통 계승과 관리 공정이라고 해야 옳겠지만, 은유적으로 그냥 유전적 공정이라고 부르기로 한다)을 대표하는 자아의 부분을, 그의 동생인 탕자는 기호학적 공정을 대표하는 자아의 부분을 비유적으로 나타낸다.

한 아들이 자기 아버지더러 자기가 받을 유산을 달라고 해서 외국으로 간다. 그는 외국에서 방탕한 생활을 하며 자기가 가진 모든 재산을 탕진한다. 돈이 다 떨어졌을 때, 마침 그 나라에는 기근이 들어 직장을 얻지도 못할 형편이어서 어떤 사람을 찾아가 돼지 키우는 일거리를 얻는다. 그는 돼지를 키우며 돼지와 같이 자고, 돼지가 먹는 음식으로 굶주림을 면하는 신세가 되었다. 이 마당에 이르러 그는 자기 고향으로 돌아갈 것을 결심한다. 자기는 더 이상 아버지의 아들이라 부름받을 자격조차 없지만 아버지의 일꾼이 되어 사는 것이 훨씬 낫다고 생각한다. 결국 그는 유전적 기억을 모두 상실했을 뿐 아니라 자기 정체성마저 포기하는 지경에 이르렀던 것이다. 그가 귀국하여 그의 집 근처에 다다랐을 때, 그의 아버지는 신발을 챙겨 신을 겨를조차 없이 아들에게로 달려가 그를 얼싸안고 영접한다. 아버지는 가장 살진 소를 잡아 아들의 귀향을 축하하는 대향연을 열 것을 하인들에게 명한다.

일터에서 돌아온 큰아들은, 노래와 춤으로 집안이 떠들썩한 것을 보고 무슨 일이냐고 하인에게 묻는다. 그는 그의 동생의 귀향 소식을 듣는다. 뿐만 아니라, 그의 아버지는, 가산을 탕진하고 돌아온 죄인인 그의 동생에게 가장 좋은 옷을 입히고, 비싼 가락지를 손에 끼워주고, 가장 살진 소를 잡아 그의 동생의 귀향을 축하하고 있음을 알게 된다. 그는 격노하여 아버지에게 항의한다. 〈아버지, 저는 이렇게 여러 해 동안 아버지를 위해서 종이나 다름없이 일을 하며 아버지의 명령을 어긴 일이 한번도 없었습니다. 그런데도 저에게는 친구들과 즐기라고 염소새끼 한 마리 주지 않으시더니 창녀들한테 빠져서 아버지의 재산을 다 날려버린 동생이 돌아오니까 그 아이를 위해서는 살진 송아지까지 잡아주시다니요!〉아버지는 큰아들에게 말한다. 〈애야, 너는 늘 나와 함께 있고 내 것이 모두 네 것이 아니냐? 그런데 네 동생은 죽었다가 다시 살아 왔으니 잃었던 사람을 되찾은 셈이다. 그러니 이 기쁜 날을 어떻게 즐기지 않겠느냐?〉

큰아들은 아버지의 모든 유산을 상속할 사람으로, 늘 아버지와 함께 있었다. 전통의 기억을 전승할 자아의 분신이다. 그는 전통을 대물림할 주체로서 늘 밭에 나가 일하며, 아버지를 떠남이 없이 아버지와 더불어 전통의 보전에 애써왔다. 그는 보수주의의 화신이고 상황의 보전자이다. 그는 구 질서에 도전하지 않으며, 그 질서의 계승과 연장에 전념한다. 그의 미래는 과거의 연장이고, 과거로부터의 전승에 따라 미래를 산다.

그의 동생은 정반대의 인간이다. 그는 과거로부터, 전승된 전통으로부터, 구 질서 지배 아래의 상황으로부터 탈출하여 새로운 것을 모색한다. 그는 구 질서를 발판으로 삼아 거기서 얻은 유산을 가지고 새 세계로 나간다. 그의 진보주의는 보수주의에 근거할 수밖에 없음에 유의할 필요가 있다. 그러나 그는 마치 완전히 독립한 천하의 자유인인 양 새 세계를 떠돌며 인생의 새로운 체험을 즐긴다. 실험정신으로 가득 찬 그의 일대기는 그의 형이 전혀 상상할 수 없는 희열과 비탄으로 점철된다. 결국 그의 자유와 방종은 끝장을 본다. 그의 자유와 방종은 아버지로부터 얻어온 물질적 재력(또는 유전적 기억과 공정)이 허용하는 한도까지임을 뒤늦게 깨닫는다. 유전의 힘이 허용하는 먼 변두리에서 그는 귀향을 결심하고 거기서 귀향의 반환점을 발견한다. 그는 돌아갈 곳이 어디인지 안다. 그는 전적으로 독립된 자유인은 아니었다. 그럴 수가 없다. 그가 귀향하여 아버지 앞에 무릎을 꿇고, 〈아버지, 저는 하늘과 아버지께 죄를 지었읍니다. 이제 저는 감히 아버지의 아들이라고 할 자격이 없습니다〉라고 참회의 말을 한다. 〈아버지의 아들이라고 할 자격이 없다〉고 말하는 것은 아들의 생각이고, 그것은 한편 아들의 기호학적 언술일 뿐이다. 아버지의 마음속에서 죄인인 아들도 아들임에 틀림없는 것이다. 다시 말해, 아들이 죄를 지었다고 해서 아버지의 마음속에서 유전적 기억이 소멸할 수 없는 것이다. 아들은 스스로를 〈아버지의 아들이라고 할 자격이 없는 존재〉로 여기는데도 아버지의 질서 속에 재영입된다.

자유주의 또는 진보주의는 보수주의에 바탕을 둔, 보수주의의 일부가 감행해 보는 한바탕의 실험이다. 하나의 과감한 자체 변용의 몸짓이다. 그것은 반동적 행동이며, 그 자체에 이미 쇠미 decadence 의 씨를 품고 그것과 함께 자라는, 그래서 종국에는 그것의 바탕, 즉 보수주의로의 회귀가 점지된 행동이다.

그러나 아버지의 집을 떠났다가 외국 유람을 하고 다시 집으로 되돌아온 아들은 더 이상 같은 아들일 수가 없다. 그는 아버지에게 용서받고 탕자의 오명을 벗을 수 있을지언정, 그는 이미 예전 같지 않다. 물론 오명은 기호학적인 것이다. 오명을 씻음도 기호학적인 것이다. 그러나 그 아들의 기호학적 자아는 영원히 변질된 새로운 자아이다. 특히 이 비유에서, 탕자는 탕자됨으로 해서 스스로 성인식 initiation 을 행한 셈이다. 그가 감행한 한바탕의 인생 외유가 그려낸 커다란 실험의 궤적이 원점으로 돌아왔다고 해서, 그의 족적이 무효되는 것은 아니다. 그의 인생 궤적을 따라 일어난 인생 체험은 기호학적으로 혼융되어 새로운 기호학적 자아를 창출해 놓았다. 그가 본 것, 그가 만진 것, 그가 먹은 것, 그가 탐한 것, 그가 당한 것, 그가 취한 것, 그가 쓰고 버린 것 등이 모두 뒤섞여서 그의 기호학적 자아를 형성했고, 그것은 그의 기억 속에 남아 있다. 그가 어떤 양심의 가책 때문에 그것들을 잊으려 해도, 그가 할 수 있는 것은 그것들을 무의식 속으로 얼마간 숨길 수 있을 뿐이다. 그렇지만 무의식이 자신의 것인 한 그것들이 다른 데로 사라지는 것은 아니다. 때로, 그는 무의식으로부터 용틀임을 하는 기호학적 기억들 때문에 마음의 고통을 받을 수도 있을 것이다. 아니면, 무의식 속으로 억제된 기호학적 기억들은 신경증으로도 되살아나서 그를 괴롭힐지도 모른다.

요컨대, 기호학적 자아를 형성하기 위해 쓰인 에너지는 보존적인 것이 아니라 소모적인 것이다. 그래서 그의 기호학적 자아는 돌이킬 수 없이 변질되어 있다. 그리고 그것이 진정한 그의 모습인 것이다. 이 아들을 기쁨으로 영접한 것은 사실이지만 아버지의 마음은 예전 같을 수 없다. 아들을 다시 받아들인 아버지의 집 역시 예전과 같을 수 없다. 그러나 이러한 변화에 의해서 역사는 진전되고 세계는 새로운 변모를 하는 것이다. 모든 역사는 썩을, 고인 물이 아니라 어떻게든 그 내부에 소용돌이를 일으킴으로써 신선함을 유지하는 것이다.

결국 두 가지 자아가 존재한다. 하나는 전통에 항상 순응하는 유전적 자아이고, 다른 하나는 환경과 상호작용을 하며 전통에 변화를 초래하는 기호학적 자아이다. 큰아들은 전자를, 그의 동생은 후자를 표상한다.

가장 중요한 것은, 이 두 아들이 아버지의 마음에 공존한다는 사실을 음미함으로써 얻는 새로운 현실에 대한 인식이다. 즉 두 가지 자아가 아버지의 마음속에서 변증론적으로 화해되어 새로운 자아를 창출한다. 제3의 자아는 아버지 자신이다. 큰아들과 탕자와 아버지는 변증론의 삼각형을 이룬다. 말을 바꾸면 하늘의 마음은 두 가지 상반된 힘들, 즉 전통을 보전하는 힘과 전통을 혁신하는 힘을, 변화를 억제하는 힘과 변화를 유도하는 힘을, 요컨대 순응과 모반을 동시에 수용한다. 예수가 비유로 전한 하늘의 마음은 땅위에 사는 인간들의 마음에도 존재한다.

내부 이미지／외부 이미지

이미지는 하나의 고정된 인상이 아니다. 기호로서의 이미지는 매우 짧지만 역사를, 즉 그 자신의 삶을 가지고 있다. 물리적 물체를 보고 나서 그것이 하나의 이미지로 마음속에 인각되어 남을 때까지 적어도 두 단계를 거친다. 첫번째는 지각의 순간이고, 그에 뒤따르는 서술의 비교적 긴 과정이 있다. 첫 순간에 잡히는 것은 자연상태의 비교적 순수한 形(외모)이다. 그러나 이 순수한 형은 후자의 과정에서 의식과 논리에 의해 윤색된다. 형식상 구상적(또는 도형적) 이미지는 정신적 이미지로, 또는 구어적 이미지로 변모한다. 데넷 Dennett 은 〈모든 정신적 이미지는 서술적〉이라고 주장한다(Mitchell, 1986, 34쪽). 메이모니데스 Maimonides 는 이미지가 원래 자연적 외형을 지시하는 말로, 이미지 자체는 본질적으로 물건의 실재를 의미한다고 한다(Mitchell, 32쪽). 이렇게 말한 후 진정한, 추상적, 이상적 이미지는 정신적 또는 영적 이미지라고 암시한다. 메이모니데스의 이러한 유추는 정신적 이미지를 신비화하는 것과 다름이 없다. 그에게 자연적 외형은 우리의 감각에 잡히는 물질적 모양으로 이상적 이미지에서 유도된 구상적 이미지로 이해된다.

특히 신비화된 정신적 이미지는 예술적, 신학적, 정치적 목적에 이용된다. 정신적 이미지의 신비화에 의해서 원래의 구상적 이미지가 불가시적 이미지로 변신하게 됨에 따라 임의의 이데올로기가 혼합되기 시작한다. 구상적 이미지(외부 이미지)와 정신적 이미지(내부 이미지)가 서로 이항대립쌍으로 맞서면서 정신적 이미지의 기선에 의한 허구적 변증법이 일어나게 된다. 또 다른 문제는 외부 이미지가 내부 이미지로부터 유도되는 이미지라고 보게 될 때, 불가시적인 것들이 내부 이미지의 조작에 의해서 혼란스럽게 가시적인 것으로 재생산되어 나온다. 그러나 가시화된 이미지와 원래의 외부 이미지는 매우 다를 수 있다. 이것은 이미지 전반에 오는 도착현상이다. 바로 이 도착에 의해서 과실재성이 생산되고 새로운 종류의 경험이 창출되는 것이다.

구상적 이미지(외부 이미지)가 정신적 이미지(내부 이미지)에 의하여 외부세계로 인조적으로 되살아 나올 때는 이미 대상체의 원형은 죽고 약간의 흔적만이 엿보일 뿐이다. 이미지의 인조적 부활은 그것에 따라오는 수사학적 말잔치의 구실 pretext 일 뿐이다. 이미지와 말은 공생적 관계를 수립하지만 이때부터 이미지는 말에 들러리서는 역할을 하고, 말이 이미지의 세계를 주름잡는다. 예를 들면 추상미술은 채색된 말이다. 그것의 코드는, 복화술이나 옹호자들이 나서 그림에 비가시적이지만 구술적이고 수사학적 웅변을 토로할 수 있는 몇 가지 단서를 기술적으로 심어둔다(Mitchell, 41쪽). 추상미술의 이미지는 스스로를 설명하는 대신 설명하는 일을 옹호자들의 말에 맡겨버린다. 아니면 추상적 이미지는 스스로를 설명할 기력이 없고, 옹호자들의 말을 기다리는 것이다. 어쩌면 추상화가의 변증론은 단순하다. 추상미술품은 설명을 위해 그린 것이 아니다. 〈무제 I〉, 〈무제 V〉 같은 제목들도 말을 거부하는 제스처로 보인다. 그러나 추상 이미지는 미술이론이라는 형이상학을 들고 나오는 변증론자들의 말을 통하여 새로운 생기를 얻는다.

시에 이르면 말은 단연 이미지보다 우위에 서는 것 같다(Addison, in Mitchell, 23쪽). 18세기의 비평가 에디슨은 잘 선택된 말들은 그 안에 엄청난 힘이 있어서 물건들 자신들의 광경보다 더욱 생생한 관념들을 우리에게 준다고 했다. 말의 이 같은 힘을 이용하는 시인의 표현에 비하면, 물체들로부터 흘러나오는 이미지들은 약하고 미미한 것이라고 말한다. 그러나 이러한 서술은 실상 말의 우위라기보다는 시인의 마음으로부터 흘러나오는 내부 이미지가 물체들로부터 흘러나오는 날 이미지(외부 이미지)보다 훨씬 우월함을 주장하는 것이다. 요컨대, 이미지가 인간에게 기여한 것은 내부 이미지의 우위, 더 나아가서는 물질 위에 군림하는 정신의 우위를 허용한 것이다.

그러나 이러한 정신의 우위는 이미지와 언어가 가지는 변증법적 긴장에서 비롯되는 반대 감정 병존상태 ambivalence를 숨기고 있다. 정신이란 결국 무엇인가? 그 밑에는 내부 이미지가 있고, 내부 이미지 밑에는 저 밖의 날 이미지가 있다. 역설적으로 표현하자면, 외부 이미지가 마지막 〈말〉——결정적인 말——을 하고 있는 셈이다. 정신이란 외부 기호의 과잉 변용에서 일어나는 현상이다. 비트겐슈타인에 의하면, 사고란 기호를 가지고 작업하는 행동이다(Wittgenstein, in Mitchell, 26쪽). 정신 속에서 사고가 일어나고 있다면, 정신을 채우고 있는 것은 기호의 과잉 변용으로부터 오는 소요이다. 그리고 그 맨 밑 바닥에는 아직도 의고적 외부 이미지가 모르는 척 도사리고 있는 것이다. 이 잠자는 이미지는 의식 위에 떠 있는 것이 아니라 무의식의 바닥에 깔려 있다.

외부 이미지와 내부 이미지 사이의 거리는 대체로 자연과 문화의 거리와 같다. 자연은 주어진 것이고, 문화는 인간의 의지에 의해서 임의로, 인공적으로 축조된 것이다. 인간의 체험은 자연과 문화의 변증법적 삼각형의 정점에 나타난다. 인간 체험 속에서 자연과 문화는 경쟁하고 있고, 인간 체험은 그 밑바닥에 병존하는 반대 감정을 어쩌지 못한다. 외부 이미지는 말의 옷을 입고, 그 안에서 녹슬고 있고, 내부 이미지는 의고적 외부 이미지의 사슬을 끊으려 안간힘을 쓴다. 이러는 가운데 인간은 생각한다. 인간은 신의 영상을 입은 자(「창세기」, 1:26-27)라고 〈말〉한 그 말 속에서 신의 의고적 영상이 무엇인가를 헤아리려 한다. 신의 의고적 영상은, 말에 신과 인간의 역사를 맡긴 채 보이지 않는 곳으로 사라졌다. 말이 모든 것을 대신한다. 그러나 말은 말의 뒤로 숨은 이미지를 욕망한다. 하지만 의고적 이미지는 말에 잡히지 않고, 말은 어떤 의미조각들만을 건져낸다. 건진 기의들을 위해 말이 찾아주는 기표는 어디까지나 인간의 것이다. 두 가지 전통——언어의 전통과 이미지의 전통——을 통해서 인간의 체험은 어차피 문화 속으로 실종되고 있는 것이다.

제 8장

텍스트 기호학

지금까지 기호의 원자 내지 분자적 차원에서 기호론의 기초 사항들을 논의해 왔다. 여기서 〈원자적〉이니 〈분자적〉이니 하는 말은 은유적인 것이다. 기호의 원자적 차원은 기호의 소립자격인 기표와 기의의 차원을 가리킨다. 기호의 분자적 차원은 환유, 은유, 범주, 이미지 같은, 기호가 좀더 복잡한 형태를 취하고 있는 차원을 가리킨다. 이와 같은 차원에서 기표들과 기의들이 의미 있는 결합을 하여 기호체를 산출하는 원리, 즉 코드라고 하는 기호의 조직원리에 대해서도 설명했다. 그리고 기호의 조직원리에 입각해서, 어떻게 기호들을 해석하는가 하는 것에 대해서도 설명했다. 기호에 의해서 축조되는 현실과 자아에 대해서 살펴보았다.

그런데 소쉬르가 적절히 지적했듯이, 우리가 커뮤니케이트할 때는 고립된 기호들을 가지고 하는 것이 아니라 기호들의 조직된 덩어리 organized masses에 의해서 하는 것이 일반적 법칙이다. 더욱이 기호들의 조직된 덩어리――이것을 기호들의 유기체라고 불러도 좋을 것이다――자체가 새로운 차원의 기호인 것이다 (Saussure, 1966).

지금부터는 원자나 분자적 차원보다 더 높은, 기호의 유기체적 차원에 있는 텍스트 기호학에 대해 다루려한다. 텍스트는 신화, 이데올르기, 이야기체 narrative 같은 것들을 포함한다. 이런 것들은 사실 지금까지 다루어온 기호보다 구조적으로 규모가 큰 것들이다.

퍼스식의 기호학의 정의는 기호보다 큰 것들에 대해서 적용하기가 어렵다. 그래서 A. J. 그레마스는 기호학을 〈의미작용의 이론을 연구하는 학문〉이라고 보다 넓게 정의한다(Greimas & Courtés, 1982). 그에 의하면, 의미작용은 기호보다 높은 차원과 낮은 차원에서 일어난다. 기호보다 낮은 차원은 아직 기호가 아닌 seme라고 불리우는 의미소의 차원으로 한 의미소는 다른 의미소와의 이항대립적 관계로부터 이미 의미작용을 나타내고 있다. 예를 들면, 〈긴다〉, 〈뛴다〉, 〈걷는다〉, 〈달린다〉는 말들에 공통되는 〈움직임〉이 바로 의미소다. 그렇다고 〈움직임〉을 기의로 볼 수 없다. 그것에 대응하는 기표가 없기 때문이다. 그래서 의미소는 아직 기호가 못 되는 것이다. 〈움직임〉의 의미는 그것의 이항대립쌍인 〈가만히 있음〉의 상대 개념으로서의 의미이다.

기호보다 높은 차원은 텍스트의 차원이며, 여기서는 기호 이상의 의미론적 실체들이 의미 있는 담론 구성을 하고 있다. 이들에 대한 논으는 제12장으로 미루기로 한다.

소쉬르는 기호들의 유기적 차원에서 기표나 기의라는 말을 쓰는 대신, 옐름스레브의 용어인 〈표현〉과 〈내용〉을 쓴다. 자세히 말하면, 표현의 평면은 기표들의 평면이고, 내용의 평면은 기의들의 평면이다.

이 장은 앞으로 논의될 신화, 이데올로기, 이야기체를 이해하는 데 필요한 기초 사항들을 다루게 된다. 특히 신화로부터 시작해서 텍스트의 일반적 구조에 대해 다루기로 한다. 이에 대한 예비단계로 바르트의 모형에 의해 지금까지 논의된 것들을 종합하고, 그것으로부터 앞으로 다룰 텍스트 기호학의 논제로 이야기를 넓혀나가기로 한다.

바르트의 모형

다음 그림은 피스키가 바르트의 의미작용 이론을 한눈에 알아볼 수 있도록 정리해 놓은 것이다(Fiske, 1982, 93쪽).

바르트에 의하면, 의미작용에는 두 수준의 질서가 있다. 제1차 질서는 현실의 수준, 또는 자연의 수준이며, 제2차 질서는 문화의 수준이다.

제1차 질서는 기호가 현실을 대표하는 기초적 표상의 세계에 대한 것이다. 이 수준은 제2장에서 자세히 설명했듯이, 기표와 기의가 결합하여 기호를 이루는 기본적 의미작용이 일어나는 수준이다. 이 수준에서 기호는 모호함이 없는 객관적, 직접적 자연의 의미를 배태한다. 의미작용의 제1차 질서는 기호가, 그것이 표상하는 현실의 외시의미만을 생산한다. 이 수준에서 가령 〈한 알의 모래〉는 모래일 뿐 그 이상의 의미가 없다. 제1차 질서는 기호의 사전적이고, 축자적 해석만을 허용한다.

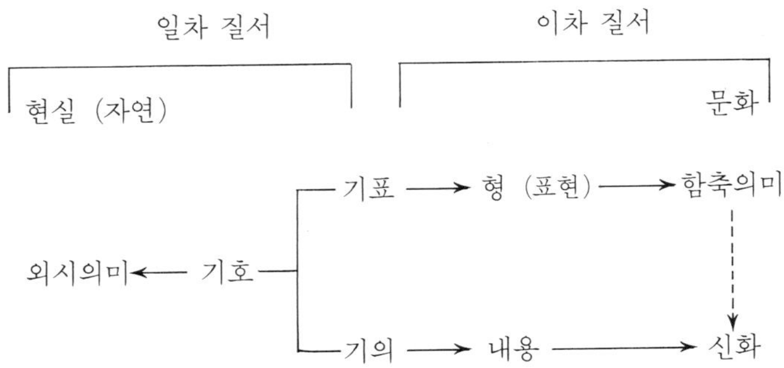

제2차 질서는 기호의 두 기본 소자들, 즉 기표와 기의가 함축하고 있는 특성들로부터 비롯된다. 기호가 두 개의 기본 소자로 되어 있기 때문에, 제2차 질서는 두 가지로 되어 있다. 하나는 함축connotation의 질서이고, 다른 하나는 신화myth의 질서이다.

첫째, 함축은 기표의 제2차 의미작용을 나타낸다. 기표가 기호의 형태를 결정한다. 기호형태의 변이와 변용들이 여러 가지 주관적 함축 의미를 일으킨다. 이 수준에서, 〈한 알의 모래〉는 모래 이상의 것이다. 영국의 시인이자 화가였던 블레이크는 〈한 알의 모래에서 우주를 본다〉고 했다. 반도체공학자들은 한 알의 모래에서 거대한 인공 통신 조직을 볼 것이다. 그런가 하면, 토목 건축업자들은 한 알의 모래에서 담벼락 같은 것을 볼 것이다. 이처럼 〈한 알의 모래〉라는 기표는 보는 사람의 문화적 배경과 체험에 따라 천차만별의 함축 의미들을 일으킨다.

기호가 지니는 함축의미는 특수하고 자의적인 뜻으로 이루어진다. 함축의미는 객관성을 결여하고 있기 때문에 같은 기호를 읽는 사람들 사이에 오해를 일으키기 쉽상이다. 〈모래〉 하면 〈담벼락〉을 상상하는 사람에게 〈우주가 보인다〉는 시구가 통할 리 없다. 그런데도 서로 다른 함축의미는 모두 그럴 듯한 뜻이 있는 것이다. 그래서 함축의미는 어떤 문화 속에 존재하는 기호를 통해서 그것이 표상하고 있는 현실을 설명하는 한 가지 수단이 된다.

둘째로, 기호를 통하여 현실을 설명하는 다른 한 가지 방법이 있는데, 그것은 신화에 의한 것이다. 이 책에 두루 쓰이고 있는 〈신화〉란 말은 바르트가 사용하는 용어의 뜻 그대로 쓰고 있음을 먼저 밝혀두겠다. 바르트에 의하면, 신화란 〈하나의 이야기〉 혹은 〈하나의 특수한 언술〉을 가리킨다(Barthes, 1992, 109쪽). 바르트의 신화이론에 대해 다음 장에서 더 논의하기로 하고, 여기서는 신화 제작에 대해 간단한 설명을 하는 데 그치려 한다.

바르트의 모형에서, 신화는 기호의 내용이 되는 기의로부터 일어나는 것을 알 수 있다. 신화란 기의가 지니는 제2차 질서의 의미체계를 이룬다. 기의들로 엮인 일련의 고리가 하나의 신화를 이룬다. 하나의 신화는 두 단계를 거쳐 일어난다. 첫 단계에서, 기표가 여러 기의들을 마음속에 활성화시킨다. 활성화된 기의들은 두번째 단계에서 하나의 연쇄고리를 이루며 신화가 된다. 이와 병행되는 또 하나의 신화의 원천이 있다. 이 두번째 신화 제작의 가능성을 앞의 그림에서는, 함축의미에서 신화로 이어지는 화살표로 나타냈다. 이 두번째 경로는 피스키의 원그림에 없는 것이다. 뒤에 다시 말하겠지만, 바르트는 신화를 〈함축의미의 체제〉라고 정의한다. 따라서 함축의미의 연쇄고리를 만듦으로써 하나의 신화를 만들 수 있다.

이상에 논의한 신화 제작의 두 경로는 형식적인 구분에 불과하고, 실제로는 이 두 가지 방법을 하나로 묶어낼 수 있다. 이에 대한 종합적 안목은 신화가 제2차 질서의 기호학적 체제라는 데서 얻을 수 있다. 뒤에 다시 설명하겠지만, 신화 역시 하나의 기호체이므로, 그것은 기표라고 하는 의미의 용기와 그것을 채울 기의라고 하는 내용이 필요하다. 설령 신화가 기의의 고리로 만들어진다고 하더라도, 그것들이 기표를 통해 표현되지 않으면 안 되는 것이고, 기표를 빌리는 한 동시에 함축의미가 일어나기 마련이다.

이런 시각으로부터 신화 제작의 보다 자연스러운 경로를 발견할 수 있다. 앞의 종합모형에서, 신화로부터 거꾸로 내용과 표현(함축의미를 거쳐)으로 움직이는 것이다. 이 경로는, 신화가 기표에 앞서 존재한다는 바르트의 기본 가정과 일치한다. 또한 이 경로는 신화 제작의 실용적 절차를 제공하기도 한다. 그것은 다음과 같다. 신화를 만드는 사람은, 우선 그가 접하는 자연, 문화, 지식, 역사 같은 것에서 비롯되는 개념(기의)에서 시작하여, 그 개념을 적절히 표현할 형(하나의 기표 혹은 여러 기표들)을 발견해야 한다. 신화를 만드는 원재료를 이처럼 사람이 접하는 환경으로부터 얻기 때문에, 바르트는 〈이를테면 환경세계가 체제 속으로 침입하는 것은 기의들을 통해서〉라고 쓰고 있다(Barthes, 1967, 91-92쪽).

모래 신화

앞에서 소개된 모형에서 볼 때, 어떤 기표가 일으키는 기의들을 연쇄고리로 엮어냄으로써 하나의 신화가 만들어진다. 이 순서를 바꿔도 신화는 만들어진다. 어떤 기의로부터 시작해서 그에 맞는 기표들을 발견하여 그 기의를 표현함으로써 하나의 신화를 만들 수 있다. 이 두번째 방법에 대해 제9장과 제12장에서 논의하게 된다. 그러나 여기서는 첫번째 방법에 대해서만 다루기로 하자.

다음의 두 신화는 첫번째 방식으로 만들어진 신화들이다. 이것은 이 장의 뒤쪽에서 다룰 몇 가지 중요한 개념들을 설명하기 위한 예로 미리 내놓은 것이다.

〈한 알의 모래알〉, 그보다도 바닷가 모래밭은 어떤 신화를 우리 마음에 일으킬 수 있을까?

신화 1

누구나 한 번쯤은 바닷가 모래밭을 거닐던 기억이 있으리라. 햇빛 아래 갈라진 두 평면——하나는 조용히 하얗게 빛나는 백사장이고, 다른 하나는 넘실거리는 푸른 물결들의 바다이다. 바닷가에서 우리는 물결이 모래판을 그림 하나 없이 고운 평면으로 만들어놓은 것을 발견한다.

구김살이 없는 평면이 너무 고와 거기에 발을 들여놓기가 미안스러울 정도다. 그런데도 선뜻 그 위를 걸으며 발자국을 뒤로 남긴다. 하늘의 뭇별들이 밤새 모두 쏟아져 내려와 이 한낮 물가에 질펀히 깔려있는 비경은 아닐까 하는 생각에 이르면, 모래 위를 홀로 거니는 자신이 마치 신처럼 느껴지기도 한다. 그러다가 잠시 주저앉아 모랫벌 위에 손가락으로 이름도 써보고 무엇인가 그려보기도 한다. 그러고는 이 모든 기호를 바닷가에 남겨둔 채 집으로 돌아온다.

다음날 모래밭에 가보면 물결이 모든 것을 말끔히 지우고 다시 빛나는 고운 평면을 만들어놓은 것을 발견한다. 언제나 지난 것을 말끔히 지우고 평면으로 끊임없이 복귀하는 모래밭에는 어떤 섬뜩함이 있다. 늘 살아 요동치는 물결이 쉼없이 만들고 있는 것은 죽은 듯이 드러누운 모랫벌의 완만한 경사면이 아닌가. 沙場은 死場이 아닐까? 그보다도 내가 남긴 모든 기호들을 파도의 힘을 빌어 말끔히 지우는 모래밭의 거부, 또는 부정성은 도대체 무엇을 의미하는 것일까? 도대체 그 텅 빈 기표는 물가에 평평히 드러누어 무엇을 기다리고 있는 것일까? 인간 역사의 인각과 소거가 무릇 그러하리라는 신화가 마음속에 남아 있을 따름이다.

신화 2

모래의 화학적 성분은 규소이다. 과학자들은 규소를 가지고 반도체를 만들었고, 반도체는 오늘날 초현대식 통신공학 곳곳에서 쓰이고 있다. 반도체 속을 흐르며 통신을 가능하게 하는 질료는 전자이지만, 전자라는 질료가 취하는 形은 규소이다. 규소라고 하는 형이 전자 통신공학을 결정하고 있다. 초현대 문명이 전자문명이라고 말하지만, 결국 그 근원을 따져서 고쳐 말하면, 전자문명이란 모래문명이다(이러한 의상화는 이미 은유를 가능하게 하기 때문에 과학적 지식의 엄밀성을 필요로 하지 않는다).

전자문명 이전에는 인류의 지각으로 얻은 모든 지식을 종이 위에 기록해 왔다. 그래서 현대 문명은 종이문명이다. 좀더 근원을 따지자면, 종이문명이란 펄프문명이다. 인간의 두뇌에 잡히는 모든 지식은 펄프에 기억되어 왔다. 다시 말하면, 펄프가 기호의 놀이터이자 보관소였던 것이다. 그러던 것이, 포스트모던 시대에 와서, 인간의 두뇌가 창출하는 모든 정보가 차차로 펄프로부터 모래로 옮겨지게 되었다. 컴퓨터의 기억은 반도체에 이는 전자거품 electron bubbles으로 이루어져 있다. 이렇게 해서, 지금은 모래가 모든 것을 기억할 태세이다.

바닷물결이 아닌, 사람의 손에 의해서 고도로 정련된 모래가 반도체

집적회로 Integrated Circuits 로 탈바꿈해 있다. 집적회로들은 거미ㄴ 불가사리 모양을 하고, 초현대 통신망의 모든 정점에 떼를 지어 들어차 있다. 이렇게 해서 모래밭은 새로운 변신을 하고 통신망 위로 옮겨와 있고, 그 위를 인간은 마치 신처럼 군림하고 있다.

그런데 기억을 펄프에 쏟아넣고 있던 인간은, 그것을 지금은 모래에 쏟아넣고 있다. 모래의 기억용량이 증가할수록, 인간의 머리는 기억의 의무에서 면제나 된 듯이 텅 비어가고 있다. 인간은 제2의 신인 양 행세하지만, 스스로를 무력화하는 어리석은 신, 뇌사할 운명의 신으로 전락하고 있다. 이번엔 무엇이 모래와 공모하여 인간의 기억을 소거할 것인가? 바다 같은 제3의 힘인가? 통신회로를 흐르고 있는 전자들을 보라. 그것은 바닷물결 같은 것이 아닌가! 전자의 물결이 통신망의 모든 정점에서 인간의 기억을 씻어내어 컴퓨터 기억장치의 도래더미 속으로 옮겨놓고 있다. 인간이 두뇌 밖의 테크놀로지에 집단적 기억을 전적으로 의탁하고 완전히 무력화되고 나면 컴퓨터 통신망 역시 사막화될 것이다. 온 세계가 전자코팅이 되어 있는 담큼, 모래문명은 사하라화될 것이다.

바다가의 모래밭은 사람의 발자국이 아닌 무엇인가를 기다리고 있었거니와, 인간의 빈 두뇌는 무엇을 기다리는 공간일까? 모래가 펄프를 밀어내고 있듯이, 사하라는 불타는 사장을 인간의 腦空 속으로 펼쳐감으로써 인간의 뇌공을 어떤 기억으로 채우려는 것이 아니라 궁극적으로는 뇌를 비워버리려는 것 같다. 두뇌는 현명으로 우매를 부르는 역설의 이상스런 장이다. 기억이 일고 꺼짐이 두뇌 밖의 물질에 의탁될 포스트모던 시대의 신화가 인간에게 무엇을 일깨워 줄 수 있는 것일까?

위의 두 가지 신화는, 도래밭이 내 마음에 불러일으키는 여러 가지 정신적 상념들을 구슬을 실에 꿰듯 엮어낸 것이다. 첫번째 신화는 다소 문학적인 것이고, 두번째 것은 문명 비판적 신화라고 하겠다. 디

두 가지에서 알 수 있는 것은, 신화란 어떤 과학적 사실에 대한 것이 아니라, 기호학적 의미작용에 의해 어떤 현실이 외시의미적 수준에서 숨기고 있는 것을 드러내 보여주는 기능을 한다는 점이다. 바르트는, 신화가 갖는 기의에 투입되는 것은 현실이 아니라, 현실보다 못한 그 것에 대한 어떤 지식이라고 했다(Barthes, 1972, 119쪽). 어떤 의미에서, 기의의 현실성이 약화되는 것은 기의에 투입되는 상상적 상징과 기호학적 과장 때문이기도 하다. 위에서 나는 두 신화를 연결시켜, 모래라는 기표가 인간의 기억을 부단히 지우고 있는 숨은 힘을 찾아내려고 했다. 첫번째 신화에서 모래 위에 쓴 것들을 지우는 것은 바다임을 말했다. 즉 실증과학적 입장에서 보자면, 모래 위에 쓴 글이나 발자국을 지우는 것은 바닷물결이다. 그러나 지우는 주체를 모래로 바꾸고, 바다를 공모자로 낮춤으로써 모래의 신화성을 강조할 수 있었다. 모래의 신화성은 모래의 부정성에서 드러난다.

왜 모래의 신화화가 필요한가 하고 의문을 제기할 수도 있다. 이 의문에 제대로 답하기 위해서는 이데올로기적 해답을 내놓아야 한다. 이에 대해서는 신화의 목적과 이용을 주제로 해서 다음 장에서 다루기로 하고, 여기서는 다소 피상적이지만 신화 제작의 최하한선을 규정짓는 다음과 같은 두 가지 생각을 대신 소개하려 한다. 바르트에 의하면, 사물에 대하여 이야기하는 것——바꿔 말하면 신화화하는 것——을 금지할 법은 없다(Barthes, 1972, 109쪽). 그리고 신화를 만드는 일은 인식적 불가피성이기도 하다. 대퀼리와 로글린은 인간들이 그들의 세계를 설명하기 위해서 신화들을 창조하는 수밖에 다른 도리가 없다고 주장했다(d'Aquili & Laughlin, 1972, 171쪽).

두번째 신화에선, 초현대 통신망과 컴퓨터 기억장치에 들어와 있는, 역시 모래 위에 저장되는 인류의 집단적 기억이 지워질 가능성에 대한 기우를 이야기해 놓았다. 두번째 신화를 만들기 위해, 첫번째 신화를 뿌리로 삼았음에 유의할 필요가 있다. 첫번째 신화는 사람과 바닷가 모래밭과의 신화적 만남에서 일어난 것이다. 모든 만남이 신화적

이다. 연분이고, 운명이다.

텍스트의 정의

텍스트라는 말은 포스트모더니스트들에게 공기나 물처럼 매우 보편적 개념이다. 포스트모더니스트들은 텍스트의 명확한 정의를 따로 하지 않고 있다. 그들은 세상의 모든 것을 텍스트로 본다. 한 편의 시, 콩트, 산문, 소설, 희곡 등의 문학작품들, 뉴스 보도나 신문기사 같은 저널리즘, TV 연속극, 만화, 상업광고, 영화 등의 대중문화 산물들, 여인의 화장고 옷차림 같은 유행들, 한 편의 그림, 조각, 건축물, 공예품 같은 미술작품들, 민담, 전설, 신화 같은 민속문화 산물들, 음식을 차려놓은 식탁, 실내장식, 가꾸어놓은 정원, 시가지 계획 등 모든 문화적 가공물이 텍스트이다. 사회 자체가 텍스트이고, 세상 자체가 하나의 커다란 텍스트이다.

포스트모더니스트들에 의하면, 텍스트는 문화적 가공물 같은 물체적인 것만을 지칭하지 않는다. 그들에겐 모든 사건이 텍스트이다.

생활 경험, 전쟁, 혁명, 정치 시위, 선거, 인간관계, 휴가, 이발하기, 차 사기, 직장 잡기 등을 포함한 모든 것이 텍스트이다(Rosenau, 1992, 35-36쪽).

솔스의 글을 보면, 〈나는 텍스트를 생산한다, 고로 나는 존재한다〉라는 말이 있다(Scholes, 1982, 4쪽). 계속해서 그는 〈어느 정도 나라는 존재가 내가 생산하는 텍스트와 다름이 없다〉라고 쓰고 있다. 인간 스스로가 텍스트라는 말이다. 이 말은 세보크의 기호학적 자아를 텍스트의 관점에서 다시 생각하게 한다. 과연 모든 것이 텍스트임에 틀림이 없다.

텍스트의 기호학적 정의는 무엇인가? 포스트모더니스트들처럼 모든 것을 텍스트로 보는 시각에 서면, 텍스트에 대한 정의를 내리는 일이 새삼스럽게 느껴질지도 모른다. 그러나 텍스트에 대한 보다 명확한 이해에 도달하기 위해 어떤 정의를 내리는 일이 도움이 된다. 많은 기호학자들이 텍스트에 대해 이야기하고 있지만, 아무도 그것에 대한 공식적 정의를 내리고 있지 않음은, 섣불리 정의를 내리는 것이 텍스트의 의미를 제한하여 오히려 텍스트에 대한 이해의 시각을 가릴 수 있다는 우려 때문일 것이다. 이런 점을 염두에 두고, 여기서는 단지 이야기의 시발점으로 유용하게 쓰일 수 있는, 손에 잡히는 정의를 시도해 보기로 한다. 이를 위해 정의로 채택될 수 있는 몇 가지 글귀들을 기호학자들의 글에서 모아보려 한다.

버거의 글에서 발견되는 다음 글은 아마도 텍스트에 대한 가장 쉬운 정의로 쓸 수 있을 것이다. 그는 텍스트를 〈영화, TV 프로그램, 연극 같은 것들의 이야기체에 들어 있는 기호들의 체계적 모음〉이라고 쓰고 있다(Berger, 1989, 115쪽).

바르트의 글에서는 다음과 같은 것을 찾아볼 수 있다. 텍스트는 의미성의 생산으로 이해된다고 했다(Barthes 1977, 126쪽). 또한 텍스트는 어떤 권위 있는 의미를 품은 일련의 단어들이 아니라 다차원의 공간으로서, 그 어느 것도 원작이라고 할 수 없는 다양한 글들이 서로 뒤섞이고 부딪치는 곳이다. 요컨대 텍스트란 문화의 수없이 많은 중심들로부터 도출된 인용들의 조직 a tissue of quotations 이다(Barthes, 1977, 146쪽). 여기서 논의해야 할 중요한 점은, 텍스트가 한갓 잡다한 인용의 모음이나 어떤 권위 있는 중심적 의미의 창출을 시도하는 모음이 아니라, 그것의 원천들만큼이나 수없는 의미의 가능성에 개방된 공간이라는 점이다(Barthes, 1977, 155-164쪽 참고).

로즈노우는 텍스트의 정의를 시도하면서, 어떠한 사건도 텍스트라고 이해될 수 있다고 했다(Rosenau, 1992, 26쪽). 이러한 생각은 바르트의 생각을 따른 것으로, 〈어떠한 사건〉에서 〈사건〉이란, 이를테면,

텍스트의 원저자가 텍스트란 공간 바로 거기서 죽는 그러한 사건인 동시에 거기서 텍스트를 읽는 독자는 그가 성취하는 새로운 의미 창출로 해서 새로운 저자로 태어나는, 그리고 바로 그 새롭게 부여된 의미로 말미암아 텍스트 자체가 새로 씌어진 것처럼 되는 그러한 사건을 가리킨다. 비유적으로 말하면, 텍스트는 원저자의 묘혈이자 독자가 탄생되는 자궁이다. 거기서 쉼없이 일어나는 사건은 주어진 텍스트에 근거한 새로운 의미의 창출이다. 결국 텍스트는 의미 창출의 모반 matrix 이다.

종합해서 말하자면, 텍스트는 저자와 독자(해석자)가 만나는 기호론적 담론의 장으로 그것이 지시하는 기호체들은 어떤 문화적 의미성(바르트의 용어)을 나름대로 품고 있으면서도, 정작 가능한 의미들의 창출을 해석자에게 맡겨놓고 있는, 비결정성의 의미의 장, 혹은 모든 가능한 의미 창출의 가능성에 열려 있는 해석에 대한 초대 같은 것이다. 한마디로 텍스트는 해석을 위한 계기라고 하겠다.

한 가지 더 말할 것이 있다. 텍스트는 다른 여러 수많은 텍스트로부터 유래한 내용의 파편들을 섬유조직으로 하여 성립된 복합체이다. 그런데도 텍스트들의 모음이 문화의 내용이 되기 때문에 텍스트를 문화의 기본 단위라고 이해해도 좋을 것이다. 관념으로서의 텍스트에서 눈을 돌려, 문화산업이 끊임없이 내놓는 텍스트의 구체적 명시들——TV 프로그램, 영화, 광고문, 책이나 잡지에 실린 글들. 배우의 화장한 모습, 상품의 포장 등——을 보면, 실로 이 물질성 텍스트들은 하나하나가 문화적 기본 단위들로 다시 쪼갤 수 있는 것임을 알 수 있다. 그 문화적 기본 단위란 바로 텍스트이다. 좀더 구체적으로 말하면 미시 텍스트 micro texts 또는 하부 텍스트 sub-texts 라고 부를 만한 것들의 유기적 모음이 한 편의 TV 프로그램으로, 한 편의 영화로, 한 편의 신문기사로, 하나의 광고로 나타나는 것이다.

요컨대 텍스트는 문화의 기본 단위인 동시에 문화를 총괄하는 문화조직의 총체이다. 명시적 텍스트는 한 알의 모래알 같은 것이면서, 문

화라고 하는 총체적 텍스트는 바닷가의 드넓은 모래밭이거나 사하라의
광막한 모랫벌 같은 것이다. 무엇이 텍스트를 단위이자 총체인 것, 즉
같은 것의 두 가지 다른 양태로 가르는 동시에 이 두 가지 양태를 서
로 떨어질 수 없는 하나로 붙잡고 있는가? 그것은 텍스트에 잠재하는
이야기체이다. 달리 표현하면, 이야기체가 동시에 단위이자 총체인
두 양태 사이에 놓여 있으면서 텍스트에 무한한 변용을 일으킨다. 텍
스트는 무한한 이야기들을 배태하며 부화시킨다. 텍스트의 총체는 문
화의 총체에 다름 아니다. 그런데도 문화의 분석은 바로 텍스트에서
비롯된다.

이야기체의 한 가지 명시는 신화이다. 따라서 텍스트 기호학의 중심
명제의 하나는 바로 이야기체가 된다.

텍스트의 구조

앞에서 살펴본 대로, 포스트모더니스트들에게는 모든 것이 텍스트
이다(Rosenau, 1992). 바르트에게는 모든 것이 신화가 될 수 있다
(Barthes, 1972). 그렇다면 신화와 텍스트는 하나의 연속선 위에 있다
고 볼 수 있다. 그러나 포스트모더니스트들을 따라서 텍스트를 보다
큰 범주로 삼고, 신화를 텍스트의 한 가지로 보는 것이 옳다.

텍스트가 어떤 형태를 취하건, 그것이 기호체임은 물론이다. 그러
므로 텍스트도 형식과 내용을 가지고 있다. 다음 그림은 기호학적 체
제의 모형으로 바르트가 제시한 몇 가지 모형들을 간략하게 종합한 것
이다.

이 모형에서 표현은 기호의 기표 부분에 해당하고, 내용은 기호의
기의 부분에 해당된다. 기표를 표현으로, 기의를 내용으로 바꾼 것은
옐름슬레브의 용어와 소쉬르의 용어를 치환시킨 것에 지나지 않는다.
그러나 표현이 기표의 기능을, 내용이 기의의 기능을 가지고 있음에

이차기호	함축	표현2 (수사)	내용2 (신화) (이데올로기)
일차기호	외시	표현 1	내용 1

유의할 필요가 있다. 따라서 엘름슬레브의 용어와 소쉬르의 용어를 교환해 사용해도 별 문제가 없다.

일차기호 the primary sign는 기호가 지니는 직접적이고도 명확한 자연적 의미, 즉 외시의미를 품고 있다. 이것은 객관적 의미의 수준이다. 이때 일차기호는 바르트(1972)가 언어-물체 language-objects, 또는 언어-현실 language-realties 이라고 부르는 것, 또는 귀로드(1975)가 메시지-물체 message-objects라고 부르는 것을 직접 다룬다. 이 개념들은 기독교 신화의 시각에서 보면, 아주 쉽게 이해될 수 있다. 「요한복음」은 이 세상의 모든 것이 말 the Word 로 되어 있음을 이야기하고 있다. 〈모든 것은 말을 통하여 생겨났고, 말이 없이 생겨난 것은 하나도 없다〉(「요한복음」, 1 : 3). 세상에 존재하는 모든 것이 말로 되어 있다는 이 언명은 지극히 기호학적이다. 언어-물체들이나 언어-현실들은 말의 구체적 명시들이고, 바로 그것이 일차기호이다. 그리고 일차기호가 그 자체를 다루게 되는 것이다.

이차기호 the secondary sign 는 주관적 의미의 수준으로, 여기서는 기호학적 과장이 두드러진 특징이 된다. 매우 중요한 것은 일차기호의 기표(표현1)와 기의(내용2)이 합쳐서, 이차기호의 새로운 기표(표현2)로 된다는 점이다. 그러나 여기서 주의할 것은, 일차기호(=표현1+내용1)는 이차기호의 새로운 내용을 담기 위한 용기가 됨으로써 일차기호 자체의 내용을 (억제가 아니라) 고갈(Barthes, 1972, 118쪽)시킨다는 점이다. 즉 이차기호 수준에서 내용1은 다른 곳으로 쫓겨나서 유명구실한 것이 되고 만다. 일차기호가 그것의 소립자들(기표와 기의)을 다른 차원에 빌려주고 있을 뿐, 새 차원에 나타나는 의미는 새 차원의 질서에 맡겨진다. 두말할 것 없이, 여기서 새 차원은 함축 의미의 차원이다. 함축 의미의 차원은 주관적 의미의 차원이고, 개인이나 문화에 따라 다른 의미를 부여할 수 있는 자유로운 자의성의 차원이다.

일차기호의 기의와 기표를 빌려 형성된 이차기호의 기표(표현2)는 새로운 기의(내용2)를 배태한다. 바르트는 이차기호의 기표를 수사적인 것으로 본다. 이차기호의 기의는 신화이다. 바르트는 이 모형에서 신화와 이데올로기를 같은 것으로 본다(바르트의 모형에서는, 그리고 적어도 바르트에게는 신화와 이데올로기가 같은 것이지만, 그것들의 함축 의미는 다소 다르다는 점을 알아둘 필요가 있다).

수사는 기호체의 형식에 오는 과장과 변용들, 예를 들면 스타일,[1] 장식, 개성, 표정, 포장술 같은 것들을 포함할 수 있다. 여러 가지 수사적 고안들이 존재하지만, 앞서 다룬 은유를 비롯해서, 완곡어법 euphemism, 두운 alliternation, 유운 assonance 같은 것들이 중요하다.

텍스트 기호학은 표현형식이 일으키는 예술적 미학적 효과와 내용의 구조에 초점을 맞추고 있다. 첫째, 표현형식의 효과는 소위 자동화 automatization와 낯설게 하기 estrangement(또는 낯익게 하기 anti-automatization)라는 두 가지 상반되는 경향에 관계된다. 자동화란 어떤 표현이 시간이 지남에 따라 그것의 미적 효과를 상실하는 것을 가리킨다. 형식의 이러한 피로효과를 극복하기 위해 형식의 변화에 의해 형식의 신선도를 쇄신하는 것을 낯설게 하기 또는 탈자동화라고 한다. 자연히 형식의 효과는 자동화를 배경으로 전경에 나서는 탈자동화에 입각한 기호 변용에서 얻을 수 있다. 이것을 바르트의 모형에서 보

---

1) 바르트는 〈스타일〉을 形 form이 아니라고 본다(1972, 134쪽). 그 이유는 스타일이 작가의 고유성을 나타내는 서명 signature 같은 성격을 지니고 있다고 보기 때문이다. 이 견해를 인정하면서, 여기서는 스타일을 전통적인 뜻으로 이해하기로 한다.

자면, 함축 의미의 표현형식에 의미론적 가미를 하는 것이 문화 텍스트를 해석하는 방법이 되고 있다. 의미론적 가미란 표현형식에 덧붙이는, 이를테면 기호론적 과장을 하는 것이다.

둘째, 내용의 구성은 텍스트 기호학의 노른자위라고 하겠다. 그것은 신화와 이데올로기의 골격을 이룬다. 신화나 이데올로기는 여러 가지의 기호들이 합쳐져 이루어진 통합기호라고 말할 수 있다.

일반적으로 텍스트는 두 개의 층, 혹은 두 개의 구조르 되어 있다. 하나는 잠재적 구조이고, 다른 하나는 명시적 구조이다. 잠재적 구조는 역사와 무관한 텍스트의 깊은 의미를 품고 있다. 명시적 구조는, 역사적 상황에서 사건들의 전개를 따라 잠재적 구조가 현시되는 양태들을 보여주며, 그것들의 현실적 의미들을 나타내 준다.

다음의 몇 절은 텍스트의 이와 같은 일반적 내용구조에 대한 것이다. 또한 지금부터는 텍스트를 분석하는 안목을 기르는 것이 중요하다.

이항대립

낮과 밤, 해와 달, 하늘과 땅, 남과 여, 오른쪽과 왼쪽, 건강과 병, 선과 악, 진리와 허위…… 등의 개념쌍들을 이항대립쌍 또는 이원항이라고 한다. 이항대립쌍들은 모든 텍스트 심층구조의 골간을 이룬다.

매우 간단한 일상적 담론에서도 한 묶음의 이항대립쌍들이 쓰인다. 예를 들면, 아이들만 놔두고 집을 비워둔 사이에, 누가 집에 다녀간 것을 알게 되었다고 하자. 그 사람이 누구인지 알아내기 위해 애들에게 물을 것이다. 그 사람의 키가 〈크더냐/작더냐〉, 몸이 〈뚱뚱하더냐/홀쭉하더냐〉, 목소리가 〈굵더냐/가늘더냐〉, 얼굴이 〈무섭게 생겼더냐/착하게 생겼더냐〉, 〈안경을 썼더냐/안 썼더냐〉, 〈다시 온다고

하더냐/안 온다고 하더냐〉 등. 이 한 묶음의 이원항들은 전체적으로
볼 때, 할머니가 쓰시던 옛날 참빗 같은 것이다. 그것으로 머리를 빗
을 때, 엉켰던 것들이 말끔히 풀린다. 또는 그것은 프리즘 같은 것이
다. 잘 알 수 없는 것을 여러 가지 가능한 事狀의 이원항들로 분리하
여 실재상태를 파악할 수 있게 한다. 요컨대 그것은 불필요한 정보를
걸러버리고 필요한 정보만 거둬주는 여과장치 같은 것이다. 내가 제시
한 대립쌍들을 따라, 애들이 이렇게 저렇게 대답하는 것을 들으며, 나
는 그가 누구인지 대충 짐작을 하게 된다. 실제로, 이런 이항대립쌍들
은 우리의 잠재의식 깊숙이 들어 있어서, 우리가 꼭 조금전처럼 이원
항 하나하나를 다 말하게 되는 것은 아니지만, 우리의 담론은 그것에
기초한 어떤 언급들을 항상 하고 있다.

이항대립주의 binarism 는 실상 새로운 관념은 아니고, 동양의 음양
설의 역사만큼이나 매우 오래된 것이다. 이항대립주의의 현대적 응용
은 컴퓨터공학에 쓰이는 이진법에서 볼 수 있다. 이진법은 존재와 무
의 두 가지 위상만을 가지고 만사를 풀이하고 조작한다. 이항대립주의
는 오래된 것이면서도 언제나 새롭다. 그 이유는 그것이 무시간적 원
리를 지녔기 때문이다. 그러나 이항대립주의는 자연에 주어진 조직원
리라기보다는 인간의 인식작용이 빚어낸 문화질서라고 봄이 옳다. 이
러한 시각에서 볼 때, 이항대립주의는 적어도 세 가지 중요한 기능을
가지고 있음을 알 수 있다.

첫째 기능은 범주화이다. 흑백논리가 여기서 비롯된다. 이에 의해
사람들은 〈친구/적〉, 〈우익/좌익〉, 〈선한 사람/악한 사람〉, 〈지배
자/피지배자〉 등으로 기초적인 분류를 한다. 이런 범주화는 매우 의
고적이고, 그 중간에 회색지대를 허용하지 않는 난폭한 강직성이 있기
때문에 18세기 프랑스의 사회학자 본(Gustave Le Bon, 1960)은 이항
대립주의를 야만적이라고 보았다.

둘째, 이항대립주의는 의미 생산의 기초가 된다. 이항대립쌍의 각
소자의 의미는 나머지 소자에 의해서 결정된다. 달리 말하면, 이항대

립쌍의 한쪽은 나머지 한쪽의 대립적 의미를 전제하고 자신의 의미를 세운다. 가령 진실이 없으면 거짓이 무엇인지 알 수 없고, 건강할 때 아픈 것이 무엇인지 알 수 없는 이치와 같다(von Weizsäcker, 1980, 203쪽). 기호의 외시 의미가 불분명하면, 그것의 함축 의미를 알아낼 수 없다. 어떤 절대성이 없다면, 상대성이란 개념은 불가능하다. 폭력영화나 전쟁영화에서, 좋은 쪽이나 나쁜 쪽이나 모두 총질을 하고, 싸우고, 죽이는 것은 매한가지이지만, 이런 행위들의 의미는 이항대립주의적으로 결정된다. 나쁜 쪽은 좋지 못하기 때문에 사람들과 싸우고 죽이는 반면에, 좋은 쪽은 나쁜 쪽이 못된 짓을 하기 때문에 못된 놈들을 죽일 수 있는 권능을 누린다. 모든 일의 의미가 상대적으로 결정된다.

셋째 기능은 구조적인 것이다. 구조적으로 볼 때, 가장 기본적 이항대립쌍은 〈부분과 전체〉 관계일 것이다. 여기서 부분은 전체라는 테두리 안에서 의미로워지며, 전체는 그것의 의미를 부분에서 얻게 된다. 부분은 좀더 구체적인 수많은 이항대립쌍들로 나누어진다. 각 이항대립쌍들은 어떤 구조의 구성단위가 된다. 그레마스에 의하면, 구조를 이룬다는 것은 이항대립쌍들을 지각하는 행위와 맞먹는다. 여기서 이항대립쌍 자체의 존재가 중요한 것이라기보다도 그것에 이미 내재하는 〈관계〉라는 것이 중요하다(Greimas & Courtés, 1979). 구조란, 대립적 관계의 가능성들을 내포하고 있는 〈가능성의 공간〉이라고 볼 수 있다. 또한 구조는 서열질서의 공간이기도 하다. 서열질서는 부분들의 변증론적 움직임을 허용한다. 그리고 변증론적 움직임은 하나의 구조를 잠정적으로 완성된, 그래서 닫힌 체계로 만들어줌과 동시에, 하나의 닫힌 체계로부터 그보다 큰 다른 닫힌 체계로 양자역학적 도약을 할 수 있게 해준다. 이러한 도약은 하나의 닫힌 체계 전체를 다른 닫힌 체계에 열어주고, 그래서 체계들 사이에 관계를 맺도록 해주는 것이다. 이렇게 해서 구조는 그 가능성의 영역을 확장해 나갈 수 있다. 가령, 본이 이항대립주의를 야만적이라고 본 것은 하나의 신화이다. 보드리야르(1988)는 그와 반대로 이항대립주의를 신성하다고 본다. 이것은 반신화counter-myth이다. 신화와 반신화는 각각 닫힌 체계로서 그럴싸한 독립적 설득구조를 가지고 있다. 좋은 쪽이 죽이는 이유와 나쁜 쪽이 죽이는 이유도 신화와 반신화의 대립쌍으로 치환할 수 있다. 신화와 반신화의 변증론적 합성이 보다 폭넓은 인식의 시각과 의미의 장을 열어주기도 하고 한 편의 영화로 만들어지기도 한다.

이항대립이 갖는 세 가지 기능은 텍스트에 그대로 적용된다. 텍스트의 구성과, 텍스트의 구성분자들 사이의 관계와 의미를 이해하는 관건이 이항대립주의에 있다. 그런데 이항대립주의의 보편성에 대해 대립되는 두 가지 입장이 있다.

바르트(1967, 82쪽)는, 이항대립들이 다수majority는 될지언정 총체totality가 될 수는 없다고 주장한다. 바꿔 말하면, 텍스트의 많은 부분을 이항대립에 의해 설명할 수 있지만, 그 전부를 설명하기에는 미흡하다고 본다. 사실 〈낮/밤〉, 〈해/달〉 등의 이항대립쌍들을 보면, 인간이 이런 것들을 인식세계에 그렇게 갖다 놓고 서로 마주보게 해놓았기 때문에 쉽사리 대립쌍으로 인식할 수 있는 것이지, 자연이나 관념세계에서 어떤 개념이 항상 그것의 다른 짝과 붙어다니는 것은 아니다. 많은 경우에, 어떤 개념과 함께 이룰 대립쌍의 나머지를 찾아내기란 쉽지 않다. 가령, 〈사랑〉의 대항개념은 무엇인가? 〈미움〉인가, 아니면 〈무관심〉인가? 어쨌건 이항대립주의가 보편적은 아니라 할지라도, 그것이 다수의 텍스트를 설명할 수 있다는 것은 사실이다.

한편, 버거는 텍스트에 이항대립이 반드시 존재함을 절대적으로 믿는다. 그는, 이항대립쌍들이 모든 텍스트 안에 〈있어야만 한다〉고 주장한다(Berger, 1982, 30-31쪽). 모든 텍스트에는 이항대립쌍들이 묻혀 있다. 대부분의 경우 그 안에 묻혀 있는 이항대립쌍들은 텍스트를 읽는 독자들에게 확연한 모습으로 잡히지 않은 채 독자들의 무의식으로 옮겨진다. 이런 이항대립쌍들을 분별해 내지 않고도 텍스트의 의미를 찾겠다는 것은 한 손으로 박수를 치는 격이라고 버거는 지적한다.

기호학을 배운다는 것은, 독자의 지각을 피하여 구렁이 담 넘어가듯 무의식으로 사라지려 하거나 또는 무의식에 묻힌 이항대립쌍들을 의식에 드러내기 위한 것이다. 어떤 텍스트에서 이항대립쌍들을 발견할 수 있는 한 그 텍스트는 의미 있는 것이 된다.

공시성, 통시성, 전시성

텍스트에 묻혀 있는 이항대립쌍들은 공시적 synchronic 으로 존재한다. 여기서 공시적이란 말은 통시적 diachronic 이란 말과 더불어 한 쌍의 이항대립을 이루는 말이다.

공시성은 시간의 흐름과 상관이 없는, 또는 시간의 어떤 단면에서 보이는 텍스트의 구조상태를 알아보는 데 유용한 개념이다. 가령 텍스트의 주제 theme 들이 어떤 이항대립쌍을 하고 있는지 알아보는 것이다. 이에 비해 통시성은 텍스트를 이루는 요소들이 시간의 흐름을 따라 어떤 변화를 하는가에 초점을 맞춘다. 가령 TV 연속극 중의 이야기 줄거리가 어떻게 전개되는가, 또는 어떤 뉴스 사건이 어떻게 발전되는가 하는 것을 추적하는 것은 통시적 관심거리가 된다.

이항대립쌍들의 공시성은 텍스트의 잠재적 구조를 나타내며, 주어진 텍스트가 〈무엇에 관한 것인가〉를 밝혀준다. 이항대립쌍들의 계열체 구조는 역사와 상관이 없다. 이와는 반대로, 텍스트의 통시성은 주어진 텍스트 안에서 시간의 경과에 따라 전개되는 사건들의 고리를 나타내기 때문에 역사성이 뚜렷하다. 사건들의 고리는 통합체적 구조 syntagmatic structure 를 이루며, 텍스트에서 〈무엇이 일어나고 있나〉를 명시해 준다. 요컨대 텍스트는 잠재적 구조와 명시적 구조의 두 가지로 되어 있다. 텍스트의 잠재적 구조가 지니는 이항대립쌍들은 명시적 구조를 이루는 사건들과 사건의 주인공들과 어떤 연계를 맺고 있다. 그래서 하나의 텍스트는 역동적 관계들의 체계가 된다.

독자가 공시성과 통시성을 변증론적으로 합성함으로써 텍스트의 全時的 panchronic 이해에 도달할 수 있다.

계열체와 공시성

위에서 이항대립쌍들이 텍스트에 묻혀 있는 상태는 공시적이라고 밝혔다. 이처럼 묻혀 있는 이항대립쌍들은 계열체 paradigm를 이룬다.

텍스트를 읽는다 함은, 바로 텍스트에 숨겨진 이항대립쌍들의 계열체를 발견해 내는 일을 말한다. 어떤 때는 〈발견〉이 쉽지가 않을 때가 있다. 이럴 때, 독자는 보다 능동적인 읽기를 해야 하는데, 그것은 텍스트에 암시되어 있음직한 이항대립쌍들의 계열체를 텍스트의 기호들로부터 유추해 내는 일이다. 어느 경우에든 텍스트에 주어진 질서로부터 이항대립쌍을 이룰 만한 소자들을 뽑아내어 텍스트를 분석할 수 있는 틀로 재조직하는 일이 필요하다(Propp, 1968). 이런 과정은 바르트가 적절히 지적한 대로, 독자를 저자로 만든다(Barthes, 1975).

이 장에서 소개된 〈모래 신화〉를 〈읽어〉보면, 신화 1과 신화 2에는 다음과 같은 이항대립쌍들이 들어 있음을 알 수 있다.

주체(사람) : 매체(모래)

쓰기 : 지우기

채우기 : 비우기

이런 대립쌍의 계열체는 신화의 텍스트화를 전후해서 시간의 흐름에 관계없이 존재한다. 〈모래 신화〉라는 특수한 신화의 제작을 위해 이들 두어 가지 대립쌍이 선택되었을 뿐이다. 일단 하나의 텍스트 안에 이원항들이 들어오고 나면, 이들 사이에는 어떤 긴장이 일어나고, 긴장상태와 함께 그것들은 무시간적으로 텍스트 속에 묻혀 있게 된다.

위의 대립쌍의 계열체에서 한 가지 주의할 것이 있다. 계열체 위에서는 〈쓰기〉와 〈지우기〉사이에, 또 〈채우기〉와 〈비우기〉사이에 아무런 시간적 흐름이 없다. 가령 〈채우기〉와 〈비우기〉는 두 가지 단편적 움직임일 뿐, 이 두 가지 움직임 사이에 어떤 순서나 인과관계가 없다. 인과관계나 순서는 다음에 따질 통시적 구조에서 일어나는 현상이다.

공시적으로 존재하는 이들 대립쌍들은 마치 물고기의 뼈대와 같다고 볼 수 있다. 한 마리의 물고기를 위해 필요한 수량만큼의 뼈들이 계열체를 이루고 늘어서 있어야 하듯이, 하나의 텍스트를 위해 적절한 수량의 대립쌍들로 된 계열체가 필요하다. 골조 위에 살을 붙임으로써 한 마리의 물고기가 만들어지듯이, 하나의 텍스트는 이항대립쌍의 계열체 위에 언어나 이미지 같은 구상체 figuratives 들을 덧붙임으로써 만들어진다. 이런 덧붙임은 자연히 기호학적인 과장을 수반하기 마련이다.

위에 보인 이항대립쌍들 한쌍 한쌍(계열체)은, 〈모래 신화〉의 잠재구조를 나타내고 있다. 〈모래 신화〉의 그와 같은 잠재구조는, 이 신화가 무엇에 대한 텍스트임을 말하고 있는가? 그것은 인간이 맞서고 있는 자연(모래로 의상화됨)과 테크놀로지(역시 모래로 의상화됨) 사이에 존재하는 어떤 불협화에 대한 것이다. 인간은 자연에서 일어난 것이고, 일어선 인간이 테크놀로지를 일으키지만, 이런 주체들 사이에는 어떤 불화가 존재한다. 특히 인간 의식의 삼투작용은 인간의 제어 아래 일어난다기보다는 인간과 접촉하고 있는 매체의 질서 아래 있음을 암시하고 있다.

통합체와 통시성

텍스트를 이해하는 일은, 그것의 공시적 구조를 파악하는 일에서 그치지 않는다. 텍스트 속에 담겨진 이야기가 시간에 따라 어떻게 진전되는가 하는 것이 또 하나의 관심이 된다.

포스트모더니스트들이 말하듯이, 텍스트는 사건이다. 그러나 그것은 어떤 명시구조를 가지고 있는 조직된 사건이다. 책 속에 들어 있는 시, 수필, 소설, 또는 사진, 영화, 비디오 테이프에 녹화된 영상 텍스트들이라 할지라도 죽은 것들이 아니라 시간 속에 냉동된 살아 있는 조직을 가지고 있다. 그것들은 사람의 마음에 닿는 순간 시간의 흐름 속으로 되살아 나온다. 그리고 하나의 통합체 syntagm 로 모습을 드러내는 것이다.

하나의 텍스트를 통합체로 볼 때 두 가지 범주들이 중요해진다. 첫번째 범주는 사건의 주체들 personae(프로프의 용어)이고, 두번째 범주는 사건들의 고리이다. 사건들의 고리는, 첫째, 사건의 주체들이 연출하는 의미 있는 역할들(프로프는 이런 행동들을 기능 functions이라고 부른다)과 둘째, 이런 행동들이 일어나는 순차(이것은 텍스트의 구도 plot 또는 이야기 줄거리와 관련된다)로 되어 있다(Propp, 1968). 프로프는 텍스트 분석을 위한 매우 정교한 하위 범주들을 제시하고 있지만, 여기서는 위와 같이 매우 간략한 통합체의 구성을 이해하는 것으로 충분할 것 같다.

〈모래 신화〉의 계열체에서 이항대립쌍 사이에 어떤 긴장관계가 존재함을 이미 밝혔다. 이 긴장관계는 시간을 따라 어떤 흥미로운 담론으로 전개되는 게 보통이다. 〈모래 신화〉에서 이야기하고 싶었던 점은, 모래라는 매체가 인간의 집단적 기억에 일으키는 반동의 가능성에 대한 것이다. 그것은 이미 플라톤이나 루소 같은 철학자들이, 〈글쓰기 writing〉가 인간의 기억을 해체하는 기본 조작임을 직시하고, 쓰는 일을 비난했던 이유와 상통한다(Culler, 1982, 89-101쪽 참고). 쓰는 일은 외부적, 물리적 수단을 필요로 하며, 일단 씌어지고 나면 쓰는 주체, 즉 저자의 존재를 불필요한 것으로 만든다. 저자는 쫓겨나고, 씌어진 것은 외부의 물리적 수단을 지배하는 질서의 횡포에 맡겨진다.

모래는 초현대 통신 테크놀로지를 은유적으로 대표하고 있고, 테크놀로지의 질서가 그것에 맡겨진 인간 의식의 산물들을 해체하여 사막화시키리라는 우려를 〈모래 신화〉는 이야기하고 있다.

메타 언어

마지막으로 〈기호론에 관한 기호론〉 또는 〈언어를 위한 언어〉에 대하여 논의하기로 한다. 아래의 그림은 바르트의 함축 모형의 새로운 변형이다. 함축 모형에서와는 달리, 일차기호의 표현과 내용이 이차기호의 내용을 이룬다. 함축 모형과 메타 언어 모형은 서로 대칭관계에 있다.

메타 언어는, 내용의 평견 자체가 의미화 체제를 이루고 있기 때문에 하나의 조작이다. 메타 언어는 외시 의미 체제 자체를 내용(내용2)으로 삼아, 그것을 표현하고 있다. 즉 표현은 조작이다. 그러나 이 조작은 표현을 위한 표현에 대한 것이기 때문에 과학적 조작이다. 메타 언어는 외시 의미의 표현을 분석하는 언어가 된다. 더 나아가서, 메타 언어는 외시적 담론에서 유도되는 기의들(내용2) 자체를 이름짓거나 그것들에 대해 이야기할 수 있게 해준다.

예를 들면, 앞에서 〈모래 신화〉에 대해 논의할 때, 신화 1을 문학적 신화라고 말한 것이나 신화 2를 문명 비판적 신화라고 달한 것은 메타 언어의 수준에서 그렇게 말한 것이다. 그리고 이 신화들이 잘 표현된 신화다 또는 그렇지 못하다 등으로 평가하게 되는 것도, 메타 언어의 수준에서 일어나는 현상이다.

신화 자체가 아무렇게나 간들어지는 것이 아니라 기호론에 입각해서 만들어진 다분히 단속된 형태의 텍스트이거니와 기호들의 단속양태 자체를 다루는 것이 메타 언어이다. 메타 언어는 기호론을 위한 기호론이라고 하겠다.

아래 그림에 보인 함축 언어에 대해서 설명해야겠다. 함축 언어는 바르트가 connotator라고 부른 것으로 이루어진 언어이다(Barthes, 1967, 91쪽). 함축을 위한 기표들을 함축 언어라고 한다. 아래 그림에서 보면, 외시 언어 체제의 기호(표현1 〈기표〉와 내용1 〈기의〉의 결합)를 함축 언어의 기표(표현2)로 삼고 있다. 함축 언어의 기의(내용2)는 표현2가 불러일으키는 의미들이다.

이차기호	메타언어	표현2		내용2	
일차기호	외시언어		표현1	내용1	

결론적으로 메타 언어와 다른 언어의 관계에 대해 몇 가지 중요한 지적을 해두고 싶다. 메타 언어와 함축 언어의 두 도형에서 볼 수 있듯이 메타 언어와 함축 언어는 서로 대칭관계에 있기 때문에, 바르트는 이 두 가지를 통합할 수 있다고 암시한다(1967). 그러나 텍스트를 대하는 사람이 그의 마음속에서 어느 쪽에 초점을 맞추느냐에 따라 똑같은 것에 대해 다른 두 가지 말을 할 수 있다. 달리 말하면, 함축 언어와 메타 언어는 일차기호가 표상하고 있는 하나의 사물에 대해 대립적인 설명들로 나타날 수 있다. 두말할 것 없이 함축 언어는 주관적 설명을 내놓는다. 이에 비해, 메타 언어는 객관적 설명을 내놓으려 할 것이다. 그런데 정의상 메타 언어는 함축 언어 자체에 대해서도 언급할 수 있어야 한다. 따라서 아래와 같은 종합 모형이 텍스트를 대하는 사람들의 마음에서 작용하리라고 생각된다.

메타 언어	표현3		내용3	
함축 언어		표현2		내용2
외시 언어		표현1	내용1	

이 모형은 함축 언어를 메타 언어의 통제 밑에 둠으로써 기호론적 담론의 과학성을 도모하자는 의도를 가지고 있다. 즉 메타 언어는 그림에 포함된 모든 요소를 분석하고 기술하는 언어의 역할을 감당해야 한다. 실제로, 메타 언어는 이론과 비평의 언어이다. 대체로 비판이론가들은 메타 언어를 사용하는 사람들이고, 텍스트 제작자들은 함축 언어를 요리하는 사람들이다.

위에 제시한 종합 모형은 기호학이 인문 사회과학의 영역을 차지하기 위해서 지켜야 할 모형이라고 생각한다. 뿐만 아니라 이 모형으로부터 이데올로기의 횡포를 통제할 반-이데올로기를 창출할 수 있다. 이에 대해서는 제12장에서 상론하기로 한다.

신화론

바르트의 신화론은 기호론과 이데올로기 두 가지를 포함한다. 여기서 기호론은 근본적으로 形에 대한 연구를 위한 것이고, 이데올로기는 내용에 대한 것이다(Barthes, 1972). 이 장에서는 우선 바르트가 제시한 신화의 기호학적 체계에 대해서 자세히 살펴보려 한다.

오늘날의 신화는 많은 곳에서 발견된다. 예컨대 신문기사, 잡지기사, 광고문, 시와 소설, 수필 등 문필적 담론들이나 사진, 영화, TV 뉴스, 스포츠, TV 쇼, 강연, 교회나 법당에서의 설교 등 그림이나 구어에 의한 대화체의 담론들이 신화와 연결되어 있다. 이런 것들이 신화의 재료가 되기도 하고 이미 신화를 포함하기도 한다.

신화를 만드는 사람——예컨대 저널리스트, 교사, 목회자와 승려, 오피니언 리더 등 지성인 일반——은 어떤 동기에 의해서 신화를 만들어내지만, 신화를 듣고 이용하는 사람(또는 바르트의 용어로 〈신화 소비자 myth consumer〉 또는 〈신화 독자 myth-reader〉)은 신화가 이성화되어 매우 자연스런 이야기로 받아들이는 것이 보통이다. 이것이 신화의 숨은 힘이다. 다른 사람의 숨은 동기가 신화 소비자의 마음에서 자연스런 합리성으로 둔갑한다. 이 변환과정을 통해 소위 불확실성의 흡수현상 absorption of uncertainty 이라고 하는 괄목할 만한 현상이 신화 소비자의 마음에서 일어난다. 메타 언어로서의 기호학이 들춰내려는 것은, 역설적으로 이성적으로 흡수되는 불확실성의 정체가 아니라 불확실성이 일어나는 매커니즘이다.

우선 신화에 대한 논의로부터 시작하기로 한다. 이를 위해 코신스키의 소설 「거기 있음에」에 나오는 주인공 찬스 Chance와 그의 기상천외한 이야기를 여기에 요약해 옮기려 한다. 이 책의 영문판 표지에는, 꽃 무더기를 배경으로, 찬스가 오른손엔 TV 리모트 컨트롤을 들고, 왼손엔 우산을 든 그림이 있다. 그 그림에 중절모를 쓰고 나타난 찬스의 모습은 그럴 듯하게 멀쑥한 풍모를 지니면서도, 어딘지 멍청해 보이는 그런 얼굴을 하고 있다. 책 표지의 오른쪽 위 구석에는 〈1980년대를 위한 미국의 새 영웅에 대한 놀라운 소설〉이라고 반탐 출판사 측에서 써놓은 광고문이 눈을 끌기도 한다.

形으로서의 신화

40줄에 든 일자무식쟁이 찬스……. 그는 읽을 줄도 쓸 줄도 모른다. 그는 그의 이름조차 쓸 줄 모른다. 〈그의 이름이 찬스인 것은 그가 우연성에 의해 태어났기 때문이다〉(Kosinski, 1970, 7쪽). 천애고아. 그가 태어났을 때 그의 어머니는 죽었고, 그의 아버지가 누군지 아는 사람조차 없다. 이런 아이 찬스에게 살 곳을 마련해 준 사람은 노인 the Old Man이다.

생업

그러나 이 우연한 은인이 찬스에게 마련해 준 것이라곤 잠을 잘 이층 방과 그가 먹고 싶을 만큼 먹을 수 있는 음식뿐이다. 찬스의 머릿

속에 들어 있는 것이라곤 노인의 정원에 있는 부드러운 흙 정도에 지나지 않는 상한 뇌뿐이었으므로, 노인은 그를 정원사로 만들어 먹고 자는 값을 치르게 해왔을 따름이다. 노인은 자기가 시키는 대로만 해야지, 그렇지 않으면 정신병자들의 집에 보내 가두어버리겠다고 찬스에게 말하곤 했다. 그래서 그는 나이 사십이 될 때까지 노인의 집밖을 한번도 나가본 적이 없다. 하지만 그가 그때까지 한 일이란 오직 노인의 정원을 가꾸는 일이었기 때문에, 정원일에 대해서는 그 나름대로 달통한 셈이었다.

존재양식

노인이 자기 집의 이처럼 폐쇄된 공간에 결정해 놓은 찬스의 존재양식은 철저한 기생, 그것뿐이었다. 노인이 찬스의 유일한 감시자였고, 찬스는 노인에게 붙어살던 고립된 기생자에 지나지 않았다. 노인이 찬스의 존재를 잊는 날에는 찬스가 이 세상에 왔다 간 흔적조차 없을 그런 존재였다. 찬스는 그의 이름답지 않게 아무런 기회도 갖지 못한, 철저히 소외당한 고립무원한 기표였다. 즉 아무 의미 없는 존재였다.

기호학적 환경

찬스에게 가장 중요한 의식적 환경을 이루고 있었던 것은 TV였다. 그러나 그에게는 TV가 그를 외부세계로 연결시켜 주는, 이를테면 〈세계로 열린 창〉이라기보다는, 그의 삶 속에 우연찮게 들어와 있는 하나의 환경이었다. 그는 외부세계에 눈이 먼 장님꼴이어서, 〈텔레비전의 이런 천연색 세계에서 그에게는, '오히려' 정원일이 눈먼 사람의 하얀 지팡이 같은 노릇을 해주는 것이었다〉(5쪽). 그가 기상천외한 기연으로 TV에 출연하게 되었을 때 매우 궁금했던 것은, 사람이 TV 스크린에서 조그맣게 변신하는 것은 스크린에 나타나기 전인지 후인지, TV에 출연하기만 하면 영원히 변형되는 것인지, 아니면 출연할 때만 변형되는 것인지, 그가 프로그램 출연을 끝내고 나면 자신의 어느 부분이 뒤에 남겨지는 것인지, 쇼가 끝난 다음에는 두 개의 자아로 되어 하나는 TV를 보며 지내오던 찬스로, 다른 하나는 TV 스크린에 나타났던 찬스로 되는 것인지 등의 의문들이었다(51쪽).

늘 TV를 보아오는 동안 TV가 찬스에게 일깨워 준 의식이란, 〈처널을 바꿈으로써 그 자신을 바꿀 수 있다〉는 것과 〈자기 자신을 존재하게 하는 것은 어느 누구도 아닌 찬스, 바로 그 자신임을 믿게 되었다〉는 것이다. TV 스크린에 나타나는 인물은 거울에 비치는 자신의 반영처럼 보였고, 〈햇빛과 맑은 공기와 따스한 빗줄기처럼 정원 밖의 세계가 찬스에게 들어왔고, 찬스는 TV 이미지처럼, 그가 본 적도 없고 이름 붙일 수도 없는 어떤 힘에 의해서 떠올려진 채 세계 속을 둥둥 떠 있었다〉(5쪽).

그를 둘러싸고 있는 불변의 현실인 정원이 그의 물리적 삶의 뿌리와 닿아 있는 유전적 자아의 기반이라면 TV는 찬스의 기호학적 자아를 형성해 주는 기반이었다. 그의 문화적 자아를 형성시켜 주는 후자의 세계는, 찬스의 지난 사십여 년 생애 중에 두번째로 온 세계였다. 그보다 앞서 라디오의 세계가 있었음을 그는 잘 기억하고 있고, TV가 있기 전부터 큰 정원이 있는 노인의 저택에 살아왔음을 생생히 기억하고 있다. 그는, 기호학적 세계가 라디오라는 언어 테크놀로지의 환경으로부터, 곧장 TV의 시각 테크놀로지의 환경으로 바뀌는 것을 보았다. 문자 테크놀로지는 행인지 불행인지 그를 피해가고 말았던 것이다. 그래서 어쩔 수 없이 일자무식쟁이가 되긴 했지만, 뭐가 부족하단 말인가? 글을 읽고 쓰는 일은 그의 생업과 관계가 없는데다가, TV를 통해 기호론적 사회학, 심리학, 예의범절, 심지어는 어떤 표정을 가장하는 일까지 속속들이 다 배웠겠다, 말도 TV 스크린에 나오는 사람들만큼 잘 구사할 줄 알지 않는가!

부재 증명

이 시대를 살아감에 있어서 한 인생의 존재를 긍정하게 하는 존재양식은 무엇인가? 그것은 의식주의 염려로부터 완전히 해방되어 아늑한 고립과 은둔 속에서 자유를 만끽함이 아니다. 반대로 감시와 기록이다. 여러 사람의 감시 아래 자신을 맡겨두는 일이다. 그리고 자신이 감시받는 사실에 대한 기록을 틈틈이 남겨두는 일이다. 하나의 감시자는 위험천만하다. 감시자는 여럿일수록 좋다. 역설이지만, 감시망이 구원의 망이다. 찬스에게는 그것이 없었다. 그래서 그의 전 존재를 놓치고 말 위기 속을 사십여 년간이나 살아온 것이다. 노인도 오래전에 엉치뼈를 다쳐서 하녀의 시중만을 받으며 고립되어 살다가 어느 날 죽어버리자 찬스에게 갑자기 위기가 왔다. 그것은 찬스 자신의 정체성의 위기였다.

노인이 죽고 난 얼마 후 변호사 사무실에서 노인의 유산을 처리하러 왔을 때, 찬스는 스스로의 신원을 입증할 아무런 근거를 제시할 수 없었던 것이다. 더우기나 노인을 돌보던 하녀마저 그 사이에 죽었기 때문에 그는 다시 한번 고립무원한 고아처럼 되었다. 변호사가 찬스에게 〈당신이 이 집에서 살아왔다는 약간의 증거라도 있어야겠습니다〉라고 강경히 말했을 때, 찬스가 보여줄 수 있던 증거란 발가벗은 자신의 존재뿐이었다. 그래서 대꾸한다. 〈그렇지만 당신이 나를 만나고 있고, 내가 여기 있지 않소. 더 이상 무슨 증거가 필요하단 말이오?〉(18쪽). 지금 사회에선 이런 주장이 통하지 않는다. 기록이 있어야 한다. 그가 노인에게 기생해 온 것처럼 언어 커뮤니케이션은 지금 문자 커뮤니케이션에 기생하는 별볼일없는 것이다. 이것이 계약사회의 모습이다. 변호사는 찬스에게 출생 증명서가 있는가, 자동차 운전면허가 있는가, 노인에게 받은 급여에 대한 기록은 있는가, 의료보험 증서가 있는가, 하다 못해 병원에 갔다 온 기록이 있는가, 무슨 카드건 당신의 이름, 주소, 나이가 적힌 아무것이라도 좋으니 제시하라고 했지만 찬스에겐 아무것도 내놓을 것이라곤 없었다. 그가 대답하는 모든 것이 자신의 부재 증명으로 끝나고 마는, 가엾은 찬스. 그는 텅 빈 페이지, 텅 빈 기표였다. 사십여 년을 이 집에서 살아왔건만, 이 집 넓은 정원의 흙들이며 거기에 그가 심고 키운 화초며 나무들이 자기의 머릿속에 들어 있는 〈부드러운 흙〉처럼 환하건만, 기록이 행세하는 이 사회에서 그는 정체불명의 사나이 이외에는 아무것도 아니었다.

완벽한 부재 증명──그것은 찬스가 누린 완벽한 자기 독립성에서 온 것이기도 하다. 노인과 날마다 음식을 날라다 주는 하녀와 찬스단이 살아오던 이 작은 낙원에서, 찬스는 부족한 것이 없었다. 의식주가 완전히 보장된 노동조건에서, 일이 끝나면 먹고, 먹고 나면 TV를 즐기기만 하면 되었다. 자동차를 운전할 필요도 없고, 출생증명이 없으니 군대에 갔다 올 일도 없었고, 고민 없이 일만 하니 건강은 좋아서 병원엘 가본 적도 없다. 자급자족이, 찬스의 완벽한 소우주가 어처구니없게도 자신을 깡그리 텅 빈 인간으로 만들어놓은 것이다. 그의 행동을 지배하던 확률론적 제어체제는 무엇을 예측할 일을 잊은 채, 아무런 불확정성도 없이 다람쥐 쳇바퀴 돌듯 질서정연했던 것이다. 찬스의 소우주 속에서 이를테면 마코프의 연쇄고리 Markovian chain 는 하릴없이 녹슬고 있었던 것이다.

코신스키는 찬스의 존재양식에 대해 다음과 같이 쓰고 있다. 〈누가 사람들을 보고 있지 않는 한 그들은 존재하지 않는다. TV처럼 누가 그의 눈을 사람들에게 돌릴 때 그들은 존재하기 시작한다. 그때에단 그들은 다른 이미지에 지워지기 전에 누군가의 마음속어 살아 있는 것이다. 같은 이치가 그 ‘찬스’에게도 해당되었다……. 그가 TV에서 사람들을 단순히 쳐다보기만 하고, 사람들에게 보여진 일이 없었기 때문에, 그는 아마도 많은 것을 잃고 있었을 것이다〉(12쪽).

많은 것을 잃은 것만 아니고, 그는 그 자신을 통째로 상실당했다. 부재증명은 완벽했지만, 변호사는 마지막 기록절차를 밟으려고 가방에서 서류를 꺼내 찬스에게 내놓았다. 〈간단한 형식적인 것입니다만, 이것을 지금 읽으시고, 만약 동의하신다면, 서명하라고 표시한 곳에 서명해 주시겠습니까?〉 찬스는 읽고 쓸 줄 모르는 일자무식쟁이 였지만, 그가 TV에서 배운 몸짓들이 있기 때문에 서류를 집어들고 TV어나오는 사람들의 몸짓을 흉내내며, 꽤 조심스럽게 자세히 읽는 척 했다. 그러고 난 후에, 〈서명할 수 없습니다〉라고 대답했다. 변호사는 그의 거부를 노인이 남긴 재산에 대한 상속권의 거부로 해석한다. 그 래서 다음날 정오까지 그의 사유물들을 챙겨가지고 노인의 사유지에서 떠나라는 통보를 한다. 그는 자신만을 상실한 것이 아니라 그가 설 땅마저 상실한 것이다.

찬스라는 존재의 신화성은, 자신의 인생이란 것이 결국 자기의 정체성 상실을 증명하는 것으로 끝나가고 있는 기막힌 정황에서 찾아볼 수 있다. 그의 신화를 돋보이게 하는 것은, 멀쩡히 살아 있는 실존자 찬스를 유령으로 만들고 있는 문자 커뮤니케이션의 횡포이다. 그것과 나란히, 찬스의 신화를 만드는 것이 또 있다. 자기 상실로 빠지는 위기에서 새로운 자아가 발견되는 찬스 자신의 수수께끼와 문자문화에서 零化nullify되었던 찬스를 온 세계의 지혜로 둔갑시키는 전자문화의 요술이다. 요컨대, 바르트가 〈부정적 정체성 negative identity〉이라고 부르는 것이 찬스의 신화를 이루는 배경이 된다. 부정적 정체성이란 〈사람들이 내가 있다고 생각하는 곳엔 내가 없고, 그들이 내가 없다고 생각하는 곳에 내가 있는〉 특수한 부재 증명이다(Barthes, 1972, 123 쪽). 찬스의 신화적 자아는 철저히 부정당한 그의 실존 속에 배태되어 있지만, 그것의 실재는 이미 다른 곳에서 현현되기를 기다리고 있는 것이다.

이상은 코신스키의 소설의 첫 두 장의 요약이다. 어떤 이미지가 독자들의 마음에 떠오르는가? 이 기구한 사람은 이 시대의 어떤 어두운 신화를 체현하며 살아온 것이다. 코신스키의 소설을 평한 《뉴스위크》 지의 비평자도, 찬스라는 〈우리 세대의 한 신화적 존재〉를 창조한 코신스키의 상상력을 높이 평가했다. 독자의 상상력에 잡히는 신화는 무엇인가?

지금부터 바르트의 신화 모형을 가지고 찬스라는 가공의 인간에게서 발견되는 신화를 재구성해 보기로 한다. 우선 바르트의 신화 분석 모형(Barthes, 1972, 115쪽)을 따라, 위에 요약된 찬스의 기구한 이야기를 신화적 이미지로 응축시켜 보자.

이 모형을 이해하기 위해 제일 먼저 알아야 할 것은 바르트가 주장하는 기호의 삼부모형이다. 이에 대해서는 제2장에 이미 언급해 놓았는데, 이제는 그것에 대해 자세히 알아볼 차례다.

바르트에 의하면, 기호는 기표와 기의 두 가지의 결합으로 이루어지는 것이 아니라 세 가지로 만들어진다. 기표가 첫째 것이요, 기의가 둘째 것이고, 그리고 기표와 기의가 연합된 기호 자체가 셋째 것이다. 찬스라는 사람은 기표(그림에서 아라비아 숫자 1로 표시된 기표)이다. 그의 이름 찬스(우리말로 옮기면, 〈기회〉, 〈우연〉) 역시 기표(1)이다. 그는 일자무식한 사람이다. 〈일자무식함〉은 기의(그림에서 2로 표시된 기의)이다. 그는 정원사였다. 〈정원사임〉은 기의(2)이다. 대체로 이 수준에서 기표와 기의가 연합해서 만드는 기호(그림에서 3으로 표시됨)는 모호성이 전혀 없는 외시적 의미를 품은 기호이다. 〈일자무식꾼 찬스〉라든가 〈정원사 찬스〉는 기호(3)이다.

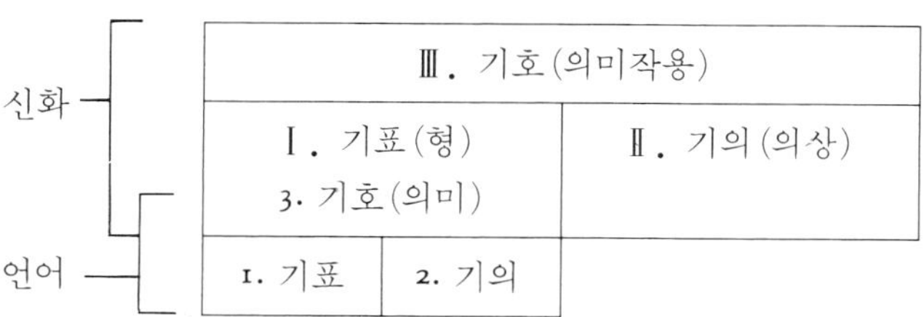

여기서 다음 사실을 아는 것이 기호가 기호의 세번째 요소임(이는 말의 중복이 아니다)을 이해하는 데 매우 중요하다. 〈일자무식꾼 찬스〉나 〈정원사 찬스〉라는 결합이 이루어지기 전에 이미 찬스라는 이름은 〈김우연〉, 〈박우연〉, 〈이기회〉, 〈노기회〉, 〈Chance Smith〉, 〈Chance Kennedy〉 등으로 여러 사람들에게 쓰여온 이름으로 이미 존재했고

또 꼭 그런 이름이 아니더라도 일자무식한 사람이나 정원사들은 이미 존재해 왔다. 그런데 위에서처럼 일단 기표와 기의가 연합되고 나면, 찬스라는 사람은 여러 가지를 의미화하게 된다. 즉 찬스라는 기표를 배경으로 하고 전경에 나타나는 것은 〈찬스는 일자무식쟁이다〉, 〈찬스는 정원사이다〉라는 의미들이다. 바르트가 적절히 지적한 대로, 이 때 〈기표는 빈 것이 되고, 기호는 꽉 차게 되는데, 그것이 바로 의미이다〉(1972, 113쪽). 그래서 기호(3)는 그 자체로 전반적 기호의 일부를 이루는 것이다. 결국 기호는 분석적 안목으로 보면, 기표(1)와 기의(2)와 기호 자체(3)의 세 가지로 이루어짐을 알 수 있다. 여기까지는 외시 의미의 수준 또는 일차언어 체제의 수준이다. 바르트는 이 수준의 언어를 〈언어-물체〉라는 말로 표현하는데, 그것은 이것이 신화를 구성하는 기본 구성물, 이를테면 집으로 치면 벽돌장, 의복으로 치면 옷감, 정원으로 치면 화초나 수목 같은 기능을 하기 때문이다(115쪽). 이런 언어-물체가 이차언어 수준의 기표(그림에서 로마숫자 Ⅱ로 표시됨)로 변환될 때 비로소 신화는 만들어지기 시작한다. 즉 기표(Ⅱ)는 신화의 한 요소를 이룬다.

일차언어에서 삼부모형이 있듯이, 신화에도 삼부모형이 있다. 그러나 신화는 특성이 서로 다른 두 가지 기호론적 체제로 되어 있다. 첫째 체제는 언어-물체의 체제(일차언어 체제)이고, 둘째 것은 메타 언어의 체제(이차언어 체제)이다. 바르트에 의하면, 신화는 그 바탕이 메타 언어에 속한다.

이미 기표(I)는 하나의 복합체임에 유의하자. 〈정원사 찬스〉, 〈일자무식꾼 찬스〉라는 기표가 이차언어 체제의 함축 의미, 즉 기의(Ⅱ)와 결합됨으로써 새로운 기호(Ⅲ)가 만들어진다. 기호(Ⅲ)는 신화를 대표하는 새로운 복합체이다. 신화는 기표(I)와 기의(Ⅱ)가 결합하면서 일으키는 의미작용의 과정을 내포하며, 하나의 모호한, 그러나 뜻이 깊은 이미지로 응축된다.

기의(Ⅱ)의 예로 〈철저히 소외됨〉, 〈기생인임〉, 〈고독함〉 등을 들 수 있다. 그렇지만 이런 기의들은 이야기의 요약을 만든 나나 나와 비슷한 생각을 하고 있는 독자의 주관적 견해일 뿐이지 찬스 자신은 전혀 그렇게 생각하지 않을지도 모른다. 적지않은 수의 독자들도 반대 의견을 가질 수 있다. 어쨌거나 내가 보기에는 〈정원사 찬스〉, 〈무식꾼 찬스〉 또는 〈무식한 정원사 찬스〉(모두 기표 I)는 철저히 소외당한 채 기생인(Ⅱ)의 삶을 사는 고립무원한 기표, 즉 아무 의미도 없는 존재(Ⅲ)였다.

다른 기표들을 사용하여, 찬스의 신화를 계속 이어낼 수 있다. 지 이름도 못 쓰는 찬스(I), 문자 커뮤니케이션이 우회되어 오직 언어와 시각 커뮤니케이션으로만 사십여 년을 살아온 찬스(I)는, 그의 부재만을 증명할 수 있을 뿐인(Ⅱ), 상실된 인간(Ⅲ)이었다.

無籍者 찬스의 신화적 이미지는 문자문화가 운용하는 기호의 우리 속에서 무화되고 있었다. 아니 실존적 존재론이 송두리째 거부당한 그는, 사십여 년의 생애 동안 문자 그대로 유령이었던 것이다. 하지만 역설적으로 찬스의 신화는, 살과 피 속에 멀쩡히 살아 있는 그를 영화시키는 문자문화의 허구적 질서 속에 배태되어 있었다. 구체적 예를 들면, 그가 노인의 집을 떠난 지 불과 삼 일 후 주미 소련 대사관이 찬스의 정체를 밝히려고 만든 작전암호는 〈빈 페이지 Blank Page〉였다. 〈찬스＝빈 페이지〉——그것은 어떤 기상천외한 신화를 기다리고 있는 텅 빈 기호이다. TV로 교화되고 양육된 찬스라는 기호, 또는 기호론적 자아가, 그도 모르는 사이에 그에게서 모든 기회를 빼았던 질서를 뒤엎고, 새로운 기회 속에 등장하는 것이다. 다음은 새로운 찬스에 대한 통시적 담론을 논한 것이다.

담론으로서의 신화

모두 7장으로 된 코신스키의 소설의 나머지 5장은, 찬스의 신화적 이미지가 통시적으로 전개되는 극적 줄거리를 담고 있다. 여기서 코신스키의 소설의 뼈를 추리는 작업을 더 이상 할 필요는 없다. 그 대신 그의 소설 제목, 〈거기 있음에 BEING THERE〉에 응축되어 있는 신화를 담론으로 얼마간 풀어보려 한다. 논의의 초점은 담론에 묻혀 있는 메타언어 또는 메타 커뮤니케이션의 양태에 맞추려 한다.

먼저 담론으로서의 신화에 대해 몇 가지 이론적인 것들을 짚고 넘어가자. 신화는 표상적 이미지임과 동시에 이야기——즉 담론——이다. 마치 빛이 입자이면서 동시에 파동이듯이, 신화도 비슷한 이중성, 즉 〈이미지-이야기〉라는 이중성을 가지고 있다. 앞에서 찬스의 신화가 하나의 이미지로 응축되기까지 실제로 일어난 일은, 찬스가 태어나 사십여 년을 살아온 행적에 대해 〈이야기〉한 것임을 간과해서는 안 된다.

이 논의를 바탕으로, 신화 제작행위를 두 단계로 요약할 수 있다. 첫 단계는 어떤 사회현상(들)을 의미로 치환하는 일이다. 표상적 이미지는 바로 이 의미를 담아내야 한다. 이것은 앞에서 이루어진 바와 같다. 둘째 단계는 표상적 이미지에 담긴 의미를 이야기로 풀어내야 한다. 이처럼 의미를 언술로 변환시키는 과정을 담론이라고 한다. 이런 변환과정으로 생산되는 언술, 즉 어떤 특수한 이미지에 대한 언술을 신화라고 부른다.

앞에서 이미 이미지로서의 신화에 대해 논의했으므로 이 절에서는 이야기로서의 신화의 면모에 대해 알아보기로 하자. 이를 위해 크게 두 가지를 구체적으로 논의하려 한다. 첫째는 신화의 내용 구성에 대한 것이고, 둘째는 신화에 쓰인 메타 언어들에 대한 것이다. 우선 신화의 내용 구성에 대해 이야기를 시작하자.

담론으로서의 신화는 본질적으로 통합체적 구성 내지는 통시적 사건 전개가 있어야 한다. 다시 말하면 이야기로서의 신화에는 적어도 세 가지 구성요소가 있어야 한다. 첫째 요소는 主役 들(personae 또는 characters)이다. 둘째는 프로프가 기능이라고 부르는 이야기의 기본 단위이다. 그리고 이야기 줄거리가 셋째 요소가 된다. 이들을 찬스의 신화와 연관시켜 하나하나 알아보기로 한다.

주역

프로프의 개념인 주역은 쉽게 이해된다. 그러나 이것과 비슷한 그레마스의 개념인 행위소 actants 라는 것이 사실은 보다 편리하기 때문에, 또 프로프가 분석한 러시아 민담의 주역들은 일곱 가지지만 그레마스의 행위소는 여섯 가지뿐이므로 이 책에서는 그레마스의 체제를 채택하기로 한다. [1] 그레마스의 여섯 가지 행위소는 다음과 같다. 주체 subject, 객체 object, 보내는 자 sender, 받는 자 receiver, 반대자 opponent, 돕는 자 helper 의 여섯 가지이다(Greimas, in Barthes, 1977, 137-138쪽).

찬스의 신화에서 〈주체〉는 두말할 것 없이 찬스이다.

〈보내는 자(또는 주는 자)〉는 주체와 다르다. 그것은 객체를 결정하는 가치들의 원천을 가리킨다. 찬스의 신화에서 〈보내는 자〉는 어떤 운명이다. 그것은 신일 수도 있고, 찬스를 낳은 부모일 수도 있다. 그러나 찬스의 이야기에서 부모의 역할은 찬스를 세상에 내보냈다는 요식뿐이고, 그 뒤에 보다 큰 어떤 섭리가 숨어 있음을 암시받게 된다. 찬스의 이야기에서 보내는 자는 결코 확실한 모습을 드러내지 않고 각연히 이야기 전체에 퍼져 있다.

〈객체〉는 찬스가 처한 사회적 정황이다. 노인이 마련해 준 고립된 생활환경, 찬스 자신은 잘 이해하지 못했지만 TV 가 보여주는 다른 어떤 소우주, 마지막으로 그가 노인의 정원에서 쫓겨난 후 그가 편입되게 되는 TV 에서만 봐오던 실재의 세계와 그 안에서의 인간관계 등이 객체가 된다.

〈받는 자〉는 찬스를 받아들이고 그와 상호작용을 하는 사람들이다.

---

[1] 프로프의 일곱 가지 주역에 대해 알고 싶은 독자는 버거의 책 *Media Analysis Techniques* (1982)에서 27쪽을 참고할 것.

위에서 이야기가 되지 않았지만, 찬스와 삼십분간 면담한 미국 대통령, 찬스와의 면담을 TV 보도나 신문에 실은 미국 미디어, 다음날 찬스의 TV 출연을 기획하고 연출시킨 〈저녁 뉴스〉 프로그램 제작진, 그 다음날 U. N.에서 만나게 된 소련과 불란서 대사 등이 받는 자들이다.

〈반대자〉(또는 적대자) 역을 찬스에게서 인생의 다른 기회를 박탈했던 노인이 해냈다.

〈돕는 자〉는, 찬스가 노인의 저택을 떠나 뉴욕시의 거리를 무작정 걷다가 교통사고가 났는데, 사고를 낸 차주이자 미국 굴지의 실업가의 부인이요, U. N.의 한 부속기구의 의장인, 조금은 바람기가 있는 EE라는 약칭으로 불리우는 중년여자이다.

기능

담론에 참여하는 주역들의 활동이 기능이다. 프로프(1968)는 100개의 러시아의 민담들을 분석한 결과, 모든 민담에 공통으로 적용되는 31가지 기능들을 발견할 수 있었다. 여기서는 이 31가지 기능들을 일일히 열거해 논하지 않으려 한다.[2] 이에 대한 논의를 생략하는 이유는 현대 신화나 포스트모던 신화에서 이들 31가지 기능들이 러시아 민담에 적용되듯이 다 필요한지 의문스럽기 때문이다. 그렇지만 프로프의 기능이란 개념이 무엇인가를 일별해 두는 것이 유익하므로 몇 가지 예를 찬스의 신화와 관련시켜 알아보기로 한다. 앞절의 찬스의 이야기에서 예를 몇 가지만 들자면 다음과 같다.

당초 상황(이야기의 주인공이나 가족상황이 소개됨)——소설의 시작 부분에서 찬스가 천애고아임이 소개된다.

금지(주인공에게 적용된 금지)——노인은 찬스에게 노인의 사유지를 떠나서는 안 된다고 한다.

---

2) 프로프의 31가지 기능에 대한 미디어 분석의 예를 알고 싶은 독자는 주 1)에 소개된 버거의 책 중 27-28쪽과 〈도표 1.6〉을 참고할 것.

속임수(악한이 피해자를 속이려 함)——찬스는 주인공이자 피해자이
다. 노인은 찬스에게는 생명의 은인이자 악한이다. 노인은 찬스의 의
식주를 완전히 보장해 주고 TV 같은 오락환경을 마련해 줌으로써 찬
스에게 소위 사회복지 문제를 해결해 준 것 같지만, 실상은 찬스의 적
은 만족을 악이용하여 찬스에게서 인간으로서 살아갈 수 있는 모든 기
회를 박탈한다.

결핍(가족 중 한 사람에게 무엇인가 결핍된 것이 있음)——찬스는 가
족이 없기 때문에, 찬스 자신에게 해당되는 결핍을 보자면, 우선 쓰고
읽을 줄 모르며(문자 커뮤니케이션 수단의 결핍), 그를 보다 충실한 사
회의 일원으로 만들 외부세계와의 실제적 접촉기회가 결핍되어 있다.

출발(주인공이 집을 떠남)——찬스는 타의에 의해서 노인의 사유지
를 떠나게 된다. 타의에 의한 추방이기는 하지만, 그는 보다 큰 사회
로 나아가 새로운 삶의 기회에 접하는 첫 행보를 한다.

인정(주인공이 인정을 받음)——찬스가 노인의 집에서 쫓겨난 것은
그가 노인이 거느리던 가구의 일원임을 인정받지 못했기 때문이다. 찬
스는 사회적 몰인정 속에 살아온 특이한 주인공이었다.

구성

이야기 줄거리는 앞에서 말한 기능들의 순서를 가리킨다. 프로프에
의하면, 러시아 민담의 경우 이야기 줄거리는 항상 동일하다. 현대 신
화에서도 같은 원리를 발견할 수 있다. 즉 누가 악한 대문에 곤경에
처해 있을 때, 어떤 영웅(주인공)이 신비스럽게 나타나서 악한을 쳐부
수고 곤경에 빠진 사람을 구원해 준다는 줄거리이다. 이와 같은 신화
구성은 전형적인 것으로서 주인공이 의미 있는 어떤 행동이나 담론에
적극적으로 가담하는, 말하자면 적극적 신화에 대한 것이다.

그런데 코신스키가 그의 소설에서 이야기하고 있는 것은 소극적 신
화이다. 찬스는 소설 전반에 걸쳐 매우 소극적 태도로 일관한다. 그는
운명에 밀려 세상에 들어왔던 것과 마찬가지로 지금은 다시 운명에 밀

려 사십여 년을 기거하던 집에서 쫓겨나고, 그 다음에도 운명이 미는 대로 새로운 가능성의 세계로 들어가게 된다. 소설 제목 〈거기 있음에〉가 암시하듯이, 그의 행동양식은 그냥 어느 운명의 장소에 있기만 하는 것뿐(운명의 장소에 스스로를 적극적으로 삽입하는 것이 아니라)이고, 그 운명의 장소에서 하나의 기묘한 이미지로 있기만 하는 것이었다.

맥루한은 TV가 과거의 언어 전통을 다시 부활시켜 준다고 주장한다(MaLuhan, 1964). 찬스의 소극적 신화는 TV가 마련하는 〈새로운 언어전통〉 위에서 펼쳐진다. 찬스는 별다른 의도 없이, 궤도에 떠 있는 하나의 입자처럼 역사적 시간과 장소에 그냥 있다. 그가 있는 곳을 흐르는 운명의 사건들이 그와 마주치며 신화적 불꽃을 튕기는 것이 이 소설의 구성이다.

수사적 위상속도

찬스의 이야기가 소극적 신화라는 점이 이 소설의 특이하고 재미있는 점이다. 그보다도 이러한 신화가 가능한 포스트모던 문화의 사회적 정황이 더욱 흥미롭다.

포스트모던 사회는 모호한 추상이 논리를 앞서가는 사회이다. 빛보다 더 빨리 움직일 수 있는 실체란 이 우주에 존재하지 않는다. 하나의 예외는 위상속도 the phase velocity 라고 하는 추상적 개념이다. 비슷한 일이 포스트모던 담론에서 일어나고 있다. 모호한 추상은 소위 사운드 바이트와 상투화된 수사들에 실려 구체적인 모습을 하고 사람들의 일상성에 들어온다. 언어(청각적이든 시각적이든 관계없이)의 옷을 입고 우리의 일상성 속에 들어온 모호한 추상, 그것은 이미 개념이 아니다. 그것은 우리의 고막을 울리고 시각을 매혹한다. 그것은 실재하는 수사적 공정이다. 모호한 추상은 수사들에 실려 논리를 앞지르고 급속히 결론으로 치닫는다. 이처럼 성급한 수사의 위상속도가 포스트모던 커뮤니케이션의 방식이다. 이런 것이 포스트모던 문화에 이상기류를 형성하고 있는데, 코신스키의 천재성이 이런 점들을 극도로 재치 있게 잡아내어 함축적으로 표현하고 있다.

도대체 무슨 말인가 하고 독자는 의문을 제기하고 있을지도 모른다. 무슨 말인지 이해가 안 되는 이유는 내가 추상적 종합을 소개하고 있는 일의 위상속도가 독자의 논리 중심적 이해의 진전속도를 앞질러가고 있기 때문이다. 추상적 종합은 이쯤에서 그치고 구체적인 예들을 들어보기로 하자. 지금부터는 이야기의 줄거리를 따라 일어나는 몇 가지 커뮤니케이션 형상을 설명하기로 한다.

은유

찬스가 노인의 영지를 떠나 난생 처음으로 세상 밖으로 나가던 날 아침, 그는 TV에서만 봐오던 소위 과현실의 세계로부터 그보다는 못하지만 진짜 세계로 입장하고 있었던 것이다. 하지만 그는 커다란 가죽가방 외에는 가진 것이라곤 없는 처량한 신세가 되었다. 그 무거운 가죽가방에는 노인이 입던 고급옷들이 꽉 차 있었다. 부유한 노인기 유행을 따라 입던 옷들은 너무 고급스러워서 찬스의 옷차림은 나중에 만난 패션 전문잡지 기자가 표현한 바에 의하면, 찬스는 가장 옷을 갭시 있게 입는 기업가 중 하나로 꼽힐 정도였다.

그는 어디로 갈 바를 모르고 뉴욕 시내를 정처없이 걷다가 길모퉁기에 정차한 차들 사이를 빠져나가려는 순간 급히 후진을 하는 차와 서 있는 차 사이에 왼쪽 다리를 다치는 사고를 당한다. 찬스를 친 차의 운전수는 흑인이었지만, 승차하고 있던 차주는 미국 굴지의 재벌총수 부인이었다. 부인은 찬스를 차에 태우고 자기 집에 가서, 병환중에 있는 자기 남편을 돌보고 있는 의사에게 진찰을 받을 것을 제안한다. 찬스는 달리 어찌할 방도가 없었으므로 그 제안에 응한다. 차 안에서 부인은 자기 소개를 하고 자기의 세례명이 EE(Elizabeth Eve)라고 말한다. 찬스는 자기의 이름을 소개할 차례가 왔음을 알아차린다. 찬스는 TV에서 이와 비슷한 경우에 사람들이 대답하는 식으로, 우선 〈저는 찬스라고 합니다〉라고 한 후 다시 〈저는 정원사 gardener 에요〉라고 두 번에 나누어 자신을 밝힌다. EE 는 〈촌시 가디너 Chauncey Gardiner〉라고 잘못 알아듣지만 찬스는 묵인한다. 왜냐하면 TV 에 나오는 사람들은 보통 진짜 이름과 예명 같은 또 하나의 이름을 갖고 있었기 때문에. 그렇기도 하려니와 새로운 인생은 새로운 이름으로 시작함도 의미 있는 일이라고 생각해서였다.

여기서 바르트가 말하는 기호의 신화적 생성을 말하는 것이 좋겠다. 물론 EE 는 찬스의 말을 잘 알아듣지 못한 것이 사실이다. 그러나 그게 그런가? 찬스(기표-1)라는, 즉 기회(기의-1)라는 뜻의 말이 이름(기호-3)으로 적합한가? 이런 것을 따짐은 성명철학에 관한 이야기가 되겠지만 EE는 실상 그녀의 귀에 들려온 소리들(일차 기표)에 걸맞는 이름을 제대로 된 이름의 질서(즉 이름의 계열체) 속에서 신속하게 찾아낸 것이다. 새 이름 〈촌시 가디너〉는 하나의 통합체이다. 소리 이미지의 변형은 EE의 세계에서 어쩌면 자연스러운 것인지도 모를 일이다. 찬스라는 이름은 이상하지 않은가? EE가 잘못 들은 게 아니라 찬스라는 이름이 원래부터 잘못되어 있었던 것이었다. 이름은 은유이다. 찬스는 이상한 은유로부터 어쩌면 제대로 된 은유를 얻게 된 것이다.

바르트의 신화론에서 보다 중요한 것은 이런 것이 아니라, 이차언어의 수준에 있는 〈촌시 가디너〉라는 이름(기표-1)이 찬스의 원의미를 변형시킨다는 사실이다. 기표-1에 새로운 주인이 들어와 앉은 것이다. 그리고 〈촌시 가디너〉가 함께 가지고 온 새로운 의미(바르트는 이것을 의상 concept이라고 부른다)가 의미작용을 다스리기 시작한다.

찬스의 부상을 점검한 의사는, 찬스가 다리에 가벼운 충격을 받은 정도이고 뼈가 상한 것은 아니므로 하룻밤 자고 나면 괜찮을 것이라고 했다. EE 는 그날 저녁 자기보다 훨씬 나이가 많은 남편 랜드 씨와 다 같이 식사하자고 찬스를 초대한다. 찬스는 이에 응한다. 그는 EE 의 남편 랜드 씨가 자기에게 집을 나가라고 하지나 않을까 생각하기도 하지만 아무 걱정 없이 태연했다. 〈매사 일어난 일마다 귀착점이 있기 마련이었으므로, 또 그가 할 수 있는 최선책이란 그의 앞으로 다가올 조짐만 참고 기다리면 되는 것이어서, 그는 두려워할 필요가 없었다〉(32쪽). 애초부터 그는 운명을 앞질러가는 영웅이 아니라 운명이 열어 주는 문을 기다리는 소극적 영웅이었다.

저녁식사 때 만난 집주인 랜드 씨는 찬스가 섬기던 노인만큼이나 늙은 사람이었다. 그리고 그는 다 죽어가고 있는 행색이었다. 랜드 씨는 찬스를 보며 찬스가 건강해 보이는 행운의 사람임을 말하고 혹시 어 교통사고 때문에 사업에 지장은 없는가고 묻는다.

여기서부터 찬스와 랜드 씨의 대화는, 또 찬스가 앞으로 만나는 도 든 사람과의 대화는 두 개의 다른 평면에서 이루어진다. 찬스가 다른 사람들의 질문에 대답하는 수준은 외시의미의 평면이자, 일차언어의 평면이다. 그러나 찬스의 이런 수준의 대답에 반응하는 다른 사람들은 성급히 함축의미의 평면, 즉 이차언어의 수준으로 옮겨간다. 일자드 식꾼 정원사 찬스가 정원일의 경험에 빗대어 겨우 말하는 환유적 언급들의 수준을 조심스레 눈치껏 이어가고 있는 동안, 상류사회의 세련도 었지만 상투화된 화법은 은유의 넓은 하늘을 나른다. 동문서답식 대화였는데도 상류사회인들은 〈실수 없이〉(실제로는 우스운 실수이다) 찬스의 의중을 추상화한다.

가령, EE가 찬스의 이름을 촌시 가디너로 알아들은 것부터가 그렇다. 랜드 씨가 찬스에게, 이 사고로 사업에 지장이 없는가를 물었을 때 찬스가 한 대답과 그에 대한 랜드 씨의 반응이 그렇다. 찬스는 다음과 같이 대답했다.

〈사고가 났을 때 저는 꼭 무슨 일이 일어나리라 예상했지요〉라고 대답하고는 대답이 시원치 않게 되었다 싶어 그는 다음과 같이 덧붙였다. 〈간섭을 받지 않고 일할 수 있고 철 따라 성장할 수 있는 적당한 정원을 찾는 일이 쉽지가 않아요. 기회들이 별로 남아 있지가 않은 것 같습니다. TV에선 그런 정원을 본 적이 없어요. 삼림과 정글과 이다

금 나무 한두 그루는 보았지만, 제가 일하며 심어놓은 것들이 자라는 것을 볼 수 있는 정원은 없었어요.〉

랜드 씨의 대답——〈가디너 씨, 잘 말했소이다. 그건 진정한 기업인이 무엇인가에 대해 하는 완벽한 서술이 아니겠소? 자기 손으로 토질이 박한 흙을 소출이 많은 흙으로 바꾸고, 자기 이마에서 나오는 땀으로 물을 주며, 자기의 가족과 공동체를 위한 값진 곳으로 바꾸는 사람. 그렇고 말구요, 촌시 씨, 훌륭한 은유입니다! 생산적인 기업가는 과연 자신의 포도밭에서 일하는 노동자이지요!〉

굉장한 은유라! 랜드 씨는 추상화하여 스스로 끌어낸 결론 위에 초면인데도 찬스에 대한 절대적 신임을 심는다. 각설하고, 랜드 씨는 찬스를 너무나 좋아하게 되어 자기 아들처럼 대하고 싶다라던가, 자기가 죽거든 EE를 보살펴달라는 부탁의 말을 할 정도로 관계가 급속히 발전한다.

그 다음날 미국 대통령이 뉴욕시에서 연설할 일이 있어 그곳을 방문하는 길에 자기를 만나러 올 것인데 같이 만나자고 찬스에게 말한다. 엄청난 기회들이 찬스에게 너그럽게 흘러 들어오기 시작한 것이다.

사운드 바이트

찬스가 랜드 씨 집에 온 둘쨋날, 무식쟁이 찬스, 아니 촌시 가디너 씨는 미국 대통령을 랜드 씨 저택에서 만나는 행운의 기회를 갖는다. 대통령은 그에게 〈가디너 씨, 만나서 반갑습니다. 그간 말씀 많이 들어오고 있었읍니다〉라고 말하며 소파에 앉았다. 찬스는 어떻게 대통령이 자기에 대한 것을 많이 들을 수 있었는지 의아해 한다. 〈말씀 많이 듣고〉 있었을 리는 없고, 그냥 만나서 하는 상투어임은 두말할 나위 없다. 그러나 TV로 언어생활을 독학해 온 찬스에겐 상투어의 수준이 따로 없었다.

대통령은 랜드 씨의 병에 대한 이야기를 나눈 후, 미국이 봉착한 경제적 난국에 대한 긴 대화를 랜드 씨와 나눈다. 찬스로선 전혀 감이

잡히지 않는 내용들이라 보안 유지상 일부러 다른 언어를 쓰는가 보다
하고 생각한다(이것은 찬스에게 기호학적 안목이 없지 않음을 시사한다.
그는 메타 언어의 수준에서 그렇게 생각한 것이다). 두 사람만의 긴 대담
후 대통령은 느닷없이 찬스에게 묻는다. 〈가디너씨께선 금융가의 불
순한 계절(불경기를 뜻함)에 대해 어떻게 생각하시나요?〉

　찬스가 금융가의 경제전망을 알 턱이 없다. 찬스는 움츠러든다. 방
바닥을 내려다보다가 이윽고 입을 열었다. 〈정원에선 자라는 데 다 제
계절이 있지요. 봄과 여름이 있는가 하면, 가을과 겨울이 있고, 그러
고 나면 다시 봄과 여름이 오듯이 말입니다. 뿌리만 잘리지 않는다면,
다 좋고 다 잘 되리라 생각합니다〉(45쪽). 찬스는 눈을 치켜뜬다. 랜
드 씨는 만족스레 고개를 끄덕인다. 대통령은 찬스의 의견에 과히 만
족해 하면서 말한다. 〈가디너 씨가 방금 하신 말씀은 제가 아주 오랜
만에 들어보는 상쾌하고 낙관적인 말씀입니다. 우리들 대부분이 자연
과 사회는 하나임을 잊었죠! 그래요, 우리가 자연으로부터 절연하려
고 애써봤자 우리는 아직 자연의 일부가 아니겠습니까. 자연처럼 우리
의 경제체제는 장기적으로 볼 때 안정되고 합리적인 것이라고 볼 수 있
으니까 두려워할 필요는 없는 것이지요. 우리는 자연의 불가항력적인
계절들은 환영하면서 우리 경제의 계절에 대해서는 안절부절하고 있으
니 우리는 얼마나 어리석은가 말입니다!〉(45쪽). 대통령은 찬스의 사
운드 바이트에 고무되어 꽤 긴 해설을 붙였다. 대통령은 랜드 씨에게
몸이 좀 좋아지거든 EE와 함께 대통령 관저로 오라고 초대하면서, 찬
스에게도 자기와 가족들을 방문해 주면 영광이겠노라고 인사치레의 말
을 잊지 않았다.

　대통령은 곧장 누욕시에 있는 경제연구소 연차회의장으로 헬리콥터
를 타고 날아가서 미국의 경제사정에 대해 참가자들을 안심시키는 연
설을 했다. 놀랍게도 그가 한 연설의 골자는 찬스가 한 말의 재탕이었
다. 〈봄에도 한철이 있고 여름에도 한철이 있습니다. 그러나 불행히
도 지구라는 정원과 마찬가지로 부득이하게 춥고 폭풍이 부는 가을과

겨울철도 있는 법입니다〉라고 말하면서, 산업의 씨앗들이 나라의 생명 속에 굳건히 묻혀 있는 한 국가 경제는 다시 풍요로워질 것이라는 연설을 했다. 그는 랜드 씨 자택에서, 인플레의 유리한 효과에 대해 랜드 씨랑 촌시 가디너 씨와 가장 유익한 상담을 나누었노라는 말까지 했다(48쪽). 이것이 대통령의 연설에서 찬스의 이름이 처음으로 언급되어 미디어의 주목을 끌게 된 동기가 되었다. 이로부터 찬스에게 뜻밖의 기회들이 홍수처럼 흘러 들어오게 되었다.

이 일을 계기로 미국의 뉴스 미디어는 찬스를 대통령이 경제정책에 대해 자문을 청할 정도의 새 인물로 부상시킨다. 그 다음날 〈저녁 뉴스〉라는 TV 대담에 초청되어 나가서 예의 정원과 나무 키우는 이야기를 TV 사회자와 거의 동문서답식으로 나눈다. 그러나 말은 척척 들어맞게 해석되어, TV 사회자는 〈재정가시요 대통령의 고문이시고, 진정한 정치인인 촌시 가디너 씨에게 다시 한번 감사를 드립니다〉(56쪽)라는 찬사로 TV 프로그램을 끝낸다. 신문에는 대통령의 연설문과 찬스가 TV 프로그램에서 한 말이 나란히 실린다. 코신스키의 소설은 이와 같은 기상천외할 이야기로 계속 이어진다.

찬스가 대통령과 나눈 말이나 TV 방송에 나가 한 말이나 대통령이 연설에 인용한 찬스의 의견이 모두 사운드 바이트이다. 이 짤막짤막한 이야기들은 현대 뉴스와 정치연설의 주특징을 이루고 있다. 찬스는 〈복잡한 문제들을 가장 단순한 인간적 용어로 치환시킬 수 있는 신비스러운 능력을 지닌 사람〉으로 알려지게 된다(88쪽). 그런데 이런 사운드 바이트에 바로 TV 현실이 갖는 맹점들이 있고, 대중이 빠지는 함정이 있다. 어느 저녁 초대석에서 한 여인은 다음과 같은 말을 한다. 〈맙소사, 이 나라에선 우리가 현실을 꿈꿀 때 TV는 우리를 일깨워 준답니다〉(89쪽). 이것은 현학적으로 뒤틀린 말이지만 정곡을 찌른다. 실제로 일어나는 일은 TV가 우리를 일깨워준답시고 사운드 바이트를 쏟아낼 때, 현실이 시야 밖으로 사라져버리는 것이다. 이 역설이 바로 미디어 신화이다. 일자무식꾼 찬스는 이런 미디어 신화의 한복판에서 아무도 감히 제시하지 못하는 시대의 지혜를 들려주고 있었던 것이다. U. N. 에서 만난 독일 대사는 찬스에게, 〈TV에서 보여주신 정치와 경제에 대한 귀하의 자연주의적 접근방식에 경탄해 마지않았습니다〉라고 말할 지경이었다(76쪽).

사운드 바이트는 본색이 들통날 확률이 적다. 찬스는 자신도 알지 못하는 사이에 그런 담론 위에서 괄목할 만한 성공을 거두고 있는 것이다.

불확실성의 흡수

찬스와 이야기를 나눈 사람들은 누구나 상당한 불확실성을 흡수하며 자기 나름대로 어떤 황금률에 걸맞는 지점에서 결론들을 내리고 있다. EE와 랜드 씨를 비롯해서 대통령, 미디어, 서방 세계의 대사들이 그랬다. 찬스의 상대방들이 한 불확실성의 흡수는 찬스가 갖는 후광효과 halo effects에 기인한다. EE는 우선 찬스의 이미지에 매혹된 여자였다. 찬스를 노인의 집에서 쫓아낸 변호사의 부인이 찬스를 TV에서 보고 변호사에게 들려준 말은 찬스가 〈훌륭하게 맵씨를 냈고 아름다운 목소리를 가진데다가 테드 케네디와 캐리 그랜트 중간 고습의 굉장한 인사〉(58쪽)라는 묘사였다. 찬스의 이런 인상에 EE가 반해 넘어가자 덩달아 랜드 씨가 넘어갔던 것이다. 찬스가 랜드 씨의 후광 속에 들어가자 대통령도 찬스를 높이봤고, 미디어도 찬스를 영웅시하는 등 찬스의 이미지는 도미노현상의 고리를 확대시키게 된 것이다.

이런 연쇄반응 속에서 찬스는 어느 출판업자를 만난다. 다음에 예를 보인 바와 같이, 출판업자와의 대화는 두 개의 전혀 다른 평면에서 일어난 담론이면서도 톱니바퀴의 이빨들이 맞아 들어가듯 착착 진행된다. 출판업자는 찬스에게 백만 달러 단위의 선금을 지불하겠노라며 책을 써달라는 주문을 한다.

〈저는 쓸 수 없습니다〉라고 찬스는 대답한다. 두말할 것 없이 너무나 솔직한 대답이다. 출판업자는 이 대답을 다른 평면에서 다르게 알아 듣는다.

출판업자는 웃으면서 말한다. 〈물론입죠, 요즘에 누가 손수 쓰겠습니까? 문제될 게 없습니다. 저희가 최상급 편집인과 연구 보조원을 대드리기로 하지요. 저는 우리집 애들에게 하다 못해 엽서 한 장조차 써 보내지 못합니다. 그게 뭐 별거겠어요?〉

〈저는 읽을 수도 없단 말씀입니다.〉찬스의 말이다.

〈물론 못 읽으시겠죠. 읽을 시간이 있는 사람이 누가 있나요?〉(87쪽). 이야기는 이런 식으로 진행된다.

찬스와 그가 만나는 사람들 사이에 일어난 대화들은 사실 코신스키가 만들어낸 말들이지만, 이와 비슷한 실제 상황이 포스트모던 사회에서는 여기저기서 일어난다. 찬스는 끈질기게 순전한 언어-물체의 수준(정원일의 경험의 수준)에서 가식 없는 외시의미를 따라 기본적인 담론을 하고 있지만 사람들은 후광효과의 건너편에서 신화적 담론을 펼친다. 실상 찬스 신화를 만드는 사람은 찬스 자신이 아니라 주변 사람들이다. 찬스 자신은 비신화적 세계를 걷고 있지만 주변 사람들은 신화적 세계에서 부영하고 있다.

포스트모던 시대의 문제는 찬스 같은 사람들이 세계에 어떤 심각한 영향을 미칠 가능성에만 있는게 아니라, 모두가 한결같이 모호한 신화 세계를 꾸미고 그것에 미혹되어 그 안에서 떠도는 것이다. 예컨대 포스트모던 정객들과 미디어 시청자들은 〈추상정치 politics of abstractions〉의 상황에서 동상이몽의 신화를 생활화하고 있는 것이다. 사람들은 자신들이 모호한 수사에 한없이 취약하면서도 모호한 수사에 가담하는 일에서 삶의 방식을 찾으려는 모순에 빠져 있다.

통시적 텍스트 분석

지금까지 코신스키의 영웅인 찬스의 이야기를 해오면서 바르트의 신화론과 프로프의 형태론의 기본 개념들과 골자를 살펴왔다. 찬스의 이야기를 마치면서, 우리가 찬스를 통해 무엇을 깨달을 수 있는지 종합해 보자. 우선 텍스트의 분석을, 문장, 의미, 기능의 세 가지 수준에서 설명해 보자.

문장과 신화소

앞에서 밝힌 바와 같이, 바르트(1972)는 신화와 이데올로기를 같은 수준에서 다루고 있다. 좀더 상세히 말하면, 이데올로기가 구체적으로 명시되는 것은 신화를 통해서이다. 그런데 신화는 이야기체로 조직되어 있다. 이야기체는 무엇으로 조직되어 있는가? 그것은 문장을 기본 직조로 하여 이루어진다. 물론 하나의 문장은 형식상 한 묶음의 단어들로 된 통합체이다. 그러나 그 기능은 무엇인가?

바르트(1975)는 완성된 문장은 곧 이데올로기라고 말한다. 즉 문장은 이데올로기를 나르는 기본 운반체이다. 또한 함축 의미도 이데올로기의 파편이 된다(Barthes, 1967).

방금 말한 것은 문장의 여러 가지 면모 중 하나에 불과하다. 문장을 이야기체와 관련시켜 이해해 보자.

바르트는 이야기체를 〈하나의 긴 문장〉이라고 정의한다(1977, 84쪽). 여기서 긴 문장이라 함은 여러 개의 문장들로 된 통합체를 말한다. 하나의 이야기체에는 여러 가지 문장들이 들어가 있지만, 문장들이 한 평면에 나열되어 있는 것이 아니라 여러 개의 층으로 분산되어 복잡한 조직을 하고 있다. 이야기체의 입체적 조직 안에서 같은 문장일지라도 어느 층에 있는가에 따라 그것이 배태하는 의미가 달라진다. 담론 역시 하나의 긴 문장이라고 정의되는데(84쪽), 그것은 같은 차원의 언어로 된 문장이 아니라 낮은 차원에 대한 이야기를 하기 위해 더 높은 차원의 언어로 된 문장이다. 좀더 구체적인 예를 들면 함축언어가 외시수준의 사건들을 말할 때 담론이 되는 것이지 외시 언어로 외시 언어 수준을 이야기하는 것은 담론이 못 된다.

레비-스트로스(Lévi-Strauss, 1967)가 신화소 mytheme 라고 부른 것에 대해 간단히 언급해야겠다. 신화소는 신화의 기본적 최소단위이다. 그것은 보통 신화 속에 이야기되는 중요한 관계들을 묶어서 표현하는 짤막한 문장으로 이루어진다. 달리 말하면, 신화소의 특징은 관계들의 복합체를 표현하는 문장(들)이라는 점이다. 가령 오이디푸스 신화에서, 레비-스트로스는 〈오이디푸스는 그의 아버지를 죽인다〉, 〈오이디푸스는 그의 어머니를 죽인다〉 같은 신화소들을 제시한다. 하나의 신화 텍스트에는 보통 여러 개의 신화소가 들어 있다.

찬스 신화의 신화소들은 무엇인가? 〈찬스는 읽고 쓸 줄 모른다〉, 〈찬스는 늘 TV를 본다〉, 〈찬스가 대통령을 만난다〉, 〈찬스가 TV에 나온다〉, 〈모든 사람이 TV 속의 찬스를 본다〉, 〈찬스가 사실을 말하면, 사람들은 은유로 해석한다〉, 〈찬스는 문화 속에서 일어나는 일을 모른다〉, 〈찬스는 자연 속에만 존재하고, 문자문화 속에는 존재하지 않는다〉, 〈그러한 찬스가 대통령의 고문으로 알려진다〉 등이다. 간단히 종합하면, 정원일밖에 해본 일이 없고, TV밖에 볼 줄 모르는 일자무식꾼 찬스가 대통령의 정치-경제 고문으로 알려진다.

신화소들로부터 어떤 신화가 말하고자 하는 주제의 가장 기본적 수준에서 이루어진 문필적 표현들을 발견하게 된다. 신화소들은 신화와 반신화의 양면성을 동시에 암시한다. 뒤에서 찬스 신화에서 자연스럽게 유도되는 반신화(또는 역신화)의 필요성에 대해 다루기로 한다.

의미의 의미

의미는 텍스트와 상호작용을 하는 텍스트 독자의 마음속에서 생산된다. 따라서 문장 자체에 어떤 의미가 있다고 생각하는 것은 잘못된 생각이다. 엄격하게 말해서 문장이 가지고 있는 것은 의미 자체가 아니라 의미의 잠재력이다(그러나 편의상 의미 잠재력을 그냥 〈의미〉라고 부르기로 한다).

하나의 이야기체가 의미를 내포하는 형식은 〈차원이론〉이라고 부르

는 것에 의해서 알아볼 수 있다. 방브니스트를 따라 바르트는 차원기
론이 제시하는 두 종류의 관계들을 가지고, 이야기체가 그것의 구조
속에 의미를 내포하는 형식을 설명하고 있다. 그 두 가지 관계란 분산
적 관계 distributional relations 와 통합적 관계 integrational relations
이다. 관계들이 동일 평면에 분포되어 있을 때 분산적 관계라고 하는
데, 이런 관계들은 이야기체가 내놓는 의미를 설명하는 데 미흡하다.
관계들이 서로 다른 평면에 분산되어 있어서 한 평면의 관계를 다른
평면에 의하여 파악할 수 있을 때, 그 관계들을 통합적 관계라고 한
다. 바르트에 의하면, 자기 자신의 수준에서 의미는 생산될 수 없고,
어떤 수준에 있는 의미의 단위가 한층 높은 수준으로 통합될 때 비로
소 의미를 갖게 된다(1977, 86쪽).

예를 들면, 찬스가 외시 언어의 수준에서 하는 말들 자체나 찬스 주
변 사람들이 함축 언어의 수준에서 하는 말들 자체는 이야기체적인 의
미가 없다. 그것들은 단지 자기 평면 위에서 서술하고 있는 것에 불과
하다. 그러나 찬스의 외시 언어가 랜드 씨의 함축 언어의 수준에 통합
되었을 때, 그것은 〈굉장한 은유〉라는 의미를 생산했다. 랜드 씨가
〈굉장한 은유〉라고 한 담론을 독자가 메타 언어 수준에 통합시킬 때
랜드 씨의 해석은 〈웃기는 것〉이라는 또 다른 의미를 생산한다.

의미는 수준의 차이에서 일어나기 때문에, 〈차원들은 조작들〉이라
고 바르트는 지적한다(86쪽). 차원은 의미를 생산하는 조작이다. 따라
서 신화의 독자가 하나의 이야기체를 이해하기 위해서는 독자가 스스
로를 어느 차원에 삽입하고 어떻게 움직여야 하는지 알아야 한다. 비
유적으로 말하자면, 피아노 위에서 어떤 한 음계의 키만을 두드리고
있어서는 아무 재미가 없다. 손가락이 다른 음계들 위를 움직이고 있
을 때 비로소 흥겨운 가락이 일어나는 것이다. 마찬가지로 물체가 동
일한 電界 위에서 움직이고 있을 때는 아무 일도 일어나지 않는다. 그
러나 그것이 서로 다른 전계 속을 움직일 때 전압이 발생하는 것이다.
이를테면 의미는 구배 gradient 같은 것이다. 무엇엔가 거슬려 움직이

지 않고는 의미가 발생하지 않는다. 차이의 발견이 의미 생산의 기본이고 차원은 의미 생산의 조작을 내포하는 수직구조이다. 요약하면, 동일평면의 수평운동은 의미 생산을 못하고, 의미 생산은 다른 차원들을 거스르며 수직으로 움직일 때 일어난다.

토도로프 Todorov는 또 다른 두 가지 이야기체의 수준들을 제시하고 있다. 하나는 이야기의 수준이고 다른 하나는 담론의 수준이다(in Barthes, 1977, 87쪽). 이야기의 수준은 논리와 논의 argument의 두 수준을 동시에 포함한다. 이야기의 수준에서 이야기 속에 나오는 행위들의 논리가 무엇인가를 따짐으로써 의미를 얻을 수 있다. 여기서도 하나의 이야기체를 이해하기 위해서, 풀려나가는 이야기를 좇아가는 일만으로는 부족하고 이야기의 수평적 전개가 어떻게 수직구조와 관계되어 있는가를 알아야 한다.

담론은 이야기체의 형태적, 수사적 양태의 수준이다. 앞에서 말한 대로 담론은 낮은 차원에 대한 이야기를 한층 높은 수준에서 하는, 이를테면 함축적이고, 메타 언어적 수준의 것이다. 한편 담론은 시간의 차원을 포함한다.

종합하면, 독자가 이야기체를 읽는 두 가지 양태가 있다. 하나는 수평적 읽기이고 다른 하나는 수직적 읽기(또는 통합적 읽기)이다. 수평적 읽기의 한 가지 재미있는 예는 디스텍시아 dystaxia라고 하는 것에서 볼 수 있다. 디스텍시아는 기호들이 교란된 상황을 가리킨다. 그것은 어떤 텍스트 안에서 기호들이 중첩되기만 하는 게 아니라 논리적 선형성이 교란될 때 일어난다(Barthes, 1977, 118쪽). 이때 하나의 기호는 단 하나의 기의밖에 가지고 있지 않으면서도 여러 개의 기표들로 파편화된다. 음악 비디오가 가장 적절한 예이다. 음악 비디오는 수평적 읽기만을 요구하기 때문에 거기서 아무 의미를 얻어낼 수 없다. 그것은 단순히 현란스런 기표의 홀림을 따라가며 소모적 즐거움을 느끼게 할 뿐이다.

수직적 읽기는 이야기체에 들어 있는 역할들을 통합하여 한층 높은 수준의 종합으로 변환시키는 읽기방식이다. 바르트는 〈이야기체는 종합(흔히 논의라고 불리우는)을 허용한다〉(1977, 120쪽)고 쓰고 있다. 〈종합〉이야말로 통합체적 담론을 그 근본적 의미를 손상시지 않고 탁축적 표현으로 치환한 형이 된다.

기능의 의미

기능은 이야기에 나오는 인물들과 관련되어 있기는 하지만 인물들 자신은 아니다. 기능은 이야기체의 최소 단위이다. 이 최소 단위를 결정하는 기준은 의미이다. 기능은 이야기체의 어느 부분이 〈무엇을 말하느냐〉하는 뜻, 즉 하나의 조작적 기의를 가리킨다(Barthes, 1977, 90쪽). 그것은 문장보다 한 차원 낮은 단위(한 단어나 단어의 일부)일 수도 있다.

기능들 역시 분산적 기능과 통합적 기능의 두 종류로 나누어진다. 바르트는 특히 통합적 기능을 지표라고 부른다(92쪽). 그래서 기능이라는 말은 분산적 기능만을 지칭하는 말이 된다.

특별히 기능은 행동적 의미와 관련되어 있다. 달리 말하면, 그것은 행위에 관한 것이다. 이 관점은 프로프가 기능을 〈한 주역의 행동〉이라고 정의한 것과 한 맥을 이룬다(Propp, in Barthes, 1977, 89쪽).

기능이 행위에 대한 것임에 비해서 지표는 존재에 대한 것이다. 기능은 수평적 성격을, 지표는 수직적 성격을 가지고 있다. 기능은 한 평면 위에서 일어나는 조작을 가리킴에 비해서, 지표는 그 조작이 더 높은 평면에 유도하는 기의를 가리킨다. 예를 들어보자. 〈찬스는 읽을 줄도 쓸 줄도 모른다〉(Kosinski, 1970, 5쪽)라는 문장은 찬스의 행위——결함 있는 행위——에 대한 것이므로, 그것이 찬스의 기능을 나타낸다. 이것을 한층 높은 수준에서 내려다보면, 찬스는 〈무식함〉의 지표가 된다. 그의 존재양식은 무식한 사람이다. 그것이 그의 기능이다. 또 다른 예를 들면, 〈그〔찬스〕는 〔TV〕 채널을 바꿈으로써 그 자신을 바꿀 수 있었다〉(5쪽)라는 문장은, 찬스가 TV 즈작자의 기능을 함을 말한다. 동시에 찬스는 자신의 존재양식을 결정하는 〈조그마한 섭리(기의)〉의 화신이 된다. 〈그래서 그는, 지금의 자신을 만드는 것은 다른 사람이 아닌 찬스 자신이라고 믿게 됐다〉(5쪽).

또한 기능은 계열체적 실증이 됨에 비해서, 지표는 항상 통합체적 실증이 된다(Barthes, 1977, 93쪽). 예를 들면, 찬스는 자신과 TV로 묶인 소우주 속에서, TV 다이얼을 돌리는 일로 자신의 전 존재를 마음대로 조작하는 작은 신(神), 작긴 하지만 초기의가 된다. 바꿔 말하면, TV 앞에 앉아 있는 조작자는 더 높은 세계에 있는 어떤 지표, 즉 초기의를 넌지시 지시한다. 그러나 지표는 항상 암시적 기의를 갖는다. 찬스는 자신이 그 소우주의 신이 되고 있음(하나의 통합체)을 믿고 있을까?

한편 찬스는 다이얼을 돌려 TV 채널들(계열체)을 바꿈으로써 스크린 위에 변화무쌍하게 변모하는 자신의 영상들을 본다. 뿐만 아니라 〈다이얼을 돌려〉, 〔TV 스크린 속의〕 〈다른 사람들을 자신의 눈꺼풀 속으로 데리고 들어올 수도 있다〉(5쪽). 이 문장은 찬스가 TV와 그의 세계 속에서 존재의 계열체들과 상호작용을 하는 모습을 보여준다.

요약하면, 기능은 환유적 관계자료를 수반함에 비해서 지표는 은유적 관계자료를 수반한다(Barthes, 1977, 93쪽).

바르트는 지표가 통합체적 실증이 된다고 했다. 통합체는 사건의 전개를 위한 시간의 경과를 암시한다. 그러나 바르트는 이야기체 속에서 시간은 〈기호학적 시간 a semiotic time〉으로 기능들의 체제 속에 동결된 하나의 구조적 범주에 불과하다고 본다. 〈이야기체의 관점에서 말하자면, 우리가 시간이라고 부르는 것은 존재하지 않거나, 아니면 최소한 오직 기능적으로, 즉 기호체제의 한 요소로만 존재할 뿐이다〉(99쪽). 이런 견해는 이야기체를 분석함에 있어서, 담론의 수준을 약화시키거나 무시하게 하고, 논리와 논의의 수준을 분석의 초점으로 삼게 한다. 즉 이야기체의 분석은 이야기체의 연속체를 〈탈시간화 dechronologize〉하고, 그것을 〈재논리화 relogicize〉하는 일이 된다(99

218

쪽). 이것은 〈비시간적 모반구조 an atemporal matrix structure〉 속에 시간의 질서가 흡수되어 버릴 운명임을 뜻하고(Levi-Strauss, in Barthes, 1977, 98쪽), 시간이 분석자가 펼치는 새로운 담론의 질서에 맡겨진 기생변수임을 암시한다(제12장에서 논의될 그레마스의 기호학적 사변형은 그 안에서 실제 시간이 죽어 버린 비시간적 모반구조라고 볼 수 있다).

기능들을 비시간적 모반구조 속에 위치시켜 놓았을 때, 분석자의 담론이 추적하는 것은 이야기 속의 기능들이 실제 시간에 따라 진행하는 것이 아니라 논리적 흐름이다. 이 논리적 흐름을 순차 sequence 라고 부른다(101쪽). 그리고 이런 순차는 가령 〈사기〉, 〈배반〉, 〈투쟁〉, 〈계약〉, 〈유혹〉 같은 이름을 얻게 된다. 순차가 이름이 될 때 시간은 사라진다. 다시 말하면 이름 속에 시간은 없다. 모세가 하나님에게 이름을 물었을 때 대답한 말, 〈나는 곧 나다 I am who I am〉(「출애굽기」, 3:14)라고 대답한 말은 축자적으로도 그렇다. 〈그냥 있는 일〉로부터 다음의 〈그냥 있는 일〉로 연속적 순차를 이어가는 것, 그것이 신의 기능이다.

탈시간화에 의해서 논리적 순차로부터 이름을 얻어나는 것은 순전히 메타언어 수준의 담론이다. 더욱 중요한 것은, 이런 담론에 의해서 이야기체의 코드가 발견된다는 사실이다(101쪽).

순차는 그 자체로 독립된 것이 아니라 그와 공존하는 다른 가능성들로부터 선택된다. 그것은 그것과 다른 순서로 선택될 가능성들을 가지고 있기 때문에, 순차는 〈위협받는 논리적 단위〉(102쪽)가 된다. 찬스가 TV 출연을 〈수락〉한 일이 의미를 띠는 것은, 그가 〈거부〉할 수도 있는 다른 순차의 위협이 있었기 때문이다.

공시적 텍스트 분석

그레마스에 의하면, 모든 텍스트는 영원성과 통시성 두 가지 특성을 동시에 지닌다. 비슷한 맥락에서 레비-스트로스는 모든 신화에 구조성과 과정성이 공존함을 밝혔다. 소쉬르 역시 텍스트에 내재하는 공시성과 통시성을 제시했다. 이들은 대체로 같은 이론을 말하고 있다. 앞에서 통시적 과정성에 대한 것, 즉 찬스 신화의 통합체를 논의했으므로 이 절에서는 구조성, 공시성, 영원성에 초점을 맞추기로 한다.

구조성, 공시성, 영원성이라는 세 가지는 무엇을 가리키고 있는가? 그 대상성은 무엇인가? 구조주의 기호론에서 이들은 다 같이 텍스트의 근간을 이루는 이항대립쌍들을 가리킨다. 이항대립쌍은 텍스트에 묻혀 있는 잠재적 구조이고, 그것은 텍스트의 담론적 줄거리에 관계없이 무시간적이며 궁극적 의미들을 내포하고 있는 틀을 이룬다. 나는 이 틀을 〈물고기 뼈대 구조〉라는 은유로 표현하고자 한다(제12장 및 Kim, 1992 참고).

한 마리의 물고기를 다 먹고 나면, 뼈와 가시가 드러난다. 물고기 살 속에 숨어 있던 잠재적 구조를 보면서 먹은 물고기의 맛을 음미한다. 찬스 신화의 명시적 구조——즉 통시적 구조——를 벗겨냈으니 그 안에 숨어 있던 잠재적 구조가 무엇이었나를 밝힐 차례이다.

앞의 찬스의 이야기에서 얻은 이항대립쌍들을 모으면 다음과 같다.

존재 : 부재

필연 : 우연

문자 커뮤니케이션 : 언어 커뮤니케이션

보여지는 일 : 보는 일

함축 : 외시

문화 : 자연

실체 : 이미지

물고기의 가시들을 모아놓은 것 같은 이항대립쌍의 한 묶음은 신화 텍스트의 총체적 이미지다. 여기에는 신화적 담론이 고도로 응축되어 있다. 이것은 시간의 흐름이나 담론의 구체적 줄거리를 초월하여 신화 소비자의 가슴에 어떤 불변의 메시지를 전한다.

찬스 신화의 코드

문자 문화가 주종을 이루는 현대 생활의 코드는 기록과 감시당함 두 가지이다. 문자 문화는 자연의 실존들을 송두리째 무화시키는 포악한 정권이다. 그것은 인간만이 창조할 수 있는 특별한 세계로, 그 안에 살 수 있는 시민권은 언어 커뮤니케이션 외에 자의적으로 만들어진 글자들을 제대로 보고 다룰 수 있는 특수한 시각 커뮤니케이션 능력에 의해 얻어진다.

문자 문화 정권의 시민이고자 하는 한, 자신의 존재를 공고히 할 수 있는 방법은 다른 사람들을 쳐다보는 일이 아니라 다른 사람들에게 어떻게든 보이는 일이다. 다른 사람의 눈 밑에서 움직이고 있지 않으면, 그의 실존은 불확실한 우연에 내동댕이쳐진다. 다른 사람들의 감시(호의적으로건 악의적으로건) 아래에 있기 위해 사람들은 자신을 〈거기에〉 삽입시켜야 한다. 〈거기〉는 사람들의 눈 밑이고, 〈거기에 있는 한〉 필연적으로 일어날 일들은 일어나고 만다. 찬스는 그의 과거의 대부분을 TV만 봐왔기 대문에 자신을 송두리째 잃었지만, 〈저녁 뉴스〉 TV 프로그램에 나와 만인의 눈앞에 드러남으로써 비로소 그의 전 존재를 인정받게 되었다.

〈거기 있음〉은 포스트모던 문화 속의 존재양식이며 존재의 불확실성을 극복하는 방법이다. 문자 문화는 근본적으로 시각 문화이고, 그것은 전자 문화와 더불어 감시 문화이다. 제5장 끝에서 이야기된 〈초 방사회〉는, 법이라고 하는 문자 커뮤니케이션 형식이 문자 문화 속에서 삶의 양식을 구체적으로, 극단적으로 단속하는 양태를 암시하고 있다. 법의 기능이 인간의 사유를 대치하게 될 때 인간은 비인간화될 것이다. 〈거기 있음〉이 존재양식에 확실성을 보장하지만, 그것이 존재 의미의 확실성을 보장하지는 않는다. 오히려 존재의미를 무화시킬 수 있다. 인간이 인간이고자 할 때에는 〈거기 있음〉보다 더 높은 코드가 필요하다.

반신화

앞서 열거한 코신스키 소설의 신화소들이 함축하는 주제들은 문자 문화에 기생해 온 언어 문화와 TV에 의해 인위적으로 부활된 새 언어 문화가 서로 몸을 섞으면서 파생되는 언어 습성의 돌연변이들(진화가 아니라)과 관계된다. 예컨대 찬스는 문자 문화가 빠진 문화공간 속에서 전래의 원시적 언어 문화와 TV가 가져다 준 초현대적 언어 문화의 接面 interface 을 이룬다. 이 접면의 성격은 기회에 우연히 노출됨과 수동적 의식을 요구한다. 이 접면에서 찬스는 봇물 터지듯 밀려오는 문자 문화의 기회들을 만나지만 정작 무엇이 실제로 일어나고 있는지 알지 못한다. 그는 철저히 일차언어의 세계, 즉 외시의미의 세계에 갇혀 있는 사람이다. 기자들이 찬스가 한 말을 인용한 대통령의 연설에 대한 신문 사설에 관해 논평을 요구했을 때, 〈나는 신문을 읽지 않는다〉, 〈나는 그게 무슨 의미인지 모른다〉, 〈나는 TV 를 시청한다〉 등으로 답변한다. 어느 노기자는 찬스의 이런 답변을 전혀 엉뚱한 각도에서 받아들이며, 다음과 같은 찬사를 던진다. 〈공직에 있으면서 신문을 안 읽는 용기를 가진 사람도 별로 없고, 신문 안 읽는 일을 시인하는 뱃심을 가진 사람은 아무도 없습니다〉(80쪽).

우리를 놀라게 하는 것은, 이 노기자나 찬스의 주변에서 찬스의 모든 외시적 반응에 경탄하고 있던 랜드 씨, 대통령, TV 사회자, 외국 대사들의 神話語 들이 갖는 엄청난 가소성 plasticity 이다. 이들의 빗나간 신화어는 찬스의 순진한 이야기를 꼼짝 못하게 가두어 전혀 새롭게 포장해 냈다. 그러나 찬스가 한 말들의 알맹이와 신화 제작자들의 포장 사이에는 엄청난 공간이 존재한다. 이 공간이 갖는 의미는 매우 심각하다. 찬스의 이야기는 허구적 소설임에 틀림없지만, 찬스와 그의 주변 사람들 사이의 비슷한 상호작용은 문화, 정치, 경제, 종교 각 방면에서 일어날 수 있다. 어떤 중대한 의사결정이 이런 식의 담론에 기초해서 일어나고, 또 시행된다면 무슨 일이 초래될 것인가! 사실 이 가상적 위험이 소련 대사를 사로잡고 있었다. 그는 주미 소련 대사관 특수계 책임자에게 찬스의 신원을 파악해 오라고 명한다. 얼마 후 특수계 책임자가 대사에게 보고한 말은, 마치 그가 결코 존재한 적이 없는 것 같다는 것이었다. 대사는 그 따위 상상은 집어치우라고 호통친다. 〈가디너 같은 사람들이 매일 수백만 명의 운명을 결정하고 있소! 그가 존재한 적이 결코 없던 것 같다니! 당신 미쳤소?〉(104쪽). 대사는 노기에 차서, 소련도 아닌, 세계 최대의 제국주의 국가인 미국에, 그것도 20세기에, 죽은 영혼이 내려와 사람들을 홀리고 있다고는 믿지 않는다고 내뱉는다.

이런 가상적 위험성은 반신화의 출현을 요청한다. 반신화는 찬스의 존재를 부정하거나 그가 일으키는 현상들을 비웃는 것이 아니라, 오히려 찬스를 매개로 하여 노출되는 주변인들이나 주변 인자들의 행태를 비판하는 것이어야 한다.

찬스는 자기를 수용하지 못하는, 그래서 그의 부재 증명만을 보일 뿐인 문자 문화를 거부할 수밖에 없지만, 그의 거부를 각색하는 문자 문화의 엘리트들의 의도, 그 각색의 외설스러움을 전혀 알지 못한다. 희극적 비극이다. 더욱 비극인 것은, 찬스가 아무것도 모른다는 사실 자체를 모르는 문자 문화인들의 맹목이다. 눈먼 것들이 서로의 맹목을 부추기고 있다. 찬스가 대일 보는 TV에 밀려나고 있는 신문, TV라고 하는 시각매체가 문자라고 하는 시각 커뮤니케이션의 모체를 갉아먹고 있는 포스트모던의 자괴적 시대상황이 보인다. 거기서 찬스는 기회를 타고 있는 것이다. 과연 찬스는 계속 성공할 것인가? 찬스의 성공은 문화와 인류의 장래에 무엇을 의미하는 것일까?

제 9장 신화론　223

신화의 특성

많은 사람들이 상식적으로 이해해 온 신화는, 흔히 말하는 〈호랑이 담배 먹던 먼 옛날〉부터 있어온 허황된 이야기 같은 것이었을 것이다. 바르트는 이 생각을 뒤엎고, 신화는 바로 이 순간에도 많은 곳에서 헤아릴 수 없이 많이 만들어지고 있음을 알려준다. 어쩌면 우리는 신화 속에 파묻혀 살고 있는 셈이다. 그렇다면 아무 이야기나 다 신화가 될 수 있을까? 이 장을 마치면서 바르트가 밝힌 신화의 제한적 특성들을 살펴보는 것이 좋겠다.

바르트에 의하면, 신화는 〈커뮤니케이션 체제〉이고, 〈의미작용의 한 양태, 즉 形〉이다. 그는 〈담론이 옮기는 것이면 무엇이든 신화가 될 수 있다〉고 주장한다(Barthes, 1972, 109쪽). 하지만 여기서 〈담론이 옮기는 것〉이라는 조건을 잊어서는 안 된다. 실제로 바르트는 신화를 어떤 특별한 종류의 언술이라고 하면서, 신화의 여러 가지 제한적 특성들을 제시하고 있다.

우선 신화가 담론이 옮기는 커뮤니케이션의 형태라고 하는 것은 신화 제작자가 신화에 묻어놓은 어떤 의도나 동기가 있고, 신화 제작자가 신화 소비자에게서 바라는 어떤 기호작용에 대한 기대가 있음을 암시한다. 그렇다고 신화 소비자는 수동적 독자만은 아니다. 신화 소비자측에서 신화를 해석하는 특별한 동기가 있을 수 있다. 따라서 담론에는 어떤 이데올로기적 긴장이 있다.

신화의 두번째 특성은 역사성이다. 신화는 결코 자의적인 것이 아니라, 그것의 자료를 역사에서 얻어낸다. 〈신화론은 역사적 기초만을 가질 수 있을 뿐인데 그 이유는 신화가 역사에 의해 선택되는 언술의 한 종류이기 때문이다〉(Barthes, 1972, 110쪽). 특히 신화는 그것의 형을 역사 속에 있었던 다른 것에서 유추 analogy 한다. 즉 역사가 어떤 특정 신화의 형에 유추할 수 있는 것을 제공한다. 그러면 신화는 의미를 형으로 변환시킨다(131쪽). 여기서 유추는 동기화를 암시한다. 동기화는 옛 것과 새 것 사이의 형의 닮음을 의미하고, 그것이 신화가 담고자 하는 담론적 유추를 유도한다. 가령 이름이 이쁜 사람은 이쁜 짓을 하고, 이름을 바보같이 지어주면 바보같이 군다. 유사성 또는 유추의 대물림이 신화 속에서 일어난다. 모든 신화는 동기화를 내포하며 동기화가 신화의 복제를 가능하게 한다. 〈동기화되지 않은 신화란 없다〉(126쪽). 신화에서 동기화는 불가피한 것이지만, 그것은 늘 파편적이고 불완전하다. 가령 〈바보 온달〉과 〈온달 장군〉은 같은 온달에 대한 표현들이다. 동기화된 형들은 신화가 담고자 하는 표상의 가능성들일 뿐이다. 그러나 신화는 이 가능성을 필요로 한다.

역사성과 관련된 상황성이 신화의 세번째 특성을 이룬다. 역사로부터 빌려온 형에 담아내고자 하는 내용은 무엇인가? 그것은 意想이다. 〈바보〉는 바보의 역사적 전형이 있고, 〈장군〉은 장군의 전형이 있다. 이 의고적 이미지들은 역사에 내려오는 것들이다. 마찬가지로 바보의 의미와 장군의 의미도 역사를 흘러오는 전형적 내용을 갖고 있다. 온달의 신화는 역사와 시대적 상황이 교차하는 곳에서 생겨난다. 바로 거기에서 의상은 어떤 가치를 지니고 그 상황을 떠낸다. 그러나 형이 표상의 가능성에 열려 있는 것과 같이, 의상도 상황이 갖는 우연성에 열려 있다. 그래서 의상은 경향성으로 정의된다(119쪽).

이런 개방적 특성을 가진 의상은 전혀 추상적인 것이 아니라, 그것의 경향성에 의해서 통일성과 일관성을 찾을 수 있는 〈무정형의 불안정하고 모호한 응축〉을 이른다(119쪽). 이러한 응축상태는 의상의 깊이를 말한다. 사실, 형은 연장 extension 에 의해 유지됨에 비해, 의상은 깊이에 의해 유지된다. 의상의 깊음은 넓은 펴짐성(슨연성)과 결맞아서 의상은 기표의 드넓은 공간을 차지할 수 있다. 예컨대 단 하나의 의상을 표현하기 위해 한 권의 책 전체를 기표로 삼을 수도 있고, 반대로 어떤 풍요로운 역사로 가득 찬 의상을 한갖 미소한 형식을 가진 기표에 담을 수도 있다(120쪽). 결국 신화는 의상이 요구하는 〈과장 속에 정당화되는 언술이다〉(130쪽).

제 9 장 신화론 225

신화가 취하는 형들은 다른 것이 아닌 의상에 의해서 동기화된 수단들이다. 의상이 형을 취하면 형과 함께 있던 원래의 의미를 왜곡시킨다. 의상은 기표의 원의미를 추방시키지 않고, 그것을 왜곡시킴으로써 의상이 말하고자 하는 바를 돋보이게 한다. 온달의 원의미인 〈바보〉는 온달의 〈장군됨〉(의상)에 의해서 사라지는 것이 아니라, 온달이 극복한 역사와 그의 전기적 삶을 돋보이게 한다. 위인들의 약점이 평범한 사람들에게 위안과 격려가 되는 것은, 그 약점이 위인들을 평범한 사람들의 수준으로 끌어내리기 때문이 아니라, 그 반대로 〈약점이 있는데도〉 평범함을 초월할 수 있는 가능성을 평범한 사람들에게 보여 주기 때문이다. 이로써 평범한 사람들은 자기들도 비범해질 수 있다고 믿을 근거를 갖게 된다. 약점이 없었다면 전기적 인생도 뒤따르지 못했을 것이다. 성 어거스틴의 경칭인 聖은, 그의 젊은 시절을 욕되게 한 성추문의 性과 더불어 그의 신화를 이룬다. 둘 중 하나가 없었다면 그의 신화는 성립하지 못했거나 아니면 어느 시대에나 있는 난봉꾼 내지는 평범한 성인의 무미건조한 이야기로 퇴색하고 말았을 것이다.

마지막으로 신화의 表意的 특성을 알아보자. 바르트에 의하면, 〈신화는 순전한 표의적 체제 a pure ideographic system 로서 의상이 표상하고자 하는 가능성들의 총체를 망라하기에는 아직 미흡하지만, 아직 의상에 의해 동기화된 형들이 신화에 담겨 있다〉(Barthes, 1972, 127쪽). 신화가 표의적 체제라는 생각은, 신화가 고도로 응축된 담론을 배태한 〈이미지〉로 치환될 수 있음을 암시한다. 신화가 보고자 하는 것은 최종적 총체적 어구, 하나의 일체화된 기호이다(114-115쪽). 신화란 의상을 총체화하려는 이미지이다. 앞의 인용문에서 바르트가 지적했듯이 총체화하려는 경향성은 늘 미완성으로 남는다. 그런데도 이미지의 불완전성이 신화에 생명을 준다. 〈완성된 이미지는 신화를 축출한다〉고 바르트는 지적한다(127쪽). 신화가 표상하는 불완전한 이미지는 맥루한의 용어를 빌리면, 〈찬 이미지 cold image〉이고, 그것들이 담론을 영속화한다.

　일체화된 기호로서의 신화, 또는 이미지로서의 신화는 어떤 사물의 단순한 이미지가 아니다. 그것은 하나의 복합체이다. 바르트는 그것을 〈形 속의 관념들 ideas-in-form〉이라고 표현한다(112쪽). 이렇게 표상화된 이미지는 의미작용을 하는 의식 위에 투영되는 이미지이고, 그런 의식에 의해서만 풀이 될 수 있다. 여기서 강조해야 할 것은, 신화는 〈표상화〉와 〈의미작용을 하는 의식〉, 두 가지를 모두 필요로 한다는 점이다. 바꿔 말하면, 신화는 의미작용을 하는 의식을 전제로 하고, 그 위에 표상화되는 이미지이다. 복합체로서의 신화는 표상방식에 있어서 모호하지만 그것이 의미작용을 의식에 던지는 것은 역사와 상황의 교차점에서 발생한 특수하고 구체적인 이미지이다. 특수성과 모호성이 공존하는 신화는 차갑다. 그래서 본래적으로 찬 신화 cold myths는 담론을 부르며 담론은 신화를 미래로 이끌고 나간다.

제 10장

이데올로기

이데올로기라는 말이 처음으로 쓰이기 시작한 것은 18세기 프랑스에서였다. 그 말은 〈관념학 the science of ideas〉이라는 뜻으로 쓰였다. 그것은 형이상학이나 종교적 편견이 배제된 관념의 시원에 관한 연구를 목적으로 한 것이었다. 그러던 것이 나폴레옹이 그의 정치적 반대자들인 관념론자들의 비판을 받게 되자, 그는 정적들을 비현실적 탁상공론가라고 조소하는 말로 되받아 쓰곤 했었다. 그 이후 이데올로기라는 말은 경멸적인 함축 의미를 갖게 되었고, 이 경향은 마르크스주의를 거쳐 오늘에 이르기까지 계속되었다(Williams, 1976, 126쪽). 이런 과거가 있는 만큼, 이데올로기를 논함에 있어서 그 긍정적 측면과 부정적 측면을 공정하게 이해하고 이용하는 것이 매우 중요하다. 더욱이 바흐친(Bakhtin, 1973) 같은 학자는 이데올로기의 영역과 기호의 영역을 동일시하고 있기 때문에 이데올로기 자체에 대한 편견은 기호학 전반에 바람직하지 못한 편견을 가져올 수 있기 때문이다.

기호론은 形에 대한 연구임에 비해 이데올로기는 내용에 대한 연구임은 이미 말한 바 있다. 이 장에서 다루려는 내용은 신화의 목적과 이용에 대한 것이다. 신화의 목적이라 함은 신화가 이데올로기에 암묵적으로 제시하는 패권주의 hegemony적 역할을 가리킨다. 신화의 이용은 두 가지 각도에서 볼 수 있는데, 하나는 강자(지배자측)의 시각이고 다른 하나는 약자(피지배자측)의 시각이다. 양측의 위치로부터 신화를 통하여 보이는 문화현상이 다른가 같은가를 따져보는 것이 신화이용을 논의하는 목적이 된다.

신화로부터 이데올로기로

이데올로기로 넘어가는 징검다리로 신화를 재음미할 필요가 있다. 이데올로기는 신화가 신화 소비자들에게 일으키고자 하는 기호작용을 내용으로 한다. 따라서 신화 소비자들이 신화를 수용하는 태도가 어떤 것인가를 알아내는 일이 중요하다. 바르트(1972)는 신화가 수용되는 세 가지 가능성을 제시한다. 첫째는 신화가 채용하는 기표를 텅 빈 기표 empty signifier로 보는 것, 둘째는 신화의 기표를 꽉 찬 기표 full signifier로 보는 것, 셋째는 신화의 기표 mythical signifier로 보는 것이다.

기표의 비고 참은 무엇을 뜻하는가? 바르트에 의하건 신화는 기표가 갖는 형과 기표가 갖는 의미의 이중 체제로 되어 있고, 그것의 의미작용은 마치 유리창을 통해 바깥풍경을 보는 일과 같다(1972, 123-124쪽).

우선 신화의 기표가 형과 의미라는 두 가지 모습을 지니고 있는 것에 대해서 설명하기로 한다. 이를 위해 바르트의 유명한 예를 살펴보자. 어느 날 바르트가 이발관에 갔을 때, 이발사는 바르트에게 《파리매치》 신문을 건네주었는데, 바르트는 신문 겉장에서 하나의 이데올로기적 광경을 보게 되었다. 그것은 프랑스 군복을 입은 한 흑인 병사가 프랑스 국기인 삼색기에 경례를 하고 있는 모습이었다. 이 매우 간단해 보이는 한 장의 사진이 지닌 이데올로기를 찾아내기 위해 바르트의 신화모형(제9장 참고)을 다시 복습할 필요가 있다. 이 사진은 기호의 세 가지 요소들을 다 가지고 있다. 첫째는 기표로서, 〈프랑스 국기에 경의를 표하는 흑인 병사〉이다. 둘째는 기의로서, 〈프랑스적임 Frenchness〉과 〈군대적임 militariness〉의 두 가지 의미를 뒤섞어놓은 것이다. 셋째는 기표를 통하여 표상된 기의로서 기호 자체이다. 이 기호가 바르트에게 일으키는 의미작용은 〈프랑스는 위대한 제국으로, 그의 모든 아들이 피부색에 관계없이 삼색기 아래 나라에 충성하며, 흑인마저도 그의 압제자의 식민통치에 승복하는 열광을 나타내는 나라〉라는 것이다.

기표는 형과 의미를 가지고 있는 이중체제이다. 의미는 형을 제시하기 위해 항상 기호 안에 있음에 반해, 형은 의미에 앞서 항상 거기에 있다. 다시 말해 형은 의미에 선행한다. 그러나 의미와 형이 동시에 의미작용을 일으키는 게 아니라 교대로 의미작용을 일으킨다. 이 원리는 마치 차창 밖으로 바깥 경치를 볼 때 일어나는 현상과 흡사하다. 유리창은 기표의 형에 해당하고, 바깥 풍경은 기표의 의미에 해당된다. 차 안에 앉아서 마음대로 바깥 풍경이나 아니면 유리창에 초점을 맞출 수 있다. 혹은 유리창과 바깥 풍경에 동시에 초점을 맞출 수도 있다. 무엇에 초점을 맞추건 간에, 창과 경치를 교대로 볼 때 일어나는 현상은 동일하다. 즉 유리창은 엄연히 존재하는 것이면서도 동시에 텅 비어 있고(창유리의 투명성), 풍경은 실상 유리창 위에 얹혀 있는 게 아니므로 비실재적인 것이지만 동시에 꽉 차 있는(풍경의 깊이) 것처럼 보인다. 같은 효과가 신화적 기표에서도 일어나는데, 그것의 형은 존재하면서도 비어 있고, 그것의 의미는 존재하지 않으면서도 꽉 차 있다(123-124쪽). 특히 후자에 대하여 바르트는 의미의 현장 부재 증명을 말하고 있다. 즉 풍경은 저 밖에 있는 것이지 정작 유리창〔形〕 위에는 없다.

바르트의 〈유리창 은유〉를 이해한 것을 가지고, 다시 프랑스 국기에 경례하고 있는 흑인 병사의 기표로 돌아와서 이 기표의 비고 참을 이야기해 보자. 이 시각적 신화 visual myth 에서, 형어 해당하는 빈 기표는 〈삼색기에 경례하는 프랑스 흑인 병사〉이고, 의미에 해당하는 차 있는 기표는 〈흑인 병사의 지난 역사〉이다. 이것은 프랑스 제국주의라는 상황 속에서 바르트에게 일어난 의미작용이다. 똑같은 이야기를 앞에서 논의한 찬스 신화에 대해서도 할 수 있다. 찬스는 소설 속에서만 실존하는 인물이다. 신화를 논함에 있어서 찬스가 〈소설 속에서만 실존하는 인물〉이라는 단서는 사실 불필요하다. 그 이유는 찬스가, 그와 비슷한 환경과 신분을 가진 실제 사람들을 표상하고 있기 때문이다. 문자 문화의 상황 속에서 찬스는 실존하면서도 부재하는 패러독스를 갖고 있다. 그는 살과 피를 갖고 생생히 살아 있는데도 그의 과거가 문자 문화의 질서 속에 등록되어 있지 않았기 때문에 빈 기표다. 그의 의미(그의 지난 역사=꽉 찬 기표)는 현장에 부재한다. 그는 있으면서 동시에 없다. 변호사에게 찬스는 유령과 같은 존재일 따름이었다. 이 두 가지 신화가 내포하는 이데올로기는, 《파리 매치》 신문 사진을 만든 신화 제작자나 코신스키가 기술한 문자 문화라는 질서가 부과하는 자의성에 의해서 엄연한 현실들이 그것의 의미(역사)를 상실당하게 된 데서 발견할 수 있다.

한 가지 더 알아야 할 것이 있는데 그것은 신화의 의상이 의미(꽉 찬 기표)에 일으키는 효과이다. 바르트에 의하면, 신화의 의상은 바로 꽉 찬 기표를 변형시킨다(122쪽). 달리 말해 신화의 의상은 의미를 왜곡시킨다. 신화의 의상은 의미를 없애버리는 것이 아니라 원래 의미를 필요로 한다. 신화의 의상은 원의미를 다만 왜곡시킴으로써 신화가 일차기호(일차언어)에 대하여 갈하고자 하는 바를 표현한다. 변형과 왜곡을 일으키는 힘은 의상으로부터 온다. 이 사실은 이데올로기의 조작이 신화 제작자로부터 오는 것임을 암시한다.

기표의 차고 빔에 대한 이해로부터 바르트가 말하는 신화의 세 가지 수용 가능성을 이해할 수 있다.

텅 빈 기표

신화를 읽는 사람이 신화의 빈 기표에 초점을 맞추는 것은 의상으로 하여금 기표를 모호함 없이 채우도록 하기 위해서이다. 이것은 신화 제작자가 취하는 방식으로 떠오른 의상에 걸맞는 형을 찾아 후자를 채우는 일이다. 이때 채워진 빈 기표는 하나의 상징이 된다. 《파리 매치》의 사진기자는 이 방식에 의해서 프랑스 국기에 경례하는 흑인 병사를 프랑스 제국주의의 상징으로 만들었다. 마찬가지로 코신스키는 우선 찬스를 문자 문화 속에 기생해 온 텅 빈 기표로 만들어낸 다음, 문자 문화의 맹점들을 드러내는 역설의 상징으로 삼았다.

그러나 이와 같은 기호작업은 엔첸스베르거 Enzensberger (1972)가 말하는 소위 〈의식 산업 the consciousness industry〉 종사자들의 비법이고 일반적 신화 소비자들의 눈에는 잘 띄지 않는다.

꽉 찬 기표

신화를 읽는 사람이 신화의 꽉 찬 기표에 초점을 맞출 때, 그는 기표의 형과 의미의 구분을 확연히 볼 수 있고, 의미를 왜곡시키는 의상을 발견할 수 있다. 이것은 신화의 의미작용을 풀어내는 과정으로서 신화 분석가가 취하는 방식이다. 신화 분석가의 눈에, 프랑스 국기에 경의를 표하는 흑인 병사는 자신이 프랑스령 식민지의 일개 군인에 불과함을 잊은 것은 물론이고, 게다가 프랑스 제국주의마저 가리고 선 역사의 부재 증명으로 나타난다. 흑인 병사는 사진의 전경에 나타나 프랑스에 충성을 다하는 충실한 기표, 그래서 꽉 찬 기표로 나타나 있다. 정확히 이 자리에서 신화 분석가는 흑인 병사의 후경으로 물러난 흑인 병사의 역사와 그것을 왜곡시킨 프랑스 제국주의의 정체를 간파한다. 바꿔 말하면, 신화 분석가는 흑인 병사의 꽉 찬 기표에서 신화 제작자가 의도한 왜곡을 발견하는 것이다.

찬스는 랜드 씨와 미국 대통령, U.N. 대사들 앞에서 꽉 찬 기표로 나타났다. 그의 등장이 소설을 읽는 사람들에게 흥분스럽고 아슬아슬

한 것은 이미지 뒤에 숨어 있는 찬스의 무식함을 독자들이 알고 있기 때문이다.

신화적 기표

신화를 읽는 사람이 형과 의미를 풀 수 없는 혼융된 전체로 기호를 볼 때, 그 기호는 신화적 기표가 된다. 이것은 유리창과 바깥 풍경을 동시에 보는 경우와 같다. 즉 매체로 포장된 풍경을 감상하는 경우이다. 이런 경우 신화를 읽는 사람은 순수한 신화 소비자가 된다. 그러나 신화 소비자에게 일어나는 의미작용은 모호한 의미작용이다. 하지만 흥미롭게도 신화는 바로 이 모호한 의미작용 속에서 명맥을 유지한다. 바로 그 모호한 의미작용 때문에 신화는 독자에게 먹혀 들어가는 것이다. 이때 흑인 병사는 프랑스 제국주의의 현전을 자연스럽게 표상한다. 마찬가지로 찬스는 무식한데도 하나의 권위의 화신으로 랜드 씨와 대통령과 U.N. 대사들에게 받아들여진다. 코신스키의 소설을 읽는 독자들도 찬스의 모든 언동을 재치 있고 적절한 것으로 받아들이게 되며, 찬스를 소설의 주인공이라기보다는 특별한 영웅으로 바라보는 것이다. 바르트가 지적하듯이 〈독자는 신화를 동시에 진실이면서도 비현실적인 이야기로 체험하는 것이다〉(128쪽). 어쩌면 독자가 자청한 혼돈이 독자를 즐겁게 하며, 독자를 충실한 신화 소비자로 만드는 것이다.

세번째 수용방식은 독자의 의식 속에 신화를 살아 있게 하지만, 첫번째, 두번째 방식은 신화를 파괴한다. 〈전자는 냉소적 cynical 이고 후자는 신화 파괴적 demystifying〉이라고 바르트는 덧붙인다. 왜일까? 첫번째 방식은 신화 제작자의 이데올로기적 의도가 적나라하게 작용하고 있는, 고프만 Goffman(1959)의 용어로 말하면, 신화 제작자만의 〈무대 뒤의 움직임 backstage movements〉을 들춰내는 것이기 때문에 냉소적이다. 두번째 것은 꽉 찬 기표 뒤로 물러난 의상을 들춰내는 것은 물론 꽉 찬 기표 자체가 하나의 왜곡의 표상임을 폭로하는 작업이기 때문에 신화 자체가 비신화화된다.

일반적으로 신화 소비자들은 첫번째, 두번째 방식을 알지 못한다. 그들은 세번째 수용방식을 채용한다. 신화가 어떤 목적을 가지고 신화 소비자들에게 호소하는 것은 바로 이 세번째 수용방식을 이용하는 것이다. 여기서 우리가 확실히 알아야 할 것은 이상 세 가지의 신화 수용방식을 신화 제작자가 신화를 만들 때 사용하는 세 가지 코드라고 생각해도 된다는 것이다. 첫째와 둘째 방식은 세번째 방식의 효과를 높이기 위한 하부 코드 subcode라고 볼 수 있다. 바꿔 말하면, 세번째 방식만이 궁극적으로 코드이다. 잠시후에 설명하겠지만, 이 코드는 신화 소비자에게 타협이라는 형식으로 수용되는 것이다.

이제 우리의 초점을 신화가 취하는 세번째의 경로에 맞추고, 신화의 패권주의적 의미작용을 살펴보기로 하자.

신화와 헤게모니

방금 논의된 것으로부터 신화가 당면해야 하는 두 가지 가상적 위험을 생각해 볼 수 있다. 첫째는 신화 독자가 신화의 빈 기표에 초점을 맞춤으로써 신화의 기의(의상)가 노골화되는 것이다. 이것은 신화 독자가 신화 제작자의 의도를 역력하게 볼 수 있기 때문에 오는 위험이다. 신화 독자는 신화화된 의도적 상징을 거부할 수 있다. 예컨대 매우 의식화된 어떤 독자는 프랑스 국기에 경례를 하고 있는 흑인 병사의 사진에서 프랑스 제국주의와 식민주의를 직시하고 그것을 거부할지도 모른다. 둘째는 신화 독자가 신화의 꽉 찬 기표에 초점을 맞춤으로써 그것이 일으키고 있는 왜곡의 정체를 밝히려 하는 것이다. 이때 신화 독자는 프랑스 국기에 충성을 표하는 흑인 병사의 이미지를 순진하게 받아들이는 것이 아니라 그것이 표상하고 있는 프랑스 제국주의의 부재 증명을 거부하려 할 것이다. 그러면 살색과 민족을 초월해 충성을 표하고 있는 것처럼 보이는 흑인 병사 신화의 허구는 분쇄된다. 그러나 바르트는 이러한 폭로와 분쇄의 위험은 단순히 가상적 곤경에 불과하다고 주장한다(128쪽). 신화는 예상외로 한술 더 떠서, 위의 두 가지 곤경의 틈바구니를 교묘히 빠져나간다. 위의 두 가지 경우에 실상 신화 제작자는 그의 의도를 감추려고 하는 것이 아니라 그의 노골적 발의를 신화 소비자의 의미작용 속에서 타협시키는 제3의 통로로 내모는 것이다. 신화 소비자의 의식은 이 제3의 통로에서 신화 제작자의 의도와 타협한다.

제3의 통로란 신화적 기표의 통로이다. 신화 소비자는 신화의 형과 의미가 교묘히 복합된 신화적 기표 위에서 모호한 의미작용을 해가며 신화를 소비한다. 신화가 먹혀 들어가는 것은, 신화 제작자의 타협 의지와 신화 소비자의 모호성의 흡수 두 가지의 상승작용 때문이다. 바르트는 다음과 같이 쓰고 있다.

> 신화는 아무것도 숨기지 않으며 아무것도 과시하지 않는다. 다만 왜곡시킬 뿐이다. 신화는 거짓도 아니고 고백도 아니다. 그것은 하나의 굴절 inflexion일 뿐이다. (Barthes, 1972, 129쪽)

그러나 과연 그렇기만 한가? 특히 정치적 신화 제작자들은 교묘하게 이러한 왜곡과 굴절을 최대한으로 이용한다. 모든 정치배는 거짓을 신화화한다. 히틀러는 그의 저서 『나의 투쟁』에서 커다란 거짓일수록 군중들에게 잘 먹혀 들어간다고 하지 않았던가! 그렇다고 군중들이 철저히 우매해서 그런 것은 아니다. 그들은 정치가들의 거짓이 노골적인 거짓임을 알면서도 그것과 타협한다. 본(1960)은 프랑스혁명에 대한 분석을 통하여 정치 지도자들의 과실을 신성시하는 군중들을 발견하기도 했다.

종합하면, 신화는 그것이 거부당하거나 분쇄될 두 가지 가파른 협곡 사이에 교묘한 탈출구를 마련해 놓고 있다. 그것은 다름 아닌 신화적 기표이다. 신화는 또한 신화 제작자와 신화 소비자의 묵시적 타협에 의해서 신화 소비자에게 먹혀 들어간다. 신화 제작자가 의도한 신화의 코드가 효과를 나타내기 시작하는 것이다. 그런데 이 코드는 중요한 임무를 감쪽같이 숨기고 있다. 다음은 이에 대한 논의이다.

신화의 원리——자연화

이처럼 먹혀 들어가는 신화는 그것이 신화 소비자에게 일으키는 의미작용을 통해 매우 중요한 기호작용을 유발한다. 즉 신화는 신화 자체를 자연화시키는 것이다. 신화는 마치 자연스러운 이야기처럼 신화 소비자에게 받아들여진다. 이것은 자포자기적인 노회한 태도 때문은 아니다. 신화 소비자에게, 신화의 기표는 신화의 기의에게 매우 당연한 근거를 마련해 주고 있는 것으로 받아들여진다. 가령 왕권신수설이 그런 것이다. 실력 없는 정치배들이 연조나 기득권만을 가지고 높은 자리를 호시탐탐 노리는 일의 비윤리성이 논의의 대상이 되지 않는 것이 그런 예이다. 저명한 성직자들이 무슨 황제이기나 한 듯이 부와 권세를 향유하는 것에 비판의 말을 삼가려는 신자들의 태도가 그런 예가 된다. 아무렇지도 않게, 자연스럽게 보이는 것——이런 것에 핏대를 올리고, 비판조의 말을 하는 사람이 오히려 이상한 사람으로 보이게 하는 것, 그것이 신화가 궁극적으로 성취하는 기호작용의 성과이다.

바르트는 신화가 역사를 자연으로 변환시키는 것을 신화의 원리라고 밝힌다(129쪽). 이 원리에 의해서 신화가 품고 있는 의도가 무엇이건 간에 동기가 아니라 도리로서(129쪽), 하나의 인위적으로 만들어진 기호론적 체제가 아니라 하나의 귀납적 체제로서(131쪽) 신화 소비자에게 받아들여지는 것이다. 이처럼 신화는 신화 소비자로 하여금 신화의 기표에 의해서 신화의 기의(의상, 의도)를 이성화하도록 유도한다(130쪽).

여기서 신화가 역사를 자연화하는 일이 결코 자연적이 아님을 명확히 알아두어야 한다. 되풀이해서 강조하거니와 신화의 발단은 신화 제작자의 마음속에 떠오른 의상, 즉 신화적 기의이다. 신화적 기의는 항상 사적이며 따라서 어떤 정치적 가치를 내포하고 있다. 한마디로 말해 신화적 기의는 결코 순진무구한 것이 아니다. 신화적 기의가 그것에 적합한 신화적 기표를 찾게 될 때 신화는 배태되고, 신화적 기의와 신화적 기표의 계속되는 상관관계는 신화의 의미작용, 즉 신화적 담론이 된다. 신화적 기의는 그것이 들어앉을 집, 즉 신화적 기표를 역사에서 찾는다. 신화적 기의의 요청에 부응하는 세계는 어떤 역사적 현실을 공급한다. 역사적 현실은 일차언어로 된 기호체이다. 그 세계는 언어—물체로 이루어진 세계이다. 그런데 이처럼 주어진 역사적 현실에 대해서 신화가 세계에 되돌려주는 것은 원래의 현실에 없었던 〈어떤 자연적 이미지〉이다(142쪽). 여기에 신화의 마술이 있다고 바르트는 지적한다. 〈신화는 현실의 속을 까뒤집어, 그것에서 역사를 비워내고 그 대신 자연을 채워놓은 것이다……. 신화의 기능은 현실을 비우는 일이다〉(142-143쪽). 이렇게 해서, 〈역사는 신화 속에서 증발해 버린다〉(151쪽).

자연화한다는 것은 신화 속의 모든 것이 순수하고 순진하며 영원한 정당성을 가지고 있는 것으로 보이게 하는 공정이다. 신화에 의해 그 안의 모든 것이 자연화된 이상, 그것에는 별도의 설명이 더 이상 필요 없게 되고, 다만 신화 소비자의 전적인 수락의 언명이나 몸짓만을 묵묵히 청할 뿐이다. 이에 대해 신화 소비자들은 〈아멘!〉을 연발한다.

그러나 이러한 자연화는 엄청난 역설을 감추고 있다. 신화가 역사로부터 자연(실제로는 의사 자연 pseudo-nature이지만)으로 이행하는 동안 현실은 이데올로기로 뒤바뀌는데도 정치적 공정은 탈정치화된 언술 depoliticized speech로 가장된다. 모든 것이 순진무구하고 정당한데 더 이상 무슨 정치가 필요하단 말인가? 이처럼 신화 제작자는 순전히 정치적, 이데올로기적 의미작용 자체를 감추어버린다. 뿐만 아니라 신화 제작자는 스스로 脫名 ex-nomination하고, 마치 신처럼 의사 자연의 뒤로 잠적해 버린다. 신화 제작자가 뒤에 남기는 것은 의사 자연과 그것을 보전할 메타 언어와 수사적 수단 같은 것들이다.

신화 소비자들에게는 모든 것이 의례화되고, 그들은 그 의례를 좇아 신화와 더불어 산다.

메타언어는 언어 - 물체에 관한 말을 하기 위한 것이지만 신화의 세계에서 그것은 신화 소비자들에게 원역사와 자연에 관하여 말함으로써 옛 일을 상기하게 하는 것이 아니라 의사 자연의 〈보다 더 자연스러움〉을 증폭시키는 데 종사한다. 신화의 세계는 〈현실보다 더 현실적인 세계〉, 다시 말하면 과현실적인 세계 hyperreal world 가 된다. 그리고 한편 메타언어는 과현실적 세계를 영속화시키는 주술을 되풀이한다.

역사가 신화 속에서 증발되어 버리기 때문에 신화 소비자들의 기억도 메말라버린다. 그들은 과현실적 세계 속에서 마치 영생을 누리기라도 하는 듯 행복감에 도취한다.

그러나 여기서 모든 기호체제가 자의성에 의해 만들어진 체제임을 상기하자. 동서고금을 통해서 권력자의 신화가 다른 신화를 제압하는 힘을 가지고 있다는 것은 진부한 진리이다. 그러나 그 권력이라는 것도 실상은 임의의 권력에 불과하다는 사실을 상기하자. 모든 것이 자의적으로 축조된 것인데도 권력자들은 자의적인 것을 역사적 당위로 고착시키려 하고, 그의 추종자들은 또 그렇게 받아들이려 한다.

신화는 어떤 진정한 사실 위에 펼친 담론이 아니라 자의성과 당위성의 차이, 즉 기호론적으로 과장된 공간을 채우는 담론이다. 그래서 바르트는 〈신화가 과장 속에 정당화된 언술〉임을 지적한다(130쪽). 그리고 신화는 초의미작용을 겨냥하고 있음을 지적한다(133쪽).

헤게모니

신화가 그것이 감싸는 모든 것을 자연화, 당연화하는 작용력은 어디에서 오는가? 이런 힘의 원천을 헤게모니 hegemony 라고 부른다. 신화는 패권이 아니다. 패권은 신화 뒤에 있고, 신화를 통하여 이데올로기로 명시된다.

원래 헤게모니라는 말은 권력집단이 현상을 유지할 목적으로 강압이
나 폭력에 의존하지 않고 문화형식(신화, 이미지 등 본질적으로 기호론
적 체제)을 가지고 피지배자들의 의식을 조작하여 지배자와 피지배자
의 논리를 자연화 또는 상식화시킴으로써 권력집단의 현재 상태를 유
지하는 능력을 가리킨다. 따라서 패권 개념은 모든 것을 기정사실화
한다.

이러한 패권 개념은 이데올로기보다 상위의 개념이다. 그것은 눈에
띄지 않는 잠재적 에너지 같은 것이다. 패권이 잠재적인 것임에 비해
이데올로기는 명시적인 것이다. 그래서 패권의 잠재적 에너지는 이데
올로기를 통하여 명시적인 활동, 바꿔 말하면 실천 praxis으로 나타난다.

결정적 의미

헤게모니로부터 신화로의 이행은 이데올로기적 과정을 수반한다
그뿐 아니라 신화는 어떤 결과를 초래해야만 하는 것이다. 이러한 이
데올로기의 과정은 언어의 게으른 놀음이 아니다. 비유적으로 말하자
면, 보이지 않는 수증기 같은 것(헤게모니)으로부터 보이는 빗방울(신
화)이 맺혀지기까지 어떤 물리적 상황이 작용하듯이 헤게모니가 신화
로 명시되기까지 이데올로기적 공정이 따른다. 비가 쏟아지면 가문 땅
을 해갈시키든지, 홍수를 일으키든지 어떤 결과가 생긴다. 신화도 마
찬가지이다. 신화 자체가 형임은 이미 말했다. 신화가 사람들의 마음
에, 사회에, 문화에 실어나르는 것은 이데올로기이다. 이데올로기는
궁극적으로 무엇을 시도하는가? 그것은 신화를 읽는 사람들의 마음에
어떤 결정적 의미를 일으키려는 것이다.

여기서 기호학과 이데올로기가 인간의 심리 위에서 서로 상반되는
두 작용력임을 밝혀야겠다. 기호학은 신화를 읽는 사람들의 마음에 다

중 의미들을 생산하려 함에 반해서 이데올로기는 가능한 한 단일 차원의 통합된 의미를 유도하려 한다. 기호학은 의미의 개방을 지향하는데 반해서 이데올로기는 의미의 단속을 지향한다. 요컨대 기호학은 발산적이고, 이데올로기는 수렴적이다. 이런 기능적 시각에서 보면, 이데올로기는 전통적 커뮤니케이션과 정확히 한 맥임을 알 수 있다. 기호학은 전통적 커뮤니케이션이 그 핵심에 내포하는 이데올로기적 문제성에 대한 반동으로 일어난다고 볼 수 있다. 그것은 전반적으로 진리를 감싸는 의미들을 정렬시키는 것이 아니라 고갈시키고, 어떤 선택된 의미로 하여금 패권적 권력이 성취하고자 하는 일을 시키는 것이다. 예컨대 자본주의 이데올로기는 진리를 지식으로, 지식을 정보로, 정보를 상품으로 비하시킨다. 이데올로기의 장 안에서 목적 없는 움직임이란 없다.

이데올로기가 근본적으로 정치적이기 때문에 그것에 대한 반동으로 일어나는 기호학도 불가피하게 정치적 색채를 띠지 않을 수 없다. 기호학적 분석은 〈정치적 행위〉가 된다(Fiske, 1982, 153쪽). 그것은 이데올로기가 선호하는 신화 소비의 성향과 효과가 무엇인지 밝혀내려하기 때문에 정치적 행위일 수밖에 없다.

어쨌거나 이데올로기가 텍스트와 독자(특히 신화 소비자) 사이에서 어떤 상호작용을 일으키는지 알아보기로 한다. 이를 위해 이데올로기의 의미를 살펴보는 것으로부터 시작하자.

이데올로기의 의미

이데올로기의 근본적인 뜻은 코드와 깊이 연결되어 있다. 비유적으로 말해 코드가 공구라면 이데올로기는 공구를 부리는 기술 같다고 할 수 있다. 그것은 담론의 조직원리를 다루는 기술 조작이다. 그러나 그것이 무엇을 위한 코드이냐에 따라 구체적 의미가 확연히 달라진다. 이데올로기는 그 정의의 폭이 넓은 개념이다. 그러나 이데올로기의 서로 다른 의미들을 대체로 다음의 세 가지로 종합해 볼 수 있다.

첫째, 이데올로기가 긍정적 함축 의미로 정의될 때 그것은 규범적 코드의 계열체를 가리킨다. 즉 이데올로기는 만인에게 공통된 규범, 가치, 신념들의 체제라고 정의된다. 이러한 이데올로기는 모든 사회적 관계에 조화와 균형을 주며 갈등관계에 있는 사회의 하부 조직들에게 공동 담론을 위한 장을 열어준다. 어떤 사람들은 규범적 이데올르기를 가치 중립적이라고 하지만 이 세상에 가치 중립적인 것은 하나드 없다. 다만 공동의 선을 향하고 있느냐 아니냐를 따질 수 있을 뿐이다. 어쨌거나 이데올로기에 대한 이런 정의는 하버마스식의 진리에 드 달할 수 있다. 하버마스에 의하면 진리란 여론의 일종이다(Habermas, in McCarthy, 1972). 종교적 신념도 대표적인 규범적 이데올로기라고 하겠다. 인내천 사상은 개별적 인간들의 심리에서 시작하여 하늘이라고 하는 초월적 질서까지를 두루 편하게 하자는 이데올로기이다.

둘째로 매우 부정적 함축의미를 갖는 이데올로기가 있다. 특히 이것은 마르크스주의 사상의 전통에서 나온 정의이다. 그것에 의하면 이데올로기란 허위의식의 체제이고, 유산계급이나 지배계급이 다른 사회계층을 기만하기 위한 코드를 가지고 있다(Tucker, 1972).

이런 뜻의 이데올로기는 규범성을 벗어나 특정 이익집단을 변호, 변명하는 편향을 보인다. 편향된 이데올로기는 가치 비판적인 또 다른 이데올로기를 일으키기 마련이다. 동서 냉전의 이데올로기는 바로 이와 같은 두 개의 갈등하는 이데올로기의 대립이었다.

셋째로 이데올로기는 이차 기호론적 체제로 정의된다. 이것은 바르트에게서 온 것이다. 그는 이데올로기의 장을 〈함축의미로 된 기의들의 공동 영역〉이라고 정의한다(Barthes, 1977, 49쪽). 바꿔 말하면 이데올로기는 신화와 관련된다. 제9장에서 살펴본 바르트의 신화론에 근거하여 이데올로기를 보면 이데올로기는 부정적 의미의 것임에 틀림이 없다. 즉 신화에 드러나는 이데올로기는 지배계급의 의상을 자연화하는 코드를 품고 있다.

　그러나 바르트의 이데올로기를 이미 지배계급의 가치에 물들어버린 정적인 사상체제라고 보는 대신 그의 신화모형에서 보았듯이 의미 생산의 불가결한 과정(의식 공정)으로 보면 이데올로기가 사회와 문화에 일으키는 일을 좀더 자세히 알아낼 수 있다. 다음은 이 점에 대한 것이다.

의미의 결정

　이데올로기는 기호체를 통한 의미 생산을 위한 집단적 의식공정이다. 이데올로기가 집단적 공정이라 함은 한 문화의 회원들이 그들에게 주어진 기호체들을 해석하고 의미 생산을 하는 데 〈참가〉한다는 뜻이다. 그래서 피스키는 이데올로기가 〈가치들이나 관측방식들의 정적인 한 묶음이 아니라 하나의 실천〉이라고 주장한다(1982, 151쪽).

　이데올로기가 문화 집단원들에게 어떤 텍스트나 신화로부터 얻는 의미를 결정함에 있어서 적어도 세 가지 작용을 동반한다. 첫째로 이데올로기는 사람들로 하여금 사물을 지각하는 방식에 영향을 미친다. 어떤 이데올로기에 젖어 있는 사람은 다른 선택지들을 보는 안목을 이미 잃어버린 사람이다. 그런 사람은 심지어 다른 선택지의 존재 가능성 자체를 상상하는 일조차 불순한 일로 생각한다. 이들이 집착하는 것은 어떤 이성적 논리의 귀결이 아니라 독단성을 띤 여론doxa이다. 바르트는 이런 여론을 오만의 세 가지 원천 중 하나로 본다. 나머지 두 가지 오만은 과학과 호전성이다(1985, 212쪽).

　둘째, 이데올로기는 문화 집단원의 상호주관성intersubjectivity을 제2차 언어, 즉 함축 언어와 신화 언어의 영역에 한정시킨다. 이 곳은 주관적 의미 생산이 극대화하는 수준이지만 온갖 부유하는 기의들이 고도의 유동성을 가지고 신속하게 총체적 이미지로 결속되는 곳이기도 하다. 기의들은 재빨리 정서적 에너지를 얻으며 들끓고, 극도의 주관적 판단으로 승화된다. 주관적 정서는 자연적인 것이므로 기의들이 갖는 인식적 특성들은 중화되면서 자연화된다.

셋째, 이데올로기는 문화적 동일시 내지는 정체성의 원천으로 행서한다. 피스키의 다음과 같은 글은 이 점을 나타낸다. 〈내가 어떤 기호에서 발견하는 의미는 그 기호와 내가 존재하는 이데올로기 안에서 유도되며, 이런 의미들을 발견함으로써 나는 그 이데올로기 및 내가 속한 사회와 관련해서 나 자신을 정의하게 된다〉(Fiske, 1982, 151쪽).

결국 의미들은 이데올로기적으로 결정되는 것이다. 내가 놀고 있는 물(이데올로기)이 암시하는 대로 내가 텍스트에서 얻어내는 의미가 결정된다는 이야기이다. 그러나 이런 의미 결정은 일회적 기호작용에 의해서 일어나는 것이 아니라 기호의 반복적 사용에 의해서 긴 시간을 두고 마음이 길들여지는 과정에서 일어난다. 대체로 미디어는 그런 반복을 위한 이데올로기적 장치이다. 간단없는 반복에 의해서 미디어는 신화 소비자들의 마음을 온갖 기의들의 공동 세탁장으로 만들고, 그곳에 사람들이 모여들게 한다. 이데올로기의 학습은 거기서 쉼없이 계속되는 것이다.

그런데 이데올로기의 반복공정에 의해서 생산되는 기호체들은 독선적 여론, 스테레오타입, 상트어나 구호, 파편화된 담론들임에 유의할 필요가 있다. 이것들은 한결같이 이데올로기적 기의에 젖어 있는 것들이다. 이데올로기의 단순한 신경증적 반복동작으로 생산되는 이런 기호체들은 실상 병들어가는 문화의 때들이다. 이런 것들이 고작 이데올로기가 생산하는 결정적 의미들이다.

외시적 이데올로기

이데올로기가 늘 언어의 높은 차원에서만 작용하는 것은 아니다. 그것은 침투력이 강해서 외시 언어의 차원까지 내려갈 수도 있다. 가령 시각적 기호체와 언어적 기호체가 뒤섞여 쓰일 때, 언어적 기호체는 고착기능 fixation 을 한다. 이 기능은 시각적 기호체가 생산하는 불확실한 의미의 유동적 기의들의 고리를 어떤 확실한 외시의미에 정박시킨다. 이렇게 함으로써 독자가 시각적 기호체를 마음대로 해석하게 하는 게 아니라 미리 선택한 어떤 의미로 애매함 없이 읽어 내도록 원격 유도한다. 따라서 바르트가 지적했듯이 〈정박기능은 이데올로기적이다〉(1977, 40쪽). 바꿔 말하면 외시 언어는 어떤 사회 문화적 통제를 하는 이데올로기적 임무를 수행한다.

동시에 외시 의미에 의한 이데올로기적 통제는 박탈을 의미한다. 왜냐하면 외시 언어는 독자의 지각과 해석의 수준을 외시 언어의 수준에 묶어버림으로써 함축 의미와 신화의 수준에 오를 기회를 애초에 박탈하기 때문이다. 또한 박탈의 이데올로기는 텍스트 자체에 행패를 부리는 것과 다름없다. 특히 언어적 외시에 의해서 텍스트는 그것이 내포할 수 있는 총체적 의미들의 풍요로움이 훼손된다.

이러한 통제와 박탈을 채용하는 외시 언어의 코드는 무엇인가? 그것은 시각적 이미지를 순진무구하게 하고, 어떤 단일한 일차적 기의에 실수 없이 고착시키는 것이다. 함축 의미의 때가 말끔히 세탁되고, 인간의 상상력이 불경스럽게 함부로 덧붙이는 신화의 홀씨들을 흔적도 없이 제거시킨 순수한 기표, 그것에 대중이 아닌 저 밖의 어떤 존재가 엄숙히 지시하는 단 하나의 기의를 연결시키는 매우 원초적 의미작용은 어떤 신적 조작을 방불케 한다. 바르트는 외시적 이미지를 에덴 상태에 있는 이미지의 일종이라고 했다(1977, 42쪽). 오늘날 외시 이미지를 생산하는 에덴은 대중매체 산업에서 발견된다. 그 위에 군림하는 신은 검열당국이다. 마치 유혹의 선악과를 만들어놓고 〈이 과일은 먹지 말라〉고 지시하는 신처럼 〈이것을 읽지 말라〉고 지시한다. 그것에는 늘 바르트가 말한 〈퇴거 eviction에 의한 메시지〉의 꼬리표가 붙어 있다. 그것은 또한 퇴거의 메시지이기도 하다. 그보다도 퇴거를 명하는 메시지이기도 하다.

에덴은 자유롭지 않다. 에덴에서 인간이 느끼는 부자유는 신이 인간에게 암시하는 단순하고 순진무구한 일차원적 의미작용에서 느끼는 자족의 뒷면이다. 사람들은 자유롭기 위해 에덴을 탈출하거나 에덴에 반동을 일으킨다. 그것은 쓰는 일(글쓰기)이다.

<의미를 고정하는 일을 거부하는 것은 결국 신을 거부하는 일이 된다>고 바르트는 쓰고 있다(1977, 147쪽). 그에 의하면, 문학이 이와 같은 반신학적 활동을 풀어내는 혁명에 가담하고 있는 것이다. 의미의 일차원적 고정이 신의 코드라면 의미의 다차원적 확산은 인간의 코드이다. 인간의 코드는 그의 영혼을 어떤 무미건조하고 순수한 초기의의 말뚝에다 얽어 매놓는 데 동의하는 것이 아니라 그의 영을 풀어 온갖 가능성의 유희를 즐기는 데 목적이 있다. 그렇다면 비단 문학만이 영혼의 반동에 나서야 할 이유는 없다. 모든 쓰는 일이, 모든 말하는 일이, 모든 담론이 인간의 영혼을 구속하는 일차원적 의미작용을 분쇄해야 하는 것이다.

어떤 신의 것이건 외시 이데올로기는 대중의 위로부터 대중의 마음 속으로 침투해 오는 강력한 신화이다. 기호학은 바로 이런 신화와 대결하는 치열한 담론이다. 기호학은 이데올로기가 지시하는 어떤 결정적 의미를 최소한 유보시키고, 그것을 좀더 많은 각도에서 분석, 허석, 비판하는 임무를 띠고 있다.

대항 신화

원칙상 신화는 그 자체로 허위가 아니다. 이것이 바르트의 주장이다. 그러나 신화는 분명히 허위를 수용할 여유를 가지고 있다. 그래서 신화는 타협에 의존하며 결국 신화 소비자의 모호한 의미작용을 통해 놀랍게도 신화 제작자가 의도한 의상을 당위로 빚어낸다. 이 의식의 연금술을 가능하게 하는 것은 무엇인가?

바르트는 신화의 특성이 의미를 형으로 변환시키는 것임을 상기시키면서 신화는 <언어 절도 language-robbery>임을 밝힌다(1972, 131쪽). 신화가 도둑질하는 것은 그것이 채용하는 일차언어들이다(바르트의 은유모형과 신화모형을 다시 볼 것). 이미 은유에서 언어 절도행각이 일어나 있음을 알 수 있다. 왜냐하면 많은 일차언어들이 단 한마디 또는 단 하나의 이미지, 아니면 보다 간략한 제2차 언어로 치환된 것이 은유이기 때문이다. 마찬가지 원리가 신화에도 적용된다. 신화는 일차언어들을 축내어 그것이 가지고 있는 원의미를 왜곡시킴으로써 이차언어가 수행하는 초의미작용을 위한 형으로 응축시킨다.

신화가 제2차 질서 위에 만들어 놓은 형을 가지고 하는 일은 무엇인가? 그것은 제1차 질서의 언어들을 감금시키고 제1차 질서의 의미를 뒤틀어 그것으로 하여금 제2차 질서가 수행하는 자연화의 내용을 담아내는 일이다. 바꿔 말하면 제1차 질서의 의미는 제2차 질서의 의상에게 사역당한다. 종살이를 하는 것이다. 사창행위를 한다. 이때 감금된 일차언어들은 풀려나 제2차 질서를 위한 말을 한다.

〈모든 일차언어는 신화의 밥(미끼)이 되는가?〉라고 바르트는 질문을 던진다(131쪽). 그의 대답은 긍정적이다. 아무것도 신화 앞에서 안전한 것은 없다고 한다. 신화는 아무것에나 범접하여 그것을 부패시키고 만다(132쪽). 이러한 신화의 횡포에 저항하려는 일차언어(또는 언어-물체)일수록, 그것의 종말은 더 심한 사창화로 끝날 뿐이라고 한다. 그렇다면 신화는 흉포한 제2차 기호론적 체제라고 하겠다.

신화에 대한 바르트의 이러한 기술은 분명히 신화에 관한 매우 부정적 인상을 일으킬 것임에 틀림이 없다. 그래서 〈신화는 다 나쁜가?〉라고 중대한 의문을 제기할 수 있다. 바르트 자신의 답변은 긍정적인 것 같다. 그가 부르주아 계급의 신화를 희망이 없는 파국적 신화로 보고 있음을 다음에서 알 수 있다.

신화들의 모든 종국은 세계를 꼼짝 못하게 하는 것이다. 신화들은 소유의 모든 서열을 단 한번에 고정시켜 놓은 보편적 질서를 암시하고 흉내낼 수밖에 없다. 이리하여 날마다 모든 곳에서 인간은 신화에 의해 저지당하고, 그의 처소에 눌어붙어 있는 이 부동의 원형에 의지하게 되며, 거대한 내면적 기생물의 형식으로 질식시켜서 세계를 거슬림이 없이 스스로 고통

당하게 하는 협소한 제약 속에 그의 행동이 묶여버리게 된다. 유산계급의 의사 현실은 어느 모로 보나 인간으로 하여금 자신을 창출하는 것을 금지 시키는 것이다(1972, 155쪽).

이러한 시각에서 보면 모든 정치 신화는 나쁜 신화라고 일반화해서 말해도 무방하리라. 정치 신화는 언제나 이상향을 약속하지만 그것을 성취해 본 적이 없고, 설령 그것을 성취할 수 있다 하더라도 인간은 부동의 이상향 속에서 아무 쓸모없는 존재로 비인간화되고 말 것이다 그 안에서 인간은 신선일 수가 없다. 인간은 오직 인간일 수밖에 없고 또 인간이어야만 한다.

기호론적 체제의 불균형

바르트는 신화들을 우익을 위한 신화와 좌익을 위한 신화 두 가지로 나눈 다음, 통계적으로 볼 때 우익 신화가 월등한 우세를 누리고 있음 을 지적한다. 물론 우익 신화와 좌익 신화 모두 정치 신화이다. 그러 나 우익 신화와 좌익 신화는 그것들이 사용하는 언어의 종류와 질과 변용에 중대한 차이가 있다. 바르트의 논의의 요점을 다음과 같은 한 묶음의 이항대립쌍들로 종합해 볼 수 있다. 다음의 종합에서 우익과 좌익 대신에 강자와 약자의 범주들을 쓴 것은, 동서 냉전의 종식으로 우익과 좌익이라는 용어의 뜻이 거의 무의미하게 되었기 때문이다. 강 자와 약자의 계층은 세계 어느 사회에나 동서고금을 통해 존재해 왔 고, 이러한 이분법은 언제나 유효하다. 이런 이분법은 시대와 상황에 따라, 〈지배자/피지배자〉, 〈가진 자/못 가진 자〉, 〈착취자/피착취 자〉, 〈부자/가난한 자〉, 〈우익/좌익〉 등 여러 가지 이항대립쌍으로 나타날 따름이다. 다음은 이러한 이항대립쌍들에 일반적으로 적용되 는 신화들과 언어의 특성을 종합한 것이다.

이 대조가 암시하는 것은 약자의 신화는 아직 일차언어의 수준에서 발버둥치는, 서툴고 메마른 수사를 지닌, 거의 우발적 신화라는 점이

약자의 신화 ：강자의 신화

건조하고 빈약한 언어 ：기름지고 유려한 언어

해방을 갈망하는 유일차원적 언어 ：풍부하고 온갖 위엄을 지닌
다차원적 언어

변화와 개혁을 요구하는　영속화를 지향하는
타동사적 언어 ：자동사적 언어
(그래서 보다 정치적 언어)　(신화적 언어)

거짓과 메타 언어가 결핍된 언어 ：메타 언어를 독점하는 언어

우연적 신화 ：영속적 신화

다. 그것은 현실의 급박한 정황에서 나오는 생경한 정치적 외침을 반영할 뿐이다. 이에 비해 강자의 신화는 순전히 정치적이면서도 고도 정치의 메타 언어를 구사하면서 탈정치의 여유자적함을 보이고 있다.

분석적 안목의 조리개를 좀더 예민하게 하여 강자와 약자가 존재하는 기호론적 영토에 초점을 맞추어 보면, 강자는 확실하게 이차기호의 영역과 그 윗쪽을 차지하고 있음에 반해, 약자는 주로 일차기호 영역에 발을 붙이고 있는 상황에서 간헐적으로 이차기호 영역을 오르내리는 정도이다.

그러면 강자와 약자 두 계층간에 존재하는 기호론적 체제의 불균형을 어떻게 바로잡을 수 있을까? 이 문제를 푸는 관건은 강자의 신화와 맞서는 대항 신화를 창출하는 것이다. 강자의 이데올로기와 맞설 수 있는 대항 이데올로기를 일으키는 것이다.

여기서 두 가지를 강조해야겠다. 첫째, 약자의 신화는 강자의 신화에 대한 대항 신화가 될 수 없다. 이미 위에서 살핀 대로 약자의 신화

는 준신화 quasi-myth 미만의 수준으로 강자의 신화와 필적할 만한 언어능력을 갖추지 못하고 있기 때문이다. 그러나 대항 신화가 모든 역사적 자료를 구해야 할 곳은 바로 약자의 언어가 가리키고 있는 곳들이어야 함은 두말할 나위가 없다.

둘째, 누가 무엇을 위한 대항 신화를 창출해야 하는가 하는 문제이다. 이것은 다음과 같이 두어 가지로 나누어 따져볼 문제이다. 대항 신화의 제작자들은 지배계급의 어느 양심적 모퉁이에서 나올 수도 있고, 약자계급을 교양, 의식화시킴으로써 얻을 수도 있다. 대항 신화 제작자들이 누구이든 간에 그들은 기호학을 숙지해야 한다. 이 책은 궁극적으로 대항 신화 창조자들을 위한 것이다. 다음으로 대항 신화의 목적을 무엇에 두느냐를 확실히 해야 한다. 강자의 신화와 균형만을 취하는 데 필요한 대항 신화를 만들 것인가, 아니면 강자의 신화를 눈쇄시킬 보다 강력한 대항 신화를 만들 것인가를 정해야 한다. 이러한 정책적 논의는 이 책에서 할 계제가 못된다. 다만 대항 신화가 강자의 신화로 변신할 수 있는 가능성을 지적해 두고자 한다. 대항 신화는 그 자신의 세속화와 부패를 방지할 자기 성찰과 자기 교정수단을 모두 갖추고 있어야 한다.

한 가지 덧붙일 것이 있다면, 그것은 모든 강자들이 다 같이 강자의 신화를 만드는 것은 아니라는 사실이다. 강자들 중 소수만이 강자의 신화를 창출하고 쇄신할 능력을 가지고 있을 뿐, 나머지 다수는 강자 신화의 세계에 안주하는 군중에 지나지 않는다. 어쩌면 운 좋은 군중이다. 그러나 그들은 부지불식간에 약자의 처지로 떨어질 위험이 없지 않은 취약한 군중이기도 하다. 그들에게 강자 신화는 불길한 예감을 쫓는 주술이자, 소수의 강자를 향한 아첨이다. 대항 신화 제작자의 고려은 다수의 강자 군중이라기보다는 소수의 강자 신화 제작자들이다. 따라서 대항 신화는 군중을 선동하는 프로파간다여서는 안 되며 보다 학리적이어야 한다. 또 대항 신화는 궁극적으로 구원적이어야 한다.

모조 신화

대항 신화는 어떻게 만들 수 있는가? 어떤 신화든, 신화는 〈죽기를 거부한다〉(Barthes, 1972, 133쪽). 신화를 그 내부에서 정복하는 것은 지극히 힘든 것으로 보인다(135쪽). 그러나 바르트는 이러한 신화를 전복시키는 가장 좋은 방법을 제시하고 있는데, 그것은 신화를 신화화 하여 모조 신화로 탈바꿈시키는 일이다. 바르트는 〈신화가 어떤 것의 언어를 훔치고 있을진대, 신화를 훔치지 말라는 법은 없지 않은가〉라 고 말한 후 구체적인 방법을 다음과 같이 제시하고 있다.

> 필요한 것은 신화를 제3의 기호론적 연쇄고리의 시발점으로 삼아서 신 화의 의미작용을 두번째 신화(모조 신화)의 첫번째 말로 삼아버리는 것이 다(1972, 135쪽).

이것을 도형으로 표시하면 아래 그림과 같이 된다. 이렇게 해서 얻 은 모조 신화는 원신화에 대한 대항 신화로 사용할 수 있다. 따라서 신화체제 안에 신화와 대항 신화의 이항대립을 얻는다.

〈신화/대항 신화〉 대립쌍은 강자와 약자 사이에 존재하는 기호체제 의 불균형을 바로잡을 기틀이 됨에 틀림없다. 그러나 바르트의 모조 신화가 강자 신화에 대한 최선의 대항 신화일 수 있는가에 대한 의문 이 남는다.

바르트의 방법은 매우 정략적이고 영악한 데가 있다. 그것은 강자 신화의 메타 언어를 능가하는 보다 고단수의 메타 언어에 의해서 강자 신화를 포획하는 방법이다. 그렇지만 그것의 기본 작전은 도둑질일 뿐 이다. 다른 신화의 언어를 도둑질하여 그것을 세탁해서, 또는 거꾸로 더 더럽혀서, 새 메타 언어로 바꾼 다음 원신화와 대항하게 한다는 것 은 해학 아니면 야유이지 정공법은 아닌 듯하다. 동서 냉전의 프로파 간다가 모두 이런 것이 아니었던가? 거기에는 진정한 의미에서 논쟁 이 없었다. 메타 언어가 다른 메타 언어를 덮치고, 그 위를 또 덮치는

식의 끝없는 엎치락뒤치락 위에 점점 이해하기 힘들어만 가는 메타 언어만 무성히 쌓일 뿐이다. 그보다 못한 경우에는 메타 언어는 지쳐드병들어 갈 것임에 틀림이 없다.

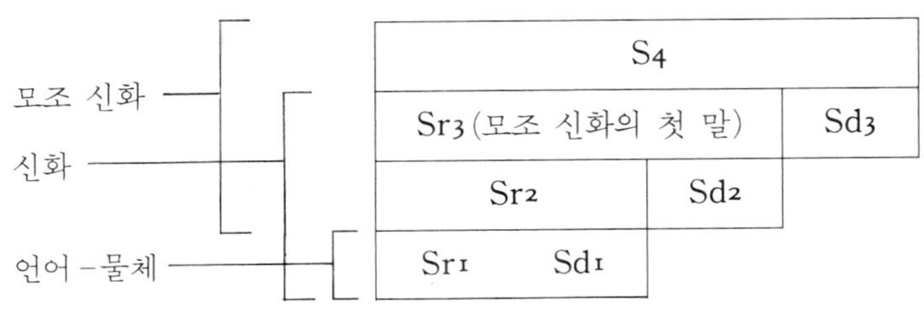

$Sr = $ 기표 signifier

$Sd = $ 기의 signified

우리에게 필요한 것은 포획법이 아니라 내공법이다. 바르트가 지적했듯이 신화를 그것의 내부에서 붕괴시키는 것은 쉬운 일이 아니다. 그러나 호랑이를 잡으려면 호랑이 굴로 들어가는 수밖에 없다.

모든 신화의 발단이 의상에서 시작하기 때문에 대항 신화도 바로 거기서 시작해야 한다. 강자 신화의 의상에 필적할 反意想 anticoncept을 창출할 수 없다면, 대항 신화를 거론할 필요조차 없는 것이다. 따라서 대항 신화는 강자 신화의 의상과 겨룰 반의상을 찾고, 그것에 필요한 형과 의미작용이라는 담론을 개발해야 한다. 담론의 성격은 이론적 논쟁이다. 결국 이데올로기의 논쟁이 된다. 강자 신화가 약자 신화의 현실을 신화의 질료르 삼고 있는 것과 같이 대항 신화도 같은 영토에서 승부를 겨루어야 한다.

이미 명백해진 바와 같이 내공법이 수립해야 할 담론의 기본적 틀은 〈의상/반의상〉의 이항대립쌍을 가지고 담론의 모반 matrix 을 만드는 일이다. 이에 대해서 제12장에서 설명하게 된다. 여기서 조금만 언급하자면, 〈의상/반의상〉 대립쌍이 〈그레마스의 기호학적 사변형〉의 두 축을 이루게 된다(Greimas, 1985). 이 두 축을 기둥으로 삼아서 논쟁적 담론의 기본 구문을 얻게 된다. 논쟁적 담론은 이 위에 표피 층위와 텍스트 층위가 더 겹쳐 있는 3층 구조의 이야기체 모형을 이루게 된다. 이렇게 만들어진 논쟁적 담론구조는 호랑이와 사냥꾼이 서로 얼굴을 맞대고 앉아 상대방의 신화를 내공하게 한다. 신화 독자는 이런 담론구조에서 어느 쪽인가를 편들게 될 것이고, 그러면 신화의 우위는 판가름이 나는 것이다.

이 장을 마치기에 앞서서, 바르트가 암시해 주는 단 하나의 선택지에 대하여 들어보기로 하자. 무슨 신화이든, 그것에 생명을 주는 것은 고차 언어의 두 요소, 즉 함축 언어와 메타 언어이다. 그러나 이런 언어들은 일차언어의 세계, 즉 진정한 현실에 대해서 말만 할 뿐으로, 그야말로 탁상공론에 그칠 따름이다. 그래서 바르트는 신화와 현실을 연결시킬 두 가지 극단적 방법을 제시하면서, 그중 하나밖에 선택의 여지가 없음을 다음과 같이 말하고 있다.

이것은 우리 시대에 해당하는 난제이지만, 아직 단 하나의 가능한 선택지가 있는데, 이 선택은 다음과 같은 두 개의 극단적 방법 위에서 수행될 수 있다. 그것은 역사에 전적으로 침투할 수 있는 현실을 내놓고 이데올로기화하거나 아니면 그 반대로 궁극적으로 침투 불가능하고 치환 불가능한 현실을 내놓아 그것을 시화 poetize 하는 것 중 하나이다(1972, 158쪽).

여기서 바르트가 암시하는 것은 신화와 현실의 화해인 것 같다. 그러나 우리를 실망시키지 않을 영원한 의미들을 제공할 시적 현실은 너무 멀리 있는 것 같고, 어쩔 수 없이 제한된 현실을 역사의 물과 섞어 〈오늘의 양식〉을 빚어 만드는 길밖엔 다른 도리가 없는 것 같다.

제11장

대중문화 기호학

포스트모던 시대를 풍미하는 대중문화의 중요한 특징들 중 하나는 그것이 생산하는 텍스트에 도상과 지표를 광범위하게 사용한다는 점이다. 지금까지 다루어온 신화의 텍스트들은 자의성에 의해 생산된 상징을 주로 쓴 것들이다. 상징 위주의 문자적 구어적 텍스트들과 도상적 지표적 텍스트들의 혼합은 이 시대의 매우 흥미로운 현상이다. 조금 극적으로 말하자면 활발하고도 우월한 도상성 iconicity 이 포스트모던 시대의 커뮤니케이션 양태를 특징짓고 있다.

이 장에서는 포스트모던 대중문화의 특징을 대표하는 TV, 영화, 사진, 만화 네 가지를 다루려 한다. TV는 구어체와 문자 기호들고 도상들의 혼성 텍스트이다. 영화는 구어체 기호들과 도상들의 혼성 텍스트이다. 수입 영화의 경우에는 자막 처리가 되면서, 문자 기호들의 층이 한 꺼풀 더 씌워진다. 사진은 거의 순수한 도상적 텍스트이지만 문자 기호로 된 내용을 포함할 수 있다. 한편 사진이 잡지와 신문에 쓰일 때는 많은 경우 문자 기호로 된 텍스트를 동반한다. 대부분의 만화는 도상과 문자 기호로 된 텍스트이다.

　이런 포스트모던 텍스트들에서 도상들이 하는 기능은 무엇인가? 도상들은 미학적 코드를 수반하는 것이 특징이다. 그래서 도상이 의도하는 의미작용은 텍스트에 은유적으로 옮긴 저 밖의 현실로 하여금 환유로 보이게 하는 일이다.

　특히 뉴스 텍스트들(뉴스, 다큐멘타리, 광고 따위)은 사실적 효과, 시청자들이 텍스트를 보고 사실처럼 느끼게 하는 효과를 내기 위해 노력한다. 도상적 환유, 지표, 신화들은 사실적 효과를 내는 기호체들이다. 환유는 어떤 현실체의 일부를 대표하기 때문에, 지표는 그것이 대표하는 어떤 현실체와 실존적 연계를 갖기 때문에, 또 신화는 그 속에 있는 어떤 신호가 시청자들을 자극하여 그 신화를 구성하는 기의 고리의 나머지 부분을 시청자들로 하여금 구성하게 하기 때문에, 이들은 마치 현실과 동일 평면에서 일어나는 일들로 보이게 된다. 즉 이것들은 〈의문의 여지가 없는〉 사실의 환유가 되는 것이다. 그러나 이 모든 것이 〈그럴 듯함〔逼眞性〕verisimilitude〉의 문제를 가지고 있다. 즉 대중문화의 텍스트 소비자들은 항상 두 개의 현실——저 밖의 현실과 텍스트 속에 들어와서 현실인 체하고 있는 현실——사이에 얹혀 있으면서, 그중 하나를 선택하거나 두 개의 현실을 화해시켜야 하는 입장에 놓여 있다. 또한 여기에는 텍스트 제작자들로부터 오는 상당한 이데올로기적 조작이 은연중에 개입되어 있다.

　은유와 상징은 광고와 연예 오락물에 주로 많이 쓰인다. 은유나 상징들은 초사실적 효과를 일으킴으로써 대중문화 소비자들을 현혹한다. 광고와 오락은 포스트모던 대중매체에서 불가분의 관계에 있고, 이 두 가지는 자본주의 이데올로기를 활성화하는 기본 고안들임은 더 이상 비밀이 아니다. 대중매체가 생산하고 사용하는 기호체들이 사실 효과를 일으키든 초사실적 효과를 일으키든, 그것들의 총체적 효과는 대중을 현실에 놓아두는 것이 아니라 대중문화가 자의적으로 현실이라고 정의하는 의사 현실에 묶어두는 것이다.

　위에 열거한 포스트모던 텍스트들은 매우 복잡한 텍스트이기 때문에, 그것을 분석하고 그 결과를 해석하는 기호학적 조작도 매우 복잡하다. 그런데도 텍스트 소비자들이 무리 없이 일상적인 소비를 할 수 있는 이유는 무엇인가? 그들이 기호학을 전혀 모르고도 그처럼 복잡한 텍스트를, 그것도 오락조으로 받아들이고 즐기는 현상의 뒤에는 고도로 정교화된 코드의 힘이 있기 때문이다. 이 장에서는 이에 대해 논의하려 한다.

텔레비전

텔레비전은 내장된 광원을 가지고 이미지를 스크린 위에 투사하기 때문에 영화처럼 실내의 어두움이 필요하지 않다. 영화의 인위적 어두움이 제거된 TV는 마치 어항처럼, 하나의 자연 물체로서 방안에 있다. TV 자체가 별스런 환경이 아니라, 다른 물건들처럼 실내의 자연광 속에 무심히 있는 꼴이란 말이다. TV의 신기함이 거의 다 가셔버린 지금 그것은 우리의 자연적 환경에 매우 자연스럽게 편입되어 있다. 그것은 우리의 의식 속에 있는 자연적 연속체의 반열에 성공적으로 끼여 들어와 있다는 말이다. 그래서 TV가 보여주는 이미지들은 곧 자연의 것이라는 착각이 쉽게 일어나게 된 것이다.

TV는 이 시대에 나타난 새로운 언어체제이다. 그것에는 그 나름의 문법이 있고, 어휘들이 있다. TV 문법이란 우리가 코드라고 부르는 것이고, 그것의 어휘들은 이미지, 그래픽, 말, 숫자 같은 이미 복잡한 조직을 가지고 있는 기호체들이다. 앞으로 논의되겠지만, TV 프로그램 수준에서 의미의 최소 단위를 가려내는 일은 지극히 힘들기 때문에, TV의 화면 하나하나가 이미 텍스트(미시 텍스트 micro-texts라고 부를 수 있다)인 것이다. 즉 하나의 TV 프로그램은 수많은 미시 텍스트로 이루어져 있다.

언어로서의 TV가 나르는 메시지는, 크게 보아 전통적 언어 커뮤니케이션의 메시지와 시각 커뮤니케이션의 메시지의 복합이다. 전통적 언어 커뮤니케이션에서 언어와 시각 메시지는 서로 뗄 수 없이 융합되어 있었지만, TV에서 언어와 시각 메시지는 인위적으로 분리되었다가 인위적으로 재결합된 형태의 것이다. 이를테면 전자는 아날로그 체제인데 비해, 후자는 디지털 체제이다. 이것은 매우 중요한 차이이다. TV를 단순히 전통적 언어 커뮤니케이션의 연장이라고 볼 수 없는 이유는 언어와 시각 메시지 사이에 프로그램 제작자의 자의적 조작이 깊이 개입되기 때문이다. 그래서 TV에서 언어와 시각 메시지의 差動的 强調比는 프로그램 형식과 장르에 따라 엄청나게 달라진다. 대담 프로그램은 전통적 언어 커뮤니케이션 상황을 거의 충실하게 모의화하지만 음악 비디오에서는 언어 부분이 음악으로 대체되어 있다.

이런 뜻에서 피스키와 하틀레이(1978)가 보듯이, 〈텔레비전은 인간 고안물 a human construct 이다〉(17쪽). 이것은 당연한 말을 쓸데없이 하는 것 같지만 TV가 자연의 것인 양 방안을 차지하고 있는 상황에서는 자꾸 되뇌어야 할 말이다. 이 두 기호학자들은 덧붙여 말하기를 언어가 실생활 현실을 생산하는 수단을 사람들에게 주었거니와 TV는 이 능력을 더욱 연장시킨다고 했다. 그러나 TV가 연장시켜 주는 현실 축조의 능력은 시청자들의 자의에 맡겨진 것이 아니라 TV 프로그램 제작자의 자의에 맡겨진 것임을 지적해야겠다. 이 사실이 의미하는 것은 TV가 시청자 전반을 위한 인간의 고안물이라기보다는 TV 매체를 장악하고 조정하는 집단을 위한 고안물이라는 점이다. 그래서 대중이라고 하는 TV 시청자는 단순히 수신체제의 한 끝에 비대칭적으로 연결되어 있는 수동적인 소비자에 불과하다. 이런 상황에서 TV 시청자가 그들의 이익을 위해 할 수 있는 일이란 TV를 제대로 〈읽는〉 일이다.

TV는 TV 프로그램 제작자들의 문화적 경험을 기호와 코드로 된 기호학적 체제로 치환한다. 그러나 이렇게 생산된 기호학적 세계는 저 밖의 실제 세계와 다른 새로운 현실, 보드리야르의 말을 빌리면 과현

실의 세계이다. TV 시청자들이 직면해야 하는 것은 바로 이 유혹적
세계이다.

TV 코드

그러나 TV 제작자와 시청자들을 묶는 코드는 무엇인가? TV는 매
우 복잡한 텍스트여서 거기서 가려낼 수 있는 코드도 다양하다. TV
코드로는 연결, 의식 응축, 시각 조작, 시간 조작의 코드들이 있다.

TV의 코드는 흘림과 이용 – 충족에 이르는 광범위한 매체 소비행태
로 된 복잡한 것이다. 극히 단순화하여 말하자면, TV는 사람들이 외
부세계와 연결하고자 하는 필요에 부응하고 있다. 반복 연결——그것
이 TV의 우선적 코드다. 연결이라는 TV 코드는 사회적 의무나 이성
적 논리가 전제된 코드가 아니라 일종의 심미적 코드이다. 이용 – 충족
에 관한 여러 연구자들이 계속 발견하는 것은 시청자들이 TV에 노출
하는 최초의 동인은 TV에 나오는 사람들과 상호 의사교환을 하기 위
한 것이다(Kim, 1990). 통합체적 TV 코드는 대체로 연결, 오락, 정
보의 순으로 풀려나간다. 우선 연결이고 오락과 정보가 뒤따른다. 일
단 연결이 되고 나면 오락과 정보에 관한 여러 가지 필요의 계열체들
이 TV 시청자에게 연결된다. TV는 이처럼 연결된 시청자의 의식을
온갖 방법으로 유지시키려 하고, 소위 주의 집중성 관성attentional
inertia을 시청자의 심리 속에 일으킨다. 시청자가 이런 연결에 반응하
는 방식은 지속적인 것이 아니라 주기적인 것이기 때문에 TV는 반복
연결을 시도한다. 그래서 사람들은 날마다 정기적으로 마치 신전에 머
리를 조아리듯 TV 의례에 동기된다(Geothals, 1981).

시청자들이 주의 집중성 관성을 보이고 있는 동안 시청자들로부터
기대되는 필요의 계열체들을 연결하고, 그들이 차동적으로 반응하는
양태를 피플미터 같은 감시장치로 측정한다. 양호한 반응을 보이는 계
열체 요소, 즉 인기 좋은 프로그램들과 그것들의 특성들은 계속 공급
되는 프로그램에 의해서 강조된다.

그런데 여기서 〈양호한〉 반응이란 질적인 것이 아니고 양적인 것으로 얼마나 많은 시청자들이 그 프로그램에 연결되어 있느냐를 나타내는 통계수치이다. 그러나 이 수치는 질에는 관심 없는 수치임을 강조해야겠다. 방송 제작자들이나 경영 간부들이 궁극적으로 알고자 하는 것은 바로 %로 표시된 눈먼 초기표이다.

TV 코드의 메타 언어는, 최대 숫자의 시청자들을 TV에 정기적으로 실수 없이 연결시킴으로서, 시청자군을 광고주에게 팔아 이익을 극대화시키는 일이다.

TV와 시청자와 광고주들은 하나의 사이버네틱 회로에 갇혀 있다. 이처럼 갇힌 회로에서 시청자들에게 계속적으로 주의 집중성 관성을 일으키는 것은 본질적으로 무엇인가? 두말할 것도 없이, 그것은 TV가 쏟아내는 기호들이다.

시청자들이 자의적으로든 타의적으로든 TV에 연결되는 양태는 환유적이기도 하고, 동시에 은유적이기도 하다. TV와 연결된 환유적 양태는, 그들의 눈동자가 TV 카메라를 통하여 저 밖의 세계에 연결되어 있다는 확신이다. 그래서 시청자들에게 〈보는 것이 믿는 것〉이 된다. 시청자들에게 정기적으로 날아오는 시청료 고지서는 저 밖의 세계가 틀림없이 그들에게 연결되어 있음을 주기적으로 확신시키는 일종의 의례 같은 것이기도 하다.

피스키와 하틀레이(1978, 88쪽)가 밝힌 TV의 일곱 가지 기능에서 TV가 수행하는 환유적 연결과 은유적 연결의 예들을 찾아볼 수 있다. 환유적 확신을 강화해 주는 TV의 두 가지 기능은, 시청자들의 개인 신분이 전체 문화에 의해서 보장되어 있다고 확신시켜 주는 것(확신 기능)과 문화 회원이 된 자각심을 안전감과 시청자 개입의 차원에서 시청자에게 날라다 주는 것(전송 기능)이다.

TV의 은유적 기능들은 상징과 신화와 이데올로기적인 것으로 나머지 다섯 기능들인데 그것은 다음과 같다. 현실의 성격에 관해 제도화된 문화 여론의 주류가 무엇인지를 명료화하는 것(명료화 기능), 시청자들이 저변 이데올로기를 인정하는 대가로 시청자들의 신분을 보장함으로써 문화회원 각자를 우세한 가치체제로 내포시키는 것(내포 기능), 저 밖의 세계에서 문화의 대표들이 하는 것들을 경축하는 것(즉제 기능), 문화의 이데올로기와 신화들의 적합성을 단언하는 것(단언 기능), 저 밖의 세계의 조건의 변화나 새로운 이데올로기로부터 오는 실제적 부적당성들을 폭로하는 것(폭로 기능)의 다섯 가지이다.

TV의 더욱 놀라운 기능은, 이처럼 추상적인 것들을 시청자들이 받아들이고 실천할 수 있도록 이른바 응축된 형태의 의례로 변화시키는 일이다. 피스키와 하틀레이가 말하는 의례 응축은 추상적인 것들을 어떤 물질적인 것으로 치환하는 일을 말한다. 조지 부시 미국 대통령이 1988년도 대통령 선거 유세에 〈나의 입술을 읽으라. 새로운 세금은 없다 Read my lips! No New Taxes!〉고 한 것은 의례 응축의 한 예이다. 그는 유권자들의 환심을 얻기 위해 세금을 올리지 않겠다고 약속하면서 이 말을 한 것인데, 세금과 관련된 국가 경제와 예산 등의 모든 추상적이고 복잡한 문제들이 홀연히 부시의 입술로 치환된 것이다. 그 말은 〈내 말을 믿으라〉는 것이었다. 그래서 그의 입술은 믿어야 할 말(경제 정책의 아이디어)의 은유가 되었다. 한편, 그 말은 〈말하는 나를 믿으라〉는 것이었다. 입술은 나, 부시의 환유이기도 하다. 한마디로 추상적 정책들이 부시 한몸으로 응축되었다. 미국의 TV 전도자들이 통속적으로 사용하는 소위 〈믿음 씨앗의 원리〉나 〈가역 원리〉는 의례 응축의 다른 예이다. 그들은 자기네들을 통하여 하나님에게 가령 10달러를 바치면 하나님이 10배, 100배, 1000배로 갚아즈실 것이라고 단언한다. 신앙의 모든 오묘한 것이 돈이라는 물질로 치환된 것이 기복신앙이다. 그것은 의례 응축이다. 또한 그것은 초과잉 코딩 같은 것이라고 하겠다.

의례 응축은 매우 복잡한 문제들을 지극히 간단한 물질적 몸짓으로 대치시켜 준다. 적지 않은 수의 TV 시청자들이 그 물질적 치환으로 모든 게 간단히 다 풀린다고 믿는다. 부시의 입술을 보는 일이나 TV

전도자에게 송금하는 몇 푼의 돈으로 주변 문제들이 잘 해결되리라는 안도감을 산다. TV 코드는 복잡한 현실의 문제를 어떤 물질성에 의해 단순화시킨다. 그리고 시청자들은 바로 이 단순성을 받아들이는 것이다.

맥루한(1964)이 지적한 대로, TV는 냉매체여서 그 나름의 약점들이 있다. 가령 TV 카메라로 사물을 보는 것은 우리의 눈으로 보는 것과 비슷할 뿐 똑같지는 않다. TV는 이런 약점을 보상하기 위해 특수한 코드를 개발한다. TV 시청자들은 TV에 빠진 것을 무의식적으로 채움으로써, TV 시청에 개입한다. 역설적인 것은, 시청자들의 이 같은 무의식적 개입이 시청자들의 능동성을 암시하는 동시에 이 개입은 모르는 사이에 시청자들을 수동적 소비자로 전환시킨다는 것이다. 그래서 TV는 시청자들을 TV에 잡아들이는 능력을 발휘하게 되는 점이다. TV 카메라의 클로즈 - 업 close-up 과 주밍 zooming 은 TV 카메라와 피사체 사이의 지각적 거리, 그리고 TV에 나오는 피사체와 시청자 사이의 대인 거리감을 일으키려는 조작이다. 우선 클로즈 - 업은 〈표 1〉에 보인 바와 같은 기호학적 관계들을 가지고 있다(Fiske, 1987, Seiter, 1987 참고).

요컨대 주밍은 친근감이 배제된 공적 거리감을 주는 원사에서, TV 연사나 연기자들과 정서적 상호 개입감을 일으키는 중사를 거쳐, 카메라에 잡힌 피사체에 의혹을 불러일으키는 초근접사 ECU에 이르기까지, TV 제작진이 임의로 바꾸는 거리 변화에 따라 다른 의미의 정서적 효과들을 시청자에게 일으킨다.

또한 카메라는 〈어떤 관점〉을 가질 수 있고, 그것을 시청자의 관점으로 대치시키는 힘이 있다(Jamieson & Campbell, 1992, 64쪽). 〈표 2〉는 이에 대한 것이다. 카메라는 그것의 시각을 변화시킴으로써 시청자로 하여금 그의 사회적 위치와 TV에 나오는 대담자의 위치에 대해 적절히 맞추게 하기도 하고, 시청자의 의견을 카메라의 관점으로 모으는 기능을 한다.

표1 : 주밍의 종류와 의미

기표	기의
long shot (원사)	상황, 범위, 공적 거리
full shot (전사)	사회적 거리
medium shot (중사)	개인적 친근감을 주는 거리
close-up (근접사)	더욱 친밀감을 주는 거리
extreme (초근접사)	의심스러움을 드러내기 위한 거리

표2 : 카메라 시각의 종류와 의미

기표 (카메라 각도)	기의 (외시 의미)	기의 (함축 의미)
머리 높이 사영	눈 높이	대담자와 사회자의 동등성
위로 치켜 봄	벌레의 시각	사회자가 대담자보다 더 우세한 정황
아래로 내려 봄	새의 시각	카메라가 대담자를 깔봄

시각적 샴푸 visual shampoo라는 것도 있다. 이것은 TV 뉴스에서 소리와 그래픽의 비를 조작함으로써 이야기를 〈도형적으로 말하게〉 하는 코드이다. 이것은 마치 일상적 대인 커뮤니케이션에서 목소리와 몸짓의 비율을 바꾸어, 목소리가 다 말하지 못하는 부분을 몸짓이 말하게 하는 것과 같은 이치이다. TV에서는 어떤 그림을 동결시켜 보여주거나 그것을 축소시키거나 그림 밑에 어떤 구호를 넣어서 보도기자가 말하고자 하는 바를 쉽게 전달하도록 한다(Jamieson & Campbell, 1992, 64쪽). 즉 음식에 소금을 쳐서 음식이 잘 넘어가게 하듯, 말 위에 그림을 얹혀 말이 쉽게 이해되게 하는 이치라고 하겠다.

결론적으로 TV의 코드는 심미적 코드이면서도 고도로 조작적인 코드이다. 그것은 다른 심미적 코드처럼 시청자들의 마음을 물질성에 연결시킨다. TV 코드에 들어오는 언어 논리와 시각 논리는 의례 응축을 체현하기 위한 메타 언어로서 실세계의 논리적 추상성들을 마귀 쫓아내듯 축출하고, 파편화된 메시지들을 시청자의 주의 집중성 관성 위로 흘려보내는 논리 파괴와 유동의 코드이기도 하다.

TV 현실주의

어떠한 현실체도 기호를 통하지 않고 우리에게 지각되지 않는다. 〈어느 것도 기호를 얹혀놓기 전에는 이해할 수가 없다〉(Nietzsche, in Lapsley & Westlake, 1988, 37쪽). 이것은 실증적 진리이다. 저 밖의 현실과 인간의 이해 사이를 매개함에 있어서 기호 자체가 하는 역할은 현실을 왜곡시키는 것도 그렇다고 반영하는 것도 아니다. 그것은 인간이 축조하고자 하는 현실을 위해 표상의 수단을 빌려주는 것이다(Fiske & Hartley, 1987). 그러나 표상수단을 대여함에 있어서 기호는 전적으로 순수한 것이 아니라 제한성과 약점이 있다. 그런데도 그것을 통해 표상된 것 자체를 인간에게 제2의 자연으로 제시한다. 그래서 〈현실을 위한 기호가 현실체가 되는 것이다〉(Fiske & Hartley, 1978, 161쪽). 피스키와 하틀레이의 이 말은, 〈말의 세계가 물건의 세계를 창조한다〉고 하는 니체의 단언과 한 맥을 이룬다.

예를 들어보자. 퍼스는 광선은 준주어 quasi-subject이고, 찍힌 사진은 준술어 quasi-predicate 라고 말한다. 말을 바꾸면, 기호는 준주어이고, 기호가 표상해 놓은 산물은 준술어이다. 진짜 주어 real subject 는 두말할 것도 없이 저 밖의 현실이다. 진짜 술어는 무엇인가? 그것은 우리가 가능하다고 믿고, 또 기대하는 파악된 眞現實 the real 의 모습이다. 그러나 인간에게 알려지는 것은 오직 준주어와 준술어로 된 이야기뿐이다. 따라서 진현실을 우회시키는 기호의 매개작용은 결코 투명한 것이 아니다.

이런 매개과정의 불투명성 위에 지각하는 사람의 심리적 채색이 더욱 가미된다. 인간이 현실을 있는 그대로 보고자 하는 극히 순진한 마

음을 가지고 있다 하더라도, 마음은 그 나름대로 그것의 감관에 오는
준술어를 재조직하는 원칙을 동원한다. 즉 마음은 그것이 보고자 원하
는 것을 볼 뿐이다. 이것은 지각작용에 대한 허다한 연구들이 내놓는
거의 공리적 사실이다. 이것이 뜻하는 것은, 피스키와 하틀레이가 말
한 대로, 현실주의 또는 사실주의라는 것 자체가 하나의 인위적 고안
일 수밖에 없다는 점이다(160쪽). 그래서 우리는 현실주의가 보여주는
현실을 받아들이는 수밖에 다른 도리가 없다.

여기까지는 기호의 매개오 지각자의 의도가 현실을 왜곡시키려는 숨
은 의도를 가지지 않은 상태의 이야기이다. 그러나 〈준주어 – 준술어〉
인식틀은 매우 연약한 인식론적 장치여서 어떤 의도를 가지고 있는 사
람에게 괄목할 만한 가소성을 나타낸다. TV 기술, 그것이 사용하는
기호들, 코드, 사심 없는 프로그램 제작진을 가정할 때, 위에 설명된
것과 매우 흡사한 TV 인식을 기대할 수 있다. 그러나 TV의 인식장
치가 상업주의, 종교적 독선, 정치 이데올로기 같은 것으로 충진되어
있는 것이 현실이다.

결국 TV가 우리에게 보여주는 것은, TV가 정의한 그대로 TV 현
실주의가 생산한 현실이다. 〈그러므로 현실주의가 있고 TV 현실주의
가 있다〉(165쪽). 〈그러므로 스포츠가 있고 TV 스포츠가 있다〉(192
쪽). 이것들은 피스키와 하틀레이의 결론이다. 이 결론은 TV 프로그
램의 모든 장르에 적용된다. 보다 중요한 다음과 같은 포괄적 결론을
내릴 수 있다. 〈그러므로 진실이 있고 TV의 진실이 있다.〉

이와 같은 두 가지 진실의 가능성들에 대해서 시청자들이 일반적으
로 어느 쪽을 취하는가? 시청자들은 힘들이지 않고 별생각 없이 TV
쪽을 택한다. TV의 진실이 더욱 진실되게 보이기 때문이다. 그러나
시청자들은 〈그러므로 진실이 있고 또 TV의 진실이 있다〉는 결론을
〈그러므로 진실이 있고, 또 대중매체를 조정하는 사람들의 진실이 있
다〉라고, 그 이면을 깊이 생각해 봐야 할 것이다.

영화

기호학은 TV 보다 영화에 체계적으로 적용되어, 꽤 오랜 연구의 전통을 가지고 있다. 영화는 영문으로 cinema, film, movie 같은 용어로 표현되고 있는데, 이것들의 함축적 의미들이 다소 다르긴 하지만 여기서는 우리말로 〈영화〉라고 통일시켜 쓰기로 한다.

TV 처럼 영화에서도 도상적, 지표적, 상징적 기호체들이 다 사용된다. 그러나 영화에서 보다 중심이 되는 기호의 양태는 도상-지표적인 것이고, 상징적 기호는 이차적 지위밖에 누리지 못한다.

영화가 취하는 코드 역시 TV 코드와 마찬가지로 심미적 코드이다. 3차원의 물체들을 2차원 평면으로 옮겨놓은 사진 이미지의 존재론이 영화를 기호학적으로 논의하는 출발점이다(Wollen, 1972). 이것이 바쟁 Bazin 의 영화론의 시작이다. 그의 영화에 관한 견해는 사실주의와 표현주의의 대립으로 되어 있다. 그는 이 대립을 상정한 후 사실주의를 그의 교의로 삼고 있다. 표현주의는 후에 보다 넓은 개념인 저작주의 authorship가 된다. 따라서 영화에는 두 가지 전통이 있는데, 하나는 사실주의 전통이고 다른 하나는 저작주의 전통이다(Lapsley & Westlake, 1988). 그러나 바쟁이 사실주의와 표현주의를 날카롭게 대립시켜 다루고 있기 때문에, 여기서는 그를 따르기로 한다.

사실주의

바쟁의 사실주의는 영화에 담기는 사진 이미지의 지표성 indexicality에 근거를 두고 있다. 그는 기호와 물체 간의 실존적 연계를 강조했다. 퍼스가 기호-물체 간의 연계에 논리를 확립하려 했음에 비해서 바쟁은 이런 연계에 미학을 수립하려 했다(Wollen, 1972). 바쟁은 이미지 위에 올라서는 물체의 우위를 역설했다. 바쟁이 영화에서 보고자 한 것은 자연물의 순수한 미학적 환영이다. 〈자연은 사진을 잘 받는다〉고 주장하면서 그는 자연세계의 수동성을 강조했다. 이런 강조는 영화 제작법에서 마음의 중재 역할을 최소화시킬 것을 암시한다. 꾸민 이야기를 최소로 줄이고, 연출, 촬영 현장, 사건이 영화에 잡히도록 해서, 가능한 한 자연적인 것을 전경에 두드러지게 드러내는 기법이다. 그래서 바쟁이 주장하는 영화의 사명은 〈드러내는 것〉이지 의미화하는 것이 아니다. 이런 이론적 바탕에서 바쟁은 「자전거 도둑 Bicycle Thieves」을 최초의 순수영화로 평가한다.

사실주의의 영화기법들의 좀더 구체적인 예는 다음과 같은 것이다. Re-framing(re-cadrage)은 자연의 연속적 현실을 영화에 포획하는 기법이다. 이것은 자연을 작은 파편들로 쪼개지 않고 자연의 통일된 심미적 신비를 담아내려는 것이다.

이것과 대조되는 것은 몽타주 방법이다. 이것은 생경한 자연의 파편들을 모아 영화로 만드는 것이다. 카메라의 근접 촬영에 의해서 파편화된 이미지들을 얻을 수 있다.

심도 초점 deep focus을 사용하는 기법은, 영화 장면들의 공간적 통일성을 유지시키면서 에피소드를 전체적으로 담아내는 방법이다. 이렇게 만든 영화의 화면을 보면 근접 촬영 없이 배우들의 온몸이 실내나 자연의 넓은 공간을 자연스럽게 움직이는 것을 볼 수 있다.

후에 바쟁은 철학자 무니에 Mounier의 영향을 받고 그의 사실주의를 인간의 내면세계까지 확장한다. 무니에가 주장한 것은, 〈내면적인 것 - 외면적인 것〉, 〈영적인 것 - 물리적인 것〉, 〈이상적인 것 - 물질적인 것〉들의 불가분리성이다. 이제 바쟁의 미학은 영화를 통해 인간의 영적 상태들을 드러내는 것으로 바뀌었다. 더욱이 이것은 가능성이 아니라 영화는 그래야 한다는 필연성으로 주장되었다. 결국 바쟁에게 영화 제작은 영상의 두 단계 운동으로 요약된다. 내면적 영혼의 고뇌를 드러내게 하고, 그 다음엔 드러난 외부 인상을 민감한 필름 위에 찍어내는 것이다(Wollen, 1972).

사실주의 영화는 보통 사전계획이 없이 날현실의 조각들만을(그 자체로 다중적이고 모호한 것들이지만) 필름에 담아내어 만든다. 이렇게 만든 영화는 어떤 의미작용을 상정하고 있는가? 바쟁에 의하면, 영화를 보는 사람의 마음에 일어나는 의미는 오직 후천적으로 영화 외적 요인들로부터 일어난다. 그것은 마음이 영화 외적 요인과 영화 사이에서 관계들을 발견하게 될 때 비로소 일어나는 의미라는 것이다.

표현주의

영화의 표현주의는 사실주의와 정면으로 충돌하는 움직임이다. 표현주의의 강령은 저 밖에 존재하는 사물들을 조작하는 것이다. 따라서 저자의 권위가 영화 제작과정 전반과 그것의 생산물인 영화 텍스트를 결정한다.

스턴버그 Von Sternberg 의 영화들은 표현주의 영화이론을 대표하는 작품이다. 그는 자연세계와 필름 영상 사이에 있는 실존적 연계를 버리기만 하는 게 아니라, 가능한 한 파괴할 것을 주장한다 (Wollen, 1972). 바쟁의 눈에 이런 표현주의는 사실주의의 치명적인 적으로 나타난다. 사실주의와 표현주의는 다음과 같은 대립쌍으로 종합된다.

사실주의 : 표현주의
자연 : 인위
유기적 : 기계적
공상 : 환상
지표 : 도상

사실주의가 기호의 지표성에 강조를 더 두는 것에 비해 표현주의는 기호의 도상성을 극단적으로 강조한다. 가령 스턴버그가 영화에서 성취하려는 것은 일종의 꿈의 세계 같은 완전히 인조적 세계를 만들어내는 것이다. 그러기 위해서 그에게 필요한 것은 기호의 지표성으로부터 떨어져나와서, 보다 독립성이 강한 도상적 기호들을 사용하는 것이다. 지표성 기호로부터 도상적 기호로의 움직임은 자연과 결별함을 의미한다.

스턴버그는 화가들이 자의로 이미지들을 2차원 평면에 그려내듯이, 영화 제작도 미술의 안독에서 이루어져야 함을 주장한다. 화가들이 수 세기 동안 그렇게 해왔으므로, 영화 제작자라고 그렇게 하지 못할 이 유가 없다는 것이다. 〈영화 감독은 자연을 노예처럼 따라가는 방식이 아니라 '진정함의 물신 the fetish of authenticity'에 조아리면서 자기가 원하는 이미지들을 창조해야 한다〉는 생각이다(Wollen, 1972, 137쪽).

그래서 그는 항상 무대장치를 사용했고, 촬영에 앞서 매장면의 순서 를 면밀히 계획했다. 나중에 편집을 할 때에는 주저함 없이 손질을 했 다. 그는 배우들을 가리기 위해 짙은 분장을 시키는가 하면 무대장치 와 나무 같은 것에 알루미늄 페인트로 분무를 했다. 과연 그는 영화를 그림 그리듯 만든 것이다.

상징성의 강조

월렌(1972)은 영화에서 기호의 지표 및 도상적 면모가 단연 두드러 지게 중요한 위치를 차지해 왔다는 것과 기호의 상징적 면모는 부차적 이거나 제한적 힘밖에 갖지 못했었다는 것을 상기시킨다. 그러면서 영 화의 미적 풍요성은 어떤 편중에서가 아니라 기호의 세 차원——지표 성, 도상성, 상징성——모두에서 성취되야 함을 강조한다.

이런 지적을 하면서 그는 영화 구경을 하는 사람들의 영화 감상안이 높아짐에 따라 도상성이 쉽사리 상투화나 평범성에 취약해지는 현상을 지적한다. 그는 원시적 상징주의가 어째서 오늘날까지 오래 살아 남아 있는지 관심을 돌릴 것을 암시하는 것 같다. 원시적 상징체들의 예는 기독교의 십자가, 정의를 나타내는 평형저울 같은 것들이다. 월렌의 이런 지적은 영화라는 기호적 환경에 자연이나 인조세계 외에 인간적 상징의 세계를 삽입할 공간을 마련하게 한다.

실제로 후기의 영화들은 충분히 상징세계의 영역을 넓혀왔다. 특히 이야기체가 영화와 결합되면서 영화는 본격적 오락의 장치로 혁명적인 변신을 했다. 영화는 TV에 앞서 거대한 오락산업을 일으켰다. 더욱이 영화는 엄청난 양의 각종 이데올로기를 수용하게 된 것이다. 자본주의에 의해 영화 오락 자체가 이데올로기화되었다(Parenti, 1992). 특히 동서 냉전이 치열하던 시기에 영화는 냉전 이데올로기를 생산하는 기계가 되었다. 영화는 오락, 정치, 문화, 교육, 종교 등 여러 방면에서 새로운 언어로 등장하여 인간의 의미작용에 새로운 차원을 마련해 왔다.

언어로서의 영화

영화를 또 하나의 언어로 보는 데는 의견 충돌이 없지 않다. 그러나 대부분의 학자들은 영화를 언어의 차원에서 이해하려 한다. 파솔리니에게 영화는 〈현실을 현실에 의해 표현하는 언어〉(Pasolini, quoted in Lapsley & Westlake, 1988, 43쪽)이고, 에코에게 영화는 〈우리에게 현실을 회복시켜 주는 언어〉이다(Eco, quoted in Lapsley & Westlake, 1988, 46쪽). TV처럼 영화도 나름의 어휘와 코드를 가지고 있다. 그러나 영화라는 언어는 일반 언어와 매우 다른 성격들을 지니고 있다.

영화에서 기표와 기의 사이의 관계는 일상언어에 존재하는 기표-기의 사이의 관계와 같지 않다. 언어에서 기표-기의 간의 관계는 자의적이어서 어떤 기표의 기본 의미는 계열체 안에서 그것이 다른 기표들과 갖는 관계를 통해 얻는다. 그러나 영화는 현실 세계의 조각들의 모임을 그것의 기본 자료로 하고 있기 때문에 영화 속에서 기표와 기의 관계는 전적으로 임의의 것이 아니다. 따라서 한 기표의 의미가 한 영화의 체제 속에서 발견되는 것이 아니라 복제된 현실과 저 밖의 현실 사이의 관계에서 생겨난다.

영화는 세계를 담론으로 변환시킨다. 그래서 영화는 단순한 복제만도 아니다. 이 담론의 최소 단위를 화면 shot 이라고 한다. 그런데 이 화면은 그 자체로서 의미를 내포하고 있는 언명이나 언급 같은 것이다(Metz, 1974). 화면은 영화 제작자들이 촬영 현장에서 발명하는 것으로서 언어에서 단어처럼 어떤 계열체 속에 미리 담겨 있던 성격의 것이 전혀 아니다. 바꿔 달하면 화면에는 계열체라는 것이 무의미하다. 영화는 애초부터 오직 통합체로 나타난다.

에코는 영화에서 쓰이는 열 가지 문화적 코드를 다음과 같이 열거한다. 지각 코드, 전송 코드, 인지 코드, 음운 코드, 도상적 코드, 도형적 코드, 취미와 감각의 코드, 수사적 코드, 스타일 코드, 무의식의 코드 등 열 가지이다. 그에 의하면 영화에 나오는 이미지들은 바로 이런 문화적 코드의 힘에 의지하고 생산되며, 의미 있는 이미지로 존재한다. 이러한 코드들은 문화적 훈련에 의해서 영화 감상자나 제작자들의 머리에 들어와 있는 것이다. 즉 영화의 코드는 관습화되어 있어야 하고, 또 그렇게 되어 있다. 영화를 하나의 언어로 볼 때, 그것은 영화 제작자의 표현의 도구라는 말과 같다. 또한 그들의 언어에 의해서 표현된 것을 영화 감상자가 음미한다. 여기에 에코는 상황이라는 변수를 삽입한다. 영화를 만들 때나 그것이 영화 감상자들에 의해 풀이될 때, 그때의 상황이 작동시키는 코드들과 더불어 기호들이 통합체적 조직을 해나가는 것이다. 따라서 영화로부터 생산되는 의미는 영상 이미지들이 갖는 어떤 고정된 의미가치들에 의한 것이 아니라 주어진 상황에서 일어나는 연속적 코드 재조정의 효과가 의미가 된다.

그런데도 영화가 영화 감상자에게 일으키는 사실 효과는 놀라운 데가 있다. 방브니스트의 주체이론에 의하면 영화 감상자는 영화 제작자의 위치에 앉아서 영화 제작자가 의도한 이데올로기를 자연스러운 것처럼 받아들인다. 이것은 영화 속에서 영화 감상자는 영화 제작자의 주체와 영화 제작자가 언급하는 또 하나의 주체를 혼돈하고 오인하기 때문인데, 그 이유는 다음과 같은 소위 〈거짓말 역설〉 탓이다.

방브니스트는 텍스트에 존재하는 두 가지 주체를 구분한다. 하나는 〈말하는 주체〉이고 다른 하나는 언급 속에 〈표현된 주체〉라고 하는 것이다. 대부분의 사회적 상호 담론에서 이 두 주체는 동일한 화자가 된다. 그러나 종종 화자 자신이 자신에 대해 언급할 때, 하나의 중요한 역설이 일어난다. 예를 들면, 〈나는 거짓말을 하고 있다〉라고 내가 말했다고 하자. 여기서 말하는 주체가 진실을 말하고 있는지 거짓을 말하고 있는지 알 수 없게 된다. 만약 말하는 주체가 진실을 말하고 있다면, 즉 거짓말을 하고 있는 게 사실이라면, 말하는 주체는 거짓말쟁이가 아니지만, 표현된 주체는 거짓말쟁이다. 그 반대도 같다. 요컨대 두 주체가 동시에 진실을 말할 수 없다(Lapsley & Westlake, 1988, 50쪽 참고).

이로부터 영화 이론가들은 다음과 같은 결론을 얻는다. 즉 주체의 담론이란 통상 거짓 표현이고, 이를 듣는 수신자의 이해는 거짓 인식이다. 영화와 영화 구경을 하는 사람 사이에는 바로 이런 상황이 있다는 것이다. 영화 구경을 하는 사람은 영화가 거짓을 말하고 있는지 아닌지 알 수 없다. 영화에서 말하는 주체와 표현된 주체는 같기 때문이다. 그러나 둘 중 하나는 거짓을 말할 수 있는데도 영화 구경을 하는 사람은 그것을 눈치채지 못한다. 영화 감상이란 결국 거짓 인식을 즐기는 일일 따름이다.

영화에 사용되는 한 묶음의 영화코드들은 이데올로기에 예속적이고, 영화에 옮겨진 영상과 그것에 의해 대표된 현실 사이에 영화 제작자가 구사하는 코딩의 공정이 있고, 그래서 영화의 영상이 결코 저 밖의 현실과 동일한 것이 아님을 알아야 할 것이다.

사진

찰칵, 찰칵, 찰칵……. 카메라의 셔터를 누르는 소리와 더불어 자연의 물체들의 외형이 필름 위에 얌전히 올라와 앉고, 마지막에는 인화지 위에 영원히 움직임이 없는 모습으로 동결된다. 〈저기에 언젠가〉 있었던 피사체는 〈여기―지금〉에 영원한 주검으로 있다. 사진은 역사를 동결시키는 기술이다. 사진들은 영원히 시들지 않는 낙엽들이 되어 서재에 쌓인다. 동결된 역사가 의미하는 것은 존재의 지나간 확증이다.

언어는 그것이 대표하는 대상체들을 미래로 지연시키지만 사진은 여기-지금에 자신을 고착시킴으로써 대상체들을 과거로 지연시키는 언어이다. 사진은 부재 증명을 위한 순수한 언어이기도 하다.

사진 기술은 물체들의 형과 본질을 확실하게 분리시켰다. 뿐만 아니라 그것은 분리된 본질을 영원히 버려도 되는 하찮은 것으로 격하시키고(Holms, in Ewen, 1988), 오직 형의 복제만을 허용해 놓았다. 사진은 물질 위에 형의 우위를 확립하고, 그 위에 사진이 느리는 확증의 권위를 보장한다. 대중들은 적어도 그렇게 믿어왔다.

그러나 오늘날에 와서는, 그러한 확증을 그리 탄탄하게 보장하지 못한다는 것이다. 형은 암실과 전자 실험실에서 사진사들의 인위적 조작에 한없이 굴복하고 있었던 것이다. 예를 들면 근래에 개발된 컴퓨터에 의한 소위 디지털 리터치 digital retouch 기술은 원실체의 흔적만을 남길 뿐, 그것의 모든 면모를 재성형해서 실체보다 더 실제적인 사진으로 만들어낼 수 있다(Lasica, 1989). 본질을 상실당한 형은 지금 거짓과 진실을 구분할 능력을 완전히 잃은 채, 이데올로기적 사창 행위에 사역당할 형편에 있다.

바르트(1977)는 사진의 역설을 지적하고 있는데, 그것은 다음과 같은 이항대립쌍들의 코음으로 종합해 볼 수 있다.

자연 : 문화
코드 없는 메시지 : 코드 있는 메시지
외시 메시지 : 함축 메시지

사진은 자연에 있는 물체나 사건의 장면을 기계장치에 의해서 전사해 놓은 메시지이다. 물체와 장면의 외모를 훔쳐, 이차원 평면에 옮겨 놓은 것이 사진의 일차적 메시지이다. 사물의 장면에 카메라 렌즈의 초점을 맞추고, 렌즈를 통해 들어온 반사광들을 필름 위에 잡아낸 것이 사진이다. 그래서 가령 남태평양 어느 섬 한 여자의 발가벗은 나체 사진을 보면, 〈이것은 외국 원주민의 사진이다〉라는 외시 메시지를 모호함 없이 전해 준다. 사진을 순전한 기계적 전사로 보았을 때, 그 메시지는 바르트가 적절히 지적한 대로 〈코드 없는 메시지〉로 이해하게 된다. 그런데 여기에 역설이 있다.

역설은 〈코드 없는 메시지를 근거로 해서 함축된(또는 코드화된) 메시지가 전개되는 것이다〉(Barthes, 1977, 19쪽). 남태평양 원주민 여자의 나체를 어느 구도로, 어느 방향에서, 어떤 각도로, 어떤 날씨를 배경으로, 어떤 광량으로, 어떤 필름에 담아냈느냐 하는 것은 모두 사진사가 조작하는 함축적 공정들이다. 사진을 보며 우리가 느끼는 것은 바로 외시 메시지 위로 떠오르는 이런 함축 메시지들이다. 사진의 역설이란, 사진 안에 코드 없는 메시지와 코드 있는 메시지가 공존하는 현상이다.

저 밖의 장면은 이렇게 해서 문화의 장면으로 둔갑한다. 코드 없는 메시지의 엄연한 정보성과 객관성은 코드 있는 메시지에 오염된다. 그런데 이 오염 과정은 또 한바탕의 역설적 반전을 일으킨다. 함축 메시지가 외시 메시지로 오인되거나 고의적으로 그렇게 간주된다. 이것은 진실의 도착을 의미한다. 한 가지 예를 들면, 이런 경우가 있다. 《내셔널 지오그래픽 *National Geographic*》의 페인 사장은 이 잡지사의 사진 편집 관례를 다음과 같이 설명했다. 〈만약 외국 계집애들의 피부색깔이 충분히 거무죽죽하지 않을 경우에는 그것을 보다 더 원주민처럼 보이게 하기 위해 《내셔널 지오그래픽》의 사진 실험실에서 더 검게 처리된다〉(Payne, in Schiller, 1973, 92쪽). 〈진짜 원주민보다 더 원주민처럼 보이도록〉 바뀐 사진은 사진 제작자의 함축 메시지가 외시 메시지로 도착되며 만들어진 사진이다. 사진 제작자들의 문화적 스테레오타입과 주관, 이데올로기가 주저없이 자연화되는 것이다. 문화 속의 자연이 저 밖의 자연을 제압해 버리는 것이다. 그리고 이 의사 자연이 사진을 보는 사람들에게 진짜 자연으로 인각되는 것이다.

이런 도착이 사진이 갖는 〈확증의 권위〉라는 죽은 신화의 비호 아라 일어나고 있음에 문제가 있다. 이 시각에서 바르트의 다음과 같은 말을 재고해 보자. 〈함축의 코드는, 모든 가능성을 두고 볼 때, '자연적'인 것도, '인위적'인 것도 아니고 역사적인 것, 또는 보다 나은 말로는 '문화적'인 것이다〉(Barthes, 1977, 27쪽). 이 말은 뒤틀린 말이다. 포스트모던 사진은 인위적 조작을 이미 함축의 코드로 사용하고 있다(Lasica, 1989 참고). 그것의 메타 코드는 인위적인 것을 자연적으로 바꿔치기하는 것이다. 물론 무슨 일이 일어나더라도 그것은 역사의 파편으로 남는다. 문제는 이러한 바꿔치기가 일으키는 의미작용이 어느 쪽의 것으로 바뀌어 역사에 남느냐 하는 점이다. 자연에서 온 역사와 문화에서 비롯한 역사, 이 두 겹의 역사가 사진에 공존하는 것이 아니라 디지털 터치는 자연의 역사를 말살한다. 사진이 문화의 역사에 승리를 가져다준다. 이처럼 훼파된 역사를 문화로 갖는 이 시대가 문제인 것이다.

만화

재미, 웃음, 기지——이런 것이 만화를 매우 흥미로운 대중문화의 텍스트로 만든다. 만화의 종류가 많기 때문에 여기서는 정치-사회 풍자만화에 초점을 두고 논의를 하려 한다.

대부분의 사람들은 만화가 사람이나 웃기는 시시한 것으로 보지만, 이것은 매우 잘못된 생각이다. 만화는 거의 대중문화 산물에 빠진 곳 없이 파고 들어가 있는 무시 못할 매체이다. 만화는 신문, 잡지, 영화, TV, 학술지, 벽보, 심지어 상품들에서도 발견된다. 예를 들면, 셔츠, 시리얼 봉투, 장난감 상자 같은 것들에 나타난다.

버거는 샌프란시스코 주립대학의 커뮤니케이션학 교수이면서 만화가인데, 만화가 결코 무시되어서는 안 된다는 것을 다음과 같은 말로 강조한다.

> 만화는 예술형식에 오르지 못할지도 모르고, 사람들이 보통 대부분의 만화를 힐끔 쳐다보는 정도이긴 하지만, 만화를 무시해서는 안 된다. 만화들은 우리의 언어에 영향을 미치는가 하면 정치인들을 쳐부순 적도 있고, 굉장히 엉터리 같은 취미나 유행들을 웃음거리로 만들었으며, 정치적 상징들(민주당은 당나귀로, 공화당은 코끼리로 표현)을 내놓았다. 거의 언제나 우리에게 웃음을 주는 것이 만화들이다. 작게 볼 게 아니다(Berger, 1989, 138쪽).

위의 글에서 갖게 되는 만화의 인상은, 그것이 어떤 신선한 전복력을 가지고 있다는 것이다. 실제로 만화는 침체되거나 부패한 정치-사회를 기지와 해학으로 폭로하고, 꼬집고, 할퀴고, 조소하고, 야유하면서 다른 한편으로는 대중들에게 잘못된 사회를 극복할 웃음의 여유를 만들어준다. 만화에는 공격과 해학의 두 공간이 공존한다. 만화는 관심을 두는 사물들 하나하나를 웃음과 이항대립쌍으로 묶어내는 정점들을 이룬다. 라캉식으로 표현하자면, 만화에 걸려드는 모든 것이 웃음 위를 미끄럼 타게 된다. 라캉에게는 기표가 기의보다 우위에 있지만, 만화에서는 걸려든 모든 기표가 웃음의 기의 위에서 봉변을 당한다. 엉덩방아를 찧기도 하고, 고꾸라지기도 하고, 미끄러지면서 정신없이 빙빙 돌기도 한다. 독자들에게 만화는 상큼한 스케이트장 같은 것이다. 그 앞에서 독자들은 웃는다.

한마디로, 만화는 이중의 의미작용을 동시에 수행하는 공간이다. 만화가 수행하는 의미작용의 한 켜는 이미 외시 의미의 수준을 넘은 함축 언어와 신화어로 된 제2차 질서의 것이다. 이것이 만화 독자에게 유도하는 것은 제3차 질서의 의미작용이다. 만화는 그것이 개발한 독특한 코드에 의해서, 독자에게 일어날 제3차 질서의 의미작용을 웃음의 메타 언어로 신속히 변환시킨다. 바꿔 말하면 만화가 나르는 이데올로기는 독자의 마음에서 한결같이 웃음이 된다. 그러나 이때의 웃음은 과잉 결정된 메타 언어이다. 가령 〈웃기네〉라는 반응이나 피식 웃는 웃음은 쉽게 풀이되기 힘든 기의의 응혈이다. 그것을 풀기 위해 다른 기의들이 필요한 것이 아니라 웃음 위에 올라탔던 기표들로 되돌아가야 하는 것이다. 만화 독자는 결국 두 켜——제2의 질서와 제3의 질서——의 의미작용 사이에서 오락가락하며 웃고 또 웃는다.

〈우습다〉는 것과 〈재미있다〉는 것을 메타 코드로 삼은, 이런 한정 자체가 만화에 생명을 주기도 하고, 그것의 생존을 위한 이데올로기적 면역기구가 되기도 한다. 즉 그것은 웃음을 자아내기 때문에 악의 없이 보인다. 만화를 트집잡고 공격하는 사람은 정말 웃기는 사람이 되고 만다.

그림 만화

무슨 만화를 보든, 굉장히 생략된 도상적 커뮤니케이션 형식이 첫눈에 띄기 때문에 만화가 간단한 기호체로 보인다. 그러나 기호학적으로 볼 때, 만화는 보기보다 꽤 복잡한 구성을 하고 있다. 우선, 만화는 전형적으로 그림 부분과 문필 부분의 두 가지로 되어 있다. 그림 부분은 대부분 도상적 기호로 되어 있지만 언제나 그런 것은 아니다. 지표와 상징들이 상당히 많이 사용된다. 그림 부분만을 가진 만화는 비구어적 기호들——몸짓, 얼굴 표정 등——을 사용한다. 그러면서도 어떤 만화는 〈말 없는 이야기체〉를 전개하기도 한다. 만화는 그림을 전경에 내세우고 있지만 그 그림은 만화가 전하고자 하는 이데올로기로 충진되어 있다. 아주 단순해 보이는 그림이 그 안에 담고 있는 이데올로기의 밀도를 거의 폭발상태에서 지탱한다. 만화 독자의 시선이 닿는 순간 그것은 웃음으로 폭발된다.

만화 그림은 선과 굴곡과 면으로 되어 있다. 선과 굴곡이 일으키는 단순한 게슈탈트 Gestalt 가 만화에 들어나는 최종적 형, 즉 만화 그림이 된다. 이런 것들을 효과적으로 드러내는 깊이 없는 넓은 공백은 만화의 특성을 이룬다. 이 공백을 후경으로 하고 만화 그림은 저 밖의 대상체들의 어떤 특징만을 드러낸다. 엄청난 생략이 대상체에 가해지고, 선택된 특징만이 눈에 띄게 과장, 왜곡, 각색되어 만화 위에 오른다. 만화는 만화 독자로 하여금 외시 의미의 세계를 서둘러 떠나게 하고, 함축과 신화의 세계로 초대한다.

영화나 TV와는 달리, 만화는 화면의 크기와 모양을 자유자재로 바꾼다. 화면의 크기와 모양 자체가 어떤 함축 의미를 갖고 있을뿐더러, 화면 속의 그림에 어떤 의미, 무드, 상황감 등을 조성해 준다. 화면 하나하나는 마치 완성된 문장 같은 역할을 한다. 따라서 화면과 화면을 구획하는 선은 마치 문장의 구두점 같은 것이다. 그러나 하나의 화면이 단 하나의 의미만을 내포하는 게 아니라 여러 가지 의미를 내포하는 게 보통이다. TV나 영화처럼, 하나의 화면에서 의미의 단위들을 일률적으로 잡아내기가 어렵다. 독자가 화면을 옮겨갈 때마다 의미소들의 종류와 구성이 바뀌기 때문이다. 정치 만화에서 흔히 보는 단하나의 화면으로 된 만화는 때로 매우 복잡한 텍스트가 될 수도 있다.

이야기체 만화

문필 텍스트가 결합된 만화는 전체로 이야기체를 이루는 만화이다. 문필 부분이 어떤 형식을 취하든 그것은 그림 부분에서 일어날 수 있는 의미작용을 제한한다. 즉 바르트가 말하는 의미의 고착을 가하는 것이다.

만화가 다른 문필 텍스트와 구분이 되는 한 가지 특징은, 만화에 사용된 글자들이 자주 도형화되는 일이다. 〈꽝!〉, 〈퍽!〉, 〈으악!〉 같은 것들이 주먹 같은 글자로 만화에 나타날 때, 그것은 지표성을 띤다. 가령 〈꽝!〉은 폭탄이 터지거나 총을 쏘거나 문을 세게 닫는 행동의 지표가 된다. 종종 이런 지표성 단자 또는 단어들이 그림을 대치하는 수도 있다. 예를 들면 총을 쏘는 그림 대신 〈꽝!〉이라고 글자로 쓴 것이 그것이다. 이럴 때, 그 단자들은 지표성과 더불어 도상적 성

276

격을 띤다. 즉 도상-지표, 또는 지표-도상이 된다.

만화에서 글자를 진하게 씀으로써 이야기되고 있는 말 소리의 크기를 나타내는 것이나, 글자를 흘려씀으로써 비구어적 표현을 가미하기도 한다.

만화 안에서 주역들의 대화는 보통 풍선 모양의 선 안에 가두어 표시한다. 이것은 언어적 담론의 공간과 도형적 담론의 공간을 구분하는 것이다. 저자의 나레이션은 화면들을 따라가는 별도의 4각형 속에 씌어지거나 화면 안에 아무 구획 없이 씌어지기도 한다.

채색이 쓰인 만화들도 많이 나온다. 옛날 만화는 지질이 좋지 못했던 관계로 채색을 저대로 받지 못하여 색감이 선명하지 못했던 것이 보통이다. 그런데도 만화는 독특한 색감, 소위 〈만화 색〉을 얻게 되었다.

만화 이데올로기

이미 분명해진 바와 같이, 바르트의 신화론을 만화의 이해에 그대로 적용할 수 있다. 만화 제작의 시발점은 어떤 구체적 기의이다. 그리고 그 기의에 맞는 기표들을 찾아내어 도형화하는 순서가 따른다. 잘된 만화는 그림 부분에 일체의 군더더기가 없다. 이렇게 만들어진 그림은 이를테면 〈잡음〉이 없기 때문에, 독자에게 쉽게 〈공명하는 이미지〉(버거의 용어)를 주게 된다. 만화의 기표들은 이미 현실체들에 심한 생략을 가하고, 심하게 왜곡시켜 만들어진 것들이지만 만화가의 의상을 가장 충실하게 담아내는 그릇이다. 바꿔 말하면, 형과 의상이 최대의 가소성을 가지고 결합하여 만들어진 특수한 기호이다. 시와 비슷한 성격을 띤다고 볼 수도 있다.

만화가 갖는 상당히 증류된 기호는 더 이상 사실주의에 종사하지 않고, 만화 독자의 의미작용을 최대한 열어주는 일에 관여한다. 앞서 논의한 대로, 만화는 의미작용이 과잉 결정된 해학을 담아낸다. 의미가 과잉 결정되었다 함은 여러 개의 기표가 하나의 기의를 결정한다는 말이다. 그런데 만화에서 기표 자체는 코드 과잉된 상태에 있다. 그것의 총체적 효과는 저 밖의 현실이 만화 속에 내파 implosion 되는 것이고, 그것을 보는 사람에게는 날카로운 충격을 일으킨다. 뭐라고 풀어 설명하기 어렵지만 하여간 우습다고 만화 독자가 흔히 말하는 이유가 여기에 있다.

결국 만화 독자들은 웃음을 메타 언어로 사용하게 되지만 보통 그 이상을 넘어서지 못한다. 만화를 공격하는 것도 웃기는 일이지만 만화를 너무 심각하게 다루어 그것을 기회 삼아 다른 일을 도모하는 것도 웃기는 일이다. 웃음은 만화의 이데올로기이자 울타리가 된다.

만화는 과증류된 기호로 이루어진 텍스트여서 미술에서 얻는 것 같은 깊고 오랜 감동을 주지 못한다. 그 때문에 만화는 고작 팝 예술 pop art 에 속할 정도이다. 어쩌면 만화는 이데올로기를 위한 의미작용의 체제가 되기 위해 심미적 의미작용을 거의 파기한 독특한 텍스트라고 생각할 수 있다. 따라서 만화가 예술성을 결하고 있다고 비판할 게 못 된다. 그것은 스스로를 낮추어 대중문화에 내려와 대중문화의 위생을 청결하게 하는 주술사 같은 존재이다. 만화가 대중문화에 거의 빠진 곳 없이 들어가 있음은 만화의 존재 이유를 증명하고도 남는다.

결론 : 두 가지 현실

이 장을 마치며 하나의 결론을 얻고자 한다. 그것은 피스키와 하틀레이가 내린 결론에 공명하는 것이다. 포스트모던 시대에는 두 가지 현실이 있다. 현실이 있고 포스트모던 매체의 현실이 있다. 이 두 가지 현실은 서로 겹쳐져 있다. 이것은 혼란스러운 일이다. 기호학적으로 볼 때, 이것은 이 시대의 어려운 증상이다. 매체 소비자들은 〈거짓의 파라독스〉에 잡혀 있지만 어느 것이 진실인지 어느 것이 허위인지 분별해 낼 생각조차 하지 않는다. 대체로 매체 소비자들은 매체의 현실을 진짜 현실로 받아들이는 것 같다. 마치 전선이 합선되며 불꽃을 일으키듯, 사람들의 마음속에서 현실은 매체의 현실로 번개치며 무너져내리고 있다. 자연이 문화 속에 내파되고 있는 것이다. 과연 대중매체는 새로운 기호학적 질서를 일으키고 있음이 분명하다.

자연은 점점 삶과 무관한 저 밖의 공간으로 물러나고 있고, 사람들은 매체가 생산하는 과현실적 문화공간 속에서 더 큰 안정감과 희열을 느낀다. 물론 대중매체가 고의로 거짓을 말하고 있는 것은 아니겠지만 그것이 언제나 진실을 말하고 있다는 보장도 없다. 대중매체가 전하는 정보는 이미 정보가 아니다. 그것은 환상적 주제로 충진된 상품이다. 대중은 이런 것들의 소비자일 따름이다. 매체의 현실은 자연과 달라서 정치적임을 잊어서는 안 된다. 대중매체가 퍼부어대고 있는 기호들이 대중에게 일으키는 기호작용은 자연적인 현상이 아니라 어떤 인위적 목적을 달성하기 위한 것임을 명심할 필요가 있다.

대중매체가 진실을 말하고 있느냐 아니냐를 따지는 일은 이미 무의미한 일이 되었다. 그러나 대중매체가 그것의 의미작용을 확산하는 결과와 그것의 의미를 예의 주시해야 한다.

제 12장

신화의 창조

〈인간들은 그들의 세계를 설명하기 위해서 신화들을 만드는 일 외엔 다른 선택의 여지가 없다〉고 대퀼리와 로그린은 단언한다(d'Aquili & Laughlin, 1979, 171쪽). 이 말은 인간들의 삶의 형태를 기술하는 가장 정확한 말 중의 하나라고 생각된다. 바르트의 신화론에서 이미 분명해진 바이거니와 신화는 호랑이 담배 먹던 옛날의 이야기들이 아니다. 신화는 오늘에도 부지기수로 만들어지고 있고 사람들은 날마다 신화를 만들며 살고 있다. 좀더 확실한 표현을 하자면 우리는 〈신화를 살고〉 있다. 신화 속의 신은 누구인가? 두말할 것 없이 그것은 인간이다. 인간이 신화를 이야기할 때, 이미 인간은 살과 피의 덩어리로 된 물질적 인간의 차원을 넘어선 인간보다 한층 위의 어떤 실존을 가상한다. 정신적 인간, 또는 영적 인간의 차원에서 구하는 기표는 날 인간raw human보다 위의 것, 즉 〈어떤 작은 신〉이다. 바꿔 말하면, 이상화된 인간을 準神格으로 보는 것이다. 그러나 이것은 인간이 인간됨을 버리고자 하는 것이 아니라 보다 나은 인간을 현실의 날 인간 속에 체현하고자 하는 의지와 지향성을 암시한다. 동시에 이것은 절대자 참 신에

도전하고자 함이 아니라 참 신이 인간에게 지시하는 어떤 긍정성에 호
응하는 몸짓이다. 한마디로 신화는 〈인간을 통하여 인간 위로〉 오르
기 위한 담화이다. 신화 속의 신이란 〈보다 나은 인간〉의 다른 말이
다. 그러나 〈위로 오름〉의 〈위〉나 〈보다 나음〉의 〈나음〉이란 은유들
이기 때문에 인간의 신화는 시지푸스 신화의 반복이거나 아니면 실수
의 연속이다.

그래서 나쁜 신화가 있고 좋은 신화가 있다. 훌륭한 신화가 있는가
하면 보잘것없는 신화가 있다. 이 장에서 시도하는 것은 신화 제작의
한 가지 기본틀을 소개함으로써 훌륭한 신화를 만들 수 있도록 도우려
는 것이다. 이 장에서 소개할 신화 제작틀은 그레마스의 기호학적 사
변형이다(Greimas, 1985, 1990; Greimas & Rastier, 1968).

이야기 : 생명의 요람

그레마스의 기호학적 사변형은 매우 흥미로운 면모를 가지고 있다.
DNA는 생명의 모든 기본적 요소를 나르는 핵산이다. 생명의 모든 것
이 그 모형 안에 들어 있다. DNA의 구조는 이중나선으로 되어 있다.
우리는 지금까지 기호학에 다해 이야기해 왔다. 소쉬르가 기호학이라
고 정의한 학문은 〈기호의 삶〉을 연구하는 것임을 알았다. 기호의
삶, 즉 기호의 유기적 생명은 어떤 모형 속에 들어 있을까? 그것은
그레마스의 기호학적 사변형에 들어 있다. 기호학적 사변형은 마치
DNA가 이중나선으로 되어 있는 것처럼, 서로 역으로 꼬인 두 가지
축으로 되어 있다. 뒤에 나오는 그림들에서 사변형은 신화의 구문 핵
심 syntactic core 을 나타낸다. 모든 신화가 여기서 수태되고 자란다.
우리가 일상적으로 만들어내고 다른 사람들과의 대화에서 나누는 조직
된 이야기들은 모두 이 기호학적 사변형으로부터 나오는 것이다(Kim,
1992 참고).

간단한 예를 들어보자. 요즘에는 〈너 그 영화 봤니?〉, 〈너 그 TV 프로그램 봤어?〉로 의례가 시각화되고 있지만, 옛날에는 누구를 만나면 〈조반 잡수셨습니까?〉, 〈저녁 잡수셨습니까?〉, 〈점심 먹었니?〉 같은 먹는 일을 묻는 데서 첫 인사의 예를 갖추었다. 여기에는 우리나라의 사는 형편이 먹는 일을 잘 해결하지 못해서 굶는 사람들이 적지 않았던 시대적 상황의 위급성이 이런 인사말에 관습화된 것이리라. 이런 신화적 환경에서 나온 인사말에서 하나의 신화를 발견한다. 이 신화의 구조는 다음 그림과 같은 기호학적 사변형으로 표현된다. 〈점심 먹었니?〉라는 문장 하나밖에 없지만, 그 뒤에는 최대한 네 가지 의미가 공존한다. 〈점심 먹었니?〉라고 누가 물었을 때, 대답이 네 가지 중 하나가 될 수 있다. 〈먹었음〉, 〈굶었음〉, 〈안 먹었음〉, 〈굶지 않음〉의 네 가지는 뜻이 다 다르다. 저쪽에서 어떤 답이 나오느냐에 따라 이야기는 판이하게 다른 담론으로 펼쳐진다.

옆에 있는 진실-허위의 사변형을 보자. 〈점심 먹었냐〉는 물음에 어떤 대답이 나왔을 때, 〈정말이니?〉라고 되묻는 경우를 보자. 역시 이때에도 최대한 네 가지 답이 가능하다. 〈먹었어, 정말이야!〉라는 답이 그중 하나이다. 〈정말이야!〉라는 강조를 했기 때문에 먹었다는 게 정말인지 도리어 의심스러워졌다. 그래서 다시 한번 다그쳐 묻는다. 그 다음에야 좀더 진실에 가까운 답을 얻는다. 이런 식으로 담론은 계속된다.

여기서 지적할 것은 〈허위〉와 〈비진실〉 사이에는 굉장한 차이가 있다는 사실이다. 마찬가지로 〈진실〉과 〈비허위〉도 매우 다르다. 다만 비허위는 진실에 가까워질 수 있음에 비해 비진실은 진실과 타협할 수 없는 엄청난 차이를 보인다. 가령 진실을 말하지 않은 것(비진실, 어떤 때는 〈진실을 말하지 못한 것〉)과 거짓말한 것은 틀리다. 또 진실을 말하지 않은 것은 진실을 인정하고 있다는 근거도 못 된다.

흔히 정치에서 보게 되는, 〈반대하지 않는다〉와 〈찬성한다〉의 사이에는 엄청난 차이가 있다. 이것은 단순한 수사적 차이 이상의 것이다.

진실을 말하지 않은 사람에게 진실을 말하게 하는 일은 그 사람에게 거짓을 말하게 하는 일보다 더 힘이 든다. 그 이유는 진실과 비진실은 모순관계에 있고, 허위와 비진실은 순응관계에 있기 때문이다. 진실을 말하지 않은 사람이 진실을 말하게 될 때, 그 사람에게는 개종이나 참회 같은 어떤 커다란 변화가 일어난 것이다. 이것은 파격적인 사건이다.

위의 예에서 오직 두 가지 사변형을 동시에 사용한 짤막한 담론의 경우를 보았다. 더 많은 사변형을 나란히 놓음으로써 담론이 기호학적 사변형을 중심으로 해서 매우 복잡하게 일어나게 된다는 것을 알 수 있다. 단 하나의 사변형만을 가지고도 무궁무진한 이야기를 펼칠 수 있다.

이처럼 기호학적 사변형에는 이야기의 생명이 담겨 있다. 그래서 그것으로부터 우리가 날마다 말하고 듣는 이야기, 농담, 만담과 재담, 변명, 약속, 가십, 방송 뉴스, 민담, 전설, 신화 같은 것들이 나오는 것이다.

기호학적 사변형

이제부터는 기호학적 사변형을 좀더 이론적으로 살펴보기로 한다. 기호학적 사변형을 설명하기 위해 여기서 채택하는 이야기는 포스트모던 시대를 사는 우리들의 이야기, 즉 〈사람 이야기〉이다.

우선 기호학적 사변형을 사용할 어떤 이야기를 시작하자면, 〈시작
하는 이항대립쌍 initial binary opposites 초기 이원항〉을 찾아야 한다.
여기서는 〈사람 : 기계〉 대립쌍을 사용하려 한다. 이제 그림 ı을 보자.

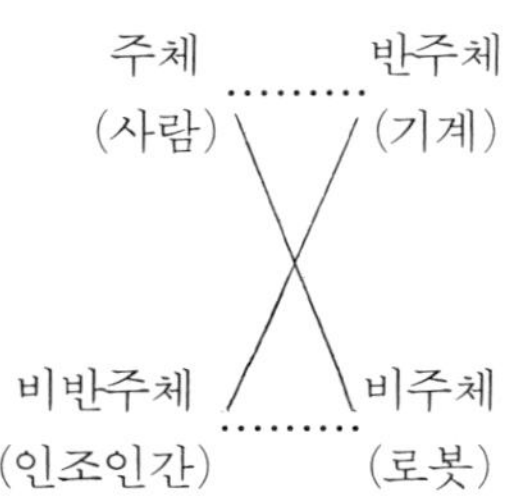

그림 ı   사람과 그의 변이들

이 그림을 위에서 아래로 보면, 여기에는 〈주체 : 반주체〉, 그리고
〈비반주체 : 비주체〉의 두 개의 축이 있음을 볼 수 있다. 이 두 축을
서열축이라고 한다. 이 그림을 왼쪽에서 오른쪽으로 보면, 여기에는
다른 두 축이 있다. 하나는 〈주체와 비반주체〉의 축이고 다른 하나는
〈반주체와 비주체〉의 축이다. 이 두 축을 범주축이라고 한다.

방금 시작한 것은 〈사람 : 기계〉 대립쌍을 가지고 우선 범주축의 위
쪽을 완성한 것이다. 동시에 위쪽 서열축이 만들어졌다. 그림에서 이
미 분명해졌지만 〈사람〉이 주체의 자리를, 〈기계〉가 반주체의 자리를
차지하고 있다. 이로서 기호학적 사변형의 반이 이루어졌다.

나머지 반은 주체와 반주체를 부정하는 일로 시작해서 이루어진다.
즉 주체를 부정한 비주체와 반주체를 부정한 비반주체를 얻은 다음,
이것들을 서로 교차시킴으로써 사변형의 나머지 반이 완성된다. 이 두
개의 부정형들이 아래쪽 서열축을 이루는 것이다. 〈사람〉의 부정형은
〈로봇〉이고, 〈기계〉의 부정형은 〈인조인간〉이다. 이들이 부정형인 것
은 〈사람〉의 의미 전체가 〈비인간〉, 즉 〈로봇〉에 의해 부정되기 때문

이다. 마찬가지로 〈기계〉의 모든 의미가 〈비기계 nonmachine〉, 즉 〈인조인간〉에 의해서 부정된다. 이 부정형들은 실세계에 존재할 수도 있고 존재하지 않을 수도 있다. 가령 그림 1의 〈비인간(비주체)〉의 모서리는 체코슬로바키아의 극작가 카페크 capek 가 로보타 robota 라는 생각을 그의 희곡에 처음으로 소개하기 전만 해도 단지 환상적이고 공상적인 빈 자리였다(Cetron & O'Toole, 1979 ; Lorie & Murray-Clark, 1989). 그러던 것이 오늘날에는 수많은 종류의 로봇들이 수없이 많은 공장들과 실험실에 존재한다.

〈비기계〉(비반주체)는 〈비인간〉(비주체)의 논리적 역개념이다. 소위 인조인간 안드로이드는, 공상 과학소설 작가들에 의해 처음으로 소거되었다. 그래서 그림 1의 〈인조인간〉 자리는 공상적인 빈 자리였다 수백만 명의 TV 시청자들이 「600만불의 사나이」, 「바이오닉 우먼」, 「수퍼맨」, 「박쥐인간」 같은 영화나 「닌자 거북이」 같은 TV 만화나 영화에서 안드로이드들을 보아왔다. 오늘날 인조인간이 실세계에 서서히 등장하고 있다. 가령 〈시험관 아기〉가 그런 것이다.

여기서 잠시 이들 인조인간이 무엇을 뜻하는지 이야기해 보자. 안드로이드는 실상 類人 sub-human 의 신분밖에는 없는 것인데도 공상 과학소설이나 영화를 만드는 사람들이나 그것을 보는 사람은 인간을 능가하는 초인적 존재들 super humans 로 여긴다. 한마디로 그것은 신비스런 존재임에 틀림없다. 그것은 초인적 힘과 꾀를 가지고 사람이 감히 해내지 못할 일들을 거뜬히 척척 해낸다. 지금의 〈시험관 아기〉는 불임증의 비극을 해결하는 어쩌면 낭만적 과학기술의 소산이지만 앞으로 그 기술이 순전히 전쟁용 인간이나 노예용 인간들을 만들어내는 데 쓰이지 않으리라고 누가 보장하겠는가?

다시 기호학적 사변형으로 되돌아가자. 위에서 주체, 반주체, 비주체, 비반주체의 네 요소들로 채워진 사각형을 기호학적 사변형이라고 한다. 이것을 특히 구문적 핵심이라고 부른다. 우리의 특별한 신화와 담론을 위한 기호학적 사변형은 사람, 기계, 로봇, 안드로이드의 네 가지를 핵심에 가지고 있다.

　이처럼 실재하는 물체들로 사변형을 채워놓았기 때문에 사변형의 네 모서리는 물체의 자리처럼 이해되기 쉽겠지만 실상 이 네 자리는 물질적, 물리적 자리가 아니라 개념적 자리이다. 기호학적 사변형의 네 모서리를 행위소 actants(또는 actantial spaces)라고 부른다(Greimas, 1985). 이것은 개념적 자리로 행위자들이 차지할 수 있는 자리를 추상적으로 매김해 놓은 것이다. 행위소는 행위자가 아니다. 다만 사람, 기계, 안드로이드, 로봇 같은 행위자들이 차지할 수 있는 자리일 뿐이다. 이 자리를 나타내는 다른 개념은 의미소 semes 라는 말이다. 의미소라는 뜻은, 행위소에 어떤 실제 기능 functions이 일어날, 그래서 그 기능들을 통해 어떤 의미가 드러날 자리라는 말이다. 의미소의 위치와 행위소의 위치는 같다. 같은 자리에 두 가지 다른 말이 쓰이고 있긴 하지만, 그것의 기능적 의미는 같다. 즉 행위소는 담론을 통하여 장차 드러날 어떤 의미들이 배태될 곳이다. 방금 전에 이미 안드로이드의 의미를 음미하면서 그림 1의 〈인조인간〉의 자리가 가질 수 있는 약간의 의미를 설명했다. 또 한 가지는 어떤 행위자가 이 자리를 차지하면, 그것이 산 물건이건, 죽은 물건이건 신화적 생명을 얻는다. 그래서 로봇 같은 무생물이 생물처럼 활약하게 된다.

　만약 어떤 신화를 제작하려 할 때, 초기 대립쌍의 부정형들이 발견되지 않으면 아래쪽 서열축 없이 초기 이원항만을 가지고 신화를 만들면 된다.

　이제 이들 네 행위소간의 관계를 설명하기로 한다. 주체와 반주체 사이의 관계는 역관계에 있다. 왜 사람과 기계 사이의 관계가 역관계인지에 대해서는 다음 절에서 설명될 것이다.

　주체와 비주체의 관계는 모순관계이다. 로봇은 순전히 무기물의 조직으로 된 일종의 기계이기 때문에 그것은 어느 모로 보나 사람이 아니다. 즉 로봇은 비인간이다.

　주체와 비반주체, 그리고 반주체와 비주체의 관계는 상보적 관계이

다. 가령 시험관 아기 같은 인조인간은 유기체적 실존이거나 영화에
나오는 〈600만 불의 사나이〉를 닮았다. 〈600만 불의 사나이〉의 눈은
고성능 렌즈와 금속 조리개가 달린 눈이고, 또 그의 팔 신경은 전자
신경이지만, 그것은 유기조직의 모조이다. 더욱이 〈600만 불의 사나
이〉는 사람처럼 먹어야 하고, 아픔을 느끼기도 한다. 사람이 인조인
간이 될 수도 있고, 인조인간이 사람이 될 수도 있다. 그래서 이들의
관계는 상보적이다. 마찬가지로 기계와 로봇은 상보적 관계에 있다.
로봇은 일반적 기계류의 한 특수한 경우일 뿐이다. 서열축의 밑으로부
터 위로, 의인화나 이에 준하는 현상이 일어날 수 있다. 인조인간이
인간의 지위에 오르게 되는 것이다. 로봇이 기계왕국의 신이 되는 것
이다.

삼층구조

앞서 기술된 기호학적 사변형은 그레마스의 이야기체 이론의 맨 밑
바닥 기저부를 이루는 시발점이다. 그림 1에 표시되어 있지 않았지만
그레마스의 기호학적 사변형은 삼층구조로 되어 있다.

첫번째 층은 방금 기술된 다로이고 이것을 심층구조라고 부른다. 여
기는 바로 신화와 담론의 모태이다. 소위 초이론 super theory 이나 초
담체 super story가 일어나는 곳이다. 두번째 층이 심층구조를 덮는다.
이 두번째 층을 표층구조라고 부른다. 표피층위를 덮는 세번째 것을
명시구조라고 한다. 특히 세번째 층위를 텍스트 층위라고 한다. 이 세
층위를 비유적으로 말하자면 다음과 같다. 심층구조는 물고기의 뼈대
에 해당한다. 표층구조는 뼈를 덮는 살더미의 층위이다. 명시구조는
물고기의 살가죽과 비늘로 이루어진 맨 바깥의 층위라고 생각할 수
있다.

이 삼층구조는 어떠한 이야기체도 심층구조에서 배태된 다음 이 세

가지 층위를 통과하여 텍스트화된다는 사실을 드러낸다. 심층구조에서 배태된 이야기의 씨가 명시층위에서 하나의 텍스트로 나타나기 위해 그레마스(1985)가 〈의미 주입 semantic injection〉이라고 부른 현상이 일어나야 한다. 이것은 신화 제작자나 담론에 참가하는 사람이 해야 할 부분이다. 신화란 사람의 사람에 의한 사람을 위한 이야기임을 명심하자.

심층구조에 의미 주입을 한다 함은 물고기 뼈 위에 살을 덮는 작업과 같다. 이야기체 이론에서 보면 의미 주입이 뜻하는 것은 심층구조의 구문적 핵심 위에 기호론적 문법을 적용하는 것이다. 그것은 텍스트의 내용을 채울 낱말들, 이미지들, 은유들, 경구들, 인용들 등의 소위 구상체들을 어떤 기호론적 문법에 맞게 선택하고, 그 문법에 따라 배열할 준비를 하는 것이다. 특히 이 수준에서 일어나는 일은 계열체적 조작이다. 각종 구상체들의 계열체를 필요에 따라 활성화시키고, 수사적 선택에 맡길 준비를 하는 일이다. 이 구조에서 명시구조에 회부할 기호론적 가소성이 어느 정도 드러난다.

명시구조의 수준에서 일어나는 의미 주입은 어떤 특정 신화나 담론의 구성, 이야기 줄거리, 이야기 줄거리의 하부 구조에 따라서, 그리고 시간, 장소 같은 기호론적 상황요인들에 걸맞게 신화나 담론을 통시적으로 조직해 나가는 작업이다. 이 구조에서 심층구조에서 결정된 초구조에 들어맞는 가소성이 선택된 특수한 형들, 색채, 스타일 등을 나타내게 된다. 달리 표현하면 선택된 낱말들과 이미지 등의 구상체들을 포장해 내는 일이 명시구조에서 일어난다. 그 결과로 나타나는 것이 말로 된, 또는 씌어진, 또는 사진이나 비디오로 찍힌 텍스트들이 된다.

이해를 돕기 위해 제일 처음의 예로 돌아가자. 누가 〈너 점심 먹었니〉라고 물었을 때, 나는 상대방이 누군가에 따라 여러 가지 대답을 할 수가 있다. 사람들이 늘 그림에 보인 기호론적 사변형을 의식하고 있는 것은 물론 아니다. 그것은 심층구조를 이루기 때문에 사람들의 무의식에 깊이 숨어 있다. 그러나 이 무의식 속에 존재하는 심층구조가 사람의 언어행동을 은연중에 조정하는 것이다. 나는 실상 점심을 굶었다. 그러나 상대방이 누구인가(기호론적 상황)에 따라 나는 여러 가지 가능한 말들 중에서 쓸만한 말들을 적절히 골라내야 한다(계열체적 조작 및 수사적 선택). 나는 저 친구에게 몇 차례인가 점심을 얻어 먹은 일이 있다. 그는 내가 점심을 못 먹었다고 하면 점심을 당장 사줄 친구이지만, 너무 신세를 졌기 때문에 오늘만은 신세를 지지 않기 위해 거짓말을 하기로 하자. 이런 결정이 내려지면, 나는 어떤 말을 해야 하나? 어떤 억양으로 말해야 하나? 어떤 표정으로 말해야 하나? 등을 생각하게 된다. 이 모든 것이 표층구조에서 일어나는 조작이다. 순간 나는 대답한다. 〈응, 나 점심 먹었어!〉 이 말은 텍스트 층위에 나타난 언술이다. 물론 나의 표정, 억양, 다른 몸짓들이 있다. 이 모든 것이 모인 것이 지금 내가 생산한 텍스트이다.

이렇게 글로 써놓으니까 꽤 긴 시간이 걸린 것 같지만, 실상 이런 일은 한순간에 일어난다. 이런 미세한 이야기들 micro-stories 이 담론을 통하여 엮이면서 하나의 신화로 된다. 어느 하루의 서글픈 신화, 훗날에 문득 생각날 신화, 과거를 생각하며 그 당시의 시국과 삶의 형편에 대한 하나의 글을 쓰고자 할 때 떠오를 신화의 한 조각은 이렇게 만들어진다. 이야기가 이렇게 되면, 잠깐 사이의 일이지만 꽤 긴 신화가 될 수 있다.

의미 주입은 연역적 공정이다. 그것은 심층의 기초적 구조를 점진적으로 우세한 서열구조로 바꾸어나가는 과정이다. 이러한 의미 주입은 또한 심층의 구문적 핵심의 것을 특수화한다. 그래서 텍스트 층위에 나타나는 마지막 산물은 하나의 특이한 텍스트가 된다. 요컨대 연역적 공정이 특수화된 텍스트를 산출하는 것이니만큼 텍스트 생산은 아무렇게나 이루어지는 일이 아니다. 대답하기 귀찮아서 설령, 〈응, 나 점심 먹었어!〉라고 아무렇게나 내뱉었다고 하더라도 그것은 실상 아무렇게나 나온 말이 아니다. 그것은 어떤 의미를 이미 던지고 있는 것이다. 아무렇게나 된 담론이나 신화란 없다.

요컨대 그레마스의 기호학적 사변형이 우리가 알고 있는 모든 이야기체들, 농담, 거짓, 진담, 방송 뉴스, 영화, 방송극, 서사시, 민담, 전설, 옛 신화, 포스트모던 신화 등이 생산되어 나오는 모반이 된다.

사람 이야기

이제까지 그레마스의 기호학적 사변형의 기본 사항들을 밝혔으니 지금부터는 그림 1을 가지고 하나의 신화를 엮어보기로 한다.

우선 그림 1에서 〈인간 : 기계〉 대립쌍을 보자. 어째서 인간과 기계가 서로 역관계에 있는가를 설명해야겠다. 맥루한(1964)은 테크놀로지를 인간의 연장이라고 말했다. 즉 자동차는 발의 연장이고, 의복은 피부의 연장이고, TV는 눈의 연장이라고 볼 때 인간과 기계 사이의 관계는 역관계가 아니라 오히려 상보적 관계로 들린다. 그러나 마르크스 Marx는 「자본론」에서 자본주의 사회에서 기계는 인간에게 맞서는 대립적 존재임을 밝혔다(Tucker, 1972). 즉 인간에게 기계는 원수이다. 기계는 인간을 노예화하는 수단이기 때문이다. 누구의 말이 맞는 말인가? 앞으로의 이야기는 차차로 이것을 밝힐 것이다.

그렇지만 여기서 미리 지적해 둘 두 가지가 있다. 하나는 이 두 가지 다른 견해로부터 우리가 느끼게 되는 것은 기계와 인간 사이에 어떤 긴장이 없지 않다는 예감이다. 둘째로 지적할 것은 그레마스는 기호학적 사변형을 차지하고 있는 두 범주축에 어떤 도덕적 판단을 서둘러 내리지 말라고 경고한다는 점이다(1985 참고). 예를 들면 주체는 영웅이고 반주체는 역적이라는 식의 판단을 미리 내리지 말라고 한다. 그것은 행위소의 역할을 도덕적으로 매김하는 일은 후에 〈우연적으로〉 일어나기 때문이다. 무슨 이야기냐 하면, 주체가 역적이 되고 또 반주체가 영웅이 될 수도 있기 때문이라는 것이다. 이 시점에서는 다만 주체와 반주체 사이에 역의 긴장관계가 있음을 막연히 알고 담론을 시작하는 것으로 족하다.

기호학적 사변형의 네 모서리에 있는 행위소는 두 가지 역할을 한다. 하나는 행위자의 역할이고 다른 하나는 주제적 역할이다. 그림 1에서 네 개의 행위소 각각에 대해 행위자 역할은 독특하게 주어져 있다. 즉 인간, 기계, 안드로이드, 로봇은 서로 혼동되기 힘든, 각각 다른 행위자들이다. 행위자 역할의 독특성은 소쉬르식으로 다음과 같이 표현할 수 있다. 즉 인간은 기계가 아니다 ; 인간은 안드로이드가 아니다 ; 인간은 로봇이 아니다. 마찬가지 설명을 나머지 세 가지 행위소에 대해 할 수 있다. 이 서로를 부정하는 부정형의 표현은 듣기에는 매우 단순하게 들리지만, 여기에는 깊은 뜻이 있다. 지금 이 절에서 우리는 인간 이야기를 하고 있는데, 과연 인간이란 무엇인가? 기호학이 근본적으로 말하는 것은 어떤 것의 의미는 그것과 관계 있는 다른 것들에 의해서만 상대적으로 결정된다는 사실이다. 인간의 의미의 첫 출처가 행위소의 독특성과 그것이 다른 행위소에 대해 갖는 상대성에서 발견되는 것이다.

간단히 말해서 행위자 역할은 행위자의 존재양식을 규정한다. 이에 비해서 두번째 주제적 역할은 행위자들의 행동양식을 규정한다. 바꿔 말하면, 주제적 역할은 행위자들이 무엇을 하는가를 밝혀준다. 가령 기계는 인간을 〈비숙련화한다〉든지, 로봇은 인간 노동자를 〈능가한다〉든지, 안드로이드는 인간을 〈깔본다〉든지 하는 등의 행동이다.

여기서 분명한 것은 행위소가 하나의 문법적 단위를 이루고 있다는 사실이다. 하나의 문장이 최소한 주어와 동사로 이루어지듯이, 하나의 행위소는 행위자라는 주어와 〈주제화하다 thematize〉라는 동사로 이루어진 것이라고 이해할 수 있다. 이로써 행위소는 하나의 완벽한 문법적 단위를 이룬다. 이것은 마치 하나의 행위소가 마치 하나의 문장처럼 역할한다는 사실인데, 그러면 그것은 무엇을 전하는 문장인가? 그것은 행위소가 맡은 행위들의 의미를 전하는 문장이다. 그래서 일단 어떤 것이 하나의 행위소를 차지하고 나면, 그것은 그것에게 맡겨진 행위들에 의해 그 행위소에 배태되어 있는 의미들을 드러내야 한다. 여기서 중요한 것은 그 행위소를 차지한 행위자 자신보다는 행위소의 의미들이 더 확실하게 드러나야 하는 것이다. 행위자가 행위양식들을 드러내고 나면 행위자 자체는 후경으로 사라져야 한다. 행위소는 존재보다 행위의 우위를 근본 특성으로 한다. 그렇기 때문에 기호학적 사변형은 주제화를 위한 모반 thematic matrix 이라고 다시 정의할 수 있다.

더 중요한 점은 기호학적 사변형이 주제화의 모반이기 때문에 거기서 우리는 이데올로기의 유형들을 발견하게 되는 것이다. 그림 I에서 어떤 가능한 한 묶음의 이데올로기 유형을 발견하기 위해 그림 I로 특성화된 기호학적 사변형을 노동이라는 주제의 관점에서 보기로 하자. 노동 이슈의 관점에서 그림 I을 보면, 왼쪽에 〈인간 노동의 이데올로기〉가, 오른쪽에 〈기계 노동의 이데올로기〉가 있음을 알 수 있다.

그림 I에서 인간의 행위자 역할과 그것의 주제를 보자. 인간이란 무엇인가? 인간의 정의를 노동 이슈와 겹쳐놓고 볼 때 얼른 떠오르는 신화가 있다. 기독교 신화에 의하면 인류의 조상인 아담과 이브가 노동을 시작하게 된 것은 천벌에 의한 것이다. 아담과 이브는 에덴동산에 있는 금단과인 〈지식의 나무〉 열매를 따먹은 죄로 천벌을 받아 에덴동산에서 쫓겨났다. 그리고 남자는 평생을 노동의 고역으로 살아야 하고, 여자는 아이를 낳는 고통을 가지고 살아야 하게 되었다. 지식을 훔친 죄로 아담과 이브는 노동 집약적 세계로 추방된 것이다. 지식을 훔침과 더불어 노동의 벌이 떨어졌다. 결국 인간은 금제를 어기는 자요 죄인이다. 이 신화로부터 인간은 노동자라고 정의된다.

한편 기독교 신화는 인간이 신의 영상을 입은 자이고 신이 창조한 세계를 관리할 신의 대리자임을 말하고 있다. 신의 대리자로서 인간이 세상 만물을 다스리고 관리하는 일, 그것 역시 노동이다. 이래저래 인간은 노동자일 뿐이다. 그리고 바로 그렇게 정의된 인간이 그림 I의한 모퉁이를 차지하고 있다. 그리고 거기서 그가 해야 하는 일은 노동의 주제화이다.

인간 노동의 주제화는 우선 인간이 땅을 파서 나날의 양식을 해결하는 일과 세상 모든 것을 관리하는 일이다. 이런 노동들을 쉽게 하기 위해 인간은 훔친 지식을 사용해서 기계를 만들었다. 그러나 인간의 궁극적 욕심은 기계에게 모든 노동을 떠맡기고 자신은 뒤로 물러앉으려는 것이다. 이렇게 해서 인간이 발명한 기계는 인간의 연장으로 나타났지만, 그것은 이내 그 자체의 진화에 의해서 독립성을 나타내기 시작했다. 기계가 인간 두뇌의 산물인 줄 알았는데, 그것은 그 자체의 운명과 주제화의 일을 가지고 있음이 차차 알려지고 있다. 기계가 갖는 이러한 독립성을 기술 결정론이라고 한다(Slack, 1984 참고). 기계는 그 자신을 이중화한다. 한편으로는 인간을 노동의 고통에서 해방시키는 행위자 역할을 하는가 하면, 다른 한편으로는 인간으로 하여금 기계에 대한 의존성을 키우도록 유도함으로써 인간을 기계의 노예로 만드는 행위자 역할을 하고 있다.

인간은 기계 앞에서 무엇이 되고 있는가? 바꿔 말해 기계가 인간을 상대로 주제화하고 있는 것은 무엇인가? 기계는, 앞의 기독교 신화에서 얻은 인간의 정의를 복잡한 것으로 만들고 있다. 금세기의 식자들은 이미 인간을 기계와 동류로 취급하거나 기계보다 열등한 족속으로 보기 시작했다. 카페크는 인간을 부를 때, 〈인간 기계〉라고 했다. 이런 기계 은유는 소위 테일러주의라고 알려진 〈과학적 경영학파〉의 중추적 가정이었다(Taylor, 1947). 인간은 진짜 기계에 비해 점점 더 보잘것없이 열등해지는 기계일 따름이다.

도대체 무엇이 〈진짜 기계〉인가? 마르크스주의적 생각에 의하면, 기계란 인간이 외형화된 부분이다. 기계란 인간 내면의 것이 물질적, 물리적 수단을 통하여 밖으로 드러나서 나타난 새로운 피조물이다. 그것은 인간이 시작한 일이었다. 그러나 이 외형화는 극에 이르고 있다. 〈생각하는 기계〉라고 흔히 이상화되는 컴퓨터는 인간을 온전히 외형화하는 근본 모형이 되는 것 같다. 외형화가 어떤 식으로 일어나든 한 가지 중요한 의문을 일으킨다. 인간과 기계는 과연 하나의 연속체를 이루는가? 아니면 인간은 어디까지나 인간이고 기계는 어디까지나 기계일 뿐인 두 다른 평면인가? 어느 경우에든 인간은 기계 앞에서 더 발전하고 있는 것이 아니라 열등화하고 있다. 절대적 의미에서 그렇다는 것이 아니라 상대적 의미에서 그렇다는 말이다. 달리 말하면, 인간은 기계로 말미암아 좀더 문명화되고 있는 동시에 바로 그 기계로 말미암아 열등한 인간 기계로 전락하고 있다.

예를 들어보자. 포스트모던 노동시장에서 노동자들은 점점 일자리를 찾는 데 곤욕을 치루고 있다. 그들의 이력서를 보면 온갖 기계들을 다룰 수 있는 지식과 숙련된 기술을 갖추고 있음을 알 수 있다. 그들의 이력서가 보여 주는 것은 기계가 인간에게 적응하려는 노력이 아니라 거꾸로 인간이 필사적으로 기계에게 적응하려는 노력이다. 인간은 기계의 기생하는 신세가 되었다. 그러나 그게 어찌 되었든 그들은 원하는 일자리를 찾지 못하고 있다. 흔히 그들은 아직도 자격 미달이거나 아니면 자격 초과라는 판정을 받고 일자리에서 외면당하기 일쑤이다. 지금은 어떤 원하는 일자리를 찾아다니는 일 자체가 너무나 고통스러운 일이 되고 있다(Moyers, 1991 참고).

이 고통 위에 비숙련화de-skilling 라는 엄청난 압력이 노동자를 노동현장에서 몰아내고 있다. 기계는 날로 스마트해짐에 반해서 노동자는 날로 무력해지고 있다. 마이크로 컴퓨터를 내장한 스마트한 기계가 원래는 노동자들이 하던 일들을 지치지도 않고, 실수도 없이, 불평하지도 않고, 척척 해치우고 있다. 그 앞에서 인간은 속수무책이다.

인간이 로봇이라고 하는 영악한 기계와 노동시장에서 겨루고 있지만 인간 노동자의 패배는 불가피하다. 그림 1에 나타난 로봇은 기계의 돌연변이이다. 더욱이 그것은 매우 의인화된 기계로서 처음에는 인간의 총애를 받았지만 지금 그것은 인간 노동자를 위협하는 최대의 적이다. 로봇공학이 완벽해지는 날, 인간 노동자들을 위한 일이란 남아나는 게 없어진다. 그뿐 아니라, 로봇은 머지않아 자신을 재생산하는 능력을 얻게 될 터인데, 그렇게 되던 노동 영역은 완전히 로봇의 차지가 되고 만다. 노동자로서의 인간은 〈노동자의 에덴〉에서마저 쫓겨날 판국에 있다.

화학적으로 보아 로봇은 처음부터 무기 조직체임에 비해 안드로이드 는 근본적으로 유기 조직체로부터 시작하여 점차 무기 즈직을 흡수하 며 진화하고 있다. 인간이 신의 영상을 입은 것과 같이 안드로이드는 인간의 영상을 입었다. 그러나 인간과 안드로이드의 비슷함과 차이의 경계는 기만적이다. 인간과 안드로이드를 가르는 것이 무엇이냐에 대 해서 윤리학, 정치학, 철학이 규명해야 할 것들이 많이 있다. 어쨌거 나 인간과 안드로이드 사이에는 굉장한 이데올로기적 차이가 놓여 있 다. 안드로이드를 만들어내는 것은 고도로 발전된 기계공학만이 아니 다. 〈600만 불의 사나이〉나 시험관 아기가 나타나기 훨씬 전에 인류 역사는 이미 악명 높은 안드로이드들을 생산해 냈다. 그것은 노예제도 이다. 그리고 노예들은 오늘날 사회의 도처에 계속 존재한다.

노예들은 일종의 안드로이드이다. 그들은 인간으로 쾌어났으므로 비기계이다. 그렇지간 불행히도 자의적 권력의 정치체저들은 인간을 마치 기계처럼 부리기 위해서 인위적으로 비인간화한다. 어떤 나라에 서는 그들이 진정 상대할 수 없는 유인 취급을 당한다. 옛날부터 문명 이라는 게 전적으로 노예들의 사역에 의해서 일어났다. 그리고 그 위 에 군림하는 소수 권력 엘리트들만이 인간의 신분을 누릴 수 있었다. 과연 그런 포악한 권력자들을 인간이라고 할 수 있을까? 과연 누가 인간을 정의하며, 누가 인간의 행위소에 한점 죄스러움이 없이 존재하 는가? 문명은 과연 그 속에 야만성을 숨기고 있다.

포스트모던 시대에 와서 노예는 여러 가지 형태를 취한다. 자본주의 가 만들어내고 있는 두어 가지 예를 들어보자. 경제적 기적과 그것의 혜택을 만끽하고 있는 요즘 일본 여성들은 결혼을 원하지는 않지만 아 기를 갖고 싶어한다고 한다. 미국에서도 마찬가지이다. 미국 대통령

선거 운동기간에 퀘일 부통령이 가십에 오르내렸던 TV 연속극 〈머피 브라운〉은 그것의 한 예였다. 여성들이 경제적 독립을 이루자 그들은 남편을 원하지 않게 되고, 다만 아이만을 얻기 원한다. 이런 포스트모던 여성들은 〈아담은 쓸모없는 골치꺼리야〉라고 말한다. 그러나 그들에게 아버지 없는 아기는 무엇을 의미하는가? 그들은 자의로 천부의 부권을 제거하고 뿌리 없는 아이들을 갖으려 한다. 그들은 아이들을 자기들과 동등한 인격체로서가 아니라 아마 그들의 노리개나 아니면 그들의 노후를 돌보아줄 노예로 삼으려는 심산은 아닐까? 포스트모던 이브들이 아담에게 원하는 것은 아담이라는 인간이 아니라 한 방울의 정액뿐이다. 그것도 아무 정액이 아니라 아인슈타인의 두뇌에 레드포드의 얼굴을 하고 슈왈츠네거의 몸통을 가진 우량 안드로이드의 정액을 원하는 것이다. 나중에 아이들이 나의 아버지는 누구냐고 물으면, 너의 아버지는 정자은행이라고 대답할 것인가?

안드로이드의 정액을 얻은, 포스트모던 이브는 그렇다고 자기 몸으로 아이를 낳겠다는 것도 아니다. 그들은 대리모를 산다. 신의 천벌이었던 산고는 그들에게 이미 옛이야기밖에 안 된다.

이브 앞에서 아담은 체면을 잃고 그의 가정에서 쫓겨나, 그나마 에덴의 변방에서 더 멀고 외로운 곳으로 추방되고 있다. 아담은 겨우 반쪽 인간밖에 못된다. 그야말로 순전한 안드로이드이다. 이브 역시 자청한 반쪽 인간, 즉 안드로이드인 것이다.

많은 종류의 안드로이드가 존재하며 앞으로 더 많은 기상천외한 것들이 나타날 것이다. 분명히 안드로이드의 이데올로기가 존재할 수 있다. 인간과 안드로이드의 경계를 자르는 선은 점점 더 모호해지고, 인간과 안드로이드 사이의 상보적 관계는 어느날 갑자기 역관계로 뒤집힐지도 모른다. 그런 반전이 있을 수 있다면, 그것은 인간계를 덮친 일대 변태라고 하겠다. 그렇게 되면 그림 1은 새로운 모형으로 만들어야 하고, 아직 들어보지 못한 신화를 낳을 것이다.

여기서 한두 가지 지적해야 할 것이 있다. 인간이 기계를 지배해야 하고, 또 실상 인간이 기계의 주인이라는 규범적 믿음과 주장을 많은 사람들이 가지고 있다. 그러나 그것은 하나의 가상에 불과하다. 지금까지 한 이야기로부터 두 가지 종류의 인간들, 즉 두 계급이 있음을 알 수 있다. 기계를 지배하고 있는 인간이 한 부류요, 다른 한 부류는 기계를 지배하는 인간들 앞에서 하루하루의 삶을 위해서 피나는 경쟁을 기계와 해야 하는 인간, 즉 노동자들이다. 노동자들은 소수의 정치 경제 엘리트들 앞에서만 초라한 존재인 게 아니라, 기계와 로봇과 인조인간들 앞에서, 이런 것들보다 더 열등한 존재임을 인정해야 하는 처참한 모습을 하고 있는 존재이다. 이처럼 사람을 비인간화하는 자본주의는 야만적인 제도임에 틀림이 없다.

그림 I에서 노동자들이 차지하는 위치는 형식상 〈인간 행위소〉임에 두말할 나위가 없다. 이 그림에서 노동자를 부리는 자들도 같은 행위소 안에 들어 있다. 노동자와 그들을 부리는 자를 분리하여 이 두 계급을 대립쌍으로 하는 새로운 기호론적 사변형을 만들고 새로운 담론을 펼 수도 있다.

종합해 보자. 그림 I이 보여주는 것은 신의 영상을 입은 자라고 하는 인간이 그의 인위적 행위의 장 안에서 적어도 네 가지 다른 형태로 나타날 수 있다는 사실이다. 즉 현상학적 인간, 기계로서의 인간, 로봇으로서의 인간, 안드로이드로서의 인간이 인간의 외형화나 비자연화에 의해 나타난다. 지금까지 이야기된 대로 각각의 형태가 그 나름의 담론과 신화들을 가지고 나타난다. 기호학적 사변형에서 인간 행위소를 차지하는 인간은 하나의 개념적 의상에 불과하고, 실제 인간은 사변형 위에 분열된 채로 존재한다. 인간은 해체되고 있다.

노동의 네 유형

기호학적 사변형을 좀더 확장해 보자. 사변형의 네 행위소들을 합성함으로써 그림 2와 같은 좀더 복잡한 새로운 상황모형을 만들 수 있다. 이 그림은 숙련 노동 skilled labor, 의사 노동 pseudo-labor, 착취적 노동 exploitative labor, 자동화 노동 automated labor의 네 가지 새로운 담론영역을 보여준다. 인간과 기계를 합성해서 〈숙련 노동〉을 얻었다. 나머지 세 영역도 같은 방식으로 얻은 것들이다. 이렇게 만든 다이아몬드 형은 그림 1과 같이 주어진 어떤 특정한 기호학적 사변형으로부터 유도되는 담론영역의 가장 먼 변두리들을 포함한다. 제임슨 Jameson(1981)에 의하면, 이데올로기적 의식이 미칠 수 있는 곳은 행위소들을 합성해 얻은 새로운 4개의 담론영역까지이다. 따라서 이 다이아몬드 모형 위에서 보다 넓고 깊은 새로운 담론을 전개할 수 있다.

숙련 노동, 의사 노동, 착취적 노동, 자동화 노동 등 네 가지의 외시의미는 거의 자기 설명적이다. 함축 의미와 신화의 수준에서 좀더 이야기를 전개해 보기로 하자.

착취적 노동

착취적 노동은 사회-정치적 고안이다. 이 노동은 노예를 부리는 상전과 더불어 문명의 현장에 언제나 있었다. 이 노동 형식은 다수의 노예를 필요로 하며, 소수의 엘리트에 의해서 수행된다. 그러나 이것은 구식 이야기에 지나지 않는다.

미래의 착취적 노동은 새로운 변태를 통해 올 것이다. 초인이 되고자 하는 욕망과 더불어 인간은 인조인간을 만들어 그들을 노동에 투입하고 자신은 인조인간을 부리는 자로 신처럼 군림할 가능성이 있다.

숙련 노동

착취적 노동의 옛 형식들은 비능률적이었기 때문에 기계의 발명을 필요로 했다. 그러나 이것이 노예들의 노고를 덜어주기 위한 것이라기보다는 노동의 효과를 올림으로써 노동 생산성을 높이자는 목적에서였다. 테크놀로지의 영향이 사회에 퍼짐에 따라 착취적 노동은 일부 숙

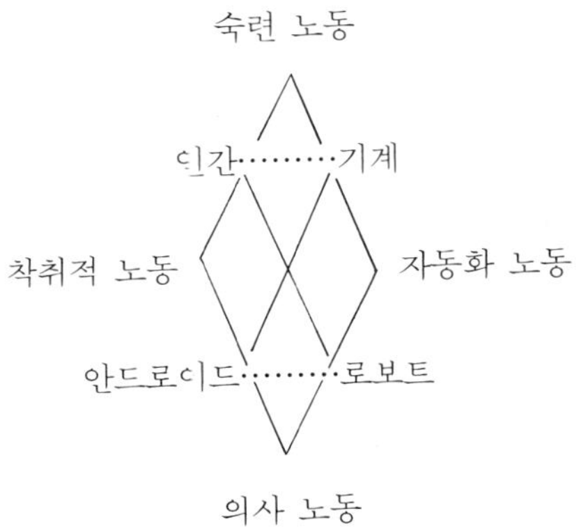

그림2 : 노동의 4유형

련 노동으로 변환되었다. 발전과 진보의 이름으로 과학과 공학은 개발에 박차를 가하고, 이런 것들의 찬조 아래 수많은 교육기관에서 숙련 노동력이 대량생산되었다. 이때에도 노동자들의 근본적 복지가 제일 의적인 것이 못 되고, 편의와 효율성이 강조된다. 숙련 노동의 궁극적 관심은 신속한 생산과 초과 생산에 있다. 그러나 이때까지만 해도 노동자들이 일자리를 쉽게 얻을 수 있었던 것이 다행이었다.

그러던 중 자본주의가 일어나 그것의 제도화가 확고히 되자 그것은 최대의 이익을 올리는 일에 노동력을 종사시키게 되었다. 자본주의는 한마디로 수 숭배 number worship 의 종교이다. 그것은 무자비한 종교로서 효율이라는 이데올로기를 가지고 모든 공정을 관리한다. 효율은 신적 언어로서 그것에서 빗나가는 것은 가차없이 처단된다. 수가 먼저고 사람은 제2, 제3의 나중 문제이다.

자동화 노동

이러한 상황 아래서 소수의 엘리트들은 점진적으로 숙련 노동을 자동화 노동으로 변환시켜 가고 있다. 이런 일이 진행됨에 따라서, 노동자들로부터 일을 빼앗아 점차 고도로 정교화된 로봇에게 넘겨주게 되었다. 로봇의 묘미(또는 악)는 그것이 노동조합을 필요로 하지 않으며 노동자들의 어떠한 집단행동도 궁극적으로 제거시킬 수 있다는 사실이다. 게다가 자동화 기계들이 점점 스마트해짐에 따라 노동자들은 점점 무력하고 쓸모없는 존재로 전락하고 있다. 하이테크 이데올로기로 인해서 노동자들은 비숙련화될 뿐만 아니라 오류 없는 기계들과 자본주의를 종교로 신봉하는 엘리트들에게 이중으로 소외당하는 처지에 빠지고 있다. 포스트모던 노동시장에선 그나마 더러운 일마저 로보트의 몫이지 노동자에겐 돌아갈 일이 점점 줄어들고 있다.

노동의 자동화는 실직과 고통을 유발하게 된다(Kellner, 1989 참고). 그래서 일부 노동자들은 비인간들로 비하되거나 폭도로 뒤바뀔 가능성이 없지 않다.

의사 노동

이러한 상황에서도 자본주의는 신비스럽게도 노동계층을 소비자로 전환시키고 있다. 특히 이 과정에 대중 오락매체가 새롭고 눈부신 활약을 하고 있다. 자본주의는 사람들을 오락매체의 신전 앞에 정기적으로 불러들이고, 그들의 반동적 에너지를 웃음 속에서 잃게 한다. 일반적으로는 소비자, 특수하게는 노동자들이 의사 노동에 종사하게 되었다. 이것이 포스트모던 시대의 풍경이다. TV를 시청하는 일은 이미 하나의 강박적 노동이 되고 있다(Gandy, 1990). TV 시청은 포스트모던 시대를 특징짓는 의사 노동의 대표적 형태라고 하겠다. TV 시청자들은 자기들도 모르는 사이에 집단적으로 광고회사에 팔리고 있고, TV 방송국들은 얼마나 큰 시청자수를 확보하느냐에 따라 광고 수입을 올릴 수 있다(Jhally, 1987). 방송산업이 요리하는 숫자놀음 속에서 TV 시청자들은 숫자 이외의 아무것도 아니다. 숫자로 치환된 인간은 안드로이드나 다름없다고 하겠다.

주머니에 돈이 충분하지 못한 대중들은 화려한 백화점이나 쇼핑몰을

할 일 없이 배회하며 눈요기나 하고 소비욕구를 달랠 뿐이다. 이런 으
사 소비자를 쇼핑몰을 어슬렁거리는 쥐떼라고 부른다(Morse, 1990).
그들은 사람축에 끼여들지 못하고 있다.

그 외에 자궁 대여 행위, 사창 행위, 술집에서 발가벗고 돈 벌기,
소매치기, 납치, 약탈, 마약 밀매, 깡패 행위, 공직자들이나 기업인
들의 부정 등 병든 자본주의 사회의 어두운 이야기들이 의사 노동의
예가 된다.

위에서 이들 네 가지 노동형태가 어떻게 통시적으로 인간의 세계에
나타났는지 살펴보았다. 이상의 네 가지 노동형태는 포스트모던 사회
에 공존한다. 이 노동상황 모형이 앞으로 어떻게 변화할 것인지, 그것
은 어느 정도 의식화된 노동자들이 어떤 담론들을 전개하느냐에 달려
있다.

앞일을 정확하게 점칠 수 없지만, 자동화 노동은 원래 인간의 근육
을 필요로 했던 모든 일과 정신노동의 경우에 특히 고도로 틀에 박힌
공정들의 부면으로 확산될 것이다. 기계와 로봇이 공정화된 작업을 도
맡아 하게 되고 나면, 인간에게 남는 일이란 숙련 노동, 착취적 노동,
의사 노동뿐이다. 숙련 노동은 점점 더 고급화되고 권위 있는 일이 될
것이지만, 그런 일에 종사하는 사람의 수는 그리 많지 않을 것이다.
착취적 노동은 항상 새로운 착취구조를 쇄신하면서 악명 높은 노동형
태를 영속화할 것이다. 다가오는 미래 사회에서 의사 노동은 지금은
상상하기 어려운 여러 가지 형태를 하고 사회에 등장할 것이다.

이들 네 가지 노동형태는 서로 독립적인 것들이라기보다는 서로 교
묘히 혼합될 수 있는 것들이다. 가령 착취적 숙련 노동, 착취적 의사
노동, 착취적 자동화 노동 같은 것들이 있을 수 있다. 사람들은 어떤
형태의 노동현장에선가 날마다 일을 할 것이다. 그들의 삶의 보람과
질은 주어진 현장에서 그들이 어떤 이데올로기와 더불어 살며 어떤 담
론을 전개하느냐에 달려 있다. 그들의 신화는 그들 자신이 만들어야

한다.

결론 삼아 덧붙일 말은, 하나의 초기 대립쌍을 가지고 우리는 그림 1과 같은 사변형을 만드는 일로부터 시작해서, 또 그림 2로 신화 제작과 담론의 모형을 확장해 가며 〈사람 이야기〉와 〈노동 이야기〉를 펼칠 수 있었다는 점이다. 따라서 기호학적 사변형은 의미 있는 신화와 담론을 만들어내는 데 매우 유용한 틀임을 알 수 있다.

위에 쓴 신화는 결코 과학적 담론이 아니다. 기호학의 주임무는 어떤 것이 과학적으로 사실이야 아니냐를 따지는 것이 아니라 우리에게 주어진 기호학적 환경의 요소들이 어떤 의미작용을 우리에게 일으킬 수 있느냐 하는 개연성을 명료화하는 일이다. 바르트는 의미작용을 완전히 모든 가능성에 개방하는 일을 확산dissemination이란 말로 표현한다(1977). 기호학은 이런 확산에 대한 연구이기도 하다. 또한 이러한 확산에 참가하는 일이 바로 담론이다. 신화는 담론의 재료와 형을 마련해 주는 것이다. 이데올로기적 확산의 영역을 알아낸 다음에야 어떤 일이 과학적으로 사실이냐 아니냐를 제대로 따질 수 있다. 과학적 담론은 신화의 장 안에서 일어나는 하나의 미시적 담론이라고 볼 수 있다. 그런데 바로 과학적 담론 자체가 하나의 이데올로기적 조작임을 간과해서는 안 된다. 그것이 어떤 결론——가령 사실이다 허위다 하는 등의——을 끌어냈을 때, 무엇이 그 결론을 되받아 확산하는가? 이 시점부터는 과학이 무엇을 하는 것이 아니라 이데올로기가 어떤 것을 지시한다. 그리고 여기서부터 또 한 차례의 새로운 담론의 고리가 생겨난다. 신화는 끝이 없다.

책을 마치며

담론이 이야기체를 만들어낸 사람(발화자, 예를 들면 신화 제작자)과 그것을 받는 수신자(신화 소비자) 사이에서 일어날 때, 그것을 담화라고 한다. 담화는 발화자와 수신자 사이의 커뮤니케이션에 대한 것이다. 이러한 커뮤니케이션에서 관심의 초점에 오게 되는 것은 다음과 같은 것들이다.

첫째 관심은 발화자와 수신자 사이에 어떤 코드가 설치되느냐 하는 것이다. 이것은 수신자가 이야기체를 받는 시간의 담론적 환경의 코딩에 대한 문제이기도 하다. 바르트는 현대 사회의 문제가 담화 환경의 코딩을 회피하는 데 있다고 본다. 대중문화는 그 코드를 선언하기 싫어하여 〈기호 같지 않는 기호들〉을 요구한다고 바르트는 지적한다(1977, 116쪽). 아마도 최근의 MTV나 음악 비디오는 이 경우의 가장 적절한 예가 될 것이다.

1992년도 바르셀로나 올림픽을 미국에서 시청한 사람들은 NBC TV가 경기 중간중간에 삽입한 여러 잡다한 음악 비디오들을 보았을 것이다. 일반적인 음악 비디오가 다 그렇듯이, NBC TV의 음악 비디오에는 시청자의 시선을 TV에 묶어놓기 위한 기표들의 혼란된 움직임밖에 없었다. 그것은 신화를 파괴하여 불연속적 이미지로 치환하고 음악의 연속적 음률에 시청자의 의식을 흘려보내는 장치였다. 도대체 그런 것과 올림픽 경기가 무슨 상관이 있단 말인가? NBC TV의 음악 비디오는 과연 기호 같지 않은 기호들을 보여주고 있었다. 시청자와 TV 사이에 설치한 숨겨진 코드는 〈홀림〉이다. 신화 없이 사람들을 TV 앞에 못박아 놓으려는 것이 그것의 코드였다. 그러고 나면 상업 광고가 새로운 조각난 신화들처럼 거의 최면상태에 빠진 시청자들의 눈동자로 물 흐르듯 흘러갔던 것이다. 올림픽 기간 중 시청자의 의식(또는 무의식) 속으로 물 흐르듯 흘러들어간 것은 다름 아닌 코카콜라 광고였다. 〈전 세계가 나누는 음료〉라는 광고문은 신화의 조각처럼 시청자들을 코카콜라 왕국의 시민으로 교화시키고 있었다.

둘째로 발화자 자체의 역할이 논의의 대상이 된다. 이것은 발화자가 누구냐에 대한 것인데, 바르트는 세 가지를 지적한다(110-113쪽). 첫째는 저자이다. 저자는 자기 이름을 내세워 발화를 한다. 가령 코신스키는 소설의 저자이다. 찬스가 하는 모든 말을 하고 있는 것은 실상 코신스키였다. 그러나 코신스키와 찬스는 엄연히 구별되는 두 가지 다른 발화자들이다. 찬스의 역활은 발화자의 두번째 범주가 된다. 찬스 같은 이야기체 속의 발화자를 주역이라고 한다. 세번째는 일종의 전지전능한, 그러나 비인칭적 발화자이다. 이런 발화자는 자신의 정체를 밝히지 않고 초월적 관점에서 이야기를 들려준다. 현대 사회에 흘러다니는 신화들은 마치 신의 이야기처럼 높은 곳에서부터 내려와 무소부재하게 펼쳐진다. 예를 들면 〈당국의 발표에 의하면〉 하고 이야기되는 보도에서 당국은 그런 존재이다. 바르트에 의하면, 이 모든 발화자가 수신자의 눈에는 〈종이 인간〉으로 보인다. TV 시대에 와서 발화자들은 수신자의 눈에 가상적 이미지 이외에는 아무것도 아니다. TV 시청자들은 찬스보다 더 나은 입장에 있지 못하다. 그들은 찬스처럼 자유자재로 채널을 바꿈으로써 발화자들을 바꿔칠 수 있는 게 고작 전부이다.

이 세 가지 발화자 유형을 소개하고 나서 바르트는 발화자가 실상 두 종류로 크게 나누어진다고 말한다. 하나는 인칭적 발화자이고, 다른 것은 비인칭적 발화자이다. 인칭적 발화자는 〈나 I〉로, 비인칭적 발화자는 〈그 he〉로 이야기체에 나타난다.

이야기체의 전통적 양태는 비인칭적 발화자를 채용하는 것이다. 이 경우 실제로 이야기체의 저자는 존재하지 않는 것이나 마찬가지로 보인다. 그래서 바르트(1977)를 비롯한 여러 학자들이 소위 저자의 죽음을 이야기하고 있다. 실상 많은 구전된 이야기들, 민담, 전설들이 저자를 가지고 있지 않다. 같은 전통이 포스트모던 매체에서 계승되고 있다. 포스트모던 대중매체에서 흘러나오는 대부분의 산물들이 저자 부재의 것들이다.

텍스트 안에서 이야기하고 있는 사람은 누구인가? 방브니스트는 지적하기를 〈이야기체 안에서, 아무도 말하지 않는다〉고 했다(in Barthes, 1977, 112쪽). 실제로는 여러 명의 저자들이 가령 하나의 TV 프

로그램을 만들고 있기 때문에 누가 그것에 책임이 있는 저자인지 알
수 없게 되어 있다. 저자 없는 신화들이 양산되고 있다.

문제는 누가 책임 있는 화자냐 하는 것이다. 화자가 독자에게 알려
지지 않는 것은 이야기체가 전통적으로 이어받아 온 형의 특수성에 기
인하는 것 같다. 그래서 이야기체가 가지고 있는 〈형의 책임〉을 묻게
된다. 먼 옛날로부터 모더니즘과 포스트모더니즘 시대에 이르는 전통
이 흘려보내 온 이야기들은 모두를 위한 이야기인 동시에 누구의 이야
기도 아니다. 이 임자 없는 이야기들이 사회인들의 생활패턴에 영향을
미치고 사회 자체를 암암리에 변화시킨다. 오늘의 사회는 이야기들이
쌓이고 쌓여 이루어놓은 것이다.

엄청난 양의 포스트모던 텍스트들이 양산되어 어디론가 흘러간다.
어디로 가고 있는 것일까?

저자의 죽음을 통해 생겨난 것이 독자라고 바르트는 말한다. 모든
신화, 모든 이야기, 모든 텍스트의 종점은 독자들이다.

그런데 포스트모던 시대의 문제는 독자들이 코드를 거부당하고 있다
는 사실에 있다. 코드를 거부하는 텍스트의 변종들, 저자가 脫名 하고
부재하는 이야기들이 독자라고 하는 종점으로 강물같이 흘러들어 가고
있는 현상이다. 우리는 독자들에게 어떤 기대를 가질 수 있을까? 독
자는 원저자를 찾을 수 있을까? 또는 독자는 원저자가 의도한 대로
텍스트를 해석할 수 있을까? 아니면 독자는 독립된 텍스트로부터 독
자 나름의 풍요한 해석을 가하며 텍스트를 즐길 수 있을까? 또는 너
무나 종착 없는 해석에 스스로 휘말려 정처없이 떠내려가지나 않을
까?

무엇이 가능한 혼돈을 막을 것인가?

바르트는 신화 파괴 mythoclasm 가 기호학의 새 사명인 것처럼 이야
기 하고 있다. 왜 그런가? 오늘날 범람하는 신화들은 옛 것과 같은
신화가 아니라 파편화된, 불연속적 신화들이다. 가령 스테레오타입
같은 다분히 악성 기호체들이 미디어의 끝없는 반복 속에서 독자들의

마음에 새겨지고 있다. 바르트는 신화의 파괴에 이어 기호 파괴 se-mioclasm가 뒤따라야 한다고 말한다(1977, 167쪽). 이런 주장은 신화들을 탈신화화demythification해야 하는 포스트모던의 정황의 심각성을 암시한 것으로 새겨들을 수 있다.

대항 신화는 우리를 억누르는 원신화의 기의를 찾아내어 그것을 분쇄하기 위한 것이다. 대항 신화는 결국 그 내부에 신화 파괴의 기구를 내장하고 있기도 하다.

신화 창조의 필요성과 신화 파괴의 필요성은 비교적 새로운 논제이다. 이것을 다루기 위해 기호학적 사변형은 적절한 수단이 된다. 이미 보아온 바와 같이 〈신화 창조 : 신화 파괴〉 대립쌍을 기호학적 사변형 안에 집어넣어 새로운 담론을 전개할 수 있다. 이 가능성이 암시하는 것은, 우리가 신화 창조와 신화 파괴를 한거번에 수행해야 한다는 사실이다.

약자의 신화는 〈이것이냐 저것이냐〉를 묻고 있는데, 강자의 신화는 〈이것도 아니고 저것도 아니다〉로 얼버무리고 있다. 바르트가 말하는 소위 〈이것도 저것도 아닌 주의 Neither-Norism〉는 강자의 수사학적 고안이다(1972, 152쪽). 그러나 그것은 강자에게서도 약자에게서도 나올 수 있다. 허무주의가 그것이다. 이런 것이 인간의 모든 가치와 기대와 소망을 좀먹는다. 우리는 그런 신화를 분쇄해야 하고, 희망의 신화를 창조해야 한다.

덴마크의 철학자 키에르케고르는 인간의 삶이 〈이것이냐 저것이냐〉의 결단을 요구하는 것이면서도, 막상 어떤 선택을 한 다음에 반드시 뒤따르는 후회를 한탄했다. 그러나 그것이 인생이다. 인간은 대개 선택한 것에 만족하는 존재가 아니라 선택되지 않은 것에 연연하는 존재이다. 보다 큰 의미는 항상 선택되지 않은 것에 남기 마련이다. 이것은 소쉬르가 주장한 기호학적 원칙과 일치한다. 모든 것의 의미는 어느 것 자체에서 오는 게 아니라 그것이 아닌 것에 의해 상대적으로 알려진다. 〈이것도 아니고 저것도 아닌 것〉이 〈이것이냐 저것이냐〉의 결단을 의미 있게 한다.

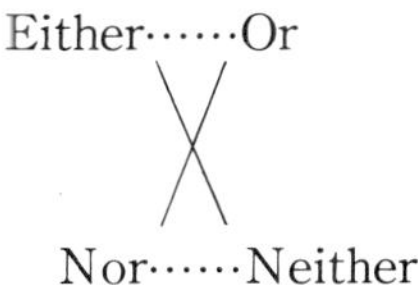

　인간은 자신이 만든 기호의 우리에 갇혀서 산다. 그러나 그 안에는
인간의 전 존재를 걸어놓은 결단의 시간이 있고, 그 결단은 우리를 앞
으로 나가게 한다. 지금 여기서 우리가 참가하는 의미 있는 담론이 우
리 속의 우리들을 자유롭게 할 것이다. 기호는 우리를 가두면서도 또
우리 속의 삶을 풍요롭게 하는 수단을 주기도 한다.

참고문헌

Aranguren, J. L. (1967), *Human Cmmunication* (trans. Frances Partridge), New York & Toronto: World University Library.

Asante, Molefi Kete (1980), *Afrocentricity : The Theory of Social Change,* Buffalo, New York: Amulefi Publishing Company.

Augustine, Aurelius (397 [1952]), "On Christian Doctrine, In St. Augustine", *Confessions* (trans. J. F. Shaw), Chicago: Encyclopedia Britannica, pp. 619-698.

Bakhtin, Mikhail[V. N. Volosinov] (1973), *Marxism and the Philosophy of Language,* New York: Seminar Press.

Barthes, Roland (1967), *Elements of Semiology* (trans. Annette Lavers & Colin Smith), New York: The Noonday Press.

______ (1972), *Mythologies* (trans. Annette Lavers), New York: Hill and Wang.

______ (1975), *The Pleasure of the Text* (trans. Richard Miller), New York: Hill and wang.

______ (1977), *Image-Music-Text* (trans. Stephen Heath), New York: The Noonday Press.

______ (1979), "From work to text", In Josue Harari (ed.), *Textual Strategies : Perspectives in Post-structuralist Criticism.* Ithaca, New York: Cornell University Press.

______ (1985), *The Grain of the Voice : Interviews 1962-1980* (trans. Linda Coverdale), New York: Hill & Wang.

Baudrillard, Jean (1988), *Jean Baudrillard : Selected Writings* (ed. by Mark Poster), Stanford, California: Stanford University Press.

Bauman, Zygmunt (1990), "Philosophical affinities of postmodern sociology", *The Sociological Review* 38 (3), pp. 411-444.

Benveniste, Émile (1985), "The semiology of language", In Robert E. Innis (ed.), *Semiotics : An Introductory Anthology*, Bloomington: Indiana University Press, pp. 22-250.

Berger, Arthur Asa(1982), *Media Analysis Techniques*, Newbury Park, California : Sage.

______ (1989), *Signs in Contemporary Culture*, Salem, Wisconsin : Sheffield Publishing Company.

Bernstein, Basil (1964), "Elaborated and restricted codes : Their social origins and some consequences", *American Anthropologist* 66, pp. 55-69.

Brown, Richard H (1977), *A Poetic for Sociology : Toward a Logic of Discovery for the Human Sciences*, Cambridge, U.K. : Cambridge University Press.

Bruner, Jeromes., Goodnow, Jacqueline J. & Austin, George A. (1972), *A Study of Thinking*, New York ; Wiley & Sons.

Campbell, Joseph, with Bill Moyers (1988), *The Power of Myth*, New York : Doublday.

Capra, Fritiof (1984). *The Tao of Physics,* (and ed.), Toronto, Canada : Bantam Books.

Cassirer, Ernst (1957), *The Philosophy of Symbolic Forms* (trans. Ralph Manheim), New Haven & London : Yale University Press.

Cetron, Marvin. & O'Toole, Thomas(1982), *Encounters with the Future . Forecast of Life into the 21st Century*, New York : Mcgraw-Hill.

Culler, Jonathan (1976), *Structuralist Poetics : Structuralism, Linguistics and the Study of Literature*, Ithaca, New York : Cornell University Press.

______ (1982), *On Deconstruction : Theory and Criticism after Structuralism* Ithaca, New York : Cornell University Press.

D'Aquili, Eugene G. & Laughilin, Charles D., Jr. (1979), "The neurobiology of myth and ritual", In E. G. d'Aquili. C. D. Laughlin, Jr. & J. McManus(eds.). *The Spectrum of Ritual : A Biogenetic Structural Analysis*, New York : Columbia University Press, pp. 152-182.

Davis, Dennis K. & Baran, Stanley J.(1981), *Mass Communication and Everyday Life : A Perspective on Theory and Effectes*, Belmont, California : wadsworth.

Derrida, Jacques(1974), "White mythology : Metaphor in the text of Philosophy", *New Literary History* 6(1), pp. 5-74.

______ (1976), *Of Grammatology* (trans. Gayatri C. Spivak), Baltimore, MD. : Johns Hopkins University Press.

Dreyfus, Hubert L. & Rabinow, Paul(1983), *Michel Foucault : Beyond Struc-*

turalism and Hermeneutics, 2nd. ed., Chicago: The University of Chicago Press.

Eco, Umberto(1976), *A Theory of Semiotics*, Bloomington: Indiana University Press.

______ (1986), *Travels in Hyper Reality* (trans. William Weaver), SanDiego: Harcourt Jovanovich.

Ellul, Jacques(1990), *The Technological Bluff* (trans. Geoffrey W. Bromiley), Grand Rapids, Michigan: William B. Eerdmans.

Enzensberger, Hans Magnus(1972), "Constituents of a theory of the media", Ir Denis McOuail(ed.), *Sociology of Mass Communications*, Middlesex, England: Penguin, pp. 99-116.

Ewen, Stuart(1988), *All Consuming Images : The Politics of Style in Contemporary Culture*, New York: Basic Books.

Fiske, John(1982), *Introduction to Communication Studies*, London & New York: Methuen.

______ (1987), *Television Culture*, London & New York: Methuen.

______ & Hartley, John(1978), *Reading Television*, London: Methuen.

Foucault, Michel(1970), *The Order of Things : An Archaeology of the Human Sciences*, New York: Pantheon.

______ (1977), *Language, Counter-Memory, Practice : Selected Essays and Interviews* (trans. Donald F. Bouchard & sherry Simon), Donald F. Bouchard (ed.), Ithaca, New York: Cornell University Press.

Fowler, Roger. & Kress, Gunther(1979), "Critical linguistics", In Fowler etal (eds.), *Language and Control*, London: Routledge and Kegan Paul.

______ (1980), *Power/Knowledge* (trans. C. Gordon, L. Marshall, J Mepham, & K. Soper), Colin Gordon(ed.), New York: Pantheon Books.

Gandy, Jr., Oscar H.(1990), "Tracking the audience", In John Downing., A. Mohammadi & A. Sreberny-Mohammadi(eds.), *Questioning the Media : A Critical Introduction*, Newbury Park, California: Sage, pp. 166-179.

Geertz, Clifford(1973), *The Interpretation of Cultures*, New York: Basic Books.

Goethals, Gregor T.(1981), *The TV Ritual : Worship at the Video Altar*, Boston: Beacon Press.

Goffman, Erving(1959), *The Presentation of Self in Everyday Life*, New York: Anchor.

Goldhaber, Gerald M.(1950), *Organizational Communication*(5th ed.), Dubu-
que, Iowa: Wm. C. Brown.
Greimas, Algirdas Julien(1985), "The love-life of the hippopotamus: A semi-
nar with A. J. Greimas", In Marshall Blonsky(ed.), *On Signs*
Baltimore, Maryland: The Johns Hopkins University Press. pp. 341-362.
_______ (1990), *The Social Sciences : A Semiotic View*, Minneapolis: University
of Minnesota Press.
_______ & Courtés, Joseph(1982), *Semiotics and Language*, Bloomington: In-
diana University Press.
_______ , & Rastier, F.(1968), The interaction of semiotic constraints, *Yale
French Studies* 41, pp. 86-105.
Guiraud, Pierre(1975), *Semiology*, London: Routledge & Kegan Paul.
Habermas, Jürgen(1970), "Toward a theory of communicative competence",
In Hans Peter Dreitzel(ed.), *Recent Sociology* #2, London: Collier Macmil-
lan, pp. 114-148.
_______ (1987), *The Philosophical Discourse of Modernity : Twelve Lectures*
(trans. Frederick Lawrence), Cambridge, Massachusetts: MIT Press.
Hall, Edward T.(1976), *Beyond Culture*, Garden City: Doubleday.
Hendriques., Julien, Holoway, Wendy., Urwin, Cathy., Venn, Couze. &
Walkerdine, Valerie(1984), *Changing the Subject : Psychology, Social
Regulation, and Subjectivity*, New York: Methuen.
Ihde, Don(1982), "The technological embodiment of media. In Michael", J
Hyde(ed.), *Communication Philosophy and the Technological Age*, Uni-
versity of Alabama: The University of Alabama Press, pp. 54-72.
Jameson, Fredric(1981), *The Political Unconscious : Narrative As A Socially
Symbolic Act*, Ithaca, New York: Cornell University Press.
Jamieson, Kathleen Hall(1988), *Eloquence in an Electronic Age : The Trans-
formation of Political Speechmaking*, New York & Oxford: Oxford Uni-
versity Press.
_______ & Campbell, Karlyn Kohrs (1992), *The Interplay of Influence : News,
Advertising, Politics, and the Mass Media*, Belmont, California: Wadswor-
th.
Jencks, Charles(1986), *What is Post-Modernism ?*, New York: St. Martin's
Press.
Jhally, Sut(1987), *The Codes of Advertising : Fetishism and the Political*

Economy of Meaning in the Consumer Society, London: Frances Pinter.

Judovitz, Dalia(1988), "Representation and its limits in Descartes", In Hugh J. Silverman & Donn Walton(eds.), *Postmodernism and Continental Philosophy*, Albany, New York: State University of New York Press.

Jung, Carl(1964), *Man and His Symbols*, New York: Dell.

Kant, Immanuel(1938), *The Fundamental Principles of the Metaphysic of Ethics*, New York: Appleton-Century-Crofts, Kellner, Douglas(1989), *Critical Theory, Marxism and Modernity*, Baltimore, MD.: The Johns Hopkins University Press.

Kellner, Douglas(1989). Critical Theory, Marxism and Modernity, Baltimore, MD.: The Johns Hopkins University Press.

Kim, Kyong L.(1990), "The core process of audience uses and gratifications: A simulation of the cognitive mazeway by using LISREL technique", Paper presented at the 76th Anniversary Convention of the Speech Communication Association, November 1-4, Chicago, Illinois.

＿＿＿ (1992), *The Semiotic Matrix for Narratives*, Department of Communication, Mount Vernon Nazarene College.

Korzybski, Alfred(1933), *Science and Sanity : An Introduction to Non-Aristotelian Systems and General Semantics*, Lancaster, Pennsylvania: International Non-Aristotelian Library Publishing Co.

Kosinski, Jerzy(1970), *Being There*, Toronto, Canada: Bantam Books.

Kristeva, Julia(1980), *Desire in Language : A Semiotic Approach to Literature and Art* (trans. Thomas Gora, Alice Jardine, & Leon S. Roudiez), Leon S. Roudiez(ed.), New York: Columbia University Press.

Lacan, Jacques(1977), *Écrits : A Selection* (trans. Alan Sheridan), New York: Norton.

Lakoff, George & Johnson, Mark(1980), *Metaphors We Live By*, Chicago & London: The University of Chicago Press.

Lapsley, Robert & Westlake, Michael(1988), *Film Theory : An Introduction*, Manchester, UK: Manchester University Press.

Lasica, J. D.(1989), "Photographs that lie: The ethical dilemma of digital retouching", *Washington Journalism Review*, June. 22-25.

Le Bon, Gustave(1960), *The Crowd : A Study of Popular Mind*, Middlesex, UK: Penguin Books.

Leach, Edmund(1976), *Culture and Communication : The Logic by Which*

Symbols Are Connected, Cambridge: Cambridge University Press.

Lévi-Strauss, Claude (1967), *Structural Anthropology* (trans. Claire Jacob-son & brooke G. Schoepf), Garden City, New York: Doubleday.

Lorie, Peter, & Murray-Clark, Sidd (1989), *History of the Future : A Chrono-ogy*, New York: Doubleday.

McCarthy, Thomas. A. (1973), "A theory of communicative competence", *Philosophy of the Social Sciences* 3, June, pp. 135-156.

McLuhan, Marshall (1964), *Understanding Media : The Extension of Man*, New York: McGraw-Hill.

______ & Fiore, Quention (1967), *The Medium is the Massage : An Inventory of Effects*, New York: Bantam Books.

Metz, Christian (1974), *Film Language : A Semiotic of the Cinema*, (trans. Michael Taylor). New York: Oxford University Press.

Mitchell, W. J. T. (1986), *Iconology : Image, Text, Ideology*, Chicago & London: The University of Chicago Press.

Morris, Charles W. (1964), *Signification and Significance : A Study of the Relations of signs and Values*, Cambridge, Mass.: MIT Press.

Morse, Margaret (1990), "An ontology of everyday distraction : The freeway the mall, and television", In Patricia Mellencamp (ed.), *Logics of Tele-vision : Essays in Cultural Criticism*, Bloomington & Indianapolis: Indiana University Press, pp. 193-221.

Moyers, Bill (1988), *Campaign : The Prime-Time President*, New York: Journal Graphics, Inc.

______ (1991), "Minimum Wages: The New Economy", *PBS-TV*.

Mukarovsky, Jan (1977), "The place of the aesthetic function among the other functions". In Jan Mukarovsky, *Structure, Sign, and Function*, New Haven, Conn: Yale University Press, pp. 31-48.

Ogden, C. K., & Richards, I. A. (1989), *The Meaning of Meaning*. San Diego, New York, London: Harcourt Brace Jovanovich.

Parenti, Michael (1992), *Make-Believe Media : The Politics of Entertainment*, New York: St. Martin's Press.

Peirce, Charles S. (1931-58), *Collected Papers*, Cambridge, Mass.: Harvard University Press.

______ (1977), *Semiotic and Significs : The Correspondence between Charles S. Peirce and Victoria Lady Welby*, C. S. Hardwick (ed.), Bloomington:

Indiana University Press.

Pitkin, Hanna. (1967), *The Concept of Representation*. Berkeley: University of California Press.

Popper, Karl R. & Eccles, John R. (1977), *The Self and Its Brain : An Argument for Interactionism*, Berlin: Springer International.

Propp, Vladimir (1968), *Morphology of the Folktale*, Austin: The Texas University Press.

Ricoeur, Paul (1976), Interpretation Theory: Discourse and the Surplus of Meaning. Fort Worth: The Texas University Press.

Rose, Margaret A. (1991), *The Post-Modern & the Post-Industrial : A Critical Analysis*, Cambridge: Cambridge University Press.

Rosenau, Pauline Marie (1992), *Post-Modernism and the Social Sciences : Insight, Inroads, and Instructions*, Princeton, New Jersey: Princeton University Press.

Rosmarin, Adena (1985), "On the theory of 'against theory'", In W. J. T. Mitchell. (ed.). Against Theory: Literary Studies and the New Pragmatism. Chicago: University of Chicago Press.

Saussure, Ferdinand de (1966), *Course in General Linguistics* (trans. wade Baskin), New York: McGraw-Hill.

Schiller, Herbert I. (1973), *The Mind Manager*, Boston: Beacon Press.

Scholes, Robert (1982), *Semiotics and Interpretation*, New Haven & London: Yale University Press.

Sebeok, Thomas A. (1991), *A Sign Is Just A Sign*, Bloomington & Indianapolis: Indiana University Press.

Seiter, Ellen (1987), "Semiotics and Television", In Robert C. Allen (ed.), *Channels of Discourse*, Chapel Hill & London: The University of North Carolina Press, pp. 17-41.

Silverman, Kaja (1983), *The Subject of Semiotics*, New York & Oxford: Oxford University Press.

Slack, Jennifer D. (1984), *Communication Technologies and Society : Conceptions of Causality and the Politics of Technological Intervention*, Norwood, New Jersey: Ablex.

Sohl, Robert & Carr, Audrey (1970), (eds.), *The Gospel According to Zen : Beyond the Death of God*, New York: A Mentor Book.

Solomon, Jack (1988), *The Signs of Our Time : The Secret Meanings of*

Everyday Life, New York : Harper & Row.

Taylor, Fredrick W.(1947), *Scientific Management*, New York : Harper & Row.

Tucker, Robert(1972), *Philosophy and Myth in Karl Marx*(2nd ed.). Cambridge, U.K. : Cambridge University Press.

Von Weizsäcker, Carl Friedrich(1980), *The Unity of Nature*(trans. Francis J Zucker), New York : Farrar-Straus-Giroux, Inc.

Whorf, Benjamin Lee(1961), "Science and linguistics", In So. Saporta(ed.) *Psycholinguistics*, New York : Holt, Rinehart and Winston, pp. 460-468.

Williams, Raymond(1976), *Keywords*, London : Fontana.

Wollen, Peter(1972), *Signs and Meaning in the Cinema*, Bloomington : Indiana University Press.

용어 해설

계열체 paradigm　이것은 소쉬르의 용어이다. 이는 쿤의 패러다임과는 다른 뜻으로 쓰인다. 소쉬르의 패러다임은 어떤 공통성을 지닌 기호 요소들의 집합으로, 이로부터 기호 요소들의 선택을 가능하게 해주는 기호 요소의 재고조직 inventory을 뜻한다. 예를 들면 한글 자모는 하나의 계열체이다. 이에는 두 개의 계열체, 즉 자음 계열체 (ㄱ, ㄴ, ㄷ……ㅎ)와 모음 계열체(ㅏ, ㅑ, ㅓ, ㅕ……ㅣ)가 있다. 이 계열체로부터 글자들을 선택하여 낱말을 만들 수 있다. 예를 들면 〈ㅇ〉, 〈ㅜ〉, 〈ㄹ〉, 〈ㅣ〉의 네 가지 기호 요소를 선택하여 〈우리〉라는 낱말(기호)을 만들 수 있다. 국어사전은 우리말로 된 낱말들의 계열체이다. 사전에 있는 낱말들을 선택하여 구나 절, 또는 문장 같은 보다 커다란 기호체들을 만들 수 있다. 쿤의 패러다임은 어떤 부류의 이론들을 담은 커다란 틀이라는 뜻이다. 이것도 이론들의 집합이라는 뜻에서 소쉬르가 쓰는 패러다임 속에 포함시킬 수 있다. 계열체는 〈통합체〉와 대립되는 말이다.

공시성 synchronicity, 공시적 synchronic　소쉬르의 용어들인데 〈통시성〉, 〈통시적〉이라는 말과 대립되는 말이다. 공시성은 어원학적으로 동시성 same time을 뜻한다. 소쉬르는 공시성을 논리적 또는 심리적 관계들이 어떤 하나의 체계(예를 들면 연설을 하는 사람의 마음이나 텍스트 같은 것) 속에 공존하는 상태를 가리키는 말로 사용한다. 가령 〈양과 음〉, 〈양지와 음지〉, 〈좋은 날과 궂은 날〉 같은 표현에서 서로 대립되는 개념들은 동시성을 띠고 공존하고 있다. 뜻을 넓히면 동시성은 무시간성 timelessness이 된다. 〈양과 음〉은 밝은 것이 있으면 어둠이 반드시 있음을 뜻하는, 시간의 흐름에 관계없이 옳은 하나의 진리이다. 공시성에는 아이러니 irony가 배태되어 있다.

과실재성 hyperreality　이것과 같은 뜻으로 쓰이는 〈극사실성〉이나 〈파생 실재〉라는 말이 있다. 보드리야르나 에코에 의하면 과실재성이란 〈실재보다 더 실재로 보이도록 만들어진 인공품〉이다. 〈실재보다 더 실재임〉은 기호학적 과장으로 실제로는 〈가짜〉를 뜻한다. 자연적 실재보다 더 사실적으로 보이도록 기호학적 과장이 가해진 것

들을 〈실재에서 지나친 것들〉이라는 뜻에서 과실재성이라 부른다. 길의 과실재성은
고속도로이고 시장의 과실재성은 쇼핑몰 shopping mole이다. 사람의 과실재성은 딜
립인형이다. TV의 이미지들은 모두 과실재성이다. 과실재성의 유도 개념으로 과로
간, 과정보 같은 것들이 있다. 과찬, 과욕, 과용, 과소비 같은 예도 들 수 있다.

관습 convention　기호 사용자들 사이에 코드를 성립시키는 합의 과정과 합의된 코드를
하부 문화 안에 정착시키기 위한 코드 사용의 반복과정.

구상체 figuratives　그레마스는 담론에 이용되는 언어적 기호들과 비언어적 기호들을 함
께 지칭하는 일반적 용어로 구상체라는 말을 쓴다. 구상체는 이미지, 낱말, 은유,
경구, 인용 같은 것을 통틀어 칼한다. 〈형상체〉도 같은 뜻이다.

구조주의 structuralism　레비 스트로스, 바르트, 라캉 등 여러 프랑스의 학자들의 텍스
트 분석 방법론들을 통틀어 일컫는 말. 이것은 대체로 텍스트의 독립성을 가정하고,
텍스트에 쓰인 언어가 배태하고 있는 의미 생성의 규칙 내지는 언어가 내포하는 관계
들의 일반적 문법(이것은 언어학의 구문법과 다른 말이다)을 밝히려는 시도였다. 소
쉬르는 구조주의라는 말을 쓴 적이 없지만 구조주의자들은 소쉬르의 〈기표 / 기의〉,
〈랑그 / 파롤〉, 〈공시 구조 / 통시 구조〉, 〈계열체 / 통합체〉 같은 개념을 가지고 텍스
트에 내재하는 관계들의 망을 분석, 기술해 왔다.

글쓰기 writing　이 말은 〈말하기 speaking〉(말하기가 보다 형식화된 것이 언술 speech
개념이다)에 대립되는 개념으로 데리다가 플라톤부터 루소에 이르는 커뮤니케이션
전통을 뒤엎기 위해 쓰고 있다. 플라톤은 〈말하기〉를 〈글쓰기〉보다 우위에 두었는데
데리다는 이 서열이 잘못되었음을 지적하고 글쓰기가 말하기보다 우위에 있다고 주
장한다. 플라톤이나 소크라테스는 말이 먼저 있었고 글쓰기는 그 후에 생긴 커뮤니
케이션 테크놀로지라는 뜻에서 말하기의 우위를 주장했다. 또한 그들은 글쓰기가 젊
은이들의 기억을 훼방한다고 보고 이 새로운 테크놀로지에 반대했다. 그러나 데리다
는 말에 앞서 글이 있었다고 주장하는데 여기서 글은 문자적인 글을 뜻하는 것이 아
니라 외부 세계의 물체들이 사람의 심리에 인상을 주는 인각작용을 가리킨다. 이런
뜻에서 문자적 글도 심리적 인상을 주는 것이므로 데리다의 글 개념에 포함시킬 수
있다. 데리다는 이미지가 말보다 앞설 뿐만 아니라(말이 없었던 먼 원시시대에도 육
신의 눈으로 보든 마음의 눈으로 보든 보는 일이 커뮤니케이션의 기본 수단이었다고
생각된다) 이미지의 인각작용이 말의 사회적 작용보다 우위에 있음을 주장한다. 데
리다의 글쓰기 개념은 시각매체가 판을 치는 포스트모던 시대의 정황에 잘 들어맞는

다고 생각된다. 〈이미지〉 참고.

기능 functions　기능은 담론의 주역이 맡은 역할을 가리키는 말로, 원래는 프로프의 용어이다. 기능은 주역에게 주어진 담론적 상황이나 조건들을 가리킨다. 바르트는 프로프의 〈기능〉 개념이 혼란스럽다고 보고, 〈주역이 하는 의미 있는 행동〉으로 그 의미를 제한해서 사용한다. 기능과 관련 있는 말로 그레마스의 〈행위소 actant〉 개념이 있다.

기의 signified　기호의 두 요소(기표 / 기의) 중 하나를 가리키는 말로 소쉬르의 용어이다. 기의는 기호 속에 담겨 있는 추상적 개념을 가리킨다. 예를 들면 이 책의 제목 〈기호의 우리, 우리의 기호〉에 쓰인 〈우리〉라는 기호는 두 가지 기의를 가지고 있다. 앞의 우리는 〈가두어 두는 곳〉이라는 뜻이고, 뒤의 우리는 인칭대명사 〈우리(인간)〉이다. 기의는 〈의미〉, 〈뜻〉 등으로 이해해도 된다. 또 기의는 기호의 추상적 내용에 해당된다.

기표 signifier　기호의 두 요소(기표 / 기의) 중 하나를 가리키는 말이다. 소쉬르는 이것을 음성 이미지를 가리키는 말로 한정해서 사용했지만, 후에 많은 기호학자들이 그 뜻을 넓혀 사용해서 매우 광범위한 의미를 갖게 되었다. 이 말의 기본적인 뜻은 〈의미의 운반체〉라는 것이다. 소쉬르에 의하면 기의와 기표는 항상 기호 안에 함께 들어 있으며 결코 독립해서 존재하지 않는다. 다만 개념적으로만 분리가 가능할 뿐이다. 그러나 바르트는 이런 불가분리성에 동의하지 않는 것 같다. 신 the God은 기표를 가질 수 없고 기의로만 존재한다고 바르트는 생각한다.

기호 sign　기호는 기표와 기의의 합성체이다. 세상의 모든 것이 기호이다. 퍼스의 말처럼, 우주 삼라만상이 기호라고 할 수는 없지만 우주에 기호가 가득 차 있음은 틀림없다. 책의 모든 글자와 그림이 기호이고, 옷차림, 화장, 시가지의 모든 것, TV에서 보여주는 모든 것이 기호이다.

기호작용 semiosis　기호가 인간 심리에 일으키는 〈작용〉을 가리킨다. 퍼스에 의하면 기호가 일으키는 작용은 인식작용이다. 모리스는 어떤 것이 인간의 마음에 기호로 성립되는 과정을 일컫는 말로 사용한다. 기호작용은 기호와 인간 심리의 직접적 상호관계를 나타내지만 인간의 수동성을 숨기고 있다. 인간의 능동성을 강조한 〈기호화 semiotization〉라는 말은 이 말의 변용이다.

기호학 semiotics 또는 semiology　기호학을 나타내는 말로 퍼스는 semiotics, 소쉬르는 semiology 등 다른 말을 사용했으나 둘 다 seme라는 공통 의미소를 가지고 있다. 기호학의 두 창시자가 이 말들을 사용했을 때는 기호학의 목조이 다소 달랐지만, 오늘의 기호학자들은 대체로 기호학을 기호의 생성과 그 의미작용, 의미 창출과정 등에 대한 연구로 이해하고 있다. 그러나 위의 두 가지 영문 표기가 기호학 문헌에서 혼용되고 있다. 귀로드가 지적했듯이 북미에서는 semiotics를, 유럽에서는 semiology를 선호해서 사용하그 있다. 어느 경우에든 기호학은 오늘날의 문화, 종교, 사회, 정치 등 여러 방면의 현상들을 분석하고 해석하는 데 이바지하고 있다.

낯설게 하기 estrangement 기호를 왜곡하거나 치장하여 이상스럽게 만들어 원래 기호보다 낯설게 하는 조작을 말한다. 이것은 예술에서 수행되는 기본적인 기호학적 조작 중 하나이다.

내용 content 예름스레브의 용어인데 〈표현〉과 대립되는 말이다. 〈내용〉은 소쉬르의 〈기의〉와 같은 뜻이다. 즉 기호의 개념 부분을 가리킨다.

다중 의미 polysemy 어원상 poly는 〈여럿〉이란 뜻을, semy는 seme에서 온 말로 〈의미〉를 뜻한다. 그래서 polysemy는 한 기호가 여러 개의 의미를 갖는 상태를 나타나는 말로 사용된다. 이에 대조되는 말로 〈단일 의미 monosemy〉가 있다. 여인의 눈물은 다중 의미체이다. 이에 비해 신호등의 빨간색은 〈멈춤〉이라는 단 하나의 기으만을 가진 단일 의미체이다.

담론 discourse 아주 간단히 말해서 담론은 어떤 의미나 관념을 언술로 바꾸는 행위를 말한다. 담론은 겹겹이 포개진 긴 문장들로 되어 있다. 그러나 실개로 담론은 매우 복잡한 개념이다. 담론이란 말하는 사람과 듣는 사람을 가정하고 이루어진 기호학조 틀이자 메커니즘이다. 말하는 사람과 듣는 사람이 가정되었기 때믄에 담론은 사호 기호학적이다. 담론은 구조적 측면과 과정적 측면이 있다. 구조적 측면은 담론에 이야기체, 신화, 텍스트 같은 것들이 배태되어 있음을 가리킨다. 과정적 측면은 말하는 사람의 담론이 이야기들, 신화들, 텍스트들을 자세히 설명하는 데서 나타난다. 푸코는 담론이 이야기체나 텍스트를 상세히 설명하는 데 그치는 것이 아니라 어떤 혐의 행사를 은연중에 수행하는 이데올로기적 과정이라고 본다.

대상체 referent 일반적으로 저 부에 있는 자연의 물체들 objects을 일컫는다. 이것은 퍼스의 기호학적 삼부모형에서 기호화될 대상물이다. 이 모형에서 대상체는 해석처 reference와 대립관계에 있다. 기호가 표상하는 것은 바로 대상체이고, 기호는 항상 그것이 표상하는 대상체를 가리키고 있다.

대표성 representation 〈표상〉을 볼 것.

도상 icon　도상은 퍼스가 말한 기호의 세 유형(도상, 지표, 상징) 중 하나이다. 도상은 대상체와 유사한 기호를 일컫는다. 예를 들면 까치의 그림은 저 밖의 나무 위에 있는 까치를 대상체로 삼아 만들어진 도상이다.

동기 motivation　기호와 그것이 표상하는 대상체 사이의 유사 정도를 나타내는 말. 또는 기의가 기표를 결정하는 정도를 나타내는 말. 도상은 동기가 높은 기호인데 비해 상징은 동기가 거의 없는, 다시 말해 비동기 기호이다.

디코딩 decoding　〈약호 풀기〉를 볼 것.

랑그 langue　언어의 형식적 체제를 가리킨다. 소쉬르의 용어로 〈파롤 parole〉과 대립되는 개념이다. 랑그와 파롤은 언어의 두 가지 다른 면이다. 파롤은 언술처럼 랑그를 실생활에 이용하는 언어 행위이며 과정이다. 이에 비해 랑그는 파롤이 점차 규범화되어 이루어지는 언어의 추상적 체제이다. 따라서 랑그는 계열체적이고 파롤은 통합체적이다. 〈파롤〉을 볼 것.

메시지 message　메시지는 커뮤니케이션에서 송신자에서 수신자로 전달되는 기호 체계를 이르는 말이다. 메시지는 반드시 물질적 통로 channel를 필요로 한다.

메타 언어 meta-language　〈언어를 위한 언어〉, 즉 언어를 의미 있게 체계적으로 사용하기 위해 필요한 언어를 메타 언어라고 한다. 이것은 실제 담론에 사용된 언어보다 한 차원 높은 평면에 존재한다. 예를 들면, 교수가 강단에 서서 〈내 말을 잘 들으십시오〉라고 주의를 환기시키는 것은 메타 언어의 차원에서 한 것이다. 교수의 실제 강의는 담론에 속한다. 메타 언어가 제 구실을 못하면 강의를 제대로 진행할 수 없다. 또한 메타 언어는 이론을 세우는 언어이고, 분석을 하는 언어이며, 비판을 위한 언어이다.

문장 sentence　이것은 언술, 담론, 신화의 기본 단위이다. 이러한 기본 단위에는 구나 절처럼 미완성 문장도 포함된다.

범주 category　같은 특성을 지닌 기호의 한 묶음을 범주라고 한다. 예를 들면 사과 상자 안에 있는 사과를 〈상한 사과〉와 〈성한 사과〉로 가를 때 두 개의 범주가 생긴다.

사운드 바이트 sound bite　주로 라디오나 TV 뉴스에 나오는 짤막한 표현들. 마치 한 입에 넣어 쉽게 먹을 수 있게 빚은 만두처럼, 사운드 바이트는 뉴스 내용을 쉽게 이해할 수 있도록 긴 말이나 문장을 짤막하게 잘라 놓은 것이다.

상징 symbol　퍼스가 제시한 기호의 세 유형(도상, 지표, 상징) 중 하나. 상징은 대상체의 모양과 관계없이 순전히 자의적으로 만들어진다. 〈개〉라는 글자는 상징이다.

〈ㄱ〉자와 〈ㅐ〉자의 자의적 조합으로 되어 있을 뿐 실제 개를 닮은 데라곤 조금도 없
다. 대부분의 기호들이 상징체를 이룬다.

상호 주관성 intersubjectivity 〈주관성〉참고.

상호 텍스트성 intertextuality 〈텍스트 상호성〉참고.

소원화 estrangement 〈낯설게 하기〉참고.

신호 signal 단일 의미를 가진 기호체. 예를 들면 교통신호. 신호는 기호의 특수한 경우
이다.

신화 myth 신화는 통상적으로 믿을 수 없는 이야기를 가리키는 말이나 또는 잘못된 관
념이나 사상이 담긴 담론을 비꼬는 말로도 쓰인다. 그러나 기호학에서는 그와는 정
반대의 뜻으로 신화라는 말을 사용한다. 많은 신화학자들은 사람들이 눈으로 직접
볼 수도 없고 말로 잘 표현할 수도 없는 어떤 불가해한 것이나 현상을 어떻게든 설명
하려고 만든 이야기를 신화라고 불러왔다. 신화학자들은 이러한 신화를 억지 설명이
라고 이해하는 게 아니라 세계를 이해하는 기본 틀로 이해한다. 바르트는 신화를 담
론에 채용되는 〈특수한 언술〉이라고 정의한다. 신화에 대한 좀더 구체적인 정의는
〈기의들의 고리〉이다. 이 정의어 근거해 볼 때 신화들은 우리 주변에서 무수히 만들
어지고 있다.

신화소 mytheme 레비 스트로스는 신화의 기본적인 최소 단위 문장들을 신화소라고 부
른다.

약호 엮기 encoding 기호들을 어떤 코드에 따라 엮어서 기호나 메시지를 만드는 조작.
이것은 〈약호 풀기〉와 반대 개념이다. 〈코드 작성〉의 뜻으로도 쓰인다.

약호 풀기 decoding 기호체나 메시지를 만들 때 사용된 코드에 따라서 수신된 메시지를
풀이하여 송신자의 의도를 찾아내는 조작. 〈코드 해독〉의 뜻으로도 쓰인다. 기호학
적 해석은 한마디로 약호 풀기의 과정이라고 볼 수 있다.

언술 speech 언술은 담론의 구체적 과정이다. 바르트는 언술을 소쉬르의 〈파롤〉과 같은
것으로 본다. 전통적으로 커뮤니케이션학에서는 구어 메시지 oral message의 생산
과정을 언술이라고 설명해 왔다.

언어 language 언어는 한 문화 집단이 생산한 어휘와 문법의 체제를 총체적으로 이르는
말이다. 소쉬르에게 언어는 랑그와 파롤의 종합 개념이다. 포스트코던 기호학에서
언어 개념은 구어 커뮤니케이션이나 문필 커뮤니케이션 양태에 국한되지 않고 매우
확대되어 TV나 영화 같은 것을 포함하기에 이르렀다. 언어에 대한 보다 더 중요한

관점은 소쉬르의 〈언어란 차이들의 체제이다〉라는 것이다. 이것은 한 언어체제란 서로 다른 기호의 계열체와 이의 통합체적 조합에 의해서 서로 다른 헤아릴 수 없이 많은 대상체들(자연적, 물질적, 관념적, 추상적, 공상적 대상체들)을 표상하도록 자의적으로 만들어진 것임을 뜻한다.

외시 의미 denotation 어떤 기호의 직접적, 객관적 의미 또는 사전적 의미. 예를 들면 〈집〉의 외시 의미는 〈사는 곳〉이다. 외시 의미는 함축 의미와 대립적 관계에 있다.

의미 meaning 〈기의〉에 해당하는 말. 또는 계열체 안에 있는 기호들의 차이가 지니고 있는 가치를 가리키는 말. 커뮤니케이션학에서는 말하는 송신자의 〈의도 intention〉나 〈관념 idea〉에 해당되는 개념이다.

의미론 semantics 그레마스는 기호학 semiotics을 기호론 semiology과 의미론의 합으로 본다. 여기서 의미론은 기호와 관련하여 일어나는 의미작용에 관한 이론체계를 가리킨다. 세미올로지는 관계들의 일반법칙이나 일반문법에 관한 이론체계이다.

의미작용 signification 의미작용은 다음의 두 가지 기호학적 조작을 뜻한다. 기표에 기의를 연결하여 기호를 만듦으로써 기호로 하여금 기의의 가치를 표현하게 하는 것이 하나이고, 다른 하나는 기호에 담아놓은 기의의 가치를 추출해 내는 작용이다. 이 두 가지는 서로 반대의 과정이다. 가령 보낸 뜻이 분명치 않은 선물(기호)을 받았을 때 그것이 진정 〈감사〉의 뜻인지 〈뇌물〉의 뜻인지 아니면 〈관례〉가 그런 것인지 가려내는 것이 의미작용이다. 그런 선물을 한 사람도 어떤 뜻(기의)을 선물에 심어놓았음이 틀림없다. 즉 의미작용을 선물에 가한 것이다. 의미작용은 한편으로는 〈의미의 수렴과 공유〉(과학적 담론이 도모하는 것)를, 다른 한편으로는 〈의미의 발산〉(예술적 담론이 도모하는 것)을 수행한다. 의미의 발산은 탈 커뮤니케이션적 행위이다. 〈커뮤니케이션〉 참고.

의상 concept, conception 사람이 신화를 만들 때나 담론에 가담해 있는 동안 〈마음에 떠오른 생각〉 또는 〈마음에 품은 생각〉. 이것은 기의와 한 맥의 것이다. 그러나 의상은 주체의 창조성을 강조한 말이다.

은유 metaphor 어떤 낯선 것을 다른 낯익은 것이 지니는 공통점에 의하여 표현한 것. 예를 들면 아주 못된 사람을 〈그 놈은 개야〉라고 표현한 것. 또는 어떤 것의 성질을 과장하기 위해 다른 것의 독특한 성질로 표현한 것. 예를 들면 〈우리 아기는 천사야〉라는 표현. 이런 표현은 기호 해독자에게 초현실적 효과를 일으킨다.

이데올로기 ideology 현존하는 사회조직과 질서를 적법화하는 한 묶음의 관념들을 이데올로기라고 한다. 이것은 강자들, 지배자들, 엘리트들이 상황 status quo을 호도하거나 모호하게 하려는 의미론적 게임 game이다. 이들은 강자에 의한 지배, 억압, 착취, 사회적 불평등 따위의 필요성이나 정당성을 대중매체를 통해서 대중에게 선전한다. 이런 것들이 대중들에게 〈의례 그런 것〉으로 기정 사실처럼 널리 받아들일 때 이데올로기는 헤게모니가 된다. 〈헤게모니〉 참고.

이미지 image 이미지란 저 밖의 대상체가 사람의 마음에 도장을 찍듯이 인각해 놓은 자국(인상)을 가리킨다. 미첼에 의하면 이미지는 시각적인 것에서 그치지 않고 지각적, 정신적, 구어적 인상들을 통틀어 일컫는 말이다. 어원상 이미지와 관념 idea은 같은 뿌리를 가지고 있다. 이런 뜻의 이미지는 말에 앞서 있어 왔고, 말보다 우위에서 사람들의 커뮤니케이션을 가능하게 해준다. 〈글쓰기〉 참고.

이야기체 narrative 어원상 이야기체(서사)는 앎 knowing의 뜻을 가진 grarus라는 라틴어에서 유래되었다. 그래서 이야기체는 지식의 일종이라고 생각해도 된다. 이야기체는 두 가지 이상의 사건들을 지각하고 그것들의 의미를 파악하며 이들을 시간의 전개에 따라 인과적으로 또한 논리적으로 연결해서 하나의 통일된 단론이나 텍스트의 형식으로 갖추어 놓은 것이다. 이야기체는 항상 잠정적으로 완성된 상태에 있기 때문에 의미로운 통일성 wholeness을 지닌다. 이런 뜻에서 이야기체는 닫힌 체제이지만, 그것은 원이야기체를 가능하게 했던 상황이나 조건들에 대해 시간의 흐름이 일으키는 변화들을 지각하는 일과 그것의 의미 파악에 항상 민감하기 때문에 열려진 체제이기도 하다. 이야기체는 마치 양파와 같다. 양파의 한 켜는 잠정적으로 완성된 체계이지만 그 밑에서 새로 생성되는 새로운 층위를 수용하기 위해 필요한 자체 변화를 도모한다. 이야기체에서 이야기 story, 언술 speech, 신화 myth 같은 것들이 파생되어 나온다. 이 파생과정이 바로 담론이다.

이원항 또는 이항대립 birary oppositions 서로 상쇄될 수 없는 역관계(때로는 모순관계)에 있는 상호 배타적 개념들의 쌍. 예를 들면 〈음/양〉, 〈큼/작음〉, 〈진실/허위〉, 〈자유/억압〉, 〈나감/돌아옴〉 등. 텍스트에서 이러한 이원항들을 찾아내는 수속을 〈계열체적 분석〉이라고 한다.

이항대립주의 또는 이원론 binarism 어떤 기호의 의미는 그것과 대립하는 다른 기호의 의미에 의해서 결정된다는 이론(예를 들면 진실이 없이 거짓의 의미를 알 수 없고 거짓이 없이 진실의 의미를 알 수 없다는 것). 이것은 소쉬르가 명료화해 놓은 이론이라고 하지만, 동양 사람들은 누구나 예전부터 너무나 익히 알아온 하나의 **哲理**이다.

그래서 서양 사람들은 패러독스[逆說]와 아이러니[反語]에 신경질적이거나 때로는 신경증을 일으키지만, 동양 사람들은 실생활에서 이런 것들을 넉넉히 수용하는 도량을 가지고 있다. 뿐만 아니라 동양 사람들은 이원론이 통합체적으로 풀려나가는 이야기체에도 혜안을 뜨고 있다. 그래서 〈人間萬事 塞翁之馬〉라든가 〈興盡悲來 苦盡甘來〉라는 것을 이해하고 받아들인다. 서양 사람들은 그럴 도량이나 눈을 결하고 있어서 흔히 프로이트의 심리분석 psychoanalysis 에 호소하는 것이다.

인코딩 encoding 〈약호 엮기〉를 볼 것.

읽기 reading 기호학에서 〈해석〉이라는 매우 넓은 뜻으로 쓰이는 용어이다. 이 말은 문필체로 된 텍스트를 읽고 해석하는 데만 국한해서 쓰는 것이 아니라, 모든 해석행위를 망라해서 지칭하는 일반적 용어이다. 따라서 신문을 읽는 것을 포함해서, TV를 시청하는 것, 농담을 눈치껏 해석하는 것 등이 모두 〈읽기〉이다. 요컨대 〈읽기〉는 해석학적 행위 hermenutic act 전반을 지칭하는 넓은 뜻의 말 이다.

자의성 arbitrariness 소쉬르의 언어이론에서 온 말로서, 기호가 생산될 때 기표와 기의가 (어떤 공리나 원리에 입각한 것이 아니라) 기호 생산자의 자의로 연결됨을 뜻한다. 이 관점은 언어가 인간 인식 전반을 지배한다는 사상과 더불어 모더니즘이 일으켜 놓은 논리 중심적 지식체계 또는 이성 중심주의적 세계상을 그 근본에서 해체하려는 포스트모더니즘의 이론적 근거가 되고 있다.

제유 synecdoche 어떤 것의 일부를 표상하는 기호체. 예를 들면 우편엽서에 있는 〈남대문의 사진〉은 한국의 수도 〈서울〉의 제유가 된다.

주관성 또는 주체성 subjectivity 데카르트의 명언 〈나는 생각한다. 고로 나는 존재한다〉에 언급된 사고하는 주체와 사고된 내용을 함께 가리킴. 여기서 주체 subject는 〈객체 object〉와 대립되는 말이다. 이것은 또한 생각하는 주인의 의식 consciousness이 머무는 장소로서, 타자 others와 경계를 이루는 접면 interface 안쪽을 가리킨다. 주관성이나 주체성은 개인이 기호를 해석할 때 얻는 함축 의미들의 총체이기도 하다. 함축 의미들이 개인 사이의 커뮤니케이션에 의하여 타자들과 서로 공유되고 규범화되면서 외시 의미의 차원으로 내려올 때 소위 〈상호 주관성 intersubjectivity〉이 성취된다. 이때 상호 주관성은 〈객관성 objectivity〉의 성질을 띠게 된다.

지표 index 퍼스가 제시한 기호의 세 유형(도상, 지표, 상징) 중 하나. 대상체와 실존적 연계를 갖는 기호를 지표라고 한다. 예를 들면 연기는 불의 지표이다.

질료 substance 예름스레브는 모든 기호가 형과 질료로 이루어져 있다고 주장한다. 질료는 형에 대립되는 말인데, 〈형을 채우는 내용〉을 질료라고 한다. 〈형〉 참고.

차이 difference 소쉬르는 그의 언어이론에서 〈언어란 차이들의 체제이다〉라고 썼다. 이처럼 언어의 정의를 이루는 개념. 이것은 현대 기호학 문헌에서 〈기호 사이의 차이〉로 넓게 변용되고 있다. 차이는 주어진 기호의 가치를 결정한다. 달리 말하면 차이는 의미의 기초 단위이다. 포스트모던 시대는 차이를 교묘히 변조 modulate하여 대량생산하는 시대이다. 어떤 차이가 기호에 존재하는 한 그만큼 그 기호는 의미 있게 된다. 그러나 오늘날 이처럼 차이가 기호 생산자들의 자의성에 맡겨진 상태에 있으므로 가치체제는 질서를 잃고 떠돌아다니는 정처없는 것이 되어가고 있다. 차이의 유희 play가 포스트모던 시대의 특징을 이룬다.

커뮤니케이션 communication 송신자와 수신자 사이에서 일어나는 메시지의 교환을 뜻함. 그 목적은 기호를 서로 교환하여 기호에 주입된 의미를 송수신자 쌍방간에 공유하기 위한 것이다. 커뮤니케이션은 의미작용과 대립되는 개념이라 할 수 있다. 커뮤니케이션은 공통 의미의 추출과 공유를 위한 수렴적 convergent 과정이다. 이에 비해서 의미작용은 한편으로 의미 공유의 목적을 포함하면서도, 다른 한편으로는 의미의 발산 divergence을 도모하는 유희적 과정이다. 〈의미작용〉 참고.

코드 code / 코드화 codification 코드는 기호를 조직하는 원리이다. 코드화는 어떤 코드에 따라 기호를 조직하는 과정을 일컫는다.

텍스트 text 이것은 문필적 텍스트에 국한된 개념이 아니고, 커뮤니케이션의 모든 산물(글로 씌어진 것, 말로 된 것, 그림으로 그려진 것 등)을 통틀어 지칭하는 말이기도 하고, 이런 것들 하나하나를 일컫는 일반적 용어이기도 하다. 포스트모더니스트들은 이 세상의 모든 것을 텍스트로 본다. 예를 들면 TV 프로그램, 영화, 시, 화장한 얼굴, 몸치장 등. 텍스트는 담론과 대비되는 개념으로도 이해된다. 텍스트는 기호들이 어떤 코드에 입각해서 통일성을 이룬 구체적인 기호학적 체계를 가리킨다. 텍스트가 구조적임에 비해 담론은 과정적이다. 담론은 텍스트를 배태한 채 수행되는 기호학적 과정이다.

텍스트 상호성 intertextuality 텍스트들이 인용, 모방 parody, 언어 절도 등에 의해 서로 뒤섞이는 상태를 지칭하는 말. 펩시콜라의 상표로 쓰이고 있는 태극은 우리나라 태극기의 노른자위를 표절한 것으로서 텍스트 상호성의 한 예이다. 텍스트 상호성은 오늘날 지구 전역으로 확산되고 있다.

통시성 diachronicity / 통시적 diachronic 이 말들은 앞서 설명한 〈공시성 / 공시적〉이라

는 말과 대립되는 것이다. 통시성은 어원학적으로 두 시점 two times을 뜻한다. 그
러나 기호학에서는 이 말이 반드시 두 시점을 뜻하기보다는 시간의 흐름을 나타내는
것으로 쓰인다. 소쉬르가 통시성이란 개념을 사용하는 바에 따르면 어떤 체계 속에
공시적으로 들어 있는 논리적 또는 심리적 관계들이 실제 시간에 따라 전개되는 모양
을 나타낸다. 예를 들면, 〈양과 음〉은 〈양〉, 〈음〉 두 요소를 모아놓은 것이기 때문
에 공시적이지만, 이 두 요소들이 시간을 따라 어떤 사건으로 전개되는 것은 통시적
이다. 가령 해가 지면 어둠이 오고 어둠이 끝나면 다시 해가 떠올라 밝음이 오는 등
양과 음의 교차하며 이어지는 것은 통시적 사건이다. 〈희로애락〉은 공시적이지만,
한 사람의 생애에서 기쁨과 노여움과 슬픔과 즐거움은 다른 정황 다른 시간에 통시적
으로 나타난다. 소쉬르는 공시성을 수직적 관계로, 통시성을 수평적 관계로 본다.

통합체 syntagm 소쉬르의 용어로 〈계열체〉와 대립되는 말이다. 통합체는 계열체로부터
선택된 기호 요소들을 조합한 결과로 얻은 기호 복합체를 뜻한다. 계열체에서 설명
된 구, 절, 문장 같은 것이 통합체이다. 예를 들면, 이 책의 제목의 일부인 『기호의
우리』라든가, 또는 〈돼지 우리〉, 예수가 탄생한 〈마구간〉은 통합체이다. 〈아는 것
이 힘이다〉라는 문장 역시 하나의 통합체이다. 〈아는 것이 힘이다〉라는 제목으로 쓰
는 수필은 통합체이다. 〈기호의 우리, 우리의 기호〉라는 책은 커다란 통합체이다.
소쉬르는 계열체를 수직적 관계로, 통합체를 수직적 관계로 본다. 계열체는 공시적
체제이다. 하나의 계열체로부터 통합체들이 만들어지는 것은 통시적 사건이다.

파롤 parole 개인들이 처한 상황에서 언어를 실생활에 사용하는 구체적 과정의 산물을
가리킨다. TV 뉴스에서 들은 것이나 본 것에 대해 다른 사람에게 말로 설명하는 것
이나 손짓 발짓으로 표현하는 것은 파롤의 예이다. 파롤은 이처럼 다른 사람들과의
상호작용에 쓰이기 때문에 사회적이다. 이에 비해 랑그는 순전히 추상적 체제이다.
어린아이가 태어나면 랑그를 배우는 것이 아니라 파롤을 배운다. 〈랑그〉 참고.

패권주의 hegemony 〈헤게모니〉 참고.

포스트모더니즘 postmodernism 언어에 의해 현실을 대체할 수 있는 가능성(즉 표상성)
을 부인하고 기호와 언어에 의해 표상된 세계의 논리 중심성과 허구성을 폭로하는 최
근의 철학적 흐름. 포스트모더니즘은 또한 이성 자체에 대해 근본적 회의를 표시하
고 진리의 상대성, 심지어는 진리의 불가능성을 내세운다. 포스트모더니즘에는 구조
적 포스트모더니즘과 해체적 포스트모더니즘의 두 지류가 있다. 구조적 포스트모더
니즘은 모더니즘과의 타협을 통하여 새로운 시각을 창출하려 함에 비해서, 해체적

포스트모더니즘은 모더니즘과 결별할 뿐만 아니라 모더니즘의 가장 깊은 근본 가정들을 뒤엎어서 세계를 다시 보는 새로운 시각을 찾으려 한다. 〈표상〉 및 〈후기 구조주의〉 참고.

표상 representation 대상체를 어떤 기호에 의해 대치시킴으로써 기호로 하여금 대상체가 지니는 의미를 표현한 것. 모더니즘에 의하면, 표상은 인간의 인식이 세계와 삼라만상을 이해하는 기본적 메커니즘이자 인식의 전부이다. 모더니즘은 인간이 저 부의 현실을 특히 언어를 통하여 표상으로서의 세계와 사물로서만 이해해 왔음을 역설한다. 그러나 소쉬르가 언어 기호에 내재하는 기표와 기의의 관계는 자의적임을 밝히자 표상으로 이해된 세계는 사실적이기보다는 허구적이라고 보는 새로운 시각이 포스트모더니스트들에 의해서 제시되었다. 포스트모더니스트들은 표상으로 이해된 세계와 그 안의 현상들이 인간의 이성이 어떤 메타 이야기체 metanarrative에 입각해서 논리적으로 설명한 허구임을 주장한다. 그들은 기호를 가지고 현실을 표상과정에 의해 재현 re-present하는 과정에 어떤 이데올로기의 개입이 일어남을 밝히려 한다. 정치적 상황에서 표상성은 대표성으로 해석되는데, 가령 민주주의는 대표성의 정치이다. 새로운 언어인 미디어 테크놀로지가 광범위하게 사용되는 포스트모던 시대에 와서 어떤 정치체제의 대표성, 즉 민주성이 논란의 대상이 되고 있다. 예컨대 TV를 통한 민주주의는 이념 정치가 아니라 이미지 정치라는 설이 있다.

표현 expression 예름스레브의 용어로 〈내용〉에 대립되는 말이다. 이것은 소쉬르의 〈기표〉에 해당된다.

함축 의미 connotation 기호에서 발생되는 주관적 의미. 이런 의미는 사람들의 문화적 경험에 따라 생산되는 것으로 사전에서 찾을 수 없는 성질의 것이다. 예를 들면 〈집〉은 사람이 집에서 경험하는 것에 따라 다른 함축 의미를 갖는다. 가령 가정에 아무 문제가 없고 행복한 사람에겐 집이 〈낙원〉이지만, 가정이 복잡하고 불화가 많은 사람에겐 집은 〈지옥〉이라는 함축 의미를 띤다.

해석체 reference 소쉬르의 〈기의〉에 해당되는 말.

해체 deconstruction 〈후기 구조주의〉 참고.

헤게모니 hegemony 폭력이나 강압에 의하지 않고 담론에 의하여 어떤 의미작용을 자연스러운 것으로 수신자에게 납득시키는 것. 예를 들면 봉건시대에 계급주의는 조금도 이상하지 않은 당연한 현실이라고 피지배자들이 믿고 지배자들을 추종했던 것은 헤게모니의 효과이다. 헤게모니는 불가지적이어서 이데올로기를 통해서 명시된다.

형 form　예름스레브의 〈질료〉에 대립되는 말. 예름스레브는 한 계열체 안에서 기호들이 취할 수 있는 가능성들을 形이라고 부른다. 보다 구체적으로 형은 기호의 표현 가능성 하나하나를 이르는 말이 된다. 이것은 소쉬르의 기표와 한 맥의 말이다. 〈질료〉 참고.

환유 metonym　어떤 것을 다른 것으로 대치해서 어떤 것의 전체인 것처럼 표현한 기호체. 예를 들면 〈워싱턴(미국의 지명)은 이라크의 쿠웨이트에 대한 만행을 좌시하지 않을 것이다〉라는 표현에서 〈워싱턴〉은 미국 행정부의 환유이다.

후기 구조주의 post-structuralism　데리다의 해체 deconstruction 또는 해체주의를 중심으로 한 후기 구조주의는 텍스트로서의 세계와 그것의 현상들을 〈읽는〉 새로운 시각이다. 데리다에 의하면 모든 텍스트는 스스로를 해체하는 하부 코드를 배태한 채 세상에 등장한다. 비판이론가가 행하는 해체는 〈이중의 몸짓〉으로 일어난다. 첫 몸짓은 이항대립이 발생하는 바로 그 경계에서 텍스트가 품고 있는 담론을 응시하며 그것을 해체, 분석하는 것이고, 둘째 몸짓은 해체된 것들을 재구성하여 새로운 의미 창출을 시도하는 것이다.

306

신화론   190, 206, 212, 242, 277, 280

신화소   213-214, 222

ㅇ

약호 엮기   104

약호 풀기   104

언술   5, 53-54, 132, 140, 145, 158,
167, 224-225, 238-239, 289

언어   34, 43, 53-55, 57, 106, 118,
132-137, 144-148, 152, 163, 185,
187, 194, 197, 199, 204, 209, 220-
221, 240, 244, 246-251, 255-256,
262, 268-269, 271, 274, 289

외부적 진현실   136, 262

외시 의미   48-51, 101, 105-106,
109, 114, 166, 172, 177, 181, 186-
187, 197-198, 207, 212, 222, 259,
264, 274, 276, 298

유사(성)   55, 57, 58, 67, 78, 225

은유   15, 62, 66-70, 72-74, 82, 88,
164, 170, 178, 186, 205-206, 208,
215, 218, 220, 246-247, 254, 258-
259, 281, 288

의례 응축   259, 261

의미   14, 21-22, 24, 27-28, 37, 40-42,
44, 46, 53, 55-58, 66-67, 78, 90, 92,
97, 115, 126, 129-134, 141-142,
163-166, 172, 174-175, 177-182,
184, 188, 192, 198-199, 206, 213-
217, 219-220, 222, 224, 226, 229-
233, 235, 240-241, 243-247, 266,
268-269, 276-277, 279, 282, 285-
289, 291-292

의미론   134, 165, 179

의미소   165, 286

의미작용   12, 14-15, 19-28, 37, 43,
49, 78-79, 86, 89, 92, 93, 94, 101,
125, 128-132, 165-167, 172, 197-
198, 206, 224, 227, 229-238, 245-
247, 252, 254, 266, 268, 273-274,
276-279, 302

이데올로기   5, 15, 43, 64-65, 84-85,
93, 101, 113, 138, 161, 165, 172,
177-179, 189-190, 213, 228-231,
233, 238-246, 249, 253-254, 258-
259, 268, 270-272, 277-278, 292,
295-296, 298, 301-302

이미지   15, 41, 62, 74, 77-82, 84, 85,
86, 108-109, 133, 140, 154, 160-
164, 185, 197-200, 204, 206, 211,
220-221, 226-227, 232, 234, 238,
240, 243, 245, 255, 264, 267, 269,
288, 303-304

이야기체   15, 165, 174, 176, 213-
219, 253, 267, 276, 287-288, 290,
302-305

이중 분절   133,

김경용

1986년 뉴욕 주립대학교(버팔로)에서 커뮤니케이션학 박사 학위를 취득했다. 1986년부터 1988년까지 뉴욕 주립대학교(올버니)에서 커뮤니케이션학 교수를 지냈고, 1988년부터 마운트 버넌 나즈렌대학의 커뮤니케이션학 명예교수로 있다.
저서로는 *Caged In Our Own Sign: A Book About Semiotics*, 『기호학의 즐거움』, 『미디어 신화: 대중문화와 허위의식』이 있다. 현재 기호학, 커뮤니케이션 이론, 미디어 이론, 문화 이론 등을 연구 중이다.

기호학이란 무엇인가
기호의 우리, 우리의 기호

1판 1쇄 펴냄——1994년 5월 25일
1판 28쇄 펴냄——2021년 1월 28일

지은이——김경용
펴낸이——박근섭, 박상준
펴낸곳——(주)민음사

출판등록 1966. 5. 19. 제16-490호
서울특별시 강남구 도산대로1길 62(신사동)
강남출판문화센터 5층(우편번호 06027)
대표전화 02-515-2000 | 팩시밀리 02-515-2007
www.minumsa.com

ⓒ 김경용, 1994. Printed in Seoul, Korea

ISBN 978-89-374-2152-5 03170

* 잘못 만들어진 책은 구입처에서 교환해 드립니다.